◉はしがき

裁判員裁判が開始されてから、３年が経過しようとしている。2011年12月末日時点では、4,780人が起訴され、3,249人に対して判決が言い渡されているが、このうち自白事件は約62％であり、否認事件の中にも犯罪の成立を認める一部否認事件が相当程度あると思われる。したがって、大部分の裁判員裁判における弁護活動の課題は、いかにして有効な情状弁護を行うかにある。

日本弁護士連合会裁判員本部では、情報分析PTを設けて、各地の会員に裁判員裁判の判決の送付をお願いし、判決書に示された量刑判断の理由について、罪種別に分析、検討を重ねており、2011年９月に開催された「第３回裁判員裁判に関する経験交流会」において、その検討結果を報告した。

本書は、その報告をもとに、さらに収集された判決も踏まえて検討を加えた結果をまとめ、これに加えて、原田國男元判事にご参加いただいて実施した情報分析PTのメンバーとの座談会の内容を掲載したものである。

裁判員裁判における量刑判断や量刑傾向は、従来の裁判官裁判と違う点があるか、違うとすると、どのように異なるのか、罪種別には、量刑判断はどのようになされているのか、などの考察を重ねた上で、裁判員裁判では、いかなる弁護活動が必要とされているのかを、具体的な実例を踏まえながら、判りやすく提示したものとなっている。

したがって、本書に示された内容は、全国各地で裁判員裁判の弁護活動に携わっている会員にとって、具体的な弁護活動の実践にあたっての大きな手掛かりとなるものと確信している。

本書が多くの会員や司法修習生、法科大学院生等に活用され、刑事弁護の質を高め、被告人の防御権行使を一層充実させる助けとなることを期待している。

最後に、原田國男元判事からは、多くの貴重なご意見をいただいた。ここに、あらためてお礼を申し上げる次第である。

2012年４月

日本弁護士連合会裁判員本部
本部長代行　　小野　正典

第2章から第4章までの本文中において，判決を記載する際に「東京地裁平成○年○月○日（No○，強盗殺人）」としているうち，「No○」の記載は，第3章において罪名別に掲載した一覧表における整理番号を示している。
また，第3章の罪名別一覧表における「V」との記載は，被害者を指す。ただし，「V意見」との記載は，被害者参加人またはその委託を受けた弁護士の意見を指す。
なお，一覧表は，2011年（平成23年）10月31日までに日本弁護士連合会裁判員本部が収集した情報に基づいて作成した。

裁判員裁判の量刑

第1章

裁判員裁判における量刑判断検討の意義[*1]

岡　慎一

1　従来の実務における量刑判断

裁判員制度の特徴の一つは、有権者から無差別抽出された候補者から事件ごとに選任される裁判員が量刑判断にも関与することである。そこで、裁判員裁判における量刑判断にいかなる特徴があり、裁判官裁判からどのような点で変化しているのかを検討することは、あるべき弁護活動を考えるためにも、また、制度を検証する上でも重要な課題となる。これらの検討では、従来の実務での量刑判断がどのようなものであり、裁判員裁判での量刑判断のあり方についていかなる議論がなされたか等の理解が前提となる。

量刑における判断事項には、①量刑事情に関する事実認定、②量刑目的ないし基準、③量刑事情の評価・衡量、④具体的な刑量の決定という４つのカテゴリーがあるとされる[*2]。量刑判断固有の問題領域は②ないし④である[*3]。

②について、学説では、いわゆる「相対的応報刑論」(刑罰は応報であると同時に犯罪の防止効果があるから正当化されるとする考え方)を前提として、責任と予防の関係が議論されている[*4]。そして、(ア) 責任には幅があり、その幅の中で予防を考慮するという考え方、(イ) 責任は量刑の上限を画するのみであり、責任を上限に、予防を考慮して最終形が決定されるべきとする考え方、(ウ) 責任刑は一点に決まるとする考え方等が示されている。

これに対し、実務では、「量刑相場[*5]」が量刑の基準となっているとされてきた。そして、「犯情（犯罪行為自体に関係する情状）に応じて量刑の大枠を決定し、その枠の中で事案に応じた個別的な一般情状（一般予防・特別予防に関する情状を中心とするが、これに限られない。）を考慮して最終的な量刑を決定している[*6]」と説明されている[*7]。ただし、「犯情といわれるもののなかには、応報刑としての責任を基礎付ける要素以外のものも含まれている」から、犯情による量刑の大枠は「責任の幅に近似するものとはいえても、責任の幅そのものとはいえない[*8]」とも指摘されている。また、一般情状は、一般予防・特別予防を中心とするが、必ずしもこの目的だけから説明できる要素に限られるわけではなく、例えば、示談、捜査協力、被害者やその遺族の被告人に対する処罰感情[*9]、違法捜査により受けた被告人の苦痛、時の経過等、一般予防・特別予防では説明しがたい各要素を一般情状として考慮しているとされる[*10]。

ただし、上記のように説明される原田國男元判事自身が述べられているように、従来の実務は「必ずしも責任主義における幅の理論を意識したものではない」し、さらに、刑罰理論との関係での量刑基準（責任と予防の関係等）については、問題自体がどこまで意識されてきたかも疑問といえるように思われる[*11]。そして、「量刑相場」は「不文の存在」で開示されない「基準」であり[*12]、また、判決書の量刑理由では「総合すれば、こういう刑が必要であるといった弁勘定的、総花的判示[*13]」が多く、量刑の考え方や量刑判断の過程が具体的に示されることはほとんどなく、このような意味で従来の量刑判断は「一種のブラックボックス[*14]」だったとも指摘された。

2　裁判員裁判での量刑判断についての議論経過

事実認定ないし有罪無罪の判断に加え、裁判員が量刑判断をも行う制度とした趣旨・目的について、司法制度改革審議会意見書は次のように述べている。――「裁判員が関与する意義は、裁判官と裁判員が責任を分担しつつ、法律専門家である裁判官と非法律家である裁判員とが相互のコミュニケーションを通じてそれぞれの知識・経験を共有し、その成果を裁判内容に反映させるという点にある。このような意義は、犯罪事実の認定ないし有罪・無罪の判定の場面にとどまらず、それと同様に国民の関心が高い刑の量定の場面にも妥当するので、いずれにも、裁判員が関与し、健全な社会常識を反映させることとすべきである」(103頁)——しかし、量刑における判断事項のうち、①量刑事情に関する事実認定については、犯罪事実に関する事実認定であっても、また犯罪事実に属しない量刑事情の事実認定であっても、社会生活で培われる様々な知識や経験が活用されることが期待されているといえるが、それ以外の判断事項（②量刑基準、③量刑事情の範囲、評価方向、重み、④刑の数量化）については、「健全な社会常識」を、どこに、どのように「反映」させるべきかは、それほど自明なことではない。しかも、従来の実務では、「量刑相場」が「基準」とされ、②量刑基準や③量刑事情の範囲、評価方向、重みについて十分に意識的な議論はなされていなかったこともあり、「健全な社会常識」を反映させるべきなのはいかなる事項であり、その結果として量刑判断のあり方はどのように変化するか等は、その後の検討に委ねられた部分が大きいといえるように思われる。

制度実施に向けた準備過程では、まず、「過去の裁判例によって形成された」量刑資料をどのように利用するかが検討された。すなわち、従来の量刑実務を支配していた「量刑相場」は少なくともそのままの形では利用できなくなるという認識を前提として、量刑の参考として、過去における同種、同性質、同程度の事件についての「量刑傾向」[*15]を参照することは裁判員裁判でも必要であることが指摘された。そして、最高裁事務総局は、「（量刑）資料がもっぱら裁判官から示されると、押し付けであるとの不満を与える」おそれがあるとして、量刑資料の正確性や妥当性を巡る議論を回避しつつ量刑傾向をふまえた当事者の主張が可能になる方策として、「裁判所の量刑検索システム」を整備して当事者に開示する方策を検討するとした[*16]。当初は、裁判官裁判当時の「量刑傾向」を示すことへの抵抗感も強く、「量刑資料」を見せるべきか自体が裁判官の中で議論される状況が存在したが[*17]、その後、量刑資料を用いなければ具体的な刑の決定ができないことや量刑の公平性確保の観点からも量刑資料が重要であることが強調され[*18]、量刑資料の利用が必要であることは裁判官の間では概ね一致した認識となっていったものと考えられる。

さらに、制度実施前までには、「行為に相応しい刑事責任」が量刑判断の基礎であり、その上で被害者側の事情や被告人側の事情を考慮するという「量刑の基本的な考え方をふまえた評議」の重要性が強調され、「行為に相応しい責任」の参考として量刑検索システムを参照する運用方針が一般的になっていったものと考えられる。

3　日弁連における検討

日弁連では、会員から収集した判決書について分析を行い、「裁判員裁判における量刑判断――判決書の紹介」等として会員向けホームページに掲載している。現在は、日弁連裁判員本部「情報分析PT」で分析等を進めており、その結果は、2011年9月に開催された「裁判員裁判に関する経験交流会」で報告された。本書第3章は、このときの報告をもとに、その後に収集された資料も含めて検討を追加した成果である。

なお、量刑判断の特徴等の検討を「判決書」だけから行うことには制約がある。すなわち、量刑判断は、当事者の訴訟活動をふまえて行われる。例えば、判決において、ある事情が被告人に有利に考慮されていない場合、それは、当該事情の立証が適切に行われていなかったり、あるいは、当該事情が刑を軽くする根拠となる理由が的確に主張されていなかったことが反映したものである可能性がある。しかし、当事者の訴訟活動がいかなるものだったかを判決書から判断するのは通常は困難である。判決書を資料とした分析を行う際には、この点が留意される必要がある。

＊1　本章は、岡慎一「裁判員裁判における量刑判断――日弁連での判決分析から」季刊刑事弁護66号（2011年）34頁以下の前半部分に加筆したものである。

＊2　小池信太郎「裁判員裁判における量刑評議について」法学研究82巻1号（2009年）609頁。

＊3　井田良「量刑判断の構造について」原田國男判事退官記念論文集『新しい時代の刑事裁判』（判例タイムズ社、2010年）456頁では、量刑判断に関連して理論的な検討対象とされるべき問題領域には、①刑罰理論との関わりにおける量刑の基準の問題、②量刑事情の範囲、評価方向、重み（ウエイト）、③一定の刑量への数量化の問題があると整理されている。

＊4　「応報の範囲内で予防を考慮する」量刑論は、相対的応報刑論のうち「応報を主目的」とする考え方から導かれるほか、「応報原理に立脚した刑罰であって初めて正義に適うものとして一般予防の効果が生ずる」といった理由付けからも説かれている。

＊5　「量刑相場」とは、「同種・同性質・同程度の行為を内容とする事件に対しては、同刑量の刑罰を適用するのが妥当であるという考え方に根拠をもつもの」で、「長年の実務において形成されてきたものであり、熟練した裁判官であれば、一応身に付けている認識判断」とされる（原田國男『量刑判断の実際（第3版）』〔立花書房、2008年〕3頁。ここで「同種・同性質・同程度の行為を内容とする事件に対しては、同刑量の刑罰を適用するのが妥当であるという考え方」とは、「行為責任」を基礎とした量刑が公平であるとの考え方を前提とするものと理解される（日弁連編『裁判員裁判における弁護活動―その思想と戦略―』〔日本評論社、2009年〕57～58頁参照）。

＊6　原田國男「裁判員裁判と量刑評議」刑事法ジャーナル16号（2009年）56頁。

＊7　「量刑相場」における量刑の幅は、犯情に応じて決まる刑の大枠であるとも説明されている（岡田雄一「量刑―裁判の立場から」三井誠ほか編『新刑事手続Ⅱ』〔悠々社、2002年〕486頁）。ただし、量刑相場形成の際に考慮されている事情は、基本的には犯情事実であり、責任に関する事情に属するものといえるとしつつ、「量刑相場は、量刑事情の法的性格を基点に形成されていったものではなく、量刑判断に相当な影響を与えると考えられる類型化の可能な客観的事実を基礎に形成されていったものと考えられるから、事件類型によっては、必ずしも責任刑的事情とはストレートにいいにくい事情が量刑相場形成に影響を与えていることもある」という指摘もなされている（遠藤邦彦「量刑判断過程の総論的検討」『量刑実務大系』〔判例タイムズ社、2011年〕69頁）。

＊8　原田・前掲注6論文57頁。例えば、一般予防の要素といえる「模倣性」、特別予防にかかわる「手口の反復性」なども犯情の要素とされているとされる。

＊9　なお、「被害感情」について、①被害者等の生活への支障の一環としての精神的被害と、②処罰感情・科刑意見（例えば「被告人を極刑にして欲しい」との意見）を区別するべきとする考え方が提起されており、学説では、この区別を前提にして、②はあくまで意見であり、それ自体としては量刑事情とはならないとする見解（小池信太郎「コメント」『量刑実務大系2』〔判例タイムズ社、2011年〕127頁以下）も主張されている。

＊10　原田・前掲注6論文57～58頁（「あえて、一括りにすれば、刑事政策的要素ということもできる」とも述べられている）。

＊11　裁判官に対するアンケート結果で、「責任相当と思われる範囲内で予防的考慮を取り入れる」が42名中21名、「責任と予防を同時に考慮しながら量刑を行う」が16名だったとの報告がある（原田・前掲注5書22頁での紹介）。このように、量刑についての理論的問題が十分に意識されてこなかった背景には、「量刑相場」が「刑量への数量化」の基準として直ちに機能しうるものだったために、その前提となるべき「考え方」（刑罰理論との関わりにおける量刑の基準の問題）の意識化が必ずしも必要とされなかった事情があるように思われる。

＊12　松本時夫「量刑の実務と今後の課題」現代刑事法21号（2001年）14頁。

＊13　原田・前掲注5書363頁。

＊14　原田・前掲注5書353頁参照。

＊15　原田國男「量刑をめぐる諸問題――裁判員裁判の実施を迎えて」判例タイムズ1242号（2007年）74頁は、「量刑相場」という言葉に「相場だから従えというニュアンスがあるから、これを払拭するためにも、量刑傾向という言葉を使うのがのぞましい」と指摘した。

＊16　判例タイムズ1188号（2005年）14頁。その後、制度実施までに「裁判員量刑検索システム」として整備され、実際に使用されている（中川博之「裁判員裁判と量刑」刑事法ジャーナル21

号〔2010年〕10頁参照)。

＊17　今崎幸彦「裁判員裁判における審理及び制度運営上の課題――司法研修所における裁判官共同研究の概要」判例タイムズ1255号（2008年）号18頁参照。模擬裁判での量刑資料の取扱いの具体例については前掲注５書日弁連編『裁判員裁判における弁護活動』51頁以下参照。なお、「量刑傾向の参照」と「量刑資料の利用」についての弁護士会内の議論については同書56頁以下参照。

＊18　中川・前掲注16論文10頁。

第２章

量刑に関する審理・手続の変化

菅野　亮

1　量刑に関する審理・手続の変化

裁判員裁判における量刑審理・手続の変化として次のようなものがある。そのうち①②③⑥は、公判審理の変化であり、評議にも直接的に影響を与える可能性がある。④⑤は、弁護活動の活性化に結びつくことで、間接的に量刑審理に影響を与えているように思われる。

①最高裁判所裁判員量刑検索システム
②検察官の論告・求刑の変化
③弁護人の刑に関する意見
④国選弁護人の複数選任
⑤保釈の運用の変化
⑥被害者参加制度

2　量刑検索システム

裁判員裁判を担当する検察官及び弁護人は、捜査段階から、最高裁判所裁判員量刑検索システム（以下「量刑検索システム」という。）を利用することができる。量刑検索システムでは、罪名別に検索条件を設定し、「量刑分布」（判決件数と懲役年数がグラフないし一覧表となったもの）や「事例一覧」（判決、求刑、事案の概要、被害者の処罰感情、示談等が記載されたもの）を閲覧したり、印刷することができる。

量刑検索システムには、順次新しいデータが入力されているので、公判直前に、改めて量刑検索システムを利用して最新の量刑傾向等について確認する必要がある。

量刑に関する評議では、裁判員に対して、量刑検索システムを利用して得られる「量刑資料」が示される[*1]。量刑検索システムを利用した「量刑資料」を前提に評議が行われたと思われる判示もある。

○東京地裁平成23年２月28日（No10、偽造通貨行使等）

「本件の量刑を決する上では特に偽造通貨行使が重要であり、まず、量刑検索システムにより、本件と同種事案（処断罪・偽造通貨行使等、処断罪と同じ罪の件数・２件以上）のデータを入力した場合の量刑分布をみたところ、懲役２年６月以上５年以下を中心として、執行猶予付から実刑まで幅がある量刑グラフが得られたが、行使罪を何件以上やれば実刑で、何件以下なら執行猶予がついているというような明確な量刑傾向は読み取ることができなかった。もっとも、実刑になっている事例では、被告人が行使罪だけでなく、偽造罪も併せて認定されている事例や前科がある事例、他の犯罪が併合罪として認定されている事例が多くあるという傾向は見られた。

そこで、本件の量刑を考えるに当たっては、まず、被告人のやった犯罪に着目して採り得る量刑の範囲を絞り、その中で被告人の属性に着目して最終的な量刑を決めることとした。」

3　検察官の論告・求刑の変化

従来、求刑は、予想される判決よりも何割か上目のところで行われてきた。また、検察官は、論告において被告人に有利な情状に積極的にふれたり、被告人に有利な情状を踏まえた求刑の正当性を述べることは少なかった。

しかし、裁判員裁判においては、検察官が被告人に有利な情状にふれた上で、それを考慮したとして求刑を行うことが増えている。被告人に有利な情状を加味し、従来のように予想される判決よりも上目の判決を狙わない求刑もあると思われる。しかし、被告人に有利な情状にふれた上で、有利な情状を考慮した上での求刑であると述べるものの、具体的な求刑は、従来の求刑基準に等しいと考えられる求刑も多い。

4　弁護人の刑に関する意見

裁判員裁判では、弁護人が刑に関する具体的な意見を述べることが増えている。

従来、弁護人は、「執行猶予付きの判決を求める」、「寛大な判決を求める」等の意見を述べることが多く、有期刑の具体的年数を相当だと述べる最終弁論はほとんど無かった。

裁判員裁判では、量刑検索システムを利用して得られる量刑傾向等を踏まえて、弁護人が「懲役○年が相当」などと最終弁論で述べる例も増えている[*2]。

○弁護人が量刑傾向を踏まえた具体的な量刑意見を述べた最終弁論の例
千葉地裁平成22年10月21日（No34、強盗強姦未遂）

> 裁判所にあるデータベースで強盗強姦未遂罪の裁判のうち、共犯者がいない事件で、かつ、凶器を用いず、路上で起きた事件について、どのくらいの刑が科されてきたのか、調べてみました。
>
> 6件のデータがありました。こちらのパネルで示したように、懲役5年6ヶ月から15年までの範囲です。なお、これらのデータは、後ほど、皆さんが評議を行う際に参照できます。細かい点は、その際に確認して頂ければと思います。
>
> このうち、15年、9年、8年、7年6ヶ月という4件は、強姦や強盗を繰り返して裁判になったというケースです。□さんの場合とは、事情

が全く異なります。これらのケースよりは、□さんの刑を軽くすべきということは、お分かりいただけると思います。

また、6年、5年6ヶ月のケースでも、強盗強姦未遂に加えて、別の犯罪も成立していました。1つ強盗強姦未遂事件だけが対象となっている□さんのケースとは異なります。裁判の対象になる事件が増えれば、刑も重くなるのが通常です。単純に、起こした事件の数という点から過去の例との比較を行えば、□さんには、これらの場合よりも軽い刑が相当ということになります。

したがって、5年半から3年半までの範囲が適切なのではないか、という1つの見方ができるのではないかと思います。

【中略（省略部分は、当該事件における具体的な犯情や一般情状に関する意見）】

このように、□さんの再犯可能性がとても低いことを考えれば、3年半から5年半という範囲の中で、もっとも軽い3年半の懲役刑という選択もあり得ると思います。ただ、検察官が指摘するように、被害者の方の処罰感情は強く、□さんからの謝罪も受け入れてもらっていません。刑の重さは被害者の意向で決まるわけではありませんが、やはり、無視できない要素ではあります。この点を考えて、弁護人としては、□さんには、3年半よりも少し重い、懲役4年の刑が適切であると主張します。

5　国選弁護人の複数選任

刑訴法第37条の5に該当する事案で、弁護人が求めた場合には、被疑者段階から、複数の国選弁護人が選任される。

接見も多数回行うことができる上、従来よりも、被害弁償や情状弁護活動を行う時間的・人的な余裕が生まれている。

6　保釈の運用の変化

松本論文[*3]を嚆矢として、裁判員対象事件に関して裁量保釈が認められることが増えている[*4]。従来であれば、保釈が困難と思われる強盗致傷事件（犯人性を争う事件）や殺人事件で保釈された事例もある。保釈された場合、保釈後に働いて得た金銭で被害弁償をしたり、情状鑑定[*5]を行ったり、性犯罪に関するカウンセリング等に通うことも可能となるため、充実した情状弁護活動が可能となる。

○東京地裁平成22年６月22日決定[*6]
（①傷害、②傷害・窃盗、③強盗致傷被告事件について、平成22年６月２日東京地方裁判所裁判官がした保釈請求却下の裁判に対する弁護人の準抗告申立認容事例）

「裁量保釈の当否についてみると、上記のとおり、公判前整理手続がまもなく終了する現時点において、①傷害被告事件及び③強盗致傷被告事件については、罪証隠滅の具体的なおそれがあるとは認められない。また、②傷害・窃盗被告事件については、被害者との関係で罪証隠滅のおそれは認められるが、その程度が強いとまでは認められない。そして、被告人の両親が被告人の身元を引き受ける旨約束しているところ、被告人は、保釈後、自宅で理容業を営む父親、母親、祖母と同居することになり、保釈期間中の手厚い監督体制も見込まれる。被告人は前記の経緯で既に約11か月にわたりその身体を拘束されたままであり、その期間が長くなっている。さらに本件は、いずれも裁判官と裁判員の合議体によって、本年７月20日から８日間にわたり、土曜日と日曜日を除く連日開廷で審理される予定であるところ、このような連日開廷に対応した効果的な弁護活動を行うためには、被告人と弁護人が即時かつ緊密に打合せを行う必要がある。」

7　被害者参加制度

被害者参加制度は、裁判員裁判に限られるものではなく、被害者参加人の意見等が量刑評議へどう影響しているかについての検証は困難である。

死刑求刑がなされる重大事件に関しては、被害者の遺族が証人尋問で処罰感情を述べ、さらに意見陳述（刑訴法第292条の２）を行った上で、刑に関する意見も述べる（刑訴法第316条の38）ことも多い。多数の被害者及び遺族らから厳しい処罰感情が述べられることもあり、量刑評議等へ影響を与えている可能性がある。

なお、遺族の処罰感情を結果等と別に過度に評価しないとした裁判例も存在するので紹介する。

○東京地裁平成22年６月23日（No８、強盗致死等）

「本件犯行により被害者は何ら落ち度がないのに、前途ある命を奪われており、結果があまりに重大であることはいうまでもない。遺族が峻烈な処罰感情を抱くのも当然であり、その悲嘆や犯人に対する憤りは強く胸に迫るものがあった。

しかし、そのような遺族の処罰感情を、行為の悪質性や結果の重大性といった行為責任と切り離して過度に考慮することは相当ではないと考え、被告人の刑を決めるに当たって重視し過ぎないようにした。」

○仙台地裁平成22年８月27日（No14、強盗殺人等）

「被害者が、苦しみながら殺害されたことや、被害者の遺体が、10年以上もの間、山林に埋められたままで、発見時には白骨化していたことも、検察官の主張するとおりである。この点で、被害者の母親が、被告人に対し、厳しい処罰感情を述べているが、こうした処罰感情は、本件犯行の態様や結果を反映したものであり、これらは既に量刑上重視しているから、刑を決める上で改めて重視することは相当ではない。」

＊1　室橋雅仁「裁判員裁判における行為責任をベースにした量刑評議について」植村立郎判事退官記念論文集『現代刑事法の諸問題』(立花書房、2011年) 528頁、伊藤雅人・前田巌「裁判員との量刑評議の在り方」原田國男判事退官記念論文集『新しい時代の刑事裁判』(判例タイムズ社、2010年) 378頁。

＊2　日弁連裁判員本部が2011年７月に行ったアンケートによれば、量刑検索システムで確認した「量刑傾向」に言及した弁論が67例、言及しない弁論が118例であった。

＊3　松本芳希「裁判員裁判と保釈の運用について」ジュリスト1312号（2006年）128頁

＊4　日弁連の会員向けホームページに、裁判員裁判で保釈された事例に関する決定等が掲載されているので参考にしていただきたい。https://w3.nichibenren.or.jp/member/index.cgi?loginscr.a=contents:3343525

＊5　保釈されなくとも情状鑑定の実施は可能であるが、弁護人が依頼した医師等が、拘置所等において、検査が自由にできず、面会時間も限られてしまうという限界がある。

＊6　本決定は、平成22年６月２日、東京地方裁判所裁判官がした保釈請求却下の裁判に対する弁護人の準抗告に対する判断である。なお、本決定に対して、検察官から特別抗告の申立がなされたが、平成22年７月２日、棄却されている。

第３章

罪名（犯罪類型）別の検討

1　殺人既遂

(1)　量刑事情についての事実認定

a　反省しているか否かの認定の前提としての虚偽供述か否かの認定

(i)　虚偽供述とは認めていないもの

○大阪地裁平成22年11月15日（No48、殺人）

殺意を否認している事案（懲役17年／求刑17年）

「被告人は客観的な事実については概ね認めており、殺意を否認するのも殺害しようという意欲まではなかったと言いたいがためだと考えられる。検察官が指摘するように、嘘の弁解を繰り返しているとみるのは酷であろう。」

○鹿児島地裁平成22年７月28日（No78、殺人）

殺意を否認している事案（懲役12年／求刑15年）

「被告人は前記のとおり殺意を否認しているものの、これは、責任逃れのためにあえてうそをついていると断じることはできず、記憶が不確かなために弁解しているところが大きく、法廷での供述態度や被害者の姉に送付した謝罪文の内容からすると、被告人なりに被害者を死亡させてしまったことを後悔・反省しているとみるのが相当であ」る。

(ii)　虚偽供述と認定しているもの

○仙台地裁平成22年３月18日（No34、殺人）

犯人性、殺意、責任能力を争った事案（懲役18年／求刑20年）

「被告人はスナックに行ってからのことはまったく覚えていないと述べるが、被告人がスナックにいた時間からすれば、まったく覚えていないのはおかしいのであって、この限りでは、被告人はうそをついている。

また、被告人は、被害者遺族からの質問に対し、酒について『今でもあれば飲みたくなる』と述べており、本件の原因と向き合っていない。そもそも、記憶がない場合であっても、反省することはできるのに、被告人は『仮に自分がやったとすれば申し訳ない』と述べるのみである。被告人に自らの心情をうまく言葉にできない面があるにしても、被告人が本件について反省しているということはできない。」

○福岡地裁小倉支部平成22年３月15日（No63、殺人等）

殺意を争った事案（懲役14年／求刑15年）

「被告人は、自分のやったことに正面から向き合おうとせず、被害者が自分の手を振りほどこうとして、偶然、被害者が自分の方にもたれかかってきたこともあって、深く刺さったに過ぎず、殺意はなかったなどと、不自然、不合理な弁解に終始していて、生じた結果について後悔している様子はうかがわれるものの、それが真摯な反省の情に基づくものであるとは認め難い。」

b　被告人の供述態度を基にした、反省しているか否かの認定

(i)　被告人の言動を否定的にとらえているもの

○千葉地裁平成23年６月３日（No73、殺人）

犯行を認め、被害者に悪かったなどとも公判廷で述べている事案（懲役13年／求刑16年）

「被告人は、本件犯行を認め、被害者に悪かったなどとも公判廷で述べているが、口下手で、表現能力に限界があること等を踏まえても、その反省を十分なものとみることはできず、この点を被告人に有利に大きく考慮することは相当でない。」

○宇都宮地裁平成22年３月11日（No33、殺人）

犯行を認めて反省や後悔の念を述べている事案（懲役18年／求刑20年）

「反省はしているとしても、その内容は、被害者の冥福を祈りたいとか、早く社会復帰したいなどと述べるばかりで、今回の事件をどのよう

に受け止め、何に対して後悔しているのか分からず、反省が十分に深まっているかどうかは疑問も残る。」

(ii) **反省していないとされているもの**

否認事件で必ずしも虚偽供述という認定はされていないが、反省していないと評価されている事案がある。

○横浜地裁平成22年９月14日（No25、殺人）

犯人性と責任能力を争った事案（懲役20年／求刑18年）

「被告人は、犯行への関与を否認して不合理な弁解に終始しているだけでなく、記憶の欠落を理由として、詳細を語ろうとせず、事案の真相を明らかにしようとする姿勢に欠けており、無表情のまま他人事のように進行を見守った法廷での態度を含め、反省の姿勢は全くうかがえない。」

c　反省の態度の評価

(i) **大きく不利にも有利にもならないとされているもの**

○横浜地裁平成22年５月27日（No99、殺人）

法廷での供述態度が認知障害と相まって判断されている事案（懲役９年／求刑13年）

「弁護人は、被告人が反省の態度を示していることを有利な情状として主張しているが、被告人が犯行後、被害者の遺体を放置して一日半生活していたことや当公判廷での態度からは、被告人がどことなく本件を他人事のように捉えているようにもうかがわれ、反省を深めているとまで認めることはできない。しかし、被告人のこのような態度は、軽度認知障害による判断能力の低下が影響しているとも考えられるから、被告人がこのような態度を示していることは、被告人に大きく有利にも不利にも評価することはできない。」

(ii) **事件解明への協力として評価しているもの**

○さいたま地裁平成23年７月20日（No10、殺人・詐欺等）

共犯者と共謀して被害者２名（うち被害者１名の殺害目的は保険金

目当て）を殺害した事案（無期懲役／求刑死刑）

「被告人は、甲事件及び乙事件を含む本件各犯行について、捜査段階から素直に事実を認め詳細な自白をしており、当公判廷においてもこの供述を維持している。特に甲事件については、○○県警が○○（被害者）の死亡を事故死と誤信し、司法解剖等の初動捜査を行っていなかったことに照らすと、罪を認めることにより死刑になることもあり得る状況下で被告人が素直に自白したからこそ、事件の全容が解明されて被告人と○○（共犯者）の刑事責任が問われることになった、という側面があることは否定できない。このことは、被告人の刑を決めるに当たって有利に斟酌されるべきである。

被告人は、上記のように潔く供述するとともに、被害者らを供養するため毎日写経を続け、木訥ながら被害者や遺族らに対する謝罪の言葉を述べるなどしており、反省、悔悟の情が認められるのであるから、前科等に照らして規範意識の鈍さを指摘せざるを得ないものの、今後の更生を期待できないとまではいえない。」

⑵　量刑の基準（量刑の考え方）

当初は量刑傾向に言及される事案も多く、量刑傾向自体に対する評価を指摘する事案も見られたが、最近では、量刑傾向に触れられる事案が少なくなっている。

a　過去の量刑傾向を修正しようとしているもの

○千葉地裁平成22年２月８日（No44、殺人等）

刃物を使用して近隣に居住する被害者１名を殺害した事案（懲役17年／求刑18年）

「本件は、単独犯で、刃物を使用して、知人である被害者１名を殺害した犯罪類型に当たる。これと同種の過去の裁判例で示された量刑幅を検討したところ、これまでの量刑は、この種犯罪の結果・行為の評価としては不十分であり、人の生命が軽んじられている現代の世相に鑑みると、改めるべきとの結論に至り、このような犯罪を抑止し、我々の平穏な社会生活を守るためには、従前の量刑幅よりも重い量刑をもって臨むのが相当であると考えるに至った。」

○千葉地裁平成22年９月10日（No58、殺人）

男女関係が原因で被害者１名を殺害した事案（懲役15年／求刑15年）

「検察官の求刑及び弁護人の量刑意見は前記２のとおりであり、いずれも、それぞれが主張する事情に加え、これまでの量刑傾向をも踏まえて意見を述べたものと思われる。しかしながら、被告人に対する刑罰を決めるに当たっては、従前の量刑傾向を参考としつつも、これを機械的に当てはめて結論を導くのではなく、そもそも国民の健全な良識に照らし、いかなる刑罰が適切かという観点からも十分に検討されなければならない。

そこでさらに検討を進めると、身勝手な動機から、強固な殺意に基づき、一人の人間のかけがえのない生命を奪ったという厳然とした事実に対する報いとしては、検察官の求刑の前提となっている従前の量刑傾向がやや軽いのではないかとの感が否めないところがある。他方、被告人は、突発的に犯行に及んだものであり、人の生命の重大さを一切省みることなく計画的に犯行に及んだような事案と比べると、自ずとその責任は軽く位置付けられることになる。また、被告人が当公判廷で反省の態度を示したことや、被告人の更生の支えとなる者がいることも考慮されるべきである。

そうすると、被告人の刑事責任は重大であるが、被告人に有利な事情も考慮すると、結論としては、検察官が求刑するところの懲役15年が相当であると判断した。」

b　一定類型の過去の量刑傾向を分析評価しているもの

○大阪地裁平成22年７月２日（No138、殺人）

世話をしていた精神障害を患う次女と口論になって激高し、殺害した事案（懲役２年／求刑５年）

「以上の諸事情を総合して判断すると、被告人は、他に取り得る手段がありながら、被害者を殺害するしかないと短絡的に考え、生きようとする意欲を失っていない実の娘を手にかけたものであり、一人の人間を殺害したという事実の重みからすれば、被告人の刑事責任は誠に重大というほかない。そうすると、本件のようないわゆる無理心中の類型には該当しない家族間の殺人について、これまでの類似する先例がほとんど刑の執行猶予を認めてこなかったことには理由があるのであって、被告人に相応しい償いの形として執行猶予判決が相当であるとする弁護人の科刑意見は受け入れがたいといわざるを得ない。」

c　従前の量刑傾向に沿って検察官の求刑を排斥しているもの

○熊本地裁平成22年７月１日（No19、殺人等）

ホテル客室内で知り合ったばかりの女性を殺害した事案であるが、本件事件の６日後に同じような殺人事件を起こして懲役16年の判決が確定していた事案（懲役23年／求刑無期懲役）

「量刑検索システムを利用して、単独犯による被害者１名の殺人について無期懲役に処せられている事案を概観したところ、計画性が高く、本件よりも行為態様が残忍で、明確かつ強固な殺意があるものが多い。これに対し、本件殺人は、前記のとおり、計画性がなく、殺意が強く明確なものであったともいえないのであるから、基本的な犯情において、一線を画していると認められた。にもかかわらず、本件について被告人を無期懲役刑に処すべきであるとする検察官の主張を採用するとなれば、それは結局のところ、６日後の事件をてこにして、基本的な犯情から想定される刑の範囲を明らかに超え、格段に重い刑を科すことになるのであって、実質的には６日後の事件を再び処罰する趣旨で考慮したことになるといわざるを得ない。

以上のような検討の結果、当裁判所は、殺人罪について無期懲役刑を選択し、被告人を無期懲役に処すべきであるという検察官の主張は採用できないと判断した。」

(3) 量刑事情の範囲

a 被害者を介護していたこと

介護していて精神的に追い詰められて殺害に至るという経緯があっても、他にも解決方法があることから短絡的とされて、直ちに被告人に有利な事情と評価されていない事案もある。

○山口地裁平成22年10月14日（No136、殺人）

心中を決意して認知症の夫を殺害した事案（懲役２年６月／求刑６年）

「なるほど、被告人が、認知症となった被害者を一生懸命支え続け、前記のようなきっかけで、突発的に心中を決意して犯行に及んだと考えられることなどの犯行経緯には同情すべき点も認められるところである。

しかし、前に述べたとおり、被害者が徘徊し始めてからの期間はそう長期間であったとまではいえず、被害者が嫌がる態度を示すことがあったとはいえ、被害者の入院準備が進められており、親族らのサポートもあったなどの被害者の介護状況を考えると、少なくとも客観的には、他の選択肢をとることも可能であったし、被告人も十分そのことを考えるべきであった。被告人が心理的には追い込まれていたとはいえ、以前から心中を考えていたなどの事情もなく、あくまで突発的で短絡的に被害者を殺害してしまっている。」

○大阪地裁平成22年７月２日（No138、殺人）

世話をしていた精神障害を患う次女と口論になって激高し、殺害した事案（懲役２年／求刑５年）

「被害者のこのような発言は、精神障害に基づくものであり、医師に相談する、あるいは支援施設に入所させるなど、発言を実行させないよう他に取り得る手段が存在していたことからすると、責任感が強く、安易に他人を頼ったりすることを潔しとしないという被告人の性格に帰因する面があるとはいえ、被害者の殺害までをも決意するというのは、自身の長年の労苦をも無にする短絡的な判断といわざるを得ない。」

○東京地裁平成22年9月7日（No125、殺人）

認知症の実母の介護疲れから突発的に実母を殺害した事案（懲役4年6月／求刑7年）

「被告人には、病院の入院手続を当面可能な限り進めたり、デイケアサービスの利用回数を増やしたり、老人保健施設等の利用を検討したりするなど、負担軽減のための方策が種々存在した。また、ケアマネージャーは引き続き相談に乗ってくれており、今後も支援・協力してくれることが期待できたのであるし、姪についても、子らの体調が回復すればまた訪問してくれるであろうことは被告人も認識していたのであるから、これらの打開策を採ることなく、退院からわずか22日にして本件犯行に及んだことは、あまりに短絡的かつ身勝手というべきである。」

b　一般予防・社会に与える影響

○さいたま地裁平成22年7月29日（No149、殺人）

障害を持つ長男を殺害した事案（懲役3年・執行猶予5年／求刑5年）

「被告人同様の境遇の下、家族で手を携えて懸命に生活している人々に対して本件犯行が及ぼす衝撃等を考慮すれば、一般予防の見地も軽視できない。」

○福島地裁郡山支部平成22年1月29日（No134、殺人）

夫の介護に負担を感じて思い詰め、夫を殺害し自殺しようとして夫を殺害した事案（懲役2年6月／求刑5年）

「介護を巡る状況が社会的に大きな問題となっている現状を考慮すると、介護を受ける者の意思に反して及んだ本件犯行が、同じように介護に携わる人や介護を受けている人など、広く社会に与える影響も無視し得ない。」

c　被害者が家族であること

○さいたま地裁平成22年11月22日（No８、殺人・傷害）

自宅の納屋に同居していた内妻と知人の男性を殺害し、賃貸中の自宅の母屋に住み込んでいた別の男性に傷害を負わせた事案（無期懲役／求刑無期懲役）

「弁護人は、殺人事件の各被害者が、被告人の内妻及び家族同様の関係にあった者であることを酌むべき事情として指摘するが、本件において、そのような事情は、被告人の刑事責任を軽くする事情とは認められない。」

d　自首していること

(i)　有利に考慮すべきではないとした事案

○盛岡地裁平成22年１月29日（No85、殺人）

妻を殺害した事案（懲役11年／求刑13年）

「被告人は、犯行後、三男に110番通報をさせて自首しているものの、この事件は、もともと被告人を犯人として特定するのが容易な事案であったことに加え、被告人は逮捕を覚悟して自首したにすぎず、反省に基づくものではないのであるから、自首があったことを刑を軽くする事情として考慮することはできない。」

(ii)　過大に評価できないとした事案

○松山地裁平成22年7月16日（No77、殺人）

恋愛感情を抱いた女性を殺害した事案（懲役12年／求刑13年）

「自首が成立することに争いはない。しかし、被告人が、このまま逃走しても逃げ切れないと観念して自首した面があることは否定できないことから、ある程度被告人に有利に考慮すべきではあるが、過大に評価することは相当ではない。」

○松山地裁平成22年７月２日（No101、殺人等）

無理心中目的で実母を殺害した事案（懲役９年／求刑12年）

「自首が成立することに争いない。ただし、その経過をみると、上記のとおり、被害者の発見を遅らせるため死体を隠匿した上で、自殺を図ったものの、運よく助かったものである。その後、被告人は、警察に110番通報して自首しているが、この時点で犯行から3日が経過している。このようなことからすると、ある程度被告人に有利には考えるべきではあるが、犯行直後に警察に連絡して自首した場合と同じには扱えない」。

e　被告人が自殺を図っていること

(i)　有利に考慮できないとした事案

○広島地裁平成21年11月20日（No51、殺人）

交際相手を殺害した事案（懲役16年／求刑18年）

「被告人が当初から自殺することを念頭に本件犯行に及んでいる以上、自殺の試みが事後的な反省の態度の現れとみることもでき」ない。

(ii)　有利に考慮している事案

○東京地裁平成22年2月26日（No62、殺人）

離婚調停中の妻を殺害した事案（懲役14年／求刑15年）

「被告人が犯行直後自殺を図っている点についても、事の重大性を理解しているが故の償いの行動であったと評価できる。」

f　犯行が社会に与えた影響

(i)　考慮しない事案

○千葉地裁平成22年2月8日（No44、殺人等）

刃物を使用して近隣に居住する被害者1名を殺害した事案（懲役17年／求刑18年）

「一般に犯罪が社会に恐怖と不安を与えていることは認められるものの、本件が被害者を選ばず、無差別に行われた犯行ではなく、被告人が犯行直後に逮捕されていることからすると、量刑上特段の考慮を要する事情であるとはいえない。」

(ii)　考慮している事案

○東京地裁平成22年9月8日（No24、殺人・銃刀法違反等）

被害者の居室内においてけん銃で殺害した事案（懲役20年／求刑25年）

「被告人のこの暴挙により、被害者の尊い命が奪われたのであり、その結果は重大である。近隣住民に与えた不安や衝撃も軽視することはできない。」

○千葉地裁平成22年11月2日（No７、殺人・銃刀法違反）

路上において被害者をけん銃で殺害した事案（無期懲役／求刑無期懲役）

「本件は、繁華街近くの住宅密集地において、けん銃を使用し、被害者の至近距離から立て続けに弾丸４発を発射して、被害者の左胸部等に弾丸を命中させて殺害したというものであるところ、被害者の生命を確実に奪うことを意図した執ような犯行であり、他の一般市民に危害が及ぶおそれもあったということができる。本件犯行が近隣住民に与えた恐怖や不安も看過できず、このように本件犯行がきわめて危険かつ悪質であることは、被告人の責任を決める上で特に重視すべきである。そして、住宅密集地におけるけん銃使用によって住民が被害を受けることを防ぐためにも、このような犯行に対しては厳しい態度で臨む必要がある。」

g　飲酒等の犯行への影響

有利に考慮することはできないとされている事案がある。

○千葉地裁平成23年３月10日（No80、殺人）

アルコール依存症に罹患していた被告人が義父であり養父でもあった被害者を殺害した事案（懲役12年／求刑14年）

「被告人は、以前から自分がアルコール依存症であると理解し、一度は通院治療を受けて断酒していたのであり、その経済状態や生活状況等を考えても、立ち直りの意思があれば、再び通院し治療を受けることが可能だったというべきである。」

○広島地裁平成23年１月27日（No120、殺人、ただし認定は殺人未遂と傷害致死の混合包括一罪）

義父と共謀して知り合いを死亡させた事案（懲役６年／求刑12年）

「飲酒による酩酊状態が本件犯行に影響はしているが、被告人は、日頃から家族などから酒を飲むと暴力を振るうということを指摘されていたわけであるから、酩酊状態にあったことをもって刑を軽くする方向に働く事情として考慮することができないことはいうまでもない。」

○津地裁平成22年９月29日（No30、殺人・毒劇物違反等）

元妻を殺害した事案（懲役19年／求刑20年）

「被告人がほとんど無抵抗の被害者を二十数回も執拗に包丁で突き刺していることからすれば、トルエン吸入が本件犯行に与えた影響は否定できないところであるが、被告人はそれまでにもトルエン吸入の経験があり、トルエンの身体への作用を理解した上で自ら吸入していることからすれば、この点をもって被告人に有利に考慮することはできない。」

h　不遇な生い立ち

○仙台地裁平成21年11月６日（No42、殺人）

被害者から貸金の返済を断られて口論となり殺害した事案（懲役17年／求刑20年）

「確かに、被告人の生い立ちは相当に不遇であって、同情することはできますが、不遇な生い立ちであっても罪を犯さずに立派に生きている人もいることを考えると、この点を被告人に有利に考えることはできません。」

○横浜地裁平成23年６月17日（No３、殺人）

３名を殺害した事案（死刑／求刑死刑）

「被告人の粗暴な性格は、不遇な生い立ちに影響を受けた面があるとしても、被告人は犯行当時57歳であり、自らの責任でこのような人格を形成していったといえる。さらに、被告人は、傷害等の粗暴犯として何度も服役した経験があり、その中で、自らの粗暴な人格と真摯に向き合い、それを克服するきっかけは何度もあったのであるから、不遇な生育歴は被告人にとって有利な情状とはならない。」

ⅰ　犯行態様の執拗さの原因

○松山地裁平成23年７月８日（No59、殺人等）

愛人を殺害した事案（懲役15年／求刑18年）

「本件犯行は、被害者を確実に殺害するという強固な意思に基づく残忍なものといえる。

もっとも、その後も被告人が2回にわたって浴室に入り、被害者の遺体に繰り返し攻撃を加えた点については、平成10年の交通事故に由来する認知障害が影響していると認められ、量刑上過大に評価することはできない。」

(4)　量刑事情の位置づけ、重み

a　動機が心中目的である場合の評価

動機が心中目的にあったとしても、その動機を持つに至る経緯に同情すべき事情があるかどうかによって、酌むべき事情として評価されるかどうかが異なっている事案がある。

(i)　酌むべき事情として考慮されていない事案

○仙台地裁平成22年１月22日（No84、殺人）

母親を道連れに心中しようとして口にガムテープを貼り、鼻と口をタオルでふさいで上から押さえつけるなどして母親を殺害した事案（懲役11年／求刑14年）

「被告人が、被害者を道連れにしようと考えたことについて、同情の余地があるかを検討しました。

被告人が妹に被害者の引き取りを頼みに行った際に妹から断られたことは、被告人をより追いつめたと考えることができる一方で、一度断られたからといってもあきらめずにもっと頼むべきであったとも考えられます。

しかし、いずれにせよ次に述べるような事情から同情すべき点はないという結論になりました。

すなわち、本件犯行当時のように生活が極限まで困窮した状態にあったとしても、母親をいきなり殺害するという気持ちは理解できません。そして、生活が極限まで困窮した際に、被害者と話し合い、被害者の合意を得た上での心中であったとか、将来を憂いて母親に対する愛情からの犯行であったなどの事情があれば、被告人の行動について同情することができなくもありません。しかし、後述するような本件の犯行態様等から考えると、本件ではそのような事情はないのですから、結局、被告人が被害者を道連れにしようとしたことについて同情することはできません。

以上の点は、被告人の刑を重くすべき事情です。」

○松山地裁平成22年7月2日（No101、殺人等）

無理心中目的で実母を殺害した事案（懲役9年／求刑12年）

「その経過をみると、被告人は、仕事を辞め、実家がある○○市に戻った後、10年くらい前から被害者と一緒に焼肉店を経営するようになったが、父親の遺産や、妹の保険金が入るなど、ある程度まとまった金を手にしたにもかかわらず、自分の借金の清算もせず、焼肉店の運転資金に回すほかにも生活費や遊興費に漫然と使い続け、その貯えのほとんどを失うに至っているのである。経済的な困窮の責任は被告人にある。また、被告人は、そのような自分の悩みについて、一切周囲に打ち明けることなく無理心中を決意しているのであるが、結局、母親や知人に弱いところを見せたくない、良く思われたいという気持ちが、そのような最悪の判断をしてしまった原因の1つであるといえる。」

(ii) 同情すべき余地が大きいとされた事案

○東京地裁平成22年2月19日（No139、殺人）

無理心中目的で妻を殺害した事案（懲役3年・執行猶予5年・保護観察付／求刑5年）

「かかる犯行動機には、被害者が生活する手段がまだ残されていたなど、検察官の主張するとおり短絡的な面があることは否定できない。しかしながら、50年余りにわたり、仲むつまじく被害者と連れ添い、認知症を発症した後もその世話を献身的に行ってきた被告人が、自らのガンという深刻な事態に直面し、人に迷惑をかけることを嫌うという性格故に全てを自ら抱え込み、また、愛する妻の将来を思い悩み、他に相談することなく無理心中を決意するに至ったという心情は同情すべき余地が大きい。」

b　被害者が障害を持った子どもの場合の評価

経緯としてそれほど有利に考慮していない事案がある。

○徳島地裁平成21年11月20日（No74、殺人等）

統合失調症に罹患し、暴力等を繰り返していた長男を殺害した事案（懲役12年／求刑15年）

「被告人は、家族らに何度も暴力を振るい、他人に危害を加える事件まで起こすようになっていた被害者が、更に重大な犯罪を犯すかもしれないという不安を感じ、精神的に追いつめられて犯行に及んだもので、その経緯に同情すべき点が存するのは確かである。しかし、いかに苦しい状況におかれていたにせよ、人一人の生命を奪うことは許されるものではない。（中略）（なお、弁護人は、精神障害者を抱える家族への支援制度が整備されておらず、家族に負担がかかりすぎていることを量刑上有利な事情として主張している。たしかに、そのような実情があることは認められるが、他方で、そういった状況下で被告人同様に苦しみながら、現実に向き合っている人々が少なくないことは忘れてはならない。）。」

○大阪地裁平成22年12月14日（No137、殺人）

長男を道連れに夫婦で心中しようとした事案（夫につき懲役２年６月、妻につき懲役２年・執行猶予３年／求刑夫につき７年、妻につき３年）

「知的障害や精神疾患をもつ子供など家族がいる家庭は、全国に多数あるであろう。そもそも子供など家族が不憫であるとして、その将来を悲観し、安易に道連れに無理心中をするという発想は、誤ったものであり、今後、同様の事件が頻発することは、何としてでも防がなければならない。」

c　被害者・遺族の感情

(i)　**遺族が厳重な処罰を望んでいないことを重視しないもの**

○千葉地裁平成22年５月27日（No147、殺人等）
実母を殺害した事案（懲役３年・執行猶予５年／求刑５年）

「被害者の遺族が被告人の厳重な処罰を望んでいないことは認められるが、遺族の意向次第で刑を決めるのは相当でないから、この点を量刑上重視することはしない」。

(ii)　**亡くなった被害者の意向を有利にも不利にも考慮しないもの**

○那覇地裁平成22年３月５日（No122、殺人）
障害を持った子どもを道連れに夫婦で無理心中を図った事案（夫につき懲役５年、妻につき懲役４年６月／求刑ともに８年）

「弁護人は、量刑判断に際しては、被害者が被告人両名についてどのように思っているのかという点をも考慮するのが相当である旨主張するが、本件のような事件において、生命を絶った両親に対する被害者の意向を忖度することは被告人両名に不利益な方向であっても、有利な方向であっても、被害者の尊厳を冒涜するものであり、本件に関与する者はただ敬虔な気持ちで被害者の冥福を祈ることが許されるにとどまるというべきである。」

d　夫婦間の問題

(i)　**犯行動機を抱くに至った経緯として同情すべきとしているもの**

○長野地裁松本支部平成22年10月22日（No108、殺人）
夫との生活を終わらせるために夫を殺害した事案（懲役８年／求刑13年）

「被告人は、被害者の言動に不満を募らせ、被害者に恨みを抱き、被害者から解放されたい、被害者との生活を終わらせたいとの思いから、本件犯行に及んでいる。この動機が殺人を正当化する理由にならないことは当然であり、自分のこれからの人生のために人を殺害するという方法を選択したのであるから、身勝手と評さざるを得ない。しかしながら、これまで被告人が長年にわたり被害者から受けてきた暴力、暴言、過度の束縛等の事情をふまえると、被告人が被害者に恨みを抱き、被害者を殺害することで同人との生活から解放されたいと考えるに至った経緯については、同情の余地がある。これらを総合すると、動機そのものは酌量の余地はないものの、その動機を抱くに至った経緯については、被告人の刑を決める上で酌むべき事情であると判断した。」

○熊本地裁平成22年10月22日（No97、殺人）

夫を殺害した事案（懲役10年／求刑14年）

「被告人が、日頃の被害者の言動に不満や怒りを募らせていたことは理解できるし、犯行の直接のきっかけとなった被害者の言葉が、長年連れ添った被告人の心を深く傷付けたことも想像に難くない。被告人は、これまで60年の人生において、前科、前歴が一切ないのであって、このような被告人があえて本件犯行に及んだことを考えると、そこまでに至る経緯には同情の余地があるといえる。この点は、犯した罪に相応しい刑罰の範囲内で、被告人に有利に斟酌するべきである。」

(ii) 夫婦双方に責任があるとして、有利な事情としてそれほど考慮すべきではないとされているもの

○高知地裁平成22年３月３日（No93、殺人）

妻を殺害した事案（懲役10年／求刑13年）

「被告人が不満を抱くに至った原因は、被害者の態度のみによるものではない。金銭面について妻である被害者に十分に意見を述べず、また、長男の就職活動がうまくいかない事情について説明しなかったなどの被告人の態度にも問題があったというべきである。夫婦間で十分なコミュニケーションが図られなかったことが原因というべきであり、その責任は夫婦である被告人と被害者双方が負うべきものであって、一方的に被害者の責任とすることはできない。そうすると、被害者の態度に問題があったとしても、被告人に有利な事情としてそれほど考慮すべきではない。」

ⅲ　動機・経緯に同情すべき点はあるが短絡的とされているもの

○金沢地裁平成22年３月17日（No113、殺人）

夫を殺害した事案（懲役７年／求刑12年）

「被害者は被告人との家庭生活でかなり身勝手な振る舞いがあったようであり、その点で被告人が様々な不満を抱えていたのもやむを得ない面があり、また、前記の７月25日の被害者の言葉も配慮に欠けるものであったといえることから、被告人が本件犯行に至った経緯や動機の面で同情するべき点がある。しかし、被告人と被害者のそれまでのあつれきについては、被告人は被害者から明らかな暴力行為を受けていたものではない。また、被告人としても、被害者との意思疎通を適切に図ったり、第三者に相談するなどこうした不満等を解消するための方法は種々考えられる。さらに、７月25日の被害者の言葉にしても、こうした言葉に対して、被害者をたしなめることもせず、被害者の殺害を決意するのは極めて短絡的であるというほかはない。」

e　被害品が返還されたこと

大きく影響しないとされた事案がある。

○長野地裁平成21年12月10日（No22、殺人・窃盗）

ホテル客室内で被害者を殺害し、被害者の物品・自動車を盗んだ事案（懲役22年／求刑23年）

「各窃盗の被害額は合計約58万円と多額である。

確かに、弁護人らが主張するとおり、被害物品は被害者の遺族に返還されているものの、そもそも、本件各窃盗の犯行態様を考えれば、実質的な被害の有無が被告人の量刑に大きな影響を及ぼすとはいえず、この点を重視することはできない。」

f　被害者の落ち度

ⅰ　一定限度で有利に考慮しているもの

○宮崎地裁平成22年２月19日（No45、殺人・住居侵入等）

別居中の妻の居宅に侵入して妻を殺害した事案（懲役17年／求刑20年）

「たとえ被告人の暴力や浮気という問題があったとしても、被告人と被害者間の夫婦関係が破綻した決定的な原因は、被害者が交際相手と駆け落ちをして、約２年もの間、被告人との連絡を絶ってその関係を放置していた点にあると認められる。この点において、弁護人が主張するとおり、被害者の行状や被害者の被告人に対する対応等に問題があったことは否定でいない。

そして、被告人が、被害者やその交際相手に怒りの気持ちを有するに至ったのには、このような被害者の被告人に対する対応が少なからず影響を及ぼしているものと考えられ、被告人が被害者の言動に激しく立腹して殺意を抱いたことに対しても影響を及ぼしていることは否定できない。したがって、上記被害者の行状等は、その限度で、量刑上、被告人に有利に考慮されるべきものである。」

(ii)　大きく考慮できないとしているもの

○広島地裁平成21年11月20日（No51、殺人）

一度は結婚の約束をした交際相手の言動に激怒して同人を殺害した事案（懲役16年／求刑18年）

「確かに、被害者が、被告人に対し、恐喝まがいの違法行為を行うことまで要求したのは、行き過ぎた面があったというべきであり、特に４月以降、被害者と被告人との間の互いの思惑の違いから、結果的に被告人が振り回され、精神的に追い込まれていったことは否定できず、その点で被告人には同情の余地があるし、被告人を精神的に追い込んだ過程において、被害者にも責められるべき点があったといわなければならない。

しかしながら、被害者に殺害されなければならないほどの落ち度があったとは認められないのであり、この点を量刑上大きく考慮することはできない。」

殺人罪（既遂）量刑分布表

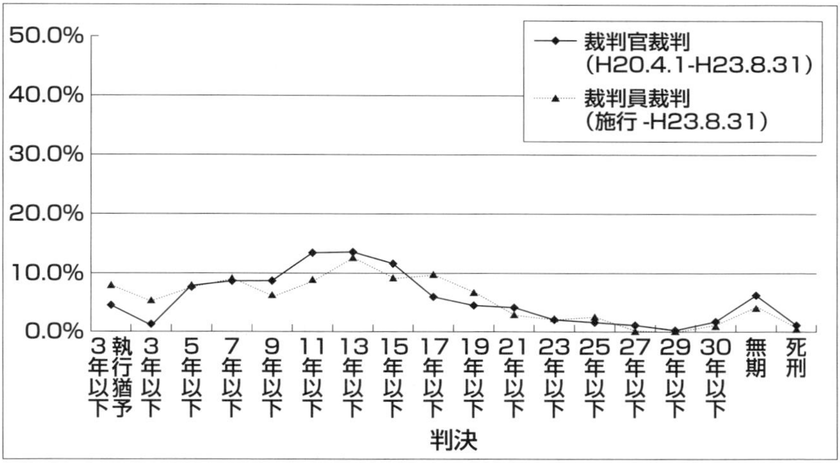

（裁判員制度の運用等に関する有識者懇談会〔第13回配付資料〕より）

(5) 量刑の変化

裁判官裁判に比べて、裁判員裁判では量刑に変化が見られるのかどうかを検討したい。

a 最高裁資料から見られる特徴

上記折れ線グラフを素材にして、①量刑の中心が重い方に移動しているのかという点を検討し、②執行猶予が付された事案の割合が増加している点について、特徴的な事案を紹介したい。

なお、介護事案で懲役２年６月、懲役２年、の実刑判決という裁判員裁判の事案（No136、No138）を紹介したが、殺人既遂で懲役３年を下回る実刑事案が裁判官裁判よりも増えている。量刑検索システムを参考にすると、裁判官裁判で懲役３年を下回る事案は、平成20年、平成21年に判決が宣告された事案では年間１、２件にとどまるが、裁判員裁判で平成22年に判決が宣告された事案では６件（懲役２年６月が４件、懲役２年が２件）に上ることがうかがい知れる。

第１の量刑の中心が重い方に移動しているのではないか、という点については、折れ線グラフの山になる３点をみると、裁判官裁判では懲役９年を超えて懲役15年以下の幅に山があるが、裁判員裁判では懲役11年を超えて懲役17年以下の幅に山があるように見える（原田國男「裁判員裁判の新しい量刑傾向」（『裁判員裁判と量刑法』〔成文堂、2011年〕268頁）参照）。裁判官裁判のグラフは山なりのグラフになっているが、裁判員裁判では、その山なりのグラフがそのまま右側に移動しているわけではなく、幅の中にやや凹凸がみられる。現段階では、殺人既遂が全般的に重くなっているということには慎重にならざるを得ないが、最高裁の「裁判員制度の運用等に関する有識者懇談会」（第12回）の資料のグラフ（平成23年３月31日までの判決宣告分）と比べると、同じ幅でも凹凸が小さくなってきていることには注意を要する。

なお、量刑検索システムを参考にすると、動機によっては量刑が重くなっている類型があるように見受けられる。

例えば、動機が「けんか」の事案について平成20年に判決が宣告された事案と平成22年から平成23年に判決が宣告された事案を比べてみると、前者の事案では懲役８年を超えて懲役10年以下の事案、懲役12年を超えて懲役13年以下の事案という二つのピークが見られるが、後者の事案では懲役11年を超えて懲役13年以下の事案に一つのピークが見られることがうかがい知れる。

前記のとおり、現段階では殺人既遂が全般的に重くなっているというのは慎重にならざるを得ないが、一定類型で量刑が重くなっているようにも見受けられ、今後の動向に注意が必要と思われる。

b　執行猶予が付された事案の検討

(i)　裁判官裁判と裁判員裁判の比較

前記グラフにおいて裁判官裁判と裁判員裁判を比較すると、裁判員裁判の執行猶予事案の割合が若干増加している。量刑検索システムも参考にすると、裁判官裁判時代の殺人既遂で、執行猶予が付された判決を見ると、平成20年に判決が宣告された事案では検察官の求刑が全て懲役５年であるのに対し、裁判員裁判の事案では、検察官の求刑が懲役5年を上回る事案でも執行猶予が付されているものも多くみられる。

(ii) 裁判員裁判における執行猶予事案の検討

殺人既遂の事案は個別性が強く、裁判員裁判でどのような要因が影響して執行猶予が付されているのかは、必ずしもはっきりしない。

以下では、行為責任の観点からすれば、実刑判決という結果も考えることもできそうであるが執行猶予が付された事案について、主に、検察官の求刑が懲役5年を上回る事案を見てみたい。

いずれも家族（親族）間の事案で、動機や犯行に至る経緯について被告人に同情すべき事情が認められている事案が多い。量刑の理由において、被告人の立場に自分自身を置き換えてみて状況を想像しているような事案もあり、「被告人と同じ状況に立ってみて」気持ちを考える、被告人目線でものを考えるという特徴的な判断もある。

もっとも、「家族間」の殺人であっても、「家族間」であるという事情が直ちに同情すべき事情と評価されているわけではないことには注意を要する。ある裁判例で「家族関係を動機とする旨の条件を付加した場合に明らかに軽い量刑分布となっているのは、家族を殺すにまで至った背景に、被告人の判断能力の減退や被害者側に主たる原因がある家族間の深刻な問題が根を下ろしていたり、家族の将来を絶望して心中を図るなどの同情するに足る事情があったりして、これらの点が被告人に対する責任非難の程度を和らげているからであることがうかがわれる。」（さいたま地裁平成22年1月22日、No69）と指摘されていることが参考になる。

なお、社会内で被害者の冥福を祈らせて反省させるのが相当であるという指摘も複数ある。この種の事案では被告人の反省が認定できる場合、被害者が家族という特有の事情から、被告人が一生涯にわたって罪を償っていくという想いが真実味をもって受け止められやすいのかもしれないし、動機や経緯に酌むべき事情があれば、整った受入れ環境の下で罪を償わせるのが相当である、という評価につながっているのかもしれない。

（ア）　動機や犯行に至る経緯に同情すべき事情があると評価されている事案

○神戸地裁平成21年12月３日（No143、殺人）

重症のうつ病にかかっていた被告人が、夫の死後に、夫の姉であり同居して長年にわたり身の回り全般の世話をしてきてここ数年認知症の症状を呈するようになった被害者（80歳）から、心ない言葉や侮辱される言葉を何度も投げかけられたことに激しく怒り、被害者の頭部を陶製置物で少なくとも13回殴りつけて殺害した事案。被告人は、犯行当時、重症うつ病・向精神薬の離脱症状の影響により心神耗弱状態だった（検察官も完全責任能力を主張してない。）。（懲役３年・執行猶予５年／求刑８年）

「被害者には殺されるまでの落ち度がないというのはそのとおりであるが、本件は独りよがりで身勝手な犯行であり、同情すべき事情はないとの検察官の主張には賛同できない。」

として、有利な事情として

「ア　本件は、重症うつ病及び向精神薬の離脱症状の影響による心神耗弱下での犯行であること。

イ　本件は、認知症の症状を呈するようになっていた被害者の心ない言葉等に触発されて行われた突発的な犯行であり、計画性がなく、被告人の生い立ちや当時の被告人は善悪の判断能力がある程度減弱した精神状態であったこと等からすると、被害者の心ない言葉等に逆上したのもそれなりに理解できること。

ウ　被告人は、前記のとおり、本件の直前まで長年にわたり被害者の身の回りの世話全般を献身的に行ってきたこと。

エ　被告人は、体調が優れない中、認知症がある程度進行していたと窺われる被害者の身の回り全般の世話や同居していた家主への気疲れなどで疲弊し、うつ病になり、自殺未遂をするほど追い詰められていたにもかかわらず、その後も被害者を独りだけにしておくことはできないと考えて、自分の病気を診てもらうための通院をすることも我慢して、その病状が悪化したのであり、一定程度情状の余地があること。」

他に、反省悔悟していること、遺族の処罰感情は厳しいものではないこと、前科前歴がないこと、治療の必要があること、比較的高齢であること、7か月近く身体を拘束されてそれなりの制裁を受けたといえること、友人らが嘆願書を作成していることを挙げて、

「以上の諸事情を総合勘案して被告人に科すべき刑を検討するに、被害者には殺されるような落ち度はないこと、犯行態様は客観的に見て残虐、悪質と評価すべきこと、生じた結果は人の生命を奪うというまことに重大なものであることを十分考慮してもなお、被告人を実刑に処するのは酷であると考えられ、その刑の執行を猶予するのが相当であると判断した。」

この事案では、行為態様が悪質であり動機も激しい怒りにあるので、行為責任からすれば必ずしも執行猶予が付くとは限らないようにも思えるが、そのような状況に至った発端は被害者の言動にあるとともに、そのような感情を抱く精神状態に至らせた原因も自分の病気を犠牲にして被害者の世話を献身的に行ってきたことにあり被告人の責任に負わせるのが相当でなく、経緯に同情の余地があるとされている。このような経緯が丁寧に立証されて認定されていることが執行猶予という結論に結びついていると思われる。

○東京地裁平成22年４月22日（No145、殺人）

自殺を図り意識不明の状態となって回復見込みの乏しい長男（40歳）を、入院から10日後に入院先の病院で、母親（66歳）が、被害者の医療費に保険適用がないと聞かされて被害者の妻子が生活できなくなるなどと考えて（既に約350万円の医療費が発生。人工呼吸器の装着だけでも１日10万円かかる、という説明を受けたと聞いていた。）、出刃包丁で胸部を４回突き刺して失血死させた事案（犯行直後に看護師に申し出て警察に自首した。）。（懲役３年・執行猶予５年／求刑５年）

行為の凄惨さ、結果の重大さ（被害者は一度は自ら命を絶とうとしているが、その真意は結局だれにも分からない。）を指摘した上で、

「当時、被害者の治療に要する医療費について、健康保険による保険給付が

なされるのは難しい状況にあったものではあるけれども、そうであっても、被告人は、E（注：被告人の夫のこと）やK（注：被害者の妻のこと）がなおも被害者の勤務先や病院と話合いを続けていこうとしていたことは知っていたのであり、EやKと励まし合いながら、この局面を乗り越えるべく更に手段を尽くす余地は何らかあったはずである。それにもかかわらず、被告人は、そのような手段を尽くすことを被害者の自殺未遂後10日という短い期間で早々にあきらめ、被害者を殺害するという道を選択したものであり、その経緯に照らし、本件犯行は短絡的であったとも評価できる。

しかし、被告人は、最愛の息子が突然自殺を図るという衝撃的な事実に直面した上に、それに追い打ちをかけるように、今後日々発生し続ける高額の医療費に保険給付がないと聞かされたのであり、弁護士に相談しても何ら安心できる回答が得られず、周囲の人間も精神的に追い込まれていく状況下で、被告人が冷静な判断力を欠いたまま、いわば衝撃的に、Kや孫たちを守る策は被害者の命を絶つことしかないと考え、また、被害者が自ら命を絶とうとしてそれを果たせず、意識が戻る可能性がほとんどないまま延命治療を受けている姿を哀れに感じ、被害者自身、このような形で生き永らえることは望んでいないはずだ、母親の手にかかって死ぬことを望んでいるのではないかと考えるに至ったことは、経緯として理解でき、そうした異常ともいえる心理状態下で本件犯行に至った被告人については、同情の余地が多々あるということができる。」

その他に、深い自責の念を持ち続けていること、妻ら遺族は処罰を全く望んでいないこと、直ちに自首していること、前科前歴がなくこれまで健全な社会生活を営んできたこと、約９か月間の未決勾留で相当に心身を弱らせていることを挙げて、

「これらの事情を総合考慮すると、人をあやめたことの責任の重大さに思いを致しても、今直ちに被告人を実刑に処することには躊躇を覚える。」

この事案では、行為態様の凄惨さを考慮すれば実刑判決の可能性もあるのかもしれないが、夫や被害者の妻の病院とのやりとりや被害者の妻が精神的に追い込まれる経緯、それを見聞きした被告人が殺害を決意するに至った心

理状態が丁寧に立証されて認定され、同情の余地が大きいという評価に至っているものと思われる。

（イ）　同情すべき事情があることに加えて、社会内で反省させるべきとの指摘がなされている事案

○千葉地裁平成22年５月26日（No146、殺人）

精神疾患に罹患した長男（35歳）から長年暴力を振るわれることを耐えてきた両親（父67歳、母61歳）が、長男の暴力に対し、身の危険を感じるとともに精神疾患は治らず今後も暴力はなくならないだろうと将来を悲観して、両親ともに殺害を共謀して電気コードで絞殺した事案。弁護人は過剰防衛であると主張し、判決で過剰防衛が認められた。（共犯者２名につき、ともに懲役３年・執行猶予５年／求刑ともに７年）

「被告人両名に対しては、実刑に処した上、刑務所で服役させてその罪を償わせ、社会に対するけじめをつけさせることが妥当であるようにも思える。

しかしながら、本件に至った経緯についてみると、被告人両名は、10年もの長きにわたり、精神疾患を有する息子の度重なる暴力に耐え忍んできたものである。（中略）若くて体格にも恵まれ、体力もある息子が、突発的に精神疾患の症状を発して見境なく暴力をふるうことに対し、被告人両名は、いずれも小柄で息子に対して体力が劣り、体調も万全ではないにもかかわらず、これまで大きな反撃をすることもできずに耐えてきたのであって、被告人両名が長年にわたって経験してきた苦しみは計り知れない。検察官は、息子の暴力について親族に相談し、息子を強制入院させ、あるいは警察に息子を逮捕させるなど、息子を殺害する以外に被告人両名の取ることができた手段はあったと主張しているところ、（中略）しかし、現実に被告人両名の立場におかれたとして、何よりも最愛の息子が精神疾患に苦しんでいる状況で、親である被告人両名が、息子を警察に逮捕させるなどといった強制的な手段を取ることができるのかは疑わしい。また、ひとたび精神疾患を発症すれば息子の暴力は見境がなくなることを考慮すると、親族に危害が及ぶことをおそれて親族の助けを得ようとしなかった被告人両名を責めることはいささか酷である（中略）かえって、被告人両名は警察や福祉機関、息子の主治医らに息子

の家庭内暴力を相談していたほか、息子の精神疾患の治療に向けて尽力していたものと認められる（中略）被告人両名の置かれた立場からすると、息子による家庭内暴力を解決するのに相当な努力を払っていた（中略）被告人両名が経験してきた苦しみは、まさに被告人両名にしか理解できない壮絶なものというべきであって、被告人両名が、息子の暴力を発端として、身を守るという気持ちのほかに将来への悲観もあって息子の殺害を決意したことには、同情すべき点が大きいというべきである。」

「被告人両名が長年にわたって息子の暴力に耐えてきたのも、息子に対する愛情ゆえであったと考えられることからすれば、そのように愛する息子の生命を自ら奪ってしまったという被告人両名の罪の重さは、被告人両名が最も痛感し、一生涯にわたって深く悔いていくことになろうと思われる。そうすると、（中略）刑務所で服役してその罪を償わせるのが相当であると断じることはできない。（中略）社会内において、これまで被告人両名を十分に支えることができなかった親族の支えを受けつつ、夫婦で共に自らの犯した罪と向き合い、自らの行為でその未来を奪ってしまった息子のめい福を祈り、反省悔悟の日々を送ることによってその刑事責任を果たすことが真に意味のある償いになるというべきである。」

この事案では、過剰防衛は認められたものの、「実刑に処した上（中略）社会に対するけじめをつけさせることが妥当であるようにも思える」という指摘もあり、実刑か執行猶予が付されるかは微妙な事案と思われる。息子の暴力に長年耐えてきたことが苦しみであった反面、愛情ゆえのことであったという家族という複雑な背景事情が多角的に検討され、被告人らが解決しようと色々尽力してきた末に将来を悲観したという側面についても同情すべき経緯と評価されている。同情すべき事情が大きいという点に加えて、親子間で起きた殺人事件の償いをどのように果たさせるのが良いのか、という議論もなされ、受入れ環境とあわせて社会内で反省するのが適当という結論になったのではないか。

○横浜地裁平成22年11月10日（No151、殺人）

精神病様の症状が現われて平成21年ころから異常言動を繰り返す妻

（72歳）の世話をしていた被告人（79歳）が、暴れる妻を制止しようとしてベットに押さえつけようとしたが、妻とともに転倒した際、妻が後頭部を床に強打して頭から大量に出血し意識を失って倒れている姿を見て、放っておいても死ぬだろうが、ここで死なせてやるのが妻のためであると考えて、妻を絞殺した事案（懲役３年・執行猶予５年／求刑６年）

犯行に至る経緯及び犯行動機として、

「被告人が、死ぬことが被害者のためであるなどと考えて本件犯行に及んだものであるとしても、そのことは真に被害者の気持ちに沿ったものとは思われず、犯行動機は身勝手であるとの非難を免れない。しかしながら、被害者を献身的に世話し、いくら病院に連れて行っても症状は悪化するばかりであって、快方に向かう兆しもない被害者の病状をみて、その将来を悲観し、自分自身肉体的にも精神的にも追い込まれている状態でなされた判断であることにかんがみると、犯行動機が身勝手であることを、それほど強く非難することはできない。」

「被告人に対する量刑を決めるに当たっては、被告人の犯罪行為の中身に応じて被告人の責任の重さを計り、これにふさわしい刑を科すこととする。

（中略）本件犯行の態様は悪質であり、生じた結果も重大である。何より、いかなる事情があろうとも、人の生命を奪ったことの責任は重い。

しかしながら、（中略）とりわけ、高齢であった被告人が一人で被害者を支え続け、思い悩む中で、犯行当日に、転倒して意識を失い頭部から出血した被害者の姿を見て本件犯行に及んでしまったことは、被告人にとって同情すべき事情であり、被告人の刑を減じる要素として考慮することができる。また、本件においては自首が成立する。

これらの事情に加え、被告人の年齢や健康状態をも考慮すると、被告人を服役させるよりも、社会内において被害者の冥福を祈りながら、自らの行為を反省し、更生をはかる機会を与えることの方が適切である」。

この事案では、求刑が６年であり実刑か執行猶予かが微妙なケースとも思われる。このようなケースでは、結果はもちろん、行為態様も大きく変わらないことが多いから（絞殺が多い）、犯行に至る経緯・動機に同情される事情があるのかが極めて重要である。献身的に世話をしてきたことや将来を悲観するのもやむを得ない事情があったり、被告人の年齢や健康状態も踏まえた、社会内で反省をさせることが適当である、という結論に至ったのではないか。

○静岡地裁平成22年10月21日（No140、殺人）

母親（41歳）が６歳の長男を絞殺した事案。責任能力が争われ、検察官は完全責任能力を、弁護人は心神喪失を主張し、判決ではPTSDに基づく強い希死念慮を伴う急性一過性の抑うつ状態のため心神耗弱が認められた。（懲役３年・執行猶予５年・保護観察付／求刑10年）

「犯行当時は心神耗弱の状態にあり、やむを得なかったという一面もあるが、被告人は、他に取り得る手段がいくらでもあったのに、Bとの関係を絶つべく本件犯行に及んでおり、犯行動機は、余りにも身勝手で、短絡的であるといわざるを得ない。被告人は、幼い子を抱えていたとはいえ、離婚し、疎ましく思っていたはずのBを頼ってアパートの名義人になってもらったが、これにより本件犯行が誘発されたともいえ、被告人の離婚後の生活態度にやや甘さがあったと言われてもやむを得ない。」

「他方、本件犯行は心神耗弱の状態で衝動的に行われたものであり、計画的なものではない」

「被告人は、本件犯行を行ったことを認めて、被害者を殺害したことを後悔しており、明確には供述していないものの、内心では本件を反省していることがうかがわれる」

「人格形成期に両親が離婚し、自らも夫のDVにより離婚するなど、被告人の半生には同情すべき点も見受けられ、それが本件犯行の遠因となっている」

その他に、実父らによる監督と生活支援が期待できること、更生意欲を示していること、前科前歴がないことを挙げて、

「実刑に処することも考えられるが、今回は、社会内において、被害者の冥福を祈らせつつ、そこで直面する困難と正面から向き合わせ、物心ともに自

立した生活を営ませることが相当である」。

この事案では、心神耗弱が認められているとはいえ、動機や経緯から照らせば厳しい判決になりそうにも思えるが、人格的に未熟な被告人を自立した人間にするためにどうすればよいのかという議論がなされ、再婚した実父夫婦のもとで長男を弔いながら被告人を成長させるのが適当である、という結論になったのではないか。

○さいたま地裁平成22年７月29日（No149、殺人）

被告人（83歳）は、糖尿病、パーキンソン病、脳梗塞などを患っていた長男（56歳）を、病状が悪化していたものの（医師やケアマネージャーからみると困難事例で施設か病院に入所・入院させる必要があると考えていた。）被告人１人で介護していたが、被害者とのタバコを巡るけんかが発端となり、被害者への怒りや病状への絶望感が相まって、被害者を絞殺した事案（懲役３年・執行猶予５年／求刑５年）

不利な事情として、結果・行為態様の点を指摘して、動機について、

「いかなる理由があろうとも我が子の生命を奪うことは決して許されるものではなく、また、被告人の当時の財産状況や被害者を担当していた医師や看護師らによるサポート体制からして、自らの負担の軽減も含め他に取り得る方策があったことをも考慮すれば、その動機は、やはり短絡的であると評価せざるを得ない。

なお、このように殺意を抱いた根底には、純粋な介護疲れや将来への悲観といった気持ちばかりではなく、被害者に対する腹立ちや怒りがあったことも認められる。しかし、前記経過に照らせば、これらの気持ちを過大評価して被告人にとって殊更不利な事情と評価することは必ずしも相当ではない。」

そして、有利な事情として、計画性がなく、日頃は被害者を憎んでいたような感情は認められないことを指摘して、

「被告人の責任感の強い性格に加え、（中略）娘達は被告人を案じながらも、被害者を世話する被告人の状況について十分には把握していなかった。被告人は、ケアマネージャーなどのサポートは受けつつも、（中略）一人懸命に介護する中で本件犯行に及んだものである。その思いも本件犯行を正当化でき

るものではなく、酷な見方ではあるが、いわば一人よがりと評されかねないものであるものの、その思い自体を非難することはできない。こうした経緯、被告人の年齢、境遇などをみれば、酌むべき点があり、本件の責任を一人被告人にだけ負わせ、厳しく断罪することには躊躇を覚えざるを得ない。」

その他に、深く反省していること、高齢で前科前歴もなく、二人の娘・孫が寛大な処分を望み一緒に罪を償い面倒を見るなどと述べていることを挙げて、

「以上の諸事情を総合考慮し、被告人に対し、酌量減軽した上、刑を量定し、娘ら各家族の連携の下、被害者の冥福を祈らせながら、被告人に社会内で更生する機会を与えるのが相当であると判断した。」

この事案では、主な動機が「被害者に対する怒り」にあることからすれば、同情できないと評価される可能性も考えられるが、犯行に至る経緯を踏まえると、そのような感情を抱くに至ったことを被告人だけの責任に負わせることは適当ではなく、不利に評価すべきではないと判断されたのではないか。そして、背景事情が丁寧に認定されており、酌むべき事情があると評価している。深い反省の気持ちが伝わり、受入れ環境が整っていれば、社会内で冥福を祈らせながら反省することが相当であるという結論になったのではないか。

(ウ)　医療による治療に言及されているもの（心神耗弱の事案）

○大分地裁平成23年２月２日（No141、殺人）

統合失調症に罹患した被告人（49歳）が実母（78歳）を缶切りや金属製箸で約１時間にわたり心臓が動いているかを確認しながら多数回突き刺して失血死させた事案。責任能力について、弁護人は心神喪失を、検察官は心神耗弱を主張し、判決では心神耗弱が認められた。発病後約18年以上が経過した慢性期にあり、著しい人格変化の状態であった。（懲役３年・執行猶予５年・保護観察付／求刑6年）

有利な事情として

「被告人は、重い統合失調症を患い、約18年もの間、なんら治療を受けることがなかった。本件犯行は、統合失調症の陰性症状の影響を強く受け、心神

耗弱の状態でなされたものである。」

「被告人は、平成５年に実家に戻って以降、地域社会から隔絶された引きこもり生活を長く続けていた。周囲に病気について気付かれることなく、精神科を受診することもなかった。このような生活が被告人を追い込めた面があったことは否定できない。」

他に、計画性がなく自首していること、前科前歴がないこと、弟が以前の兄（本来の人格は真面目で責任感があり、仕事ができ、人当たりが良く、思いやりがあり感情的にも豊かだった）を取り戻してほしいと述べていることを挙げて、

「病気を回復し、母親を殺害したことへの反省を深めることを期待して、今回に限ってその刑の執行を猶予し、専門機関による指導援護や適切な治療を受けながら、社会内での更生の機会を与えるのが相当」であるとした。

この事案では、心神耗弱と認められているにしても、犯行態様の執拗さ、残酷さが際立っている。しかし、統合失調症の症状が重くなったのは社会との接点がなく治療もされないまま慢性化し著しい人格変化をきたしたもので、そうなった経過の責任を被告人に負わせるのは相当でないために責任非難の程度が和らぎ、まずは統合失調症を治療させることが必要であるという判断が重視されたのではないか。

なお、控訴審において、この判決は破棄されて、被告人は心神喪失だったと認定され、無罪判決が言い渡されている。

○千葉地裁平成22年５月27日（No147、殺人等）

被告人（53歳）はうつ病の影響により周囲の人が自分を避けている、自分の実父がかつて窃盗を犯したことが知れ渡っているなど被害妄想を抱き、夫に相談したが、夫からも見放されたと思って自殺することを決意し、同時に被害者である実母（78歳）を置いていけないと心中を決意し、実母に「一緒に死んで」と告げたが、実母から諭されたものの、心中する決意は変わらず、出刃包丁で頚部を切りつけ、包丁を振り払われて目的を果たせずにさらに被害者に馬乗りになって頚部を締め付け、口や鼻をふさぐなどして窒息死させた事案。犯行当時、被告人がうつ病のために

心神耗弱であったことは争いがない。（懲役３年・執行猶予５年／求刑５年）

「情状の上で重視すべき事情として検察官と弁護人が各主張する点を踏まえて、被害者が死亡したという結果の重大性を前提に、本件においては、犯行態様や犯行に至る経緯に着目して、実刑にすべきか執行猶予を付すべきか、被告人に科すべき刑期について、検討した。」

強固な殺意に基づく執拗な犯行態様であり、客観的には被害者と心中しなければならないような事情がなかったことを指摘した上で、

「被告人が、悪性リンパ腫等の持病を抱えながら、実母と義父の介護に努め、特に実母に対しては、愛情を持って、献身的に尽くしていたこと、被告人の入院歴や実父の犯歴が周囲に知れわたっているという被害妄想にとらわれ、夫との口論をきっかけに、夫にも見放されたと思い込み、絶望して自殺を思い立つとともに、他に実母の面倒を見る者がいないと思い込んで、無理心中に至ったことからすると、被告人のうつ病は重篤な状態であり、本件犯行はまさにうつ病の影響の下で行われたものであって、犯行動機が身勝手であると非難することは躊躇され、むしろ、被告人が本件犯行に至った経緯には、酌むべき事情があるというべきである。」

「そして、被告人は、自らの悪性リンパ腫という根治困難な病気を抱え、重度のうつ病とB型肝炎を併発して療養生活を続けながら、障害を持つ息子や介護を要する義父の存在に加えて、被害者の食事の支度や清掃、洗濯など献身的に介護に努めていたものであって、肉体的、精神的に追い詰められていたことが認められる。我々が被告人と同じ状況に立った場合、その重圧に耐えられるか疑問であり、被告人の境遇に同情すべきものがあることは弁護人指摘のとおりである。」

「被害者は、被告人に対して、翻意を促し、最後まで抵抗し、生き抜くことを求めていたのであり、しかも、本件は介護疲れに基づいた止むに止まれぬ犯行とは言い難いのであって、結果の重大さを考えると、被告人を実刑に処することこそが、被告人にとっても良い結果を生むのではないかとも考えられる。

他方、（中略）本件犯行に至る経緯と被告人の置かれた境遇に酌むべき事情があることに加え、被告人は（中略）悔恨の情を述べ、日々被害者の冥福を祈る生活を送っているというのであって、このような被告人に更に刑を科し、受刑生活を強いることは心情において忍びないところである。

被告人が罪を償ってやり直すために適した刑を考えた場合、うつ病の治療を専門的かつ集中的に実施することが必須であって、それが可能となる刑を選択すべきであるという結論に達し、これを契機に、被告人が再出発することを期待して、主文のとおりの刑を科するのが相当であると判断した。」

この事案では、被害者の意思に反していた犯行で、犯行態様も執拗で危険なものであるので実刑も想定できるようにも思えるが、うつ病の影響下で行われた犯行であり、「我々が被告人と同じ状況に立った場合、その重圧に耐えられるか疑問であり、被告人の境遇に同情すべきものがある」と評価している。そして、うつ病の治療という点も重視され、それが可能なのは執行猶予を付すことという結論になったのではないか。

（小林　剛）

■殺人既遂一覧

No	判決日 裁判所 認定罪名	判決	求刑 V意見 弁意見	争点と認定	被害者との関係、動機
1	H22.11.25 仙台 殺人、殺人未遂、未成年者略取等	死刑	死刑	暴行の日時・程度、殺意発生時期、略取の故意、傷害の故意	元交際相手の姉、友人2名（うち1名は未遂）
2	H22.12.7 宮崎 殺人、死体遺棄	死刑	死刑		長男・妻・義母、自分が1人で自由になるため
3	H23.6.17 横浜 殺人	死刑	死刑 無期懲役	・殺意発生時期・殺意の強さ⇒刺す前に強い殺意 ・二人目の被害者を刺したのか⇒肯定	アパートの隣人3名、騒音などを原因とするトラブル
4	H22.2.4 静岡沼津 殺人、強制わいせつ	無期懲役	無期懲役		20代女性、見ず知らずの女性にわいせつ行為の上、犯行発覚をおそれて山林に連れて行き殺害
5	H22.10.5 水戸 殺人、強姦致傷、窃盗、現住建造物放火、殺人未遂	無期懲役	無期懲役	・殺意の有無⇒肯定 ・自首の成否⇒成立	交際していた女性など
6	H22.11.1 東京 殺人、住居侵入、銃刀法違反	無期懲役	死刑		恋愛に近い感情を抱いた女性とその祖母
7	H22.11.2 千葉 殺人、銃刀法違反	無期懲役	無期懲役	実行犯にけん銃で殺害するように指示したか⇒肯定	暴力団関係者

量刑事情	量刑傾向	特徴など
自分の欲しいものを手にれるために生命を奪うという強盗殺人に類似した側面を有する重大事案。反省には深みがない。少年であることは総合考慮の際の一事情にとどまる。	永山基準に従って考察。	少年事件。
動機形成の過程や背景事情において被告人に同情の余地がないとは言えないし、被告人なりの反省の態度、若年、前科なし、勤務態度によれば更生の可能性を否定することまではできない。しかし、犯罪の罪質、動機、態様、結果の重大性、遺族の処罰感情等と対比・総合判断する上での考慮すべき一事情にとどまり、極刑を回避すべき決定的な事情であるとは認められない。		
暴行事件に至らないよう被告人なりに努力していた形跡があるが、結局努力は実を結ばず、最悪の結果を引き起こしているから、死刑を回避するほど有利な事情とは認められない。	永山基準に従って検討。	
計画的な犯行ではないが、殺害を決意してからの段取りの無駄のなさに照らすと、酌むべき事情として過度に強調することは相当でない。		
公判の最後に至っても、相手の立場に立って物事を見ようとしない被告人の人格・考え方に原因があることに気づかず、本当の意味で反省を深めているとは認められないが、法廷で遺族の声を直接聞き、その言動・態度にやや変化が見られることも考慮。	永山基準に基づき検討。	
住宅密集地での拳銃使用による住民の被害を防ぐにも、厳しい態度でのぞむ必要あり。		

No	判決日 裁判所 認定罪名	判決	求刑 V意見 弁意見	争点と認定	被害者との関係、動機
8	H22.11.22 さいたま 殺人、傷害	無期懲役	無期懲役	・行為態様⇒肯定 ・死亡との因果関係⇒肯定 ・責任能力⇒肯定	内妻・家族同様の関係者、不満が爆発
9	H23.2.28 大阪 殺人	無期懲役	無期懲役 15年	動機、責任能力⇒肯定	妻と子ども2名、借金苦で自分が自殺すれば憎い妻が喜ぶので自殺する前に妻を殺し、子どもだけ残すのも不憫なので道連れに
10	H23.7.20 さいたま 殺人、詐欺、銃刀法違反、傷害	無期懲役	死刑		金銭を得るための道具として利用していた女性・おじ、保険金目的・共犯者に捨てられたくないという思い
11	H23.8.3 千葉 殺人、銃刀法違反、窃盗	無期懲役	無期懲役		近隣住民、怒りを募らせ脅して謝らせようと思い警察に通報すれば仮釈放が取り消されるので騒がれた時には殺すしかない
12	H22.9.8 山形 殺人、住居侵入、強姦致死、窃盗	30年	無期懲役 13年	強姦の意思の有無⇒肯定	

量刑事情	量刑傾向	特徴など
被告人が認知症等に罹患している可能性があり、ことさら記憶に反する虚偽供述をしていると断定するには疑問。否認している点は不利な事情として評価しない。被害者らが内妻・家族同様の関係にあるという事情は刑事責任を軽くする事情とは認められない。		殺人2件・傷害1件。
一部の事件については県警が事故死と誤診し司法解剖等の初動捜査を行っていなかったが、罪を認めることにより死刑になることもあり得る状況下で素直に自白したからこそ事件の全容が解明されて被告人と共犯者の刑事責任が問われることになった、という側面があることは否定できない。		被害者2名、保険金目的。
住宅街で発生した凶悪事件として近隣住民に不安を与えたもので、一般社会に与えた影響も軽視できず、一般予防の見地からも厳しい処罰が要請される。	無期懲役に処せられ仮釈放中に殺人等を犯したものについての従前の事例も参考にして考察すると、死刑を選択することは躊躇せざるを得ない。	無期懲役の仮釈放中。
過去の服役により犯罪を犯せば処罰されることを学習したという限度では被告人の刑事責任を重くするといえるが、軽度の精神発達遅滞を考慮すれば、十分な反省が行えなかったことまで強く責めることはできない。	被害者1名で殺人・強姦致死を含む事例はいずれも無期懲役となっていると検察官は指摘するところ、無期懲役も十分考慮に値するが、指摘された事例と比較して悪質とまではいえず、今後は医療的・社会的援助により更生する可能性が全くないとは言えないので、有期懲役で臨むのが適切。	

No	判決日 裁判所 認定罪名	判決	求刑 V意見 弁意見	争点と認定	被害者との関係、動機
13	H22.12.3 さいたま 殺人	30年	30年	・殺意の有無⇒肯定 ・責任能力⇒肯定	弟と母、連日のように家を出るように言われ怒りや憎しみを募らせ
14	H23.2.8 岡山 殺人、傷害、死体遺棄、現住建造物放火	27年	27年 18年		兄の妻、生活上のトラブル
15	H22.8.6 横浜 殺人、銃刀法違反、死体損壊、死体遺棄	25年	無期懲役		かつて所属していた暴力団の兄貴分
16	H23.3.2 さいたま 殺人、窃盗、非現住建造物放火、占有離脱物横領、強盗致傷	25年	30年 13年		共同生活の相手、軋轢が生じて怒りが爆発
17	H23.7.14 神戸 殺人	25年	25年		不明、主に「自分を変えたい」、報酬に惹きつけられ
18	H22.10.6 東京 殺人	24年	22年 10年	責任能力（弁護人：心神耗弱）⇒完全責任能力	簡易宿泊施設に同宿する知人、堪忍袋の緒が切れる

量刑事情	量刑傾向	特徴など
被告人の置かれた状況は、いわば自業自得。他の解決手段があった。	無期懲役を選択することも十分にあり得るが、酌むべき事情も認められ、罪一等を減じて有期懲役の上限。	
幼少期に施設に預けられて親の愛情を受けられなかったとしても、被告人は43歳で長年社会経験を積んでいるから、生い立ちが恵まれなかったことは責任を軽減すべき事情にならない。実母が更生支援を述べているが、長期間の服役が見込まれ、実母は高齢であり、これまで有効な指導をしてこなかったことから、大きな期待はできない。		
検察官は暴力団特有の考えに基づいたものと主張するが、被害者に対する怒りや恨みを募らせて殺害を決意したもので、殺害して事態を打開しようとした発想は短絡的・暴力団特有の考えに基づくが、犯行経緯・動機には同情する余地が少なからずある。	怨恨を理由とする殺人の事案の中でも、完全犯罪をもくろんだ計画性、けん銃使用、死体を切断する等の事情から最も重い部類に属するが、動機・経緯に同情の余地があり、被害者に落ち度がなかったわけではないことを考慮。	けん銃を使用。
	弁護人主張の量刑の幅に収まる事案とは解されず、より重い部類に属する。	
計画、準備、実行の各段階で圧倒的に重要な役割を果たしたのは共犯者であり、従属的。		被害者2名。
検察官の主張する量刑上重視すべき事情と酌むべき事情に異論はないが、求刑には違和感を禁じ得ない。恐らく被害者から屈辱的な仕打ちを受けていた点をどれだけ酌むべきものとみるのかの見方が異なるからであろう。		求刑越え。

No	判決日 裁判所 認定罪名	判決	求刑 V意見 弁意見	争点と認定	被害者との関係、動機
19	H22.7.1 熊本 殺人、死体遺棄	23年	無期懲役 両親は極刑を求める（心情意見陳述か） 10年程度	殺意の有無⇒肯定	出会い系サイトで知り合った相手、ささいな言動に腹を立て
20	H22.8.6 千葉 殺人、銃刀法違反、住居侵入、逮捕監禁	23年	無期懲役	・逮捕監禁の有無⇒肯定 ・逮捕監禁の故意⇒肯定 ・殺意の有無⇒肯定	交際相手
21	H22.10.29 広島 殺人、住居侵入、窃盗	23年	25年	殺意の有無⇒肯定	侵入先の住人、鉢合わせになり
22	H21.12.10 長野 殺人、窃盗	22年	23年 13年		出会い系サイトで知り合った女性、言動に憤り
23	H23.2.25 さいたま 殺人、窃盗	22年	25年 16年		飲食店店主、付けにしてもらおうと勝手に決めていたが、予想外に断られて激高
24	H22.9.8 東京 殺人、銃刀法違反、覚取法違反	20年	25年 10年以下	殺意の有無⇒肯定	妻の不倫相手
25	H22.9.14 横浜 殺人	20年	18年	・犯人性⇒肯定 ・責任能力⇒肯定	客として関わり合いのあった模型店の経営者

量刑事情	量刑傾向	特徴など
わずか6日後に本件と類似する経緯、態様で若い女性を殺害し、その死体を遺棄した短絡的な犯行態様と事後の行動を見る限り、被告人の犯罪傾向は進んでいると言わざるを得ない。しかし、その程度で考慮できるとしても、6日後の事件を考慮して無期懲役に処することができるかどうかは別問題。	単独犯による被害者1名の殺人で無期懲役に処せられた事案を概観したところ、計画性が高く、本件よりも行為態様が残忍で、明確かつ強固な殺意がある者が多い。本件殺人は基本的な犯情において無期懲役の事案とは一線を画している。	6日後の同種犯行で16年の確定裁判あり受刑中。
偶発的な犯行であることは刑を軽くする事情として一定程度考慮するにしても、住人と鉢合わせになることもある程度予想でき、重視するのは相当でない。		
被害物品が遺族に返還されているが、犯行態様を考えれば、実質的な被害の有無が量刑に大きな影響を及ぼすとは言えない。		
突発的な犯行という主張に対し、残虐・執拗な犯行態様に加え、冷静な行動に出ていることに照らすと、量刑を特別に軽くするほどの事情とまでは評価できない。		
けん銃使用により殺害したことで、近隣住民に与えた不安や衝撃も軽視することはできない。		
不合理な弁解に終始し、事案の真相を明らかにしようとせず、無表情のまま他人事のように進行を見守った法廷での態度を含め、反省の姿勢はまったくうかがわれない。	重大悪質性・被告人の対応を踏まえると、近時の量刑傾向に照らし、無期懲役をもって処断するのが相当とまでいえないものの、求刑は軽きに失し、有期懲役の上限で罪を償わせる必要あり。	求刑超え。

No	判決日 裁判所 認定罪名	判決	求刑 V意見 弁意見	争点と認定	被害者との関係、動機
26	H22.11.11 さいたま 殺人、住居侵入、傷害、銃刀法違反	20年	22年		元交際相手と同居している男性
27	H23.7.4 さいたま 殺人、殺人未遂、銃刀法違反	20年	25年	殺人未遂につき、突き刺し行為の有無・殺意の有無⇒いずれも肯定	知人、債権取り立てなどを依頼した相手に対する強い不満・憎しみ
28	H21.10.1 横浜 殺人、銃刀法違反	19年	22年 12から13年、重くて15年		交際解消後の女性
29	H22.3.26 佐賀 殺人、死体遺棄	A：19年 B：14年 C：10年	A：20年 B：17年 C：17年 A：12年 B：11年 C：7年	殺意の発生時期、共謀の成立時期	仕事仲間、業績を上げないことに不満と苛立ちを募らせ
30	H22.9.29 津 殺人、銃刀法違反、窃盗、毒劇物違反	19年	20年		元妻
31	H22.12.14 函館 殺人、死体遺棄	19年	22年 無罪	犯人性⇒肯定	同じ中国人技能実習生

量刑事情	量刑傾向	特徴など
アルコール酩酊（単純酩酊相当）による抑制力の低下が影響した可能性があるから、その分刑事責任は軽くなると主張するが、精神鑑定の結果によれば善悪を判断する能力は保たれており、善悪の判断に従って行動する能力についても障害されていた可能性があるもののその程度は著しいとは言えず、単純酩酊の事実のみをもって、殊更刑事責任を軽く判断することが相当とは言えない。		
数日前からのトルエン使用による判断力低下の主張に対し、それまでもトルエン吸入の経験があり、身体への作用を理解した上で吸入しているから、有利に考慮できない。		

No	判決日 裁判所 認定罪名	判決	求刑 V意見 弁意見	争点と認定	被害者との関係、動機
32	H21.12.4 宇都宮 殺人、入管法違反、死体遺棄	18年	20年 	殺意発生時期	知人、けんか
33	H22.3.11 宇都宮 殺人	18年	20年 		交際相手、独占したいという気持ちから
34	H22.3.18 仙台 殺人	18年	20年 	・犯人性の有無⇒肯定 ・殺意の有無⇒肯定 ・責任能力⇒完全責任能力	酒に酔って口論に
35	H22.5.19 名古屋岡崎 殺人	18年	20年 6年	・承諾殺人⇒否定 ・承諾殺人の故意⇒否定 ・殺害直前に睡眠薬を飲ませていない⇒肯定	交際相手
36	H22.6.2 神戸 殺人	18年	20年 寛大な処罰	・犯行態様⇒左胸を1回突き刺し ・殺意の有無⇒肯定 ・過剰防衛⇒否定	車を傷つけた犯人と言われた相手、恨みを募らせ
37	H22.7.2 新潟 殺人、死体遺棄	18年	23年 17年以下		勤務先の取引先、取引キャンセルの発覚を恐れて
38	H22.12.2 東京 殺人	18年	20年 6年	責任能力（心神耗弱について争いなし）	大学の恩師、命を狙っているのではないかと考えて

量刑事情	量刑傾向	特徴など
反省しているとしても、被害者の冥福を祈りたいとか、早く社会復帰したいと述べるばかりで、今回の事件をどのように受け止め、何に後悔しているのかが分からず、反省が十分に深まっているかどうか疑問。		
記憶がない場合でも反省できるのに、仮に自分がやったとすれば申し訳ないと述べるのみで、心情をうまく表現できない面があるにしても、反省しているとは言えない。		
IQがやや低く、境界領域にあり、融通もきかない性格、特定不能の精神病障害といったハンディキャップを抱えながらも、40年以上普通に働いて前科もない生活を送ってきた。		
	同種事案の量刑傾向を踏まえれば、死刑・無期は酷に過ぎ、殺人罪と死体遺棄罪を合わせた有期懲役の最長期間の23年でも重すぎる。弁護人の17年以下では責任に見合う刑の観点からは軽きにすぎる。	
妄想性障害は動機形成過程に強く影響を与えた反面、その他の場面、特に殺意の形成から犯行に至るまでの過程への影響は限定的である。本件犯行の客観的な側面に焦点をあてて量刑の大枠を設定し、次いで妄想性障害の影響を中心にした被告人の主観的側面を考慮しながら具体的な量刑を絞り込むという手順が合理的と判断した。	心神耗弱を考慮しない場合、その量刑分布の中では重い方に位置づけられる事案であり、そこから心神耗弱による減軽の程度を検討。	

No	判決日 裁判所 認定罪名	判決	求刑 V意見 弁意見	争点と認定	被害者との関係、動機
39	H23.3.4 静岡浜松 殺人	18年	20年 	犯人性⇒肯定	交際相手の女性
40	H21.10.2 福島郡山 殺人、銃刀法違反	17年	20年 傷害致死を前提に8年	殺意の有無⇒肯定	暴力団、スナック開店のトラブル
41	H21.10.29 富山 殺人、住居侵入、窃盗、窃盗未遂	17年	20年 10年		知人同士の男性、口論の末
42	H21.11.6 仙台 殺人	17年	20年 12年		金を貸した相手、口論の末
43	H22.1.15 静岡 殺人	17年	20年 13年		仕事関係
44	H22.2.8 千葉 殺人、銃刀法違反	17年	18年 		近隣住民同士、近隣住民から嫌がらせを受けていると邪推して憤慨。アパート前路上で殺害

量刑事情	量刑傾向	特徴など
不幸な生い立ちであっても罪を犯さずに立派に生きている人もいることを考えると、この点を被告人に有利に考えることはできません。		
犯行に至るトラブルがあり、競業関係にあることを前提にしても、被害者には行き過ぎた点がある。契機となった点で、有利な事情ではあるが、殺害するしかないと言えるほどの事情ではなく、短絡的・自己中心的。		
近隣社会に与えた恐怖・不安は無差別な犯行ではなく、直後に逮捕されていることから、特段量刑上考慮する必要はない。前科前歴がないことも、前科があれば重くするのは格別、ないことを大きく酌むべきとはいえない。	単独犯・刃物使用・知人1名の犯罪類型の量刑幅は、この種の犯罪の結果・行為の評価としては不十分で、従前の量刑幅よりも重い量刑をもって望むのが相当であると考えるに至った。	

No	判決日 裁判所 認定罪名	判決	求刑 V意見 弁意見	争点と認定	被害者との関係、動機
45	H22.2.19 宮崎 殺人、住居侵入、銃刀法違反	17年	20年 10年		妻、別居・離婚調停中の妻を刺す
46	H22.5.26 東京 殺人	17年	18年 できる限り寛大な刑	殺意の有無⇒肯定	職場の上司、上司の発言に激高
47	H22.10.29 千葉 殺人、死体遺棄、殺人未遂	17年	20年		妻と一人息子、借金が発覚することをおそれ
48	H22.11.15 大阪 殺人	17年	17年	・検察官調書の任意性⇒肯定 ・殺意の有無⇒肯定（ただし積極的に意欲していたとまでは認められない）	酔い客、縄張りを見回っていた際に感情の赴くまま怒りに任せ、蹴って階段下に転落させる
49	H22.12.2 大津 殺人	17年	無期懲役	犯人性の有無⇒肯定	交際相手
50	H22.12.10 山口 殺人、窃盗	17年	18年	・殺意・発生時期・犯行態様⇒頭を叩きつけた時点で殺意肯定 ・窃盗の態様・動機⇒一部否定（手提げバックは捨てる目的も否定できず）	元姑、反感が背景

量刑事情	量刑傾向	特徴など
H19.3に被害者の不倫が発覚して謝罪した後も隠れて交際を続け、H19.8に黙って名古屋の家を出て、宮崎で交際相手と生活を始めた。2年間、被害者は具体的な話をせずに、被告人との関係を漫然と放置。たとえ、被告人の暴力・浮気があったとしても、夫婦関係が破綻した決定的な原因は、被害者が駆け落ちをして2年間連絡を断ち、関係を放置した点にある。被害者と交際相手に怒りの気持ちを持つに至ったのは、被害者の対応が少なからず影響し、被害者の言動に激しく立腹して殺意を抱いたことにも影響していることも否定できない。その限度で、被害者の行状を有利に考慮すべき。	配偶者を刺殺した事案の中でも甚だ悪く、刑の幅は概ね15年から20年。幅の中でも重い方向に位置する。そして、酌むべき事情に照らして、17年。	
妻の糖尿病等が悪化したと思い、将来を悲観したという主張に対し、特に深刻な症状とはうかがわれず、将来を悲観しなければならないほど病状が悪化したと認識していたとは信じがたく、仮にそのように認識していたとしても合理的な根拠に基づかない独断に過ぎない。自首についても、息子に対する殺人未遂の際に抵抗を受けて断念したのちに息子から説得されて初めて自首しており、量刑上の考慮は限定的にとどまる。		一人息子に対しては未遂。
真摯に反省しているとは思えないが、客観的な事実は概ね認め、殺意を否認するのも殺害しようという意欲まではなかったと言いたいがためだと考えられ、嘘の弁解を繰り返しているとみるのは酷。		
本件はあくまで被告人と被害者の個人的な事情による犯罪で、それ以上に社会を震撼させたというような事情はないから、結果的にこれが大きく報道されて一定の社会的影響があったことをもって、量刑を左右する事情になるとみることはできない。		
本当のことを言っているとは到底思えず、反省の態度は極めて不十分。		

No	判決日 裁判所 認定罪名	判決	求刑 V意見 弁意見	争点と認定	被害者との関係、動機
51	H21.11.20 広島 殺人	16年	18年 10年ないし12年		交際していた女性、関係さめて言動に激怒、心中
52	H22.1.27 京都 殺人、窃盗	16年	18年		友人間、借金申入れ時の叱責に対して憤慨（殺害後に現金約46万円を窃取）
53	H22.9.24 大阪 殺人、銃刀法違反	16年	17年	責任能力⇒肯定	義姉、悪口を言われ激高
54	H22.12.17 前橋 殺人	16年	16年		反目する暴力団関係者
55	H21.8.6 東京 殺人	15年	16年		隣人、近隣トラブル
56	H22.1.27 大津 殺人、逮捕監禁、傷害	15年	20年	共謀の有無⇒肯定	暴力団の下部構成員、憤激や口封じと推認できる
57	H22.2.26 大津 殺人、逮捕監禁、傷害	15年	18年		暴力団構成員の上下関係

量刑事情	量刑傾向	特徴など
被害者が恐喝まがいの違法行為を行うことまで要求したのは行きすぎた面があり、4月以降相互の思惑の違いから、結果的に被告人が振り回され、精神的に追い込まれたことは否定できず、同情の余地があり、被害者にも責められるべき点があったが、殺害されなければならないほどの落ち度はなく、量刑上、大きく考慮できない。当初から自殺することを念頭に犯行に及んでいるから、自殺の試みが事後的な反省の態度の現れとみることはできないが、遺族への謝罪の手紙を何通もしたため、社会復帰後は命がけで償っていくと述べ、反省の様子は見て取れる。		
弟が同居するようになったストレスやビールの影響はほとんどなかったと認められ、考慮に値しない。		
情緒不安定型人格障害を有利な事情と主張するが、性格は生まれ持った素質・素因だけでなく、その後の環境や本人の生き方・体験などにより作られるもので、生まれつき定まったものでないから、自分自身が責任を負うべきもの。その上、衝動的に粗暴な行為に出やすいという性格の偏りが極端であることを理由に刑を軽くすれば、他人に対する危害の防止を十分に図ることができなくなる。有利な事情として酌むことはできない。		
暴力団特有の論理に基づくもので、所属組織のためなら人を殺すという人命軽視の価値観は、暴力団組織と無関係に生活している市民が共感できるものではない。		
心の奥底から謝罪するという言動が見られず、本当に反省しているのか疑いをもたれる様子もあるが、後悔しているなど述べて反省の弁を述べている。		

No	判決日 裁判所 認定罪名	判決	求刑 V意見 弁意見	争点と認定	被害者との関係、動機
58	H22.9.10 千葉 殺人	15年	15年 8年		交際相手、強い怒り等の感情から
59	H23.7.8 松山 殺人、銃刀法違反	15年	18年 8年		愛人女性、他の男性と幸せになるのは許せないという独占欲と全てを失ったのは被害者のせいという激しい憎しみ
60	H23.8.5 徳島 殺人	15年	18年 死刑 13年		交際相手の女性、けんかの延長で激高
61	H21.10.16 大分 殺人、銃刀法違反	14年	16年 		肉体関係のある女性、嫉妬心などから激高
62	H22.2.26 東京 殺人	14年	15年 9年又は10年を上回らない刑		離婚調停中の妻、不満・憤りが高じて

量刑事情	量刑傾向	特徴など
犯行後の救命行為や母親に救急車を呼ぶように依頼したことに対し、自暴自棄になり開き直った態度であり、真摯な態度で十分な救命行為を行ったり、自ら犯行を申告したわけではなく、有利に考慮するとしても、相当限られた程度になる。	従前の量刑傾向を参考としつつも、国民の健全な良識に照らし、いかなる刑罰が適切かという観点も十分検討しなければならない。身勝手な動機から、強固な殺意に基づき一人の命を奪った事実に対する報いとしては、検察官の求刑の前提となっている従前の量刑傾向がやや軽いという感も否めない。被告人に有利な事情を考慮すると、結論としては、検察官の求刑が相当。	
本件犯行後に自首をしているが、犯行前から織り込み済みの行動であるから、さほど重視すべき事情とは言えない。		結果の重大性については触れず。
本件公訴事実を認め、犯行時の状況について被告人なりに記憶にある状況を述べていると認められ、検察官が主張するような自分の責任を免れるために殊更虚偽の供述を行っているものとは認められない。		
被告人はかねてから賠償金などの名目で被害者から金銭の支払いを強要されており、H21.3ころからは、被害者と一緒に過ごすことを余儀なくされ飲食費など支払を負担させられ、その間思うように女性と会えず、子供を引き合いに出されて逃げることもかなわなかったことから、絶望して自殺を考えたと述べるが、不明確な点があり、全てを信用することはできないが、虚偽であると断じることもできない。そうすると、本件犯行に至る経過には被害者にも一定の非があったことを否定できない。		
犯行直後に自殺を図っている点は事件の重大性を理解しているが故の償いの行動であると評価できる。		

No	判決日 裁判所 認定罪名	判決	求刑 V意見 弁意見	争点と認定	被害者との関係、動機
63	H22.3.15 福岡小倉 殺人、銃刀法違反	14年	15年 	殺意の有無⇒肯定	居酒屋で初対面、馬鹿にされて立腹
64	H22.5.13 東京 殺人	14年	20年 5年ないし7年	殺意の有無⇒肯定	自宅前の飲食店に集まった者、不満と口論
65	H22.10.1 宇都宮 殺人	14年	16年 		妻
66	H22.12.2 千葉 殺人、逮捕監禁致傷、詐欺	14年	20年 	事件性・犯人性⇒肯定（ただし単独又は共謀の上という予備的訴因の限度で）	
67	H23.5.24 大阪 殺人、死体遺棄	14年	20年 		不倫関係にあった元勤務先の部下の女性、不倫関係の解消・会社や家族に発覚することをおそれて

量刑事情	量刑傾向	特徴など
正面から向き合おうとせず、不自然・不合理な弁解に終始し、後悔している様子は伺われるものの真摯な反省とは認めがたい。遺族が極刑を望む気持ちも十分に考慮する必要がある。	単独犯で凶器使用の無関係の他人に対する殺人は、懲役7年から無期懲役に分布するが、下限のものは被害者にも相当大きな落ち度があり、上限のものは殺人のほかにも殺人未遂の結果を生じさせた被害者がいるなどの事案。本件では10年から18年の範囲で個別事情を考慮していく。	
再び殺人の罪を犯すことは考えられないにしても、更生してまっとうな社会人としての生活を続けるためには、自分の問題点と向き合い克服し、重大な犯行への反省の気持ちを一層深めていくことが求められる。		
	刑法改正前の事案なので、改正前の過去の量刑傾向を参照。被告人に有利に、凶器不使用、怨恨（偶発的な激情犯も含む）、知人友人・同僚・その他（親族は除く）を参照。	
不倫関係の解消を第三者に相談したり仲介を求めたりすることなく最悪の選択をしたもので保身を第一に考えた身勝手なもの。もっとも、被害者は職場における地位を無視した暴言を他の従業員がいる場で浴びせたり、被害者の子名義での家の購入や違約金2億円の支払いを約する不合理な誓約書を書かせたりするなどして、精神的に追い詰められた背景はある程度考慮しうる事情。		

No	判決日 裁判所 認定罪名	判決	求刑 V意見 弁意見	争点と認定	被害者との関係、動機
68	H21.10.29 静岡浜松 殺人、窃盗	13年	15年 9年		交際相手の女性、口論の際に腹を立てて
69	H22.1.22 さいたま 殺人	13年	15年		実兄、うっ積していた不満を爆発
70	H22.3.19 釧路 殺人、銃刀法違反	13年	18年	・故意行為でない⇒故意行為 ・殺意の有無⇒肯定	知人、被告人の交際相手によろしくない振る舞いに怒り
71	H22.12.1 東京 殺人	13年	15年 10年		交際していた女性、関係に思い悩み
72	H23.5.13 さいたま 殺人、銃刀法違反	13年	15年 5年		元妻、特定の宗教の信仰に子供を巻き込み憎しみを募らせ、自分の生命が尽きる前に子供を目覚めさせ、信仰への誘いを防ぐために殺害するしかないと考えて

量刑事情	量刑傾向	特徴など
いつでも力を緩めて最悪の結果を避けられるのに必死の抵抗にもひるまず、失神したと感じた後もさらに力を込めて締め続け、息の根を止める。残忍・非人間的。凶器を用いていないことを有利な事情とまでは考えなかった。前科がないことは、殺人事件の重大性に照らすと、とくに有利な事情とまでは評価しなかった。		
	家族関係を動機とする旨を条件に付加した場合に明らかに軽い量刑分布になっているのは、家族を殺すまで至った背景に、判断能力の減退や被害者側の主たる原因がある家族間の深刻な問題が根を下ろしていたり、家族の将来を絶望して心中を図るなどの同情するに足る事情があったりして、責任非難の程度を和らげるから。	
被害者から殴られたことから衝動的に至近距離で上半身裸の被害者の胸あたりに殺傷能力が高く危険な包丁を突き出す。危険で悪質。検察官の主張する執拗までの評価はできない。検察官は一部否認し反省していないと主張するが、興奮してすべてを覚えていない可能性を否定できない。高齢であることはそれほど考慮できない。		
動機形成には20歳になったばかりの未熟さが一因である面も否定できず、成熟した者の犯行に比べれば、動機形成過程に酌むべき余地が全くないとは言い切れない。		
子どもが離れて20年の長期にわたりそれぞれの人生を送ってきたことも考慮すれば、父親としての思いを有利な事情として斟酌することも難しい。		

No	判決日 裁判所 認定罪名	判決	求刑 Ｖ意見 弁意見	争点と認定	被害者との関係、動機
73	H23.6.3 千葉 殺人	13年	16年		長年酒をせびられて酔っては罵倒することをされた相手、うっ積した憤懣を爆発
74	H21.11.20 徳島 殺人、死体損壊、死体遺棄	12年	15年 5年		子ども(30代)、統合失調症の子どもの暴力
75	H22.6.25 福岡 殺人、銃刀法違反	12年	14年 11年		交際相手を奪った相手、怒りを抱くとともに、もみ合ううちに身の危険を感じて
76	H22.7.8 千葉 殺人	12年	15年	殺意の有無⇒肯定	被告人宅に居ついた居候、日ごろの不満・怒りが爆発
77	H22.7.16 松山 殺人	12年	13年 6年		親密な関係のある女性、激しい怒り
78	H22.7.28 鹿児島 殺人	12年	15年	殺意の有無⇒肯定	交際相手(61歳)、口論の末激怒

量刑事情	量刑傾向	特徴など
本件経緯からすれば、殺害が正当化されることはありえず、激高するや他の手段を顧みることなくいきなり刺殺行為に及んでいる点も非難を免れないが、刑については一定の限度で有利に考慮すべき。犯行を認め、悪かったと述べるが、口下手で表現能力に限界があることを踏まえても、反省を十分なものとみることはできず、有利に大きく考慮することは相当でない。		
同情すべき点はあるが、生命を奪うことは許されないし、まして予め死体を遺棄する事を考えて強固な決意で犯行を敢行。厳しく非難されなければならない。精神障害者を抱える家族の支援体制が整備されていない実情はあるが、同様に苦しみながら現実と向き合っている人々は少なくない。重大な結果。胴体以外は見つからず、無念さは察するに余りある。バラバラ殺人事件として地域住民に与えた不安・恐怖は計り知れない。観光産業の風評被害・運搬に使用された運送会社の信用被害も。	求刑は量刑判断の枠組みとしてはおおむね相応の根拠あり。弁護人の5年の量刑意見に対しては、バラバラ切断・遺棄は被害者の人格を踏みにじり、社会に影響を及ぼす重大犯罪であり、法定刑の最下限に見合ったものでないことも明らか。	
交際相手の女性が被告人宅を出た後の、その女性とのやりとりが、精神的ストレスや心理的不安定さを増大させた経緯は認められるが、特に有利に考慮すべき事情とまではいえない。		
このような状況を解決するためには、他に採りうる手段があったと考えられるのであり、被害者の頭部を木の棒で数回殴打して殺害する動機としては、あまりに短絡的。	殺人罪（共犯関係等:単独犯、動機：怨恨又はけんか、凶器等：あり、処断罪名と同じ罪の件数：1件、殺意：突発的だが強固な殺意又は偶発的・一時的）に関するこれまでの量刑傾向も参考にして。	
自首が成立することは争いないが、このまま逃走しても逃げ切れないと観念して自首した面が否定できず、ある程度有利に考慮すべきだが、過大評価は相当でない。		
殺意を否認しているが、責任逃れのためにあえて嘘をついていると断じることはできず、記憶が不確かなために弁解しているところが大きく、法廷での供述態度や謝罪文の内容からすると、被告人なりに後悔反省しているとみるのが相当。		

No	判決日 裁判所 認定罪名	判決	求刑 V意見 弁意見	争点と認定	被害者との関係、動機
79	H22.11.18 福岡 殺人	A：12年 B：10年	A：15年 B：14年 A：12年 B：11年		暴力団構成員同士
80	H23.3.10 千葉 殺人	12年	14年 7年		義父（養父）、生活態度の叱責に憎しみを募らせ
81	H23.3.25 福岡 殺人	12年	13年	殺意の発生時期	知人女性に恐怖を抱かせた相手、制裁を加えようと
82	H23.7.5 東京 殺人	12年	13年	責任能力⇒肯定	実父、自分の人生がおかしくなったのは父親のせいと考えて
83	H21.10.9 徳島 殺人、現住建造物放火	11年	18年 8年		母親、言動への不満

量刑事情	量刑傾向	特徴など
両名の量刑判断にあたっては、結果、計画性を含めた犯行態様、動機等の全般的な犯情を検討し、次に、両名の固有の事情とりわけ共犯者間の役割の軽重という観点からそれぞれの責任の大枠を定め、その上で一般情状を加味して最終的な刑を量定するのが相当。		共犯者2名の併合、弁護人の科刑意見を下回る判決。
アルコール依存症・犯行時泥酔状態でコントロールする力が弱まっていたという主張に対し、一度は通院治療を受けて断酒、立ち直りの意思があれば治療可能だった。飲酒の影響は軽微。突発性や犯罪傾向とは別に、取り立てて評価すべきとも考えられない。		
幼少期からの愛情の欠如・家族の無関心があったことは確かだが、被告人にも甘え・弱さがあった。	検察官の18年求刑は量刑事情に照らし重すぎ、量刑の基準にできない。弁護人の用いた量刑分布は事例が少な過ぎ、量刑傾向の把握は困難。現時点の最善の方策は、ある程度蓄積ある、殺人一般・親を被害者とする殺人・現住放火の量刑分布。	

No	判決日 裁判所 認定罪名	判決	求刑 V意見 弁意見	争点と認定	被害者との関係、動機
84	H22.1.22 仙台 殺人	11年	14年 執行猶予		母、生活苦による実母との心中
85	H22.1.29 盛岡 殺人	11年	13年 7年		妻、夫婦関係が悪化して修復不能となり憎しみで
86	H22.2.24 甲府 殺人、傷害、死体遺棄	11年	13年		父親、激高
87	H22.3.12 東京 殺人	11年	12年 執行猶予	・殺意の有無⇒肯定 ・過剰防衛⇒否定	両親が離婚して疎遠になっていた親子間で、金銭をめぐるトラブルを契機に謝罪に行った被告人を被害者が殴りかかり、殺害
88	H22.7.15 鹿児島 殺人	11年	13年 5年		父

量刑事情	量刑傾向	特徴など
生活が極限まで困窮していたことは確かだが、求人チラシを見ただけで、コンビニを紹介されてもその店で働くことを断ったり、ハローワークにも行っていない。白内障を患っていたとはいえ病気を持ちながら仕事をしている人もいる。妹から生活保護を勧められても申請せず、事前に回避可能だったのに、自ら困窮状態を招いてしまった部分もある。大学生時代の過去の経験で努力しても無駄・人生うまくいかないと考えたと言うが、誰しも辛いことから立ち直って生きている。自殺を考えたことに同情できない。極限まで困窮していても、いきなり殺害するのは理解できない。被害者と話し合い合意の上であるとか、将来を憂いて母に対する愛情からなどの事情もない。被害者を道連れにしようと考えたことにも同情できない。自首したのは、部屋の明け渡し期限が迫り、見つかると思ったためで、反省の気持ちからではない。逃亡することができたことを考えると、反省した上での自首ではないとはいえ、自首の事実はある程度有利な事情といえる。	心中しようとして親を殺害した事案の中でも重い事案。執行猶予は相当ではない。犯行動機・犯行態様に加えて、反省した上での自首でないことからすると、自首減軽をして5年を下回る量刑にすることも相当でない。他方、心中しようとして親を殺害した事案において、検察官の求刑はそもそもやや重すぎる。	
犯行後に三男に110番通報させて自首しているが、もともと犯人を特定することが容易な事案で、被告人も逮捕を覚悟して自首したにすぎず、反省に基づくものではないから、軽くする事情としては考慮しない。		
認知症を発病していた被害者に目を向けようとせず、母親のいうことのみをもとに、被害者が怠け者と決めつけ被害者を嫌悪したもので、母親の言動が大きな影響を与えたものだが、被告人の年齢等を考慮すると、特に酌むべき事情とまでは認められない。		
親子関係や被害者の仕打ちなど家族間の過去・被告人の生育状況が背景にあり、酌むべき事情ではあるが、動機は身勝手で、過去の家族間の事情をそれほど有利に評価することはできない。		
確かに、実父は被告人の幼いころから酒癖が悪く、日常的に家族に対して暴力を加えたり暴言を吐くなどして、家庭環境・成育歴が犯行の一因となっていることは否定できず、犯行に至る経緯に同情の余地はある。しかし、直接暴力を受けたことはほとんどなく、実父と話し合うなど事態改善の取りうる手段はほかにいくらでもあった。結局、動機は身勝手短絡的。		

No	判決日 裁判所 認定罪名	判決	求刑 V意見 弁意見	争点と認定	被害者との関係、動機
89	H22.11.26 千葉 殺人、銃刀法違反	11年	16年		勤務先の社長、発言に激怒
90	H22.12.27 新潟 殺人、死体損壊、死体遺棄	11年	18年 6年以下		実弟、母親に対する暴力・嫌がらせに耐えかねて
91	H23.2.10 広島 殺人、銃刀法違反	11年	16年		知人、激しい口論の末
92	H22.2.26 福岡 殺人	10年	12年		親密な関係
93	H22.3.3 高知 殺人	10年	13年 7年		妻、自らの疑念や不満をぶつけることなく、一方的に金目当てで結婚したと思い込み
94	H22.8.10 福岡 傷害致死	A、Bともに10年	A、Bともに17年 A：6年 B：4年	殺意の有無⇒否定（傷害致死に認定落ち）	いじめのような行為がエスカレート
95	H22.9.1 横浜 殺人	10年	12年 5年程度		妻
96	H22.9.16 東京 殺人	10年	15年	・殺意の有無⇒肯定 ・責任能力⇒完全責任能力	河川敷で生活する者同士、酒に酔った被告人がけんかの末

量刑事情	量刑傾向	特徴など
被害者にも落ち度がなかったということはできず、一定程度斟酌できるとはいえ、犯行を正当化できるものではない。		
母親とよく話し合い、公的機関に相談するなどの手段を尽くすべきだったのに、家庭内の問題であると自分だけで考え込み、独善的。		
被告人の妻は服役中の被告人と面会する意向を示しており、社会復帰後も本国に帰国し夫婦として生活していくつもりであると述べ、このことは被告人の更生の励みになると期待される。		
被害者が精神的にも肉体的にも苦痛を感じていたにしても、医師の診察を受けさせるとか、苦しめている人物や事柄から遠ざけるという選択肢があり、手段を尽くしてもうまくいかない場合に殺害に追い込まれたのであれば多少は同情する余地があったのかもしれないが、一足飛びに殺害するという選択をしたのは、あまりに視野が狭い。ただし、「身勝手」という言葉に集約してしまうことは、本件の問題点を見えにくくする。	有期懲役の範囲で上限付近と下限付近を除いた部分の幅を想定すべき。中央部分と比較すれば軽い刑を科すべきで、前途ある被告人が罪を償い更生することも期待して10年にした。	
夫婦間の十分なコミュニケーションが図れなかったことが原因というべきで、その責任は双方が負うべき。被害者の態度に問題があったとしても、有利な事情としてそれほど考慮すべきではない。		
両名の暴行の程度は外形上被告人のほうが激しいように思われるが、被害者の損傷がどの暴行によるものか明らかでなく、両名に指揮命令関係の立場の違いもない。両名の間で刑の重さに差を設けるべき事情はない。	せっかん事案で被害者との関係が知人友人という同種事案との刑の公平性を考えても、量刑傾向の重い部類に入る。	2名の共同被告人、凶器なし。
長女の立場や思いについては量刑上、有利にも不利にも考慮できない。	配偶者を殺害した事案の中でも重い事案。	
被害者が池の中で転倒した事実の有無など、被告人が被害者の身体を池に沈めるに至った具体的なきっかけや態様が明らかになっておらず、この点も考慮する必要あり。		

No	判決日 裁判所 認定罪名	判決	求刑 V意見 弁意見	争点と認定	被害者との関係、動機
97	H22.10.22 熊本 殺人	10年	14年	・犯行再現・自白調書の任意性⇒肯定 ・殺意の有無⇒肯定	夫
98	H23.4.27 千葉 殺人	10年	13年 7年		同居の姉、不満爆発・心中
99	H22.5.27 横浜 殺人	9年	13年 6年	・任意性⇒肯定 ・殺意⇒肯定 ・責任能力（弁護人：心神耗弱）⇒完全責任能力	実兄、金を使ったことに怒りを抱いていたところ、口論から怒りが爆発
100	H22.6.23 宇都宮 殺人	9年	14年		妻、脳梗塞で仕事ができなくなった被告人が、早く仕事をするようにと言われ、自暴自棄になって
101	H22.7.2 松山 殺人、死体遺棄	9年	12年 3年・執行猶予5年		実母、無理心中
102	H22.8.26 福岡 殺人	9年	10年	正当防衛、誤想防衛⇒否定	飲酒中の口論の末の怒り
103	H22.9.7 千葉 殺人、銃刀法違反	9年	13年 7年		父親

量刑事情	量刑傾向	特徴など
日頃の被害者の言動に不満や怒りを募らせていたことは理解でき、犯行の直接のきっかけとなった被害者の言葉が被告人の心を深く傷つけたことも想像に難くない。犯行に至る経緯には同情の余地がある。		
問題解決の努力を全くせず、些細な契機から不満を爆発させ、被害者を殺して自分も死のうと決意して犯行に及んだのは、人1人を殺害する動機としてはあまりに短絡的で思慮に欠ける。自殺を図っている点も、刑を軽くするような事情とは評価できない。	単独犯、家族関係、凶器あり（刃物類）、処断罪名と同じ罪1件での量刑傾向を参考。	
どことなく他人事のように捉えているようにもうかがわれ、反省を深めているとまで認めることはできない。しかし、このような態度は軽度認知障害による判断能力の低下が影響しているとも考えられ、大きく有利にも不利にも評価することはできない。		
動機・背景事情につき、経済的な困窮の責任は被告人にあり、一切周囲に打ち明けることなく無理心中を決意しているが、結局、母親や知人に弱いところを見せたくない、良く思われたいという気持ちが最悪の判断をしてしまった原因の一つといえる。自首が成立することは争いないが、発見を遅らせるために死体を隠匿して自殺を図ったものの、運よく助かり、その後110番通報しているが3日が経過しているから、ある程度有利に考えるべきであるが、犯行直後の自首と同じには扱えない。		
殺害に至る経緯や被告人の精神障害によって刑を大きく軽減することは適当でないが、いずれにも被害者が一定の責任を有するから、ある程度酌むべき事情と言える。		

No	判決日 裁判所 認定罪名	判決	求刑 V意見 弁意見	争点と認定	被害者との関係、動機
104	H22.11.15 松山 殺人	9年	10年 3年・執行猶予5年	責任能力（弁護人：心神耗弱）⇒完全責任能力	息子
105	H23.5.27 金沢 傷害致死、死体損壊、死体遺棄	9年	18年	殺意の有無⇒否定（傷害致死に認定落ち）	
106	H22.5.28 水戸 傷害致死、逮捕監禁	8年	15年	殺意の有無・自白の信用性⇒信用性を否定・殺意なし（傷害致死に認定落ち）	監禁相手、一人で見張りをしている中で逃げられまいと無我夢中に
107	H22.7.1 東京 殺人	8年	12年		引きこもりを15年続ける内縁の夫、被害者はこのまま生きていても苦しいだけと考えて
108	H22.10.22 長野松本 殺人	8年	13年		夫
109	H23.2.10 長野 殺人	8年	12年	責任能力⇒肯定	母、叱責されることを嫌い
110	H22.1.29 東京 殺人	7年	12年 温情判決		アルコール依存症の妻、禁酒を破り立腹
111	H22.2.10 熊本 殺人	7年	12年 執行猶予		父（70歳）、父の注意に怒りを爆発

量刑事情	量刑傾向	特徴など
統合失調症の息子（被害者）を抱えて心労を重ね同情できる面もあるが、殺害してでも逃れることを考えるような切迫したものとは言い難い。家族を道づれにする無理心中の事案とは異なる。		
被告人は被害者遺族に謝罪文を送り、慰謝料の支払いを申し出、公判廷で裁判所の認定事実に沿った事実関係を供述するほか、被害者や遺族に対する謝罪の言葉を述べているが、謝罪文の文面や供述態度には心からの謝罪の意思に基づくものであるかどうかに疑いを生じさせるものがある。慰謝料の申出額も精神的苦痛や被告人の資産状況に照らして妥当でない。真摯な反省をしているとまでは認められない。		
犯行直前に精神的・経済的に追い詰められていたが、それは家賃の支払いに充てるべき給与の大半をパチンコで浪費した被告人自身に原因があり、15年引きこもりの生活をしていた被害者を経済的に支えていたことが直接の原因とは認めがたい。		
被害者（夫）から長年受けてきた暴力・暴言・過度の束縛を踏まえると、自分の今後の人生のためという動機そのものは酌量の余地はないものの、動機を抱くに至った経緯については酌むべき事情である。		
被害者の健康を心配して、禁酒の約束を破ったと考え、強いショックを受けたことは理解でき、同情の余地がないとは言えないが、立腹のあまり殺害したことで許されない。やはり自己中心的で短絡的にすぎる。刑を決めるにあたり、病気の被告人の体調を重視することはできない。高次脳機能障害が影響したという証拠はない。		
農作業の手順について注意されて怒りを爆発させたものであるが、被告人が生まれてこのかた、父である被害者と寝食を共にし、家業に従事する中で一度も反抗することないまま、長年にわたり感情を抑え込んでいた事情も考えると、酌量の余地がないとまでは言えない。		

No	判決日 裁判所 認定罪名	判決	求刑 V意見 弁意見	争点と認定	被害者との関係、動機
112	H22.3.12 千葉 殺人	7年	10年		子ども、子どもの問題行動が重なり、怒りが爆発
113	H22.3.17 金沢 殺人	7年	12年 執行猶予		夫、夫婦間の不満や怒り、負担感、長男に対する不安感
114	H22.5.24 大阪 殺人、死体遺棄	7年	10年 3年6月	責任能力（弁護人：心神耗弱）⇒完全責任能力	父、母の死体を放置したことを叱責され、日ごろから抱いていた不満が爆発
115	H22.9.2 横浜 殺人	7年	15年 執行猶予		祖母
116	H22.10.5 東京 殺人	7年	12年	・殺意の有無⇒肯定 ・責任能力⇒心神耗弱	実父の交際相手
117	H23.6.24 松山 殺人	7年	8年 5年		夫、認知症・パーキンソン病の夫に対し、今後も状況が続くことを悲観し、小言を言われたことへの怒りも加わって
118	H21.9.18 福岡 殺人	6年	10年 執行猶予	殺意発生時期	息子、子どもの問題行動、心中

量刑事情	量刑傾向	特徴など
被害者の度重なる問題行動による苛立ち・ストレスは十分理解できるし、被害者から暴力を受けたことで怒り・悲しみ・あきらめといった感情を募らせたことも納得できる。楽しみにしていた次男夫婦家族の帰省も台無しにされ、怒りなどの感情が爆発した心情も理解できなくはないが、殺害はおよそ受け入れがたい飛躍。激しい非難が加えられてしかるべき。被害者の引きこもりを公的機関はおろか、親戚にも相談しておらず、このような対応をしていれば避けられた可能性もある。就職するように繰り返す以上に、適切な意思疎通を心がけていれば、関係が好転した可能性もあり、残念。もっとも、20年間経済的支援や就職支援に向けた行動をしており、親の務めとして最低果たすべきことは果たしていた。多少の同情の余地あり。		
飲酒後、本件犯行に至るまで17時間程度経過しており、睡眠改善薬は市販のものであって効果は限られて攻撃性を高める作用はないことから、飲酒・睡眠改善薬の服用も判断能力にほとんど影響しない。		
犯行前に自殺しようと睡眠薬を多めに飲んだ可能性は否定できないが、追いつめられた心情はうかがわれ、同情の余地がないとは言えないが、犯行以前の事情で、怒りも加わって殺害を決意した点も照らすと、刑事責任を大きく軽減する事情とは認められない。		
H21.4以降の問題行動は相当強度。思い余って犯行に及んだことは同情の余地がある。		

No	判決日 裁判所 認定罪名	判決	求刑 V意見 弁意見	争点と認定	被害者との関係、動機
119	H22.6.4 松江 殺人	6年	7年	責任能力（検察官：心神耗弱、弁護人：心神喪失）⇒心神耗弱	老人ホームの同居者、不満を募らせていたところにたまたま顔面を殴られて立腹しうっぷんを晴らそうと考えて
120	H23.1.27 広島 殺人未遂と傷害致死の混合包括一罪	6年	12年	・殺意をもって3回刺したか⇒腹部1回 ・刺突行為と死の結果との因果関係⇒否定 ・刺突行為の直前の殺害の共謀の成否⇒否定（傷害致死の限度で共同正犯）	仕事上の知人、口論の末の激高
121	H21.12.17 佐賀 殺人	5年	13年 5年以下	殺意の程度⇒確定的殺意	長男、恐怖心や焦りなどの感情から追い詰められて
122	H22.3.5 那覇 殺人	A（夫）：5年 B（妻）：4年6月	A、Bともに8年 執行猶予		長男、保険金で負債を整理しようと考え、障害を持った長男と無理心中
123	H22.7.9 釧路 殺人、死体遺棄	5年	6年		出産男児、風俗店店長に出産の事実発覚をおそれ

量刑事情	量刑傾向	特徴など
本件犯行を大筋で認めていることは、内省の深まりを示すものではないと考えられ、有利な事情として重要なものとはいえない。		
飲酒による酩酊状態が犯行に影響しているが、日ごろから家族などから酒を飲むと暴力をふるうと指摘されてきたから、酩酊状態にあったことを刑を軽くする事情として考慮することはできない。		義父と暴行傷害を共謀したが、義父が共謀の範囲を超えて致命傷を、被告人も共謀の範囲を超えて刺したが殺害の目的を超えずに傷害を負わせるにとどまった。殺人未遂と傷害致死の混合包括一罪。
本来ならば、警察への通報や保護施設の利用を期待するのが当然であり、これをしなかった被告人を非難するのはたやすいが、これを被告人に不利な情状として大きく考慮するのは酷な面がある。確かに被告人は犯行時の状況を明確に供述していないが、供述している部分もあり、その限りでは反省心も認められる。	本件と同種の事案は、おおむね懲役3年（執行猶予を含む）ないし懲役7年の範囲の量刑がなされたところである。	
生命を絶った両親に対する被害者の意向を忖度することは、不利益な方向であっても、有利な方向であっても、被害者の尊厳を冒涜するもの。ただ敬虔な気持ちで冥福を祈ることが許されるにとどまるというべき。		
本件犯行に至った背景事情として、被告人の精神障害に加え、店長らに対する恐怖心が相まって、被告人がその時々の状況に応じて回避に向けた適切な処置ができなかったという事情があったことは一定程度酌むべき事情である。酌むべき事情を十分考慮しても、出産直後に殺め死体を隠して遺棄した犯情の重大さ、悪質さにかんがみれば酌量減軽して刑の執行を猶予すべき事案とは考えられない。		ビニール袋に入れ、包丁で胸を刺し、押しれに隠す。

No	判決日 裁判所 認定罪名	判決	求刑 Ｖ意見 弁意見	争点と認定	被害者との関係、動機
124	H22.2.3 横浜 殺人	4年6月	5年 執行猶予	誤想過剰防衛・心神耗弱・自首に争いなし	不明、被告人の妄想をきっかけに口論となった際、被害者の包丁を取り上げ、危害を加えられるかもしれないと思い違い
125	H22.9.7 東京 殺人	4年6月	7年 執行猶予		母親
126	H22.2.1 さいたま 殺人	A、Bともに4年	A、Bともに5年 執行猶予		息子、両親が知的障害者の息子を絞め殺す
127	H23.6.17 高知 殺人	4年	8年 3年・執行猶予5年・保護観察付		妻、妻の入院準備を指示され、これ以上妻を支えることができないと思い、妻を殺害して服役することで夫婦生活を終わりにしようと考えて
128	H22.10.8 広島 殺人	3年6月	7年	責任能力⇒心神耗弱（検察官の主張も心神耗弱）	妻、妄想によって自殺を決意し、無理心中
129	H23.2.24 鹿児島 殺人	3年6月	5年 執行猶予	・承諾殺人⇒否定 ・故意の内容は承諾殺人⇒否定	実母、将来を悲観して心中
130	H22.6.30 千葉 殺人	3年	5年		妻、認知症の妻の介護に疲れて無理心中
131	H22.12.9 さいたま 殺人	3年	5年		分娩直後の嬰児、育てられない・同居人に知られたくない

量刑事情	量刑傾向	特徴など
医療観察法にゆだねるべきという意見に対しては、精神疾患を治療する必要性は大きいが、相応の刑事責任を負わせるのが相当。治療のために執行を猶予するのは相当でない。		
被告人が認知症の実母の介護を一人で抱え込み本件犯行に至った経過・動機には同情すべき余地はあるが、殺害以外の実行可能な方策を講じ尽くしていない被告人の態度は一度は在宅介護を選択した者として到底責任ある態度とは言えない。		
95歳の被告人にとって服役による苦痛は通常よりも大きい。		
		自首、被告人は軽度の精神遅滞。
被害者名義の預貯金を考えれば、介護の負担をより少なくすることで無理心中を考えるまで追い詰められた状況を改善することは十分可能だった。認知症の悪化を認識していたから改めて公的機関や病院の窓口に相談できたし、そうするべきだった。無理心中を決意するほど追いつめられていたなら、家族や公的機関に相談するのが介護するものの責任でもある。		
最も重視すべき点は結果の重大性。次に重視すべき点は人間の尊厳を全く無視した冷酷な犯行態様（分娩後ためらいなくビニール袋に入れて隣地の畑に放り投げ、凍死させる）。		

No	判決日 裁判所 認定罪名	判決	求刑 V意見 弁意見	争点と認定	被害者との関係、動機
132	H23.1.14 広島 殺人	3年	10年 執行猶予		甥、暴力を受けていた甥に対し、このままだと家族に危害を加えられるとおそれ、思い悩んで殺害を決心
133	H23.6.14 横浜 殺人	3年	7年 執行猶予	承諾殺人の成否⇒否定	実母、経済的状況に絶望して無理心中
134	H22.1.29 福島郡山 殺人	2年6月	5年 執行猶予		夫、介護に負担を感じて心中
135	H22.9.6 さいたま 殺人	2年6月	4年 無罪	責任能力⇒心神耗弱	長女、うつ病の被告人が統合失調症の長女の行く末を案じて無理心中
136	H22.10.14 山口 殺人	2年6月	6年		認知症の夫、心中
137	H22.12.14 大阪 殺人	A（夫）：2年6月 B（妻）：2年・執行猶予3年	A（夫）：7年 B（妻）：3年	・妻の検察官調書の2号書面該当性⇒肯定 ・妻につき共同正犯か幇助犯か⇒共同正犯	知的障害・精神障害を負う長男、心中

量刑事情	量刑傾向	特徴など
被告人の接し方にも問題があり、被害者の暴力をエスカレートさせる一因にもなったと言える。今後の対処方法について親族や警察などに相談することもなかった。		自首が成立。
本件犯行の短絡さや身勝手さに対する正当かつ十分な認識に至っているとは評価することはできない。そのような被告人に対しては、その責任の重大性について、真摯な自覚を求める必要がある。	罪質や結果等をふまえると、犯行の動機や経緯について、大きく酌むべき事情があるなど、特別な事情が認められない限り、基本的に刑の執行を猶予することは相当でない、というべきである。	
介護を巡る状況が社会的に大きな問題となっている現状を考慮すると、介護を受ける者の意思に反して及んだ本件犯行が、同じように介護に携わっている人や介護を受けている人など広く社会に与える影響も無視しえない。		
被害者が徘徊を始めてからの期間はそう長期間とはいえず、被害者の入院準備が進められ、親族らのサポートもあった介護状況からすると、他の選択肢を取ることも可能であり、十分考えるべきだった。追い込まれていたとはいえ、以前から心中を考えていた事情もなく、突発的に短絡的に殺害したもの。		
知的障害や精神疾患を持つ子供など家族がいる家庭は全国に多数あるだろう。そもそも子供など家族が不憫であるとして将来を悲観し安易に道連れに無理心中するという発想は誤ったもので、今後同様の事件が頻発することは何としてでも防がなければならない。無理心中せざるを得ないほどの切迫した客観的事情にはなかった。妻は相当従属的で、心神耗弱による減軽に酌量減軽もした。		妻につき心神耗弱（争いなし）。

No	判決日 裁判所 認定罪名	判決	求刑 V意見 弁意見	争点と認定	被害者との関係、動機
138	H22.7.2 大阪 殺人	2年	5年 執行猶予		精神障害のある次女、介護方法に関して口論なり激高
139	H22.2.19 東京 殺人	3年・執行猶予5年・保護観察付	5年 執行猶予		妻、介護事案（認知症）、心中
140	H22.10.21 静岡 殺人	3年・執行猶予5年・保護観察付	10年 無罪	責任能力（検察官：完全責任能力、弁護人：心神喪失）⇒心神耗弱	6歳の長男、PTSDに基づく強い希死念慮を伴う急性一過性の抑うつ状態
141	H23.2.2 大分 殺人	3年・執行猶予5年・保護観察付	6年	責任能力（検察官：心神耗弱、弁護人：心神喪失）⇒心神耗弱	実母、母を殺すという考えが唐突に浮かんで
142	H23.9.30 千葉 殺人	3年・執行猶予5年・保護観察付	5年		介護を要する妻、介護に負担・長男夫婦に申し訳ない・妻を殺害して自殺しようと考えて
143	H21.12.3 神戸 殺人	3年・執行猶予5年	8年 執行猶予	・殺意の程度⇒ある程度強い殺意 ・心神耗弱（争いなし）	義理姉（80）、介護事案（認知症）、言動に憤り

量刑事情	量刑傾向	特徴など
「長女を離婚させて自分たちの面倒を見させよう」「離婚しないなら、義兄の会社や実家に電話してめちゃくちゃにする」などの被害者の発言は、精神障害に基づくもので、医師に相談する、支援施設に入所させるなど発言を実行させないように他に取り得る手段が存在していた。殺害までをも決意するのは、自身の長年の労苦をも無にする短絡的な判断。	無理心中の類型に該当しない家族間の殺人について、これまでの類似する先例がほとんど執行猶予を認めてこなかったことには理由がある。	
医師からがんの疑いを告げられ、体の痛みなどで悩まされていた当時の状況では、がんとの思い込みを安易であると非難することはできない。自ら入院手術が予定され、明日被害者の施設入所という前夜に、寝ていた被害者の傍らで、このまま被害者と離れ離れになることを悲観し、被害者1人を残すと娘などに迷惑がかかると考えて無理心中を決意した心情には、短絡的な面は否定できないが、同情に値する。結果が誠に重大である。被害者の長女・弟が処罰を望んでいないことは、被害者の感情ではないから、結果に比べて、その意向を過大視することはできない。	このような類型の事案は、その経緯などに照らして酌むべき事情が存在することも多く、殺人罪が予定している刑の中でも低いところを中心として検討されるべき。量刑傾向を考慮すると、検察官・弁護人の科刑意見は想定される刑の範囲に含まれている。そこで、執行猶予に付するのが相当かを検討する。	
実刑に処することも考えられるが、今回は社会内で被害者の冥福を祈らせつつ、そこで直面する困難と正面から向き合わせ、物心ともに自立した生活を営ませることが相当。		
重い統合失調症を患い、18年もの間何ら治療を受けることがなく、陰性症状の影響を強く受け、心神耗弱状態。周囲に病気について気付かれることなく精神科を受診することもなかった。専門機関による指導援護や適切な治療を受けながら社会内での更生をするのが相当。		控訴審は心神喪失無罪。
実刑にするにはやや躊躇を覚えると言わざるを得ないが、助けを求める周囲の者がありながら誤った考え方から犯行に及んだことを踏まえると、第三者の適切な指導監督の下、反省を深めさせるため保護観察に付する。		

No	判決日 裁判所 認定罪名	判決	求刑 V意見 弁意見	争点と認定	被害者との関係、動機
144	H21.12.17 京都 殺人	3年・執行猶予5年	5年 執行猶予	自首の成否⇒肯定	長男、寝たきりになった長男の将来を悲観して
145	H22.4.22 東京 殺人	3年・執行猶予5年	5年		自殺未遂をした回復見込みのない息子、延命治療を哀れに感じ、母の手にかかって死ぬことを望んでいるのではないかと考え
146	H22.5.26 千葉 殺人	A、Bともに3年・執行猶予5年	A、Bともに7年 2年6月・執行猶予5年	過剰防衛の成否⇒肯定	精神疾患に罹患した長男、暴れる長男から身を守りつつ、将来を悲観して
147	H22.5.27 千葉 殺人、銃刀法違反	3年・執行猶予5年	5年		実母、被害妄想から自殺を決意し、心中するため
148	H22.7.15 東京 傷害致死	3年・執行猶予5年	10年	・殺意の有無⇒否定（傷害致死に認定落ち） ・正当防衛⇒否定	娘、被害者の言動を発端にした口論の末
149	H22.7.29 さいたま 殺人	3年・執行猶予5年	5年		長男、介護疲れ・怒り

量刑事情	量刑傾向	特徴など
検察官は、民生委員の協力や医師の診察によって状況が良くなる見込みがあったのに、悲観的になりすぎていたと主張するが、民生委員については被害者のことを相談する相手としてふさわしいと被告人が認識していた訳でもないし、医師による治療の効果を期待できるような状況にあったかどうかも不確かである。	本件は同種類型の事案の量刑分布の中では下方に位置づけられるべき事案であると評価できるし、刑の執行を猶予することを視野に入れることがおよそ許容されないといった事案ではない。	
実刑に処して罪を償わせて社会に対するけじめをつけさせることが妥当にも思える。息子の暴力に耐えてきたもの愛情ゆえのことであり、愛する息子の生命を奪ってしまったことの罪の重さは被告人両名が最も痛感し、一生涯にわたって深く悔いていくことになろう。刑務所で服役して罪を償わせるのが相当と断じることはできない。		
人の命が軽んじられている風潮が見られる世相も合わせ考慮すると、人を殺害するこの種の犯罪に対しては厳しい態度で臨むべき。執行猶予は例外的。		
結果が重大であることは否定できない、被害者を献身的に支えてきたこと、結果を被告人なりに受け止めていることなど相当に酌むべき事情があるので、社会内で被害者の冥福を祈り、一生をかけて償っていくことが相応。		
殺意を抱いた根底に、純粋な介護疲れや将来への悲観という気持ちだけでなく、被害者への腹立ちや怒りがあったと認められるが、経過に照らせば過大評価して殊更不利な事情を評価することは必ずしも相当でない。同様の境遇の下、家族で手を携えて懸命に生活している人々に対して及ぼす衝撃等を考慮すれば、一般予防の見地も軽視できない。		被告人は83歳の母。

No	判決日 裁判所 認定罪名	判決	求刑 V意見 弁意見	争点と認定	被害者との関係、動機
150	H22.9.9 長崎 殺人	3年・執行猶予5年	5年 3年・執行猶予5年	責任能力（弁護人：心神耗弱）⇒完全責任能力	生後16日の乳児
151	H22.11.10 横浜 殺人	3年・執行猶予5年	6年 執行猶予		妻（72歳）、精神病様の症状があらわれてきた被害者が暴力を制止しようとして転倒し頭から出血して意識を失った際に、ここで死なせてやるのが妻のためと考えて
152	H23.1.18 金沢 殺人	3年・執行猶予5年	7年	・殺意の有無⇒肯定（弱いもの） ・正当防衛の成否⇒否定（過剰防衛） ・誤想防衛⇒否定	実弟、母に対する暴行に対して母親のみを防衛するため
153	H23.5.18 さいたま 殺人	3年・執行猶予5年	5年 執行猶予		妻、統合失調症の妻を介護し、自分も心身の病を抱え将来を悲観して心中
154	H23.10.14 大阪 殺人	3年・執行猶予5年	4年	・自首の成否⇒肯定 ・責任能力⇒躁うつ病のため心神耗弱（争いなし）	実母、あれこれ思い悩み精神的に極度に追い詰められた挙句とっさに現在の苦境から逃れたいという気持ちから殺害するしかないと思い立ち

量刑事情	量刑傾向	特徴など
直接の動機だけ見ると親としての自覚に欠け、自己中心的であるが、いきさつ全体としては同情すべきところも少なくない。		
		自首が成立。
凶器を用いているものの、被害者が最初に包丁を持ち出したことに起因する。		
精神的に極度に追い詰められたことの原因としては、病気を理解しようとせず、執拗に責め続けた夫の著しく思いやりに欠ける言動によるところが大きい。		

2　殺人未遂

(1)　量刑事情についての事実認定

a　殺意が争われた事案における反省の認定

(i)　殺意に関する弁解内容を根拠に、反省の態度が否定的に認定されているもの

○津地裁平成23年５月16日（No24、殺人未遂）

被告人が包丁で被害者の腹部を２回、右脇の下を１回突き刺し、腹や背中を数回切りつけた事案（懲役７年／求刑10年）

「被告人は、犯行直後は家族などに電話をかけて『刺したった。』などと述べていたのに、その後は不合理な弁解を繰り返しており、真に反省しているとは認められない。」

○長崎地裁平成22年12月６日（No９、殺人未遂・公務執行妨害・傷害等）

警察官２名から現行犯逮捕されそうになるなどした被告人が、飛び出しナイフ様の凶器で警察官１名の大腿部を刺し、もう１名の警察官の前胸部等を刺して傷害を負わせた事案（懲役９年／求刑10年）

「各被害者に謝罪文を送るなどしており、後悔の気持ちや各被害者らへの謝罪の気持ちがあることは認められるものの、本件で最も罪責が重い殺人未遂については不合理な弁解を主張して責任の軽減を図っており、自分がしてきたことに向き合えているとはいえない。」「犯行後、自ら警察に出頭してはいるが、暴力団関係者など周囲の者に説得されたからであって、自発的に出頭したものではない。これらのことからすると、今後の更生につながるような反省がなされているとは認められない。」

○鳥取地裁平成22年７月16日（No55、殺人未遂）

長男を斧で切りつけて殺そうとした事案（懲役３年６月／求刑５年）

「被告人は、殺意を否認して不自然な弁解をし、その反面として十分な反省の態度を認めることはできない。被害者に謝罪文を作成送付したりするものの、その内容を見れば、謝罪の実を認め難い。」

○東京地裁立川支部平成22年６月10日（No５、殺人未遂・銃刀法違反）

被害者（友人）の腹部を２回突き刺して傷害を負わせた事案（懲役10年／求刑12年）

「自身の行為には殺意がなかったと繰り返し主張する被告人の供述態度等には真摯な反省の情は認めがたく、再犯のおそれも高い。」

○広島地裁平成22年５月25日（No40、殺人未遂・住居侵入・銃刀法違反）

元交際相手の女性方に侵入し、寝室内で同女と一緒に寝ていた被害男性に対し、腹部を包丁で突き刺すなどした事案（懲役５年／求刑８年）

「被告人は、犯行態様について、信用できない弁解をしており、そのことが、被告人が自分の犯した罪と向き合って反省を深めていることに疑念を抱かせることは否めない。」

○千葉地裁平成22年３月８日（No28、殺人未遂・銃刀法違反）

被告人が、かつての勤務先の同僚であった被害者の首を包丁で突き刺した事案（懲役６年／求刑８年）

「被告人は、おおむね事実関係を認めた上で、被害者にけがをさせたことについては反省の言葉を述べているが、殺意の点については不合理な弁解をしており、反省が十分とはいえない。この点は、被告人の刑を決めるに当たって一定程度は被告人に不利な事情として考慮する。」

⒤ 殺意の内容に関する弁解を、反省の態度を否定する根拠にしていないもの

○横浜地裁平成22年12月２日（No81、殺人未遂・出入国管理法違反）

一過性の妄想反応のため心神耗弱の精神状態にあった被告人が、隣室の居住者の左脇腹を包丁で突き刺した事案（懲役３年・執行猶予５年／求刑６年）

「被告人は、公判廷で、犯行時の記憶はないと述べてはいるものの、自らが被害者を刺したこと自体は認めて謝罪と反省の弁を述べており、まだ過去の妄想や幻聴を信じており、それを訂正できないため反省が深まっているとはいえないが、一定程度は反省していると認められる。」

○大阪地裁平成22年10月18日（No71、殺人未遂・銃刀法違反）

同じ職場で働く被害者の言動に立腹し、背後からカッターナイフで切りつけた事案（懲役３年・執行猶予５年・保護観察付／求刑６年）

「なお、被告人は、殺意を否定し、これと絡む事柄を述べる際には弁解的な言葉が目立つ。しかし、これらは被害者の殺害を意欲等していなかったことを強調したいがためだと考えられる。被告人に反省がないとみるのはいささか酷であろう。もっとも、被告人の反省が十分であるとはいいがたい。」

○大阪地裁平成22年10月12日（No21、殺人未遂・傷害・覚せい剤取締法違反）

被害者が乗った自転車に自己の運転する自動車を衝突させた事案（懲役７年／求刑不明）

「被告人は、公判において反省の弁を述べている。本件犯行に及んでしまった原因については、未だ熟慮不足の印象も受けるが、長期間の拘束を経て、被害者らの心情に対しても思いを致すようになっており、被告人なりに、真摯な反省を深めつつあるといってよい。」

○高松地裁平成22年９月17日（No52、殺人未遂・銃刀法違反）

スナック店内において被害者らとけんかをしたことに憤激し、鉈でその頭部を２回殴打した事案（懲役４年／求刑８年）

「被告人は、本件犯行状況について真実とは異なる供述をしていると認められ、そこには自分の刑事責任を軽くしたいという心理が働いていると想像できはするものの、同時に、飲酒の影響等によって記憶が欠落していることも少なからず影響しているとも考えられるのであり、論告で指摘されているように、真剣に反省していないとまではいえない。それに、拙いものではあるが謝罪文を送付するなど、被告人なりに反省の気持ちを表しているというべきである。」

(2) 量刑の基準（量刑の考え方）

a 検察官の求刑より刑を減じるべき事情はないとし、求刑どおりの刑を言い渡しているもの

○宮崎地裁平成22年７月26日(No30、殺人未遂)

同居していた実母に対し、首を包丁で１回切りつけた事案（懲役６年／求刑６年）

「本件犯行の危険性が高いことや被害結果が重大であることなどに照らせば、被告人の刑事責任には重いものがある。さらに、被告人に有利に考慮すべき事情が乏しく、再犯可能性が認められることなどをも考慮すれば、被告人に科すべき刑期を、法律上の減刑をして法定刑を下回るものとするのは妥当ではない。

そこで、前記各事情のほか、前刑の執行猶予が取り消される見込みであることをも含めた諸般の事情を総合考慮した上、当裁判所は、検察官の求刑どおり、被告人を懲役６年に処するのを相当と考える。」

○大分地裁平成22年３月24日（No13、殺人未遂・銃刀法違反）

会社経営をめぐるトラブルから、被害者方の玄関先路上で、包丁で腹部を突き刺し、数回切り付けるなどした事案（懲役８年／求刑８年）

「被告人には懲役前科がなく、息子が出廷して被告人の姉とともに被告人の更生を支えると述べるなど、被告人にとって刑を軽くする方向での事情も認められるが、検察官も、被告人に懲役前科がないことを考慮した上で求刑していることからすると、刑を減じるのを相当とするほどの事情があるとはにわかに認めがたい。よって、被告人に対しては、検察官の求刑どおりの刑を言い渡すこととする。」

b 量刑傾向を踏まえて、量刑の理由を詳細に述べているもの

○横浜地裁平成22年12月２日（No81、殺人未遂・出入国管理法違反）

一過性の妄想反応のため心神耗弱の精神状態にあった被告人が、隣室の居住者の左脇腹を包丁で突き刺した事案（懲役３年・執行猶予５年／求刑６年）

刑を決める上で重視すべき犯行の態様等についてみると、「結果は決して軽いものではないが、約19日間の治療で治癒し、後遺症もないことからすれば、同種事案の中では重い類型に当たるともいえない。」。次に、本件の動機についてみると、「一時の激情に駆られた犯行で、強い殺意はなく、被害者の殺害を積極的に望んでいたわけではない。（中略）このような犯行時の精神状態や犯行の結果に照らすと、行為の危険性を踏まえても、殺人未遂の事案の中ではやや刑事責任は軽い方ではあるとはいえるが、当然に執行を猶予すべき事情のあるような軽い事案でもなく、実刑か執行猶予かのボーダーライン上にある事案であるといえる。」とし、被告人に有利な事情を挙げて、刑の執行を猶予するのが相当であるとした。

○佐賀地裁平成22年10月19日（No89、殺人未遂）

かねて妻の浮気を疑っていた被告人が、妻と口論の末、同女の腹部を包丁で１回突き刺して全治約１か月の傷害を負わせたが、中止未遂と自首が認められた事案（懲役３年・執行猶予４年／求刑５年）

「ところで、本件と同種の事案（家族関係又は男女関係を動機として、配偶者を凶器を用いて殺害しようとした殺人未遂の単独犯の事案）について、近年言い渡された刑を見ると、概ね懲役２年（執行猶予付きを含む。）から８年の間で分布し、懲役３年以下で執行猶予が付されているものが最も多い。

当裁判所は、本件犯行態様は、被害者の生命に危険を及ぼすものであるが、他方で、本件犯行に至る経緯に同情できる点があることや、中止未遂や自首が成立すること、被害者が社会内処遇を求めていることなどを特に考慮して、被告人に対し、今回に限って社会内で更生する機会を与えるのが相当であると判断した。」

⑶　量刑事情の範囲

a　飲酒の影響下にあったこと

(i)　有利に考慮すべきではないとした事案

○宮崎地裁平成22年７月26日（No30、殺人未遂）

同居していた実母に対し、首を包丁で１回切りつけたという事案（懲役６年／求刑６年）

「弁護人は、本件が飲酒の影響によるものであることを被告人に有利に考慮すべきであると主張する。しかし、被告人がこれまで少なからず飲酒によるトラブルを起こしてきたこと、それにもかかわらず、犯行当日も自ら飲酒した末に本件犯行に及んでいることに照らせば、これを被告人に有利に考慮することはできない。」

(ii)　有利に考慮した事案

○東京地裁平成22年７月30日（No41、殺人未遂・出入国管理法違反）

路上で両手に１本ずつ持っていた包丁を持ち、被害者をめがけて突進し、その勢いのまま包丁を２回突き出し、左胸部及び左上腕部を突き刺した事案（懲役５年／求刑８年）

「被告人がかなり酒に酔っているところにこのような暴行を受けたため、抑制が効きにくくなっていた点も、（注：被告人にとって有利に）考慮すべきである。」

b　被害者の処罰感情

被害者にも落ち度があることを理由として、被害者が厳罰を望んでいることを量刑上斟酌すべきではないとした裁判例がある。

○さいたま地裁平成22年３月17日（No37、殺人未遂）

停車中の自動車内において、被害者の女性に対し手工用切出で腹部を１回突き刺し、頸部を両手で絞めつけるなどした事案（懲役５年／求刑６年）

「検察官は、被害者が、心身共に傷つき、身体に一生残る5か所の傷跡を付けられ、その消えることのない苦しみや恐怖等悲痛な思いを味わっており、被告人に対する厳重処罰を求める旨の意見を表明している点を被告人にとって不利な事情として考慮すべきと主張するが、本件に至る経緯（注：援助交際を目的としてインターネット上の出会い系サイトで知り合い、被告人が男女の痴情のもつれから被害者憎しの念を募らせた挙げ句に、被害者の殺害を決意して犯行に及んだ）に照らし、この点については特段不利な事情としては酌まないこととなった。」

(4) 量刑事情の重み、位置づけ

a 被害者の処罰感情の位置づけ

(i) 刑の幅を決める事情、犯情として考慮していると考えられるもの

○東京地裁立川支部平成22年7月30日（No6、殺人未遂・銃刀法違反）

刑務所に入るために人を刺そうと考え、牛刀を準備して、バス停でベンチに腰掛けていた被害者の背中を牛刀で突き刺した事案（懲役10年／求刑9年）

犯行態様について検討する中で、「何のいわれもなくこのような被害にあった被害者の処罰感情には、今なお厳しいものがあり、それはいわば当然といってよい」とした。

なお、本判決は、さらに続けて、「加えて、本件のような凶悪な犯行が白昼、駅前で繰り広げられたということで、地域社会に与えた不安と衝撃には大きいものがあったと思われる」とした。

○福岡地裁小倉支部平成22年10月28日（No91、殺人未遂）

殺意をもって長男（35歳）を小出刃包丁で殺そうとした事案（懲役3年・執行猶予3年・保護観察付／求刑5年）

未遂に終わっていること、犯行に至る経緯とあわせて、被害者が処罰を求めていないことを挙げて、法定刑の下限を下回る量刑が相当である

とした。

○広島地裁平成22年６月25日（No58、殺人未遂・銃刀法違反）

自宅において、父親の左背部と左肩をそれぞれ包丁で突き刺した事案（懲役３年／求刑６年）

被害者(父親)が被告人を許しており、処罰を求めていないことを、「本件犯行そのものに関わる事情」として重視した、とした。

(ii)　一般情状事実として考慮しているもの

○福岡地裁平成22年５月26日（No29、殺人未遂）

ベランダで被害者（妻）の両下肢を抱えるなどして身体を持ち上げ、ベランダの手すり越しに落とす方法により、12.1m下方の地面に転落させた事案（懲役６年／求刑８年）

被害者が「被告人を許すことができない」と述べていることについて、「一般情状の観点において」不利な事情というほかないとした。

b　処罰感情に対する量刑上の評価

(i)　被害者にも落ち度があることを理由として、被害者の処罰感情を重視すべきではないとした事案

○東京地裁平成22年７月30日（No41、殺人未遂・銃刀法違反）

路上で両手に１本ずつ持っていた包丁を持ち、被害者をめがけて突進し、その勢いのまま包丁を２回突き出し、左胸部及び左上腕部を突き刺した事案（懲役５年／求刑８年）

「検察官は、被害者が厳罰を望んでいることを量刑上重視すべきと主張する。しかし、前記のとおり、被害者にも本件を招いた落ち度が認められることを考慮すると、この点を重視すべきとは考えなかった。」

○那覇地裁平成21年12月17日（No50、殺人未遂・銃刀法違反）

被害者から借金返済を執拗に求められ、自殺を考えたものの、母親や知人に累が及ぶことを避けるため、被害者の殺害を企てて、用意していた刃物で背部を突き刺した事案（懲役４年／求刑６年）

「検察官は、被害者が厳重処罰を求めていることも十分斟酌すべきで

ある旨主張するが、被害者が真に被告人の厳重処罰を求めているか否かは疑念を容れる余地がある上、仮に、厳重処罰を求めていたとしても、本件は、被告人に金員を貸して暴利を貪っていた被害者と容易に金員を貸してくれる被害者を当てにしていた被告人との間で惹起されたものであり、(中略) 被害者にも責任の一端があるといわざるを得ないことに徴すると、被害者の処罰感情を過度に斟酌することは相当ではない。」

(ii) 被害者の宥恕が有利な事情として考慮された事案

○福岡地裁平成22年６月24日（No68、殺人未遂）

同居人である被害者の頸部めがけて包丁を振り下ろし、左上腕部を突き刺した事案。なお、被害者が被告人や両親を侮辱するような発言をするなど、被害者の側にも、被告人が不満、怒りを強めていった原因となった言動があったとされた（懲役３年・執行猶予５年・保護観察付／求刑５年）

「被害者の宥恕は、本件被害結果の重大性が緩和されていることを示すといえ、被告人に相当程度有利な事情として判断すべきであるといえる。」

他に、被害者の処罰感情（処罰を望まない）を有利に考慮している判決は、被害者が被告人の親であるものが多い。

○福岡地裁平成22年８月26日（No69、殺人未遂、懲役３年・執行猶予５年・保護観察付／求刑５年）

○富山地裁平成22年９月３日（No70、殺人未遂、懲役３年・執行猶予５年・保護観察付／求刑５年）

○長野地裁平成22年７月30日（No80、殺人未遂、懲役３年・執行猶予５年／求刑７年）

(iii) 被害者の宥恕が有利な事情として考慮されなかった事案

○福島地裁郡山支部平成22年６月４日（No51、殺人未遂・銃刀法違反）

父親の殺害を計画し、石材と果物ナイフで父親を殺そうとした事案（懲役４年／求刑５年）

「被害者が父親として子の処罰を求めないとの心情を有しているというのは理解し得るところであるし、既に認定した被告人と被害者との距離を置いた関係や被告人の拒絶の態度から考えると、被害者の心情は、被告人の立ち直りや更生に影響を与えるものとはいい難く、この点を重くみることはできない。」

c　家族間の事案における犯行に至る経緯に対する評価

(i)　犯行に至る経緯を有利な事情として評価した事案

○福岡地裁小倉支部平成22年10月28日（No91、殺人未遂）

殺意をもって長男を小出刃包丁で殺そうとした事案（懲役３年・執行猶予３年・保護観察付／求刑５年）

「被害者の長年にわたる暴力や金銭要求等に疲弊した被告人が、精神的に追い詰められた末に突発的に起こした」という経緯には酌むべき点がある。被害者を精神病院に入院させたり、被害者の家庭内暴力を警察に相談しても力になってもらえなかったことや、被告人も借金を重ねてまで被害者に経済的支援を続けたことなどから自己破産するなど被告人自身の生活状況も圧迫していたことを考えると、「問題解決に向けた被告人なりの努力はしていたといえる。」

○富山地裁平成22年９月３日（No70、殺人未遂）

父親を包丁で殺そうとした事案（懲役３年・執行猶予５年・保護観察付／求刑５年）

「被告人には自閉症による障害が存在したのであって、そのために父親の親心が理解できず、また、その障害ゆえに苦手としたであろう就職面接について、厳しく指導を受けることが、通常よりも大きなストレスとなっていたことは、被告人のためにある程度考慮するべきである。」

○福岡地裁平成22年８月26日（No69、殺人未遂）

父親を包丁で殺そうとした事案（懲役３年・執行猶予５年・保護観察付／求刑５年）

「本件犯行の背景には、被告人と被害者との意思疎通ができていない、適切な親子関係が築けていないことがあるが、これについては被告人のみを責めることはできず、被害者にも一定の責任はあると思われる。」

(ii) 犯行に至る経緯を有利な事情として評価しなかった事案

○鳥取地裁平成22年７月16日（No55、殺人未遂）

長男を斧で切りつけて殺そうとした事案（懲役３年６月／求刑５年）

「被害者から、暴言・暴力を受けていたとはいうものの、その程度や経緯を子細にみれば、暴言・暴力はさほどのものではなく、また、被告人の不祥事に関係するものであったり、被害者の統合失調症に関係するものであったりする。被告人が被害者の統合失調症に向き合い被告人なりの努力を尽くしてきたものとはいえないことに鑑みれば、犯行に至る経緯に酌むべきものがあるとまではいえない。」

○福島地裁郡山支部平成22年６月４日（No51、殺人未遂）

父親の殺害を計画し、石材と果物ナイフで父親を殺そうとした事案（懲役４年／求刑５年）

実父である被害者から干渉を受けたり監視されていると感じて、被害者に対する不満や嫌悪感を募らせて、被害者を殺すしかないと考えるようになったという「経緯やその前提となる被告人の実母に対する被害者の暴力などは、被告人が被害者に対して恨みを抱くようになった大きな背景・原因であるとうかがわれる。しかし、たとえ被害者の行動や被告人との接し方に問題があったとしても、これらは被告人の将来を案じていたという面も認められ、被告人が被害者の挙動を行き過ぎた干渉などと考えるのは、自分勝手な思い込みの面も多分にあるというべきである。被告人には、自立し、住居地から離れて生活したり、被害者と話し合うなどして、現状を変える方法もあったのであり、十分な努力もせずに、ただ被害者を排除すれば全てが解決すると考え、よりによって殺害しようとするなど、動機は、被告人特有の偏った発想に基づく自己中心的なものであり、被告人の有利に考慮することはできない。」

(iii) 犯行に至る経緯を積極的に有利には考慮しなかった事案

○広島地裁平成22年６月25日（No58、殺人未遂）

自宅において、父親の左背部と左肩をそれぞれ包丁で突き刺した事案（懲役３年／求刑６年）

「被告人が母親に対する暴力を繰り返した背景には、そのような性格や人格を形成してきた被告人自身の問題に加え、弁護人が指摘するように、家庭内における成育環境による影響があったこともうかがわれるが、それは、本件犯行との関係では、あくまでも背景事情にとどまるといえ、本件の遠因という限度で考慮できるにとどまるというべきである。」

d　被害者の落ち度（ないし被害者側の言動）に対する評価

(i)　積極的に有利に評価した事案

○松山地裁平成23年４月28日（No90、殺人未遂）

職場の先輩である被害者から現金を脅し取られるなどし、被害者との関係を断ち切るためには殺害するほかないと決意して、包丁で被害者の頸部を数回突き刺すなどした事案（懲役３年・執行猶予４年／求刑５年）

「被害者は被告人に対して消費者金融で借金をさせてまでして現金を脅し取っており、このような極めて理不尽な仕打ちによって被告人が追い込まれていった心境も十分に理解できる（被害者は、恐喝罪により懲役１年６月、執行猶予３年の有罪判決を受けている。）。こうした事情は被告人のため十分に酌むべきであり、量刑を考える上で重要な要素である。」

○大阪地裁平成22年10月18日（No71、殺人未遂・銃刀法違反）

同じ職場で働く被害者の言動に立腹し、背後からカッターナイフで切りつけた事案（懲役３年・執行猶予５年・保護観察付／求刑６年）

被告人が犯行に及んだ「一連の経過をみると、被害者からいきなり跳び蹴りを食らわされたことが、被告人が殺人未遂の犯行に及ぶ大きな原因になったことが明らかである。」

「被害者が、このよう行為に及んだのにも理由はある。（中略）ただ、老齢の被告人に対し、いきなり跳び蹴りを食らわせるというのは明らかに行き過ぎである。被害者の側にも、相当程度大きな落ち度があり、被告人の量刑を考える上で相応の考慮をすべきである。」

○東京地裁平成22年７月30日（No41、殺人未遂・出入国管理法違反）

路上で両手に１本ずつ持っていた包丁を持ち、被害者をめがけて突進し、その勢いのまま包丁を２回突き出し、左胸部及び左上腕部を突き刺した事案（懲役５年／求刑８年）

被告人が、被害者らから２人がかりで暴行を受けて受傷している点について、けんかはあくまでも双方が暴行をしたけんかであるから、動機や経緯に酌量の余地はないという検察官の主張に対し、「少なくとも、被害者らは２人がかりで被告人と殴り合い、Aが酒瓶を用いた危険な暴行を加え、途中からは倒れている被告人に対し２人で一方的な暴行を加えているのである。このような被害者らの暴行が本件を招いたのであって、被害者には落ち度が認められ、この点は被告人のために大きく考慮すべきである」とした。

○名古屋地裁平成22年６月３日（No54、殺人未遂）

シンナー仲間の被害者の態度に腹を立て、ペティナイフで被害者の腹部を２回刺した事案（懲役３年６月／求刑６年）

「被告人が本件犯行に及んだことには、被害者がペティナイフを手にした被告人に対し『どうせ刺せんくせに。』と挑発などしたという経緯があり、被害者にも落ち度があること」を被告人のために酌むべき事情として挙げ、懲役３年６月の刑とした理由として、「被告人が本件犯行に及ぶに至った原因としては、被害者の挑発行為があったことも大きいこと」を挙げた。

(ii) 一定程度有利に考慮している事案

○大阪地裁平成23年７月21日（No47、殺人未遂・銃刀法違反）

飲食店の経営者である被告人が、客である被害者が悪酔いして暴れるのをたしなめたところ、被害者やその仲間から一方的に暴力を振るわれたため、憤慨してナイフを持ち出し、被害者の脇腹を突き刺した事

案（懲役４年６月／求刑６年）

「経緯には同情の余地があり、この点は量刑を決めるに当たり十分に考慮されなければならない。」「しかし、仕返しのために刃物を持ち出すというのは、絶対にやってはいけないことである。短絡的に刃物を持ち出し、被害者を刺した点は、厳しく非難されなければならず、経緯への同情を理由に量刑を引き下げるのにも限界がある。」

○高松地裁平成22年９月17日（No52、殺人未遂・銃刀法違反）

スナック店内において被害者らとけんかをしたことに憤激し、鉈で被害者の頭部を２回殴打した事案（懲役４年／求刑８年）

「本件の発端は、被害者側の行為にあったといえ、それ自体は、被害者が、本件のような被害を受けるほど大きな落ち度とまでは認められないにせよ、日本語が不自由な被告人にとっては、被害者らが想像する以上に深く事態を受け止め、そのことが憤激につながり、ひいては本件犯行に至ってしまったと考えられる。その意味では、本件犯行に至る動機及び経緯には、酌量すべき余地があるというべきである。」

○松山地裁平成22年９月８日（No60、殺人未遂・銃刀法違反）

柳刃包丁で被害者の胴体を狙って突き刺したという事案（懲役３年／求刑７年）

「被告人は、隣に住む被害者の振る舞いに腹を立てていたところ、事件当日被害者が夜間に奇声を発したことから、それまでたまっていた不満や怒りが爆発して本件犯行に及んだものである。その心情は、全く理解できないわけではないが、だからといって、包丁を持ち出して刺すのは明らかにやり過ぎといわざるを得ない。」

○福岡地裁平成22年６月24日（No68、殺人未遂）

同居人である被害者の殺害を企て、被害者の頸部めがけて包丁を振り下ろし、左上腕部を突き刺した事案（懲役３年・執行猶予５年・保護観察付／求刑５年）

「被害者の側に、被告人が不満、怒りを強めていった原因となった言動があったこと、それが本件犯行を誘発した側面があったことが認められる（中略）以上のような被害者側の事情は、被告人の刑事責任を考えるに当たって一定程度考慮すべきであるといえる。」

○松山地裁平成22年３月８日（No35、殺人未遂・銃刀法違反）

被害者が、被告人が知人に貸したお金を無断で回収し、使い込んでなかなか返そうとしなかったことなど、被害者の一連の対応に対して不信や怒りを募らせていた中、犯行現場での被害者の言動などから激怒し、予め持っていた包丁で被害者を刺したという事案（懲役５年６月／求刑７年）

「本件を引き起こした原因は、被害者の被告人に対する対応にもあり、被害者には一定の落ち度がある。」

○横浜地裁平成22年２月25日（No27、殺人未遂・銃刀法違反）

知人である被害者に恨みを募らせて犯行に及んだ事案（懲役６年／求刑８年）

「以前に被告人や知人が被害者から一方的に暴力を加えられたことの恨みが主な動機であ」り、被害者は、被告人が未練を抱いている元妻と「当然仲を疑われるよう行動をしていたのであって、被害者の側にも被告人の不満を募らせるような点があったことは否めない。もちろん、それが人を包丁で刺す動機として正当化される余地があるとはいえないが、一方的に被告人の側に非があったとまではいえない。」

○松山地裁平成22年２月３日（No86、殺人未遂）

交際していた女性から、妊娠と流産について一方的に責められ、暴力を振るわれ、床に土下座させられて蹴られるなどした上、家族にも責任をとらせると言われ、うっぷんを募らせて被害者女性の首を絞めて殺そうとしたが、自ら犯行を中止した事案（懲役３年・執行猶予４年／求刑４年）

「犯行前の被告人に対する被害者の言動には、事件を誘発したという点で、一定の落ち度がある（もちろん、被告人の行為を正当化はできない。）。」

(iii)　有利に評価していない事案

○名古屋地裁平成22年７月６日（No20、殺人未遂・傷害）

交際相手の家族の一人である被害者が車のボンネットに乗り、ワイパーをつかむ状態となっているところを、時速60キロメートルまで加速して自動車を疾走させ、被害者を転落させたという事案（懲役７年／求刑８年）

「被告人は、判示第２（注：殺人未遂）の被害者の家族らからかねて厳しく叱責され、時に暴力を受けたことがあった。しかし、これは同人の妹を妊娠させたのに、定職に就くでもない被告人に生活態度の改善を望んでの行為であり、その責任の一端は被告人にもあることであるから、経緯として量刑に大きく影響するものとはいえない。」

○東京地裁立川支部平成22年６月10日（No５、殺人未遂・銃刀法違反）

被害者（友人）の腹部を２回突き刺して傷害を負わせた（懲役10年／求刑12年）

「本件犯行の直接的な契機は、被害者自身が直前に被告人に電話をして怒りの感情をぶつけ被告人を呼び出すなどしたことによるが、被害者がそのような行為に出たそもそもの原因は、被告人が、何の根拠もなく、内妻と被害者との間に男女関係があると疑い、被害者が何度否定してもこの思いに執着し、第三者にまでその感情を吐露していたことにある。被告人は、このような不合理な嫌悪感及び怒りを爆発させて直情的に犯行に及んだものであるから、その経緯は酌量しがたい。」

○福岡地裁平成22年５月26日（No29、殺人未遂）

ベランダで被害者（妻）の両下肢を抱えるなどして身体を持ち上げ、ベランダの手すり越しに落とす方法により、12.1m下方の地面に転落させた事案（懲役６年／求刑８年）

「本件犯行の直前に、被告人と被害者との間にいさかいがあったことが認められ、このいさかいは、被告人の対応のみならず、被告人にとっては挑発的に感じられる被害者の言動も、その原因となったものと認められるものの、このことで被告人による犯行やこれに至る経緯が正当化される点は一切ない。以上の点からすれば、被害者に、本件のような被害を受けるに当たり何らの落ち度はないことは明らかである。」

○大阪地裁平成22年５月14日（No19、殺人未遂）

以前から職場の同僚に対して不満を募らせ、あらかじめ用意していたドライバーで被害者の顔面、胸部等を多数回突き刺すなどした事案（懲役７年／求刑11年）

事件当日及びそれ以前に、被害者が被告人に対して挑発行為をとることがあり、被告人のみが責められるべきものではないとの弁護人の主張に対し、「被告人は、本件以前から被害者と折り合いが悪く、約半年前から被害者と喧嘩になった場合に備えて上記ドライバーを携帯していたことなどを考えると、被害者の上記発言（注：「お前の方からかかってこいや」）は、あくまで本件犯行の最終的なきっかけになったに過ぎず、このような本件当日の経緯を考慮しても、被告人が上記の危険極まりない犯行に及んだことは短絡的で理不尽というほかなく、犯行に至る経緯や動機として、特に酌むべき事情であるとまではいえない」とした。

○岐阜地裁平成21年10月９日（No11、殺人未遂）

交際相手と、被告人の前妻との間の子どもの関係でトラブルになり、被害者と別れる話になったが、よりを戻したいと思い被害者宅に行き、他の男に取られるくらいなら殺してしまおうと決意して犯行に及んだ事案（懲役８年６月／求刑12年）

「犯行前日のトラブルにおける被害者の言動が本件の一因となったことは否めないものの、トラブルの原因は被告人にもあるのであり、しかも、口論の域を出ないものであった。それにもかかわらず、被告人は、本件ナイフという凶器を使って本件犯行に及んだものであって、被害者の言動は、弁護人が主張するほどには重視できない。」

e　被告人の精神の障害等に対する評価

○東京地裁平成23年９月13日（No16、殺人未遂・銃刀法違反）

自殺の道連れに見ず知らずの被害者を殺そうとした事案（懲役８年／

求刑12年）

被告人は「追い詰められた精神状態にあって、自分の行動を制御する能力が低下していたと考えられる。また、妄想性パーソナリティ障害そのもの、あるいは、これと問題に直面したときの社会的な対応能力の低さとがあいまって、短絡的に被害者を殺そうと考え、犯行に及んだとみることができる。いずれにしても、これらは、被告人の気質だけでなく、両親はいるものの、幼少期から家に１人でいることが多く家庭の温かさを感じずに育ち、学校でもいじめに遭うなどして家に引きこもっていたため、十分な社会性を身に付けられなかったという環境要因に負うところが少なくないから、結局、本件犯行には、全面的に被告人のみを責めることができない面がある。」

○福井地裁平成23年９月８日（No48、殺人未遂）

統合失調症に罹患している兄から暴言を吐かれるなどしたことに腹を立てて殺害を決意し、包丁で多数回にわたり突き刺すなどした事案（懲役４年６月／求刑７年）

「被告人は軽度ないし中程度のアスペルガー障害を有していたところ、これが一因となって、被告人は被害者の言動にいら立ちを持ち続け、ひいては、同障害が本件犯行に間接的に影響したと認められ、このことは、被告人の刑を軽くする事情として、一定程度考慮した。」

○さいたま地裁平成23年４月28日（No74、殺人未遂）

長年確執があった父親の言葉に憤慨し、金槌で父親の頭部や顔面を多数回殴りつけた事案（懲役３年・執行猶予５年・保護観察付／求刑５年）

「精神医学の専門家である鑑定人Mによる精神鑑定（情状鑑定）の結果によれば、被告人が、約20年前から単純型統合失調症に罹患していた可能性があり、本件当時、かかる精神の障害の影響により、正しく状況を把握する認知機能のゆがみや行動に対する抑制力の低下などが生じていたと推認できること等に照らすと、本件の動機・経緯については、一定程度酌量の余地があるといえる。（中略）この影響の程度がどの程度であったかについては精神科医でも断定できず、やや不透明な部分が存するが、常識に照らして考えるとこれを無視することができない程度のものと判断される。」

f　長期の身体拘束や社会的制裁に対する評価

(i)　有利に考慮した事案

○横浜地裁平成22年12月2日（No81、殺人未遂・出入国管理法違反）

一過性の妄想反応のため心神耗弱の精神状態にあった被告人が、隣室の居住者の左脇腹を包丁で突き刺した事案（懲役３年・執行猶予５年／求刑６年）

実刑か執行猶予かのボーダーライン上にある事案であるといえるとした上で、被告人の身柄拘束期間が既に１年以上にもなっていることも考慮すると、被告人に対しては、母国で生活を立て直して更生することを期待して、刑の執行を猶予するのが相当であるとした。

(ii)　有利に考慮しなかった事案

○佐賀地裁平成22年10月19日（No89、殺人未遂）

かねて妻の浮気を疑っていた被告人が、妻と口論の末、同女の腹部を包丁で１回突き刺して全治約1か月の傷害を負わせたが、中止未遂と自首が認められた事案（懲役３年・執行猶予４年／求刑５年）

「弁護人は、被告人が長期にわたって身体の拘束を受け、制裁を受けている旨主張するけれども、同拘束は刑罰ではないのであるから、当裁判所はこの点は弁護人主張のような意味で被告人に有利に考慮すべき情状にならないと考えた。」

○富山地裁平成22年９月３日（No70、殺人未遂）

父親の背中を多数回刺した事案（懲役３年・執行猶予５年・保護観察付／求刑５年）

「なお、被告人が、長期間身柄拘束されていたことや実名報道されていること、大学を退学していることなどは、犯罪を行った以上、当然のことともいえるため、被告人のために特に考慮するべき事情とはいえない

殺人罪（未遂）量刑分布表

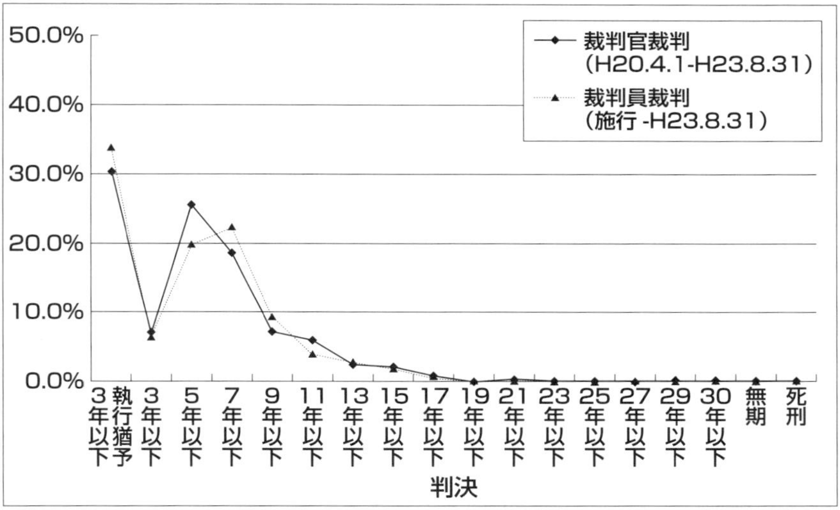

（裁判員制度の運用等に関する有識者懇談会〔第13回配付資料〕より）

と判断した。」

g　嬰児殺の事案における特徴的な判断

○札幌地裁平成22年２月18日（No65、殺人未遂）

婚外子である女児を出産した事実を隠すため、出産直後の女児を出窓から落下させて放置した事案（懲役１年６月／求刑不明）

「本件犯行は、子供の殺害を図るという、児童虐待の事案としては最たるものであって、その社会的影響も看過することはできない。」

(5)　量刑の変化

a　裁判員裁判と裁判官裁判における量刑の変化

上記のグラフによれば、実刑のピークは、裁判官裁判では３年を超え５年以下（25.4%）であるのに対し、裁判員裁判では５年を超え７年以下（22. 3%）

の１ランク重い方向にシフトしている。

また、執行猶予率も、裁判官裁判30.4％から裁判員裁判33.8％に増えている。

b　分析

殺人未遂の事案の内容は多様である。しかし、動機や被害者との関係別によって、事案の性質や一定程度類型化することができるように思われる。そこで、動機及び被害者との関係について検討した。動機がけんか、被害者との関係が知人・友人である事案について、次のことが分かった。

(i)　動機――けんか

裁判官裁判では、実刑の山が４年を超え５年以下であったのに対し、裁判員裁判では、５年を超え６年以下に実刑の山がシフトしている。また、６年を超え７年以下の割合も増えている。

(ii)　被害者との関係――知人・友人

裁判官裁判では、実刑の山が４年を超え５年以下であったのに対し、裁判員裁判では、５年を超え６年以下に大きくシフトしている。また、６年を超え７年以下の割合も増えている。この変化は、前記の動機をけんかとする事案の変化と類似している。

c　検討

前記ｂの変化が、殺人未遂事案全体の量刑の変化の一因であると考えられる。

けんかを動機とする事案の量刑が重い方向にシフトした原因は、必ずしも明らかではない。ただし、一つの仮説として、次のように指摘できる。すなわち、けんかを動機とする事案では、被害者自身もけんかに加わっていることから、裁判官裁判においては、被害者の言動が「被害者の落ち度」として相当程度刑を減軽する事情とされていたと考えられる。他方、裁判員裁判においては、被害者がけんかに加わった点に問題があるとしても、殺意をもって攻撃した行為の責任を減ずる事情とはならないとして、刑を減軽する事情として評価されていないと考えられる。

また、被害者の立場を知人・友人とする類型の事案でも、事件の背景に被害者側に何らかの問題が存在している場合も少なくないと考えられる。そうした事情も、殺意をもって攻撃する行為の責任の評価において有利な事情として考慮されないとする場合が増えている。

被害者側の言動に多少の問題があっても、殺意をもって攻撃した行為の責任を減じる事情にはならないという評価は、いくつかの判例にみられる。例えば、被害者が「お前の方からかかってこいや」という挑発的な言動をしたと認定しながら、「(被告人が) 危険極まりない犯行に及んだことは短絡的で理不尽というほかなく、犯行に至る経緯や動機として、特に酌むべき事情であるとまではいえない」とした判決 (前掲大阪地裁平成22年5月14日判決〔No19〕) では、被害者の落ち度と評価されうる事情があっても、被告人に有利に考慮されていない。また、大阪地裁平成23年7月21日判決 (No47) は、被害者らが被告人に対して一方的な暴行を加えたことが事件の発端であり、その経緯には同情の余地があり、量刑を決めるに当たり十分に考慮されなければならないとしながら、「仕返しのために刃物を持ち出すというのは、絶対にやってはいけないことである。短絡的に刃物を持ち出し、被害者を刺した点は、厳しく非難されなければならず、経緯への同情を理由に量刑を引き下げるのにも限界がある」とした。

(和田　恵)

■殺人未遂一覧

No	判決日 裁判所 認定罪名	判決	求刑 V意見 弁意見	争点と認定
1	H22.11.12 宇都宮 殺人未遂、銃刀法違反	13年	17年	・けん銃の準備行為と、共犯者に対するけん銃発射指示の有無⇒肯定 ・被告人による発射行為の有無⇒肯定
2	H22.1.22 千葉 殺人未遂、傷害、銃刀法違反	12年	13年	殺意の有無⇒肯定
3	H22.11.12 那覇 殺人未遂、銃刀法違反	12年	13年	
4	H22.6.2 東京 殺人未遂	10年	10年	犯人性⇒肯定
5	H22.6.10 東京立川 殺人未遂、銃刀法違反	10年	12年	殺意の有無⇒肯定

量刑事情	量刑傾向	特徴など
被害者が致命傷を負う可能性があったことも否定できない上、各犯行によって付近住民にも多大な衝撃や不安感を与えているとし、生じた結果は重大であるとした。		凶器のけん銃、実包、弾丸及び薬きょうについては、入手経緯及び所有関係について立証がないから没収しないとした。
・被害者に対する攻撃が苛烈であったことからすれば、綿密な計画性がなかったことなどは、有利に捉えることはできない。 ・本件犯行が、無差別に相手を選んで行ったような犯行でないことからすると、被害者らとの接触を断つ方策が講じられれば、再犯のおそれはそれほど大きいとはいえない。	同種事案の中でも、本件は非常に重い部類に属する事案というべき。	もっと近くの病院に搬送されていれば、死亡の危険性は高くならなかったという弁護人の主張を「筋違い」と排斥した。
V1に対しては、いきなり背後から少なくとも2回、重さ約450gの斧を頭部に力を込めて振りおろし、V2に対しては、正面から多数回、その頭部に向け強い力で斬りつけようとした。いずれも死ぬ危険性の高い行為であり、極めて強烈な殺害行為といわざるを得ない。	近時の量刑傾向も参考にすると、検察官の求刑である懲役13年の刑は少し重いと考えられるとし、懲役12年とした。	被害者2名の事案。
取調べで自らの犯行と認め、謝罪文を作成したのに、裁判に至って突如別人格を装うなど言い逃れをし、被害者の直接の声にも全く動じないその態度から反省の気持ちが微塵も窺われないことを重視した。	・殺人未遂の中でも特に悪質な事案。 ・同種事案の量刑分布で、本件と同程度に悪質な事案については、傷害の程度にかかわらず相当に重い刑罰が科されている。	公判廷での被告人の供述状況に鑑みて、完全責任能力があることも付言した。
直接的な契機は、被害者が被告人に怒りの感情をぶつけて電話したことにあるが、そもそもの原因は被告人にある。経緯は酌量しがたい。		（殺意の認定） 包丁で腹部を少なくとも2回突き刺すという行為を、自身がそのような行為をしていると認識しながら行ったと認めることができる。

No	判決日 裁判所 認定罪名	判決	求刑 V意見 弁意見	争点と認定
6	H22.7.30 東京立川 殺人未遂、銃刀法違反	10年	9年 	殺意の有無⇒肯定
7	H22.9.14 東京 殺人未遂、銃刀法違反、傷害	10年	15年 6年	
8	H21.11.9 東京 殺人未遂、銃刀法違反	9年	12年 	
9	H22.12.6 長崎 殺人未遂、公務執行妨害、傷害、住居侵入、覚取法違反	9年	10年 	・被告人の供述調書の任意性⇒肯定 ・殺意の有無⇒右大腿部を刺した時点の殺意は否定、他方、その後前胸部を刺した時点の殺意を肯定

量刑事情	量刑傾向	特徴など
有利な事情として、知的障害及び人格障害、視覚障害の悪化、弁護人が被告人の更生のための方策を講じ、被告人もそれを希望する旨述べていることを挙げた。 他方、前刑の刑期（8年）を相当程度上回ることは避けられないとし、求刑を超える量刑をした。		殺意の認定について、①客観的にみて被害者が死亡する危険性の高い行為だったか、②仮にそうであるとして、被告人がそのことを分かっていたか、③それでもかまわないと思っていたかに分けて検討した。
警察官（V）がAに対し、「あほ」「かす」「ぼけ」と言ってAを刺激するなどの言動は、職務執行中の警察官として甚だ不適切なものであった。Aがこれに立腹して、Vを拳銃で撃とうと考えたことは非常に短絡的ではあるが、Vの不適切な言動がAを刺激して興奮させた点は、Aに有利に考慮すべき事情といえる。		
・被告人に広汎性発達障害があることを考慮しても、事件当時一般人と比べて責任能力が低かったとは考えられない。 ・被害者代理人が懲役20年を科すべきと主張するが、被告人に対しては自分の行為に見合った刑罰を与えるべきである。 ・就職試験がことごとく不合格となり自殺を考えたという経緯は理解できる面がある。	弁護人が示した、傷害の結果が2週間以内という殺人未遂の量刑傾向について、本件の傷害の結果が2週間という数字ではとらえきれない重いものであることから、採用しなかった。	人の大勢集まる場所で多数の人を無差別に殺したり傷つけたりしたいわゆる○○事件や△△事件をまねようとしたことを重く見て、無差別殺人の模倣を絶つためにも厳しい処罰を科すべきという検察官の主張に対し、事件の悪質性は、犯行の手段、動機、結果によって評価すべきであり、前記○○事件等をまねようとしたという点を取り立てて重く見るべきではないとした。
後悔や謝罪の気持ちがあることは認められるものの、殺人未遂については不合理な弁解を主張して責任の軽減を図っており、自分がしてきたことに向き合えているとはいえない。		

No	判決日 裁判所 認定罪名	判決	求刑 V意見 弁意見	争点と認定
10	H23.5.27 千葉 殺人未遂、覚取法違反、傷害	9年	10年	殺意の有無⇒肯定
11	H21.10.9 岐阜 殺人未遂、銃刀法違反	8年6月	12年	・殺意の有無⇒肯定 ・殺意の強さの程度⇒強い殺意
12	H22.2.19 釧路 殺人未遂、業務上横領	8年	12年	
13	H22.3.24 大分 殺人未遂、銃刀法違反	8年	8年	殺意の有無⇒肯定
14	H22.4.23 仙台 殺人未遂、銃刀法違反	8年	10年 3年・執行猶予5年	殺意の有無⇒肯定
15	H23.5.25 高知 殺人未遂、銃刀法違反	8年	10年 執行猶予	殺意の有無⇒肯定

量刑事情	量刑傾向	特徴など
・現場に居合わせた被害者の小学生の子らにいまだ恐怖心が残っていることに照らしても、本件の結果は重大である。 ・謝罪文を送付し、被告人なりに反省の言葉を述べているが、手紙の内容や各犯行に至る経緯やその内容に照らすと、その謝罪や反省の深まりはいまだ十分なものであるとはいえず、これらを被告人に有利な事情として大きく考慮することはできない。		
本件の一因となった被害者の言動は、口論の域を出ないものであり、重視できない。100万円を被害弁償として払っているが、治療費にも満たないものであり、今後の被害弁償の見通しも不確かであるから、過大に重視できない。		
素手で首を絞める行為の危険性に照らせば、凶器を使用しなかったことは有利に考慮できない。		
行為の危険性と計画的な犯行であったことが、刑を重くする方向での情状として重視すべきものと思われるとした。	懲役前科がないことを考慮して検察官が求刑していることから、刑を減じるのを相当とする事情があるとは認めがたいから、求刑通りの刑を言い渡したとした。	
・被害者と男性との朝帰りを目撃して怒りを募らせ犯行に及んだという動機について、同情の余地があるという意見もあったが、ナイフで突き刺す動機としては全く同情できない。 ・被害者に対する反省の弁は、心からの深い反省に基づくものとしては響かなかった。	有利な2つの事情を考慮しても、検察官の求刑を大きく下回ることにはならず、重い部類に位置するものとした。	
V1の方が悪いと言わんばかりの供述を繰り返し、未だ被害者両名に謝罪する意思すらなく、反省していない。	類似の事案に関するこれまでの量刑傾向と比較すると検察官の求刑は理解できるとして、被告人に有利な事情も挙げて結論を出した。	被害者2名の事案。

No	判決日 裁判所 認定罪名	判決	求刑 V意見 弁意見	争点と認定
16	H23.9.13 東京 殺人未遂、銃刀法違反	8年	12年 4年	左頬部の切りつけ行為についての殺意の有無⇒否定
17	H22.2.10 横浜 殺人未遂	7年6月	10年	
18	H21.12.14 大阪 殺人未遂、非現住建造物放火	7年	10年 できる限り短期の刑	殺人未遂につき中止未遂の成否⇒否定
19	H22.5.14 大阪 殺人未遂	7年	11年	
20	H22.7.6 名古屋 殺人未遂、傷害	7年	8年 執行猶予	・殺意の有無（運転行為について）⇒肯定 ・誤想防衛または誤想過剰防衛の成否⇒否定
21	H22.10.12 大阪 殺人未遂、傷害、覚取法違反	7年	不明	殺意の有無（自転車に乗った被害者に対して自動車を衝突させる行為について）⇒肯定

量刑事情	量刑傾向	特徴など
犯行により残った傷跡が、被害者の日常生活に具体的な形となって悪影響を及ぼし、被害者を苦しめており、被害者の受けた肉体的・精神的苦痛は誠に大きい。両親の御心配や本人の処罰感情は当然のことであり、相応に考慮されなければならない。		妄想性パーソナリティ障害そのもの、あるいはこれと問題に直面したときの社会的な対応力の低さとがあいまって犯行に及んだという面があり、全面的に被告人のみを責めることができない面があるとした。
・被害者が3日後に退院し、その翌日警察署に赴いたことを踏まえても、傷害結果が積極的に「比較的軽い」と評価することはできない。 ・被告人の反省は、行為の悪質性・危険性に照らすと、量刑を左右するものとはいえず、被害者の宥恕は全く中立的な事情と考えるのが相当である。		
殺人未遂について、計画性がなく、素手で首を絞める以上の殺害行為に及ぶことなく、ドアを解錠して被害者が逃げるのにまかせていることを有利な事情として挙げた。		
・被害者の挑発的な発言は、犯行の最終的なきっかけになったにすぎず、犯行に至る経緯や動機に特に酌むべき事情とまではいえない。 ・被害弁償の一部として1100万円を支払った。		
被害者の家族らから厳しく叱責され暴力を受けたことがあるという事実は、被害者の妹を妊娠させたのに定職に就かない被告人にも責任の一端があったから、量刑に大きく影響するものではない。		（殺意の認定） Ａの運転行為の危険性について検討した後、Aがその危険性を認識した上で運転行為を行ったかという観点から判断した。
犯行に至る経緯（不倫相手との関係への葛藤）について、男女関係のトラブルは、その善悪はともかく、少なくとも相互に危害を加えるようなことにならないよう、常識的な解決をはかることが求められている。被告人は最悪の決断をしたといえ、有利に考慮すべき事情とは評価できないとした。		

No	判決日 裁判所 認定罪名	判決	求刑 V意見 弁意見	争点と認定
22	H22.10.21 大阪 殺人未遂、銃刀法違反	7年	10年	
23	H22.10.22 東京 殺人未遂	7年	10年 3年	殺意の有無⇒肯定（殺そうという積極的な意味での殺意までは認められないとした）
24	H23.5.16 津 殺人未遂	7年	10年	・殺意の有無⇒肯定 ・正当防衛または過剰防衛の成否⇒否定
25	H21.10.9 岡山 殺人未遂	6年6月	8年	・殺意の発生時期⇒本件以前から ・中止未遂の成否⇒否定
26	H22.2.15 岡山 殺人未遂	6年	9年 2年6月	殺意の有無⇒肯定

量刑事情	量刑傾向	特徴など
・Vが必死に抵抗しながら誤解であると訴えるのを聞くうちに、悪口を言いふらしたというのは思い違いではないかと考えるようになり、徐々に殺意を失った。 ・執ように攻撃を続け、殺意を持ち続けていたかのようにいう検察官の主張は採用できない。		
良い情状として、自分の内心の問題点を直していきたいという意思があることを挙げた。	同種事案の量刑傾向も参考にして量刑したことを言及。	人を殺傷する危険性が高い凶器であることを十分認識しながら、身体の枢要部めがけて相当程度の力で突き刺したことを認定し、特段の事情がない限り、人が死ぬ危険性がある行為であると認識していたと推認できるとし、特段の事情はないとして殺意を認定した。
・Vの身体の重要な部分を強い力で何回も刺しているだけでなく、背中などその他の部分も執ように攻撃しており、犯行態様は極めて悪質。 ・VがAの妻と交際していたという事情はあるが、その経緯をみても、包丁で刺されなければならないほどの落ち度があったといえないことは明らか。		・殺意について、弁護人の主張を丁寧に検討し、排斥した。 ・正当防衛の成否に関し、防衛の意思がなく、Aが反撃に出ることが正当といえるような状況はなかったとして、正当防衛の成立を否定した。
奇跡的な偶然によって未遂にとどまったというべきであり、犯行態様は極めて危険かつ悪質。		
被害者と被告人の話が食い違っていることなどから、被告人が本気で反省しているとは考えられない。		（殺意の認定） 検察官と弁護人の主張をそれぞれ検討し、どちらの主張を採用できるかを判断して、殺意を認定。

No	判決日 裁判所 認定罪名	判決	求刑 V意見 弁意見	争点と認定
27	H22.2.25 横浜 殺人未遂、銃刀法違反	6年	8年 執行猶予・保護観察付	殺意の有無⇒肯定
28	H22.3.8 千葉 殺人未遂、銃刀法違反	6年	8年	殺意の有無⇒肯定
29	H22.5.26 福岡 殺人未遂	6年	8年 執行猶予	殺意の有無⇒肯定
30	H22.7.26 宮崎 殺人未遂	6年	6年	殺意の有無⇒肯定

量刑事情	量刑傾向	特徴など
犯行に至る経緯について、一方的に被告人の側に非があったとまでは認められない。	同種事案で、懲役3年（執行猶予を含む）から10年の幅の中で量刑が分布していることに言及。行為の危険性の程度や結果の重大性から、量刑の幅の中で中心的な部分に位置する事案とした。	殺意について、死ぬかもしれない危険な行為であると認識していたが、刺したいという気持ちが勝って、構わずに刺したと認定し、殺意を肯定した。
・刺した回数は1回にとどまり、確実に殺そうという意欲までは認められないから、犯行態様の危険性を不利な事情として特に重視することまではできない。 ・確実に殺害する意欲があった場合に比べれば責任が軽いというべきであり、被告人に有利な事情として重視すべきである。 ・本件に至る経緯に特に悪質な点があるとはいえないから、動機・経緯を不利な事情として特に重視することまではできない。	凶器刃物、知人・友人又は勤務先関係者を殺害しようとしたが全治2週間以内の傷害を負わせるに留まった事案で実刑となったものは3年から7年の範囲に分布しており、この量刑傾向を参考にしたと言及。	（殺意の認定） 包丁を人間の首付近に刺す行為が、常識的に考えて、刺された人が死ぬ危険性の高い行為であることは明らかであって、そのことは子どもでも分かる理であるから、Aも同様に考えていたのは間違いない。人が死ぬ危険性の高い行為であると分かって、Vの首に包丁を刺したのは明らか。
当事者の主張について、検察官は犯情を強調し、弁護人は一般情状事実を重視した主張をしていると整理した。	犯情に係る事実や一般情状事実等を総合すると、検察官が主張する殺人未遂・単独犯・配偶者という量刑因子の量刑分布の傾向（2年以上8年以下）の最上方とするのではなく、やや下回る6年とするのが相当であるとした。	・殺意の認定において、捜査段階の供述（犯行当時の心情を話したもの）の信用性を肯定し、殺意を裏付ける証拠とした。 ・被害者参加、意見陳述あり。
・これまで少なからず飲酒によるトラブルを起こしてきたことから、飲酒の影響を有利に考慮することはできない。 ・反省は表面的なものにとどまり、内省の深まりが十分とはいえない。 ・有利に考慮すべき事情が乏しく、法律上の減軽をして法定刑を下回るものとするのは妥当ではない。		

No	判決日 裁判所 認定罪名	判決	求刑 V意見 弁意見	争点と認定
31	H23.1.20 那覇 殺人未遂、銃刀法違反	6年	10年	殺意の有無⇒肯定
32	H23.8.10 広島 殺人未遂、未成年者略取	6年	8年	未成年者略取の故意⇒肯定
33	H22.9.2 神戸 殺人未遂	6年	8年	殺意の有無⇒肯定
34	H22.2.10 金沢 殺人未遂、銃刀法違反	5年6月	10年 2年6月	自首の成否⇒肯定
35	H22.3.8 松山 殺人未遂、銃刀法違反	5年6月	7年	殺意の有無⇒肯定
36	H22.11.26 松山 殺人未遂、銃刀法違反	5年6月	7年 4年	殺意が形成された過程（突発的か）⇒包丁を持ち出した後、徐々に気持ちが高まり、Vの家に向かう途中で、Vの対応によって殺そうと決意

量刑事情	量刑傾向	特徴など
・検察官は、被告人が暴行・傷害罪等の粗暴前科を複数有し、再犯可能性が否定できないと主張するが、十数年前の前科であるから、殊更量刑上考慮することは相当ではない。 ・被害者の言動（飼い猫禁止のアパートで猫を飼っているのをとがめ「国から金をもらって仕事もせず、遊んでいる」などと罵倒）にも問題がみられ、一定の考慮をすべき。		
服役後2年余りで各犯行に及んでおり、しかも未成年の少年を連れ回すという点で同種の犯罪を再び犯したというのであるから、非難はより厳しくならざるを得ない。		中止未遂が成立（争いなし）。
被害者も、被告人の感情を害するような態度をとったともいえるが、それをもって金槌で殴られるほどの落ち度があるということはできない。	刑期については、量刑の実情も踏まえ、法定の最下限の刑よりやや重いと考え、懲役6年に処するのが相当であるとの結論に至った。	
・厳しい労働条件であったことなどからストレスをため込んでいたという事情はあるものの、同情すべき余地は少ない。 ・500万円の被害弁償の申入れも、実現性には疑問が大きい。		自首の成否の検討において、警察官の証言には裏付けとなる証拠がないとし、これに反する被告人の供述の信用性を排斥することは困難とした。
本件の原因は、被害者の被告人に対する対応にもあり、被害者にも一定の落ち度がある。被害者も厳重処罰を望んでいない。		殺意の認定について、遅くとも2撃以降は明確な殺意をもって攻撃したことが明らかであるとし、全3撃について、一連一体のものとして評価されるべきであり、殺意が認められるとした。
・犯行後に自殺を試みているが、反省の表れであるとまで認めることはできない。 ・Vは厳重な処罰までは求めていない。	犯行に至る経過などに照らせば、法定刑の下限を下回るのが相当な事案とは認められない。	殺意の形成過程を詳細に認定（その中で、突然刺されたとする被害者供述の信用性を否定）。

No	判決日 裁判所 認定罪名	判決	求刑 V意見 弁意見	争点と認定
37	H22.3.17 さいたま 殺人未遂	5年	6年 執行猶予	殺意の有無⇒肯定
38	H22.5.13 千葉 殺人未遂、公務執行妨害	5年	6年 執行猶予	
39	H22.5.21 山口 殺人未遂	5年	8年	殺意の有無⇒肯定
40	H22.5.25 広島 殺人未遂、住居侵入、銃刀法違反	5年	8年	殺意の有無⇒肯定

量刑事情	量刑傾向	特徴など
・被害者が厳重処罰を求める旨の意見を述べていることは、本件に至る経緯（援助交際を目的とした出会い系サイトで知り合い、痴情のもつれから被害者憎しの念を募らせた）に照らして特に不利な事情として考慮しないとした。 ・被害者に対し、今後本件のような被害に遭わないよう身を慎んで生活することを望むと言及。		・殺したいという願望が認められるか疑問があるが、「死ぬ可能性が高い」ことを認識していたことが認められ、確定的殺意と評価できるとした。 ・検察官調書の信用性を否定。
適法に職務を遂行する警察官に対する犯行は、同様の犯罪を抑止する見地からも、刑を決める上で重視する必要がある。		
中国残留婦人の子として辛い生活をしてきたことはあるにせよ、本件のような行為を何ら正当化するものではない。		（殺意の認定） 事件状況を認定した上、Vの腹部付近を狙って牛刀で突き刺したことを認定し、凶器の形状や負傷状況、犯行後の言動を挙げて、殺意を認定した。
・被告人が27歳と比較的若く、立ち直りが期待できることを重視。 ・犯行態様について、信用できない弁解をしており、自分の犯した罪と向き合って反省を深めていることに疑問を抱かせることは否めない。		殺意の認定について、検察官が論告で主張する内容が、弁護人の弁論を踏まえても、常識に照らして間違いないといえるかを検討したと言及。

No	判決日 裁判所 認定罪名	判決	求刑 V意見 弁意見	争点と認定
41	H22.7.30 東京 殺人未遂、出入国管理法違反	5年	8年	・殺意の有無⇒肯定 ・誤想防衛の成否⇒否定
42	H22.12.22 那覇 殺人未遂、銃刀法違反	5年	9年 執行猶予	殺意の有無⇒肯定
43	H23.8.26 東京 殺人未遂、公務執行妨害、大麻取締法違反	5年		・実行行為と殺意の有無⇒肯定 ・大麻所持の故意の有無⇒否定
44	H21.8.12 さいたま 殺人未遂	4年6月	6年	
45	H22.7.23 大分 殺人未遂	4年6月	7年	

量刑事情	量刑傾向	特徴など
・被害者らはAに対し、一方的な暴行を加え、本件を招いたのであって、落ち度が認められる。この点は、被告人のために大きく考慮すべき。 ・Aがかなり酒に酔っているところに暴行を受けたため、抑制が効きにくくなっていた点も考慮すべき。 ・Vにも落ち度が認められることを考慮すると、Vが厳罰を望んでいることは量刑上重視すべきではない。 ・研修目的で来日した後、真面目に働き、塗装工としての技術も身につけていた。社会復帰後家族と母国で暮らすと述べており、これらの点も有利に考慮すべき。	犯行態様があまりにも危険かつ悪質であることなどからすれば、未遂とはいえ、法定刑の下限を下回る刑とするのは妥当ではない。	行為態様を一つの争点として検討し、それを踏まえて殺意を認定した。
被害弁償305万円を支払い、今後も一生をかけて被害弁償に努める旨述べていることを有利に酌むべきとした。	「近時の量刑傾向も参考にすると、検察官の求刑は重きにすぎ」るとして、懲役5年とした。	殺意の認定において、行為後「ごめんごめん」と言って泣き崩れた言動は、「激情から我に返った後のものと認められるから、その言動は犯行当時の殺意の有無とは無関係である」とした。
実行行為と殺意の有無に関して、不自然、不合理な供述をしているものの、結果的に警察官にけがを負わせる原因を作ったことは認め、謝罪の言葉を述べている。反省の態度が全く見られないとまではいえない。これらは、多少なりとも酌むべき事情に当たる。		大麻所持の故意を否定し、一部無罪とした。
落ち度があるとまではいえないものの、被害者が、被告人の借金額について本来よりもはるかに多い金額を勤務先社長に伝え、犯行のきっかけを作ったともいえる側面があることも否定できない。		自首が成立。
・被告人が継母からの愛情に恵まれず、辛い幼年時代を送ったという生い立ちは、継母に対するうっ憤をその娘である被害者に向けた本件では、同情すべき事情とはいえない。 ・56名の嘆願書、示談成立（500万円）。		

No	判決日 裁判所 認定罪名	判決	求刑 V意見 弁意見	争点と認定
46	H22.12.22 千葉 殺人未遂	4年6月	6年 執行猶予	・殺意の有無⇒肯定 ・責任能力（検察官は心神耗弱を主張、弁護人は心神喪失を主張）⇒心神耗弱
47	H23.7.21 大阪 殺人未遂	4年6月	6年	殺意の有無⇒肯定
48	H23.9.8 福井 殺人未遂	4年6月	7年	
49	H21.11.20 熊本 殺人未遂、道路交通法違反（酒気帯び）、器物損壊	4年		
50	H21.12.17 那覇 殺人未遂、銃刀法違反	4年	6年 執行猶予	中止未遂の成否⇒否定

量刑事情	量刑傾向	特徴など
被害者が負った傷害の加療期間が約7か月であるのは右肩部の傷害についてのものであり、左背部の傷害の加療期間は約2か月未満であることを重視すべきという弁護人の主張に対し、右肩部の傷害も左背部の傷害も、本件犯行の結果負った傷害である点に何ら変わりはないし、そもそも、加療期間のみで犯行の結果を評価し尽くすことはできず、弁護人の主張には賛成できないとした。		妄想性障害のため、心神耗弱状態にあった。
・発端は被害者の言動にあり、経緯に同情の余地があるとしても、仕返しのために刃物を持ち出すというのは、絶対にやってはいけないことである。経緯への同情を理由に量刑を引き下げるのにも限界がある。 ・殺意を否認しているのは、故意に嘘をついているのではなく、不正確な記憶が固定化したことによる可能性が考えられるから、殺意を否認したことをもって真摯な反省がないと評価すべきではない。	犯行の危険性や結果の重大性を考えると、事後的な反省等をもって量刑を大きく引き下げることはできない。	
・頸部及び心臓という身体の重要な部分を狙って執ように攻撃を続けた犯行態様を最も重視し、次いで、殺意の強さを、犯行の危険性の高さに次いで重視した。 ・また、軽度ないし中程度のアスペルガー障害を有していたことについて、犯行に間接的に影響したと認められるとし、刑を軽くする事情として一定程度考慮した。		
傷害の程度が比較的軽い（加療11日間）ことは、偶然によるところが大きいとしても、相応に考慮すべき。		
被害者が真に被告人の厳重処罰を求めているかは疑念を入れる余地がある。仮にそうだとしても、被告人に金員を貸して暴利を貪っていた被害者にも責任の一端があり、被害者の処罰感情を過度に斟酌することは相当ではない。		中止未遂を否定した理由として、犯行を中止したというためには積極的な行為を行う必要があるのに、110番通報するよう依頼したにすぎないことを挙げた。

No	判決日 裁判所 認定罪名	判決	求刑 V意見 弁意見	争点と認定
51	H22.6.4 福島郡山 殺人未遂	4年	5年 執行猶予	
52	H22.9.17 高松 殺人未遂、銃刀法違反	4年	8年	・過剰防衛の成否⇒否定（急迫不正の侵害を否定） ・殺意の有無⇒肯定（死んでしまうかもしれないという程度の一瞬の殺意）
53	H23.9.29 福岡 殺人未遂	4年	5年 3年・執行猶予5年・保護観察付	殺意の有無⇒肯定
54	H22.6.3 名古屋 殺人未遂	3年6月	6年 3年・執行猶予5年・保護観察付	殺意の有無⇒肯定
55	H22.7.16 鳥取 殺人未遂	3年6月	5年 2年6月・執行猶予3年	殺意の有無⇒肯定
56	H22.10.15 水戸 殺人未遂	3年6月	6年	

量刑事情	量刑傾向	特徴など
・法廷において、Vに対する謝罪の意思を示さないばかりか、かえってVに対する不満を述べ、再び同種の犯行に及びかねない供述をしている。 ・父親であるVは、処罰を求めないと供述しているが、Vの心情は、Aの立ち直りや更生に影響を与えるものとは言い難く、重く見ることはできない。	家族関係等を背景とする殺人未遂罪で、その加療期間が2週間以内の傷害にとどまった事案の量刑分布をみると、未遂減軽をしている事案が多く、執行猶予が付されている事案も多いことに言及。	
発端は被害者側の行為にあり、大きな落ち度とは認められないが、日本語が不自由な被告人にとって、被害者らが想像する以上に深く事態を受け止め犯行につながったという動機と経緯には同情の余地がある。	求刑8年はやや重いとし、法定刑の下限に近い刑、あるいは未遂減軽の上でその下限を下回る刑が相当と判断。	（殺意の認定） 殴打を加えた際には、それによってVが死んでしまうかもしれないという程度の、一瞬の殺意を有するに至っていたと認めざるを得ない。
弁護人が主張するように本件犯行がやむを得ない行為であるとはいえないものの、被害者に衝突したこと自体は偶発的な経緯による。		
・「どうせ刺せんくせに」と挑発した被害者に落ち度があったと認定。 ・反省の態度や父の監督誓約など、大きく考慮はできないものの、酌むべき事情も認められるとした。		自首が成立（争いなし）。
統合失調症に罹患した被害者から暴力・暴言を受けてきたという経緯について、暴言・暴力はさほどのものではない。被害者の統合失調症に向き合い努力を尽くしてきたとはいえないから、犯行に至る経緯に酌むべきものがあるとまではいえない。		もみ合いの中で負傷したという弁護人の主張について、客観的な証拠はなく、被告人も具体的に供述していないことから、根拠の乏しい推論に基づく主張として排斥した。
被害者が感じた恐怖心や絶望感などの精神的被害を重視した。		

No	判決日 裁判所 認定罪名	判決	求刑 V意見 弁意見	争点と認定
57	H23.8.1 広島 殺人未遂、銃刀法違反	3年6月	7年 	・殺意の有無⇒肯定 ・責任能力⇒肯定
58	H22.6.25 広島 殺人未遂、銃刀法違反	3年	6年 3年・執行猶予	
59	H22.7.16 名古屋 殺人未遂、銃刀法違反	3年	8年 3年・執行猶予5年	
60	H22.9.8 松山 殺人未遂、銃刀法違反	3年	7年 2年・執行猶予4年	殺意の有無⇒肯定
61	H22.3.12 高松 殺人未遂	2年6月	4年 	・責任能力の有無⇒飲酒酩酊による心神耗弱（検察官主張。弁護人は、心神喪失を主張） ・殺意の有無⇒肯定

量刑事情	量刑傾向	特徴など
犯行の遠因となっているアスペルガー症候群であること自体は、被告人に責任があるわけではないことを、有利な事情の一つに挙げた。		殺意の認定において、被害者の左腕に切り付けた行為の状況は明らかとはいえず、被告人が更に被害者を刺すなどの強い攻撃を加えようとしたとまでは認められず、検察官の主張するような強い殺意があったとは認められないとした。
・刺された相手が息子だから被害者のショックは大きいという検察官の指摘について、被害者はそのような証言をしていないし、「我々の経験則上」、そのような心情を安易に推測するのは相当ではないとした。 ・更生に向けた出発点といえる真摯な謝罪の意思や思いやりの心情が十分でないまま、家族らによって準備された生活環境の中で更生に向けた取り組みを始めることが被告人の真の更生につながるのか不安が払拭できない。		
被害者に離婚届を渡すまでの経緯に酌むべき点があること、被害者と離婚してその関係を清算し、被害者との間でトラブルを起こす可能性が小さいこと等を有利な事情として挙げた。		
有利な事情として、被害者の日頃の言動がきっかけとなった側面があること、犯行後傷口を広げないように慎重に包丁を抜くなど一定の配慮をしていること等を挙げた。		
被害者は、兄である被告人に対する複雑な思いもあると推察されるものの、重い処罰までは望んでいない。	今後の家族の更生をいかに図るかという観点も大切であり、検察官のいう懲役4年は、行為に対する責任としても、家族間の確執のための期間としても長すぎる。	(責任能力の認定) 動機が一応理解できることと、医師(捜査段階)の証言を根拠に、限定責任能力を肯定した。

No	判決日 裁判所 認定罪名	判決	求刑 V意見 弁意見	争点と認定
62	H22.12.22 東京 傷害、銃刀法違反	2年6月	8年	殺意の有無⇒否定（殺人未遂が傷害に認定落ち）
63	H23.10.28 東京 傷害、銃刀法違反	2年6月	8年	殺意の有無⇒否定（殺人未遂が傷害に認定落ち）
64	H23.1.17 水戸 殺人未遂	2年	5年	殺意の有無⇒肯定

量刑事情	量刑傾向	特徴など
結果の重さを離れて、過度に再犯のおそれを重視するのは相当ではない。		刃物の突き出し行為と振り回し行為のいずれによって創傷を負ったか認定できないとし、いずれの行為についても人が死ぬ危険性の高い行為であったとすることはできないとし、殺意を否定した。
積極的に傷害を負わせる意図があったとまでは認められない上、犯行後直ちに救急車を呼ぶなどの救命措置を講じており、公判廷でも謝罪の気持ちを述べるなど、反省の気持ちを述べていることや、被害者との長年の経緯や酒に酔った影響を受けて計画性なく突発的に行われた犯行であるという有利な情状事実を挙げた上で、犯行の危険性や結果の重大性からすれば、執行猶予を付すべき事案とはいえないとし、実刑を言い渡した。		被害者、目撃者の供述の信用性を否定した上で、被告人がどのような場面で被害者に傷害を負わせたか、その際の体勢や位置関係を証拠上特定することができず、包丁を振り回すことにより、被害者の身体のいずれかの部位に傷害を負わせる危険性を認識していたといえるとしても、それが急所である頸部に命中して死に至る可能性があることについてまで具体的に認識していたと認定することには疑問が残るとし、殺意を否定した。
・自首の評価として、自首がやや遅きに失している面と、検挙が容易になった面の両面を考慮する必要があるとした。 ・実刑か執行猶予か境界線上の事案ということができるとした上で、被告人の行為の危険性などを重視し、服役の上、まずは犯行自体と誠実に向き合って反省を深め、今後の家族のあり方に深く思いを致す機会を与えることこそが、社会に対する責任のとり方としても、家族に対する責任の取り方としても妥当であると考え、実刑に処するのもやむを得ないと判断した。		

No	判決日 裁判所 認定罪名	判決	求刑 V意見 弁意見	争点と認定
65	H22.2.18 札幌 殺人未遂	1年6月	不明	・当初から子どもを屋外に捨てて殺害しようと企てていたか⇒否定（計画性はない） ・死亡する可能性を強く認識していたか⇒肯定
66	H21.11.6 大阪 殺人未遂、銃刀法違反	3年・執行猶予5年・保護観察付		
67	H22.1.29 岐阜 殺人未遂	3年・執行猶予5年・保護観察付	5年	
68	H22.6.24 福岡 殺人未遂	3年・執行猶予5年・保護観察付	5年	
69	H22.8.26 福岡 殺人未遂	3年・執行猶予5年・保護観察付	5年	
70	H22.9.3 富山 殺人未遂	3年・執行猶予5年・保護観察付	5年	

量刑事情	量刑傾向	特徴など
・児童虐待の事案として最たるものであり、社会的影響も看過できない。 ・子との今後の関係等を考慮する必要があるから、未遂減刑の上更に酌量減刑して最下限に近い刑を科すこととした。		
・被害者である夫が寛大な心で許していることを重視した。 ・事件の原因となった借金について、債務整理の目処がついている。	同種事犯に対するこれまでの量刑傾向との均衡にも配慮した。	自首が成立。
・犯行を目撃した被告人の幼い息子への影響は大きいが、本件の被害者はあくまで父親であり、息子に与えた影響を過大に評価できない。 ・刑の執行猶予を求める被害者の意思が尊重されるべき。		
・被害者の言動が、被告人が不満・怒りを強め、本件犯行を誘発した側面があることは、一定程度考慮すべき。 ・被害者の宥恕は、相当程度有利な事情として判断すべき。	刃物使用、計画的、加療1か月間という点に着目し、従前の量刑の傾向を参考にすると、実刑判決が多数存在し、執行猶予判決がないわけでもないと言及。	
・犯行の背景には、被告人と被害者との意思疎通ができず適切な親子関係が築けていないことがあり、被害者にも一定の責任がある。 ・被告人の未熟さ、強い劣等感は、社会生活の中で成長を促し改善・解決していくべき。		
・自閉症による障害により、父親の親心を理解できず、その障害ゆえに苦手としたであろう就職面接について厳しい指導を受けたことが通常よりも大きなストレスとなっていたことを考慮すべき。 ・長期間の身体拘束や実名報道、大学退学は、犯罪を行った以上当然のことといえ、被告人のために特に考慮すべきではない。		

No	判決日 裁判所 認定罪名	判決	求刑 V意見 弁意見	争点と認定
71	H22.10.18 大阪 殺人未遂、銃刀法違反	3年・執行猶予5年・保護観察付	6年 	殺意の有無⇒肯定
72	H22.12.15 横浜 殺人未遂	3年・執行猶予5年・保護観察付	4年 執行猶予	
73	H23.1.27 那覇 殺人未遂	3年・執行猶予5年・保護観察付	5年 	・殺意の有無⇒肯定 ・過剰防衛の成立⇒肯定（ただし、検察官も争っていないと思われる）
74	H23.4.28 さいたま 殺人未遂	3年・執行猶予5年・保護観察付	5年 執行猶予	

量刑事情	量刑傾向	特徴など
・犯行前に、被害者が被告人に跳び蹴りを食らわせたことが本件犯行の大きな原因になったことを認定し、相当程度大きな落ち度があるとして、相応の考慮をすべきとした。 ・一時の感情のために70歳を間近に控えた現時点で服役させるのはいささか酷とし、執行猶予とした。	過去の類似事案の量刑傾向も参考にし、犯行の危険性や結果の重大性等から実刑に処すのが当然といえなくもないとしながら、左記の事情を挙げて、執行猶予とした。	
罪質として、本来保護養育すべき幼い子を殺害しようとする行為は、強く非難されるべきである。	被告人には酌むことのできる諸事情が認められるが、こうした点に、心中等を動機とする殺人未遂の事案の近時の量刑傾向も踏まえると、被告人に対しては、直ちに実刑に処するのではなく、社会内で更生を図っていく機会を与えるのが相当とした。	中止未遂が成立。
・Aは、Vの言動に激怒するとともに、自らの身を守るために防衛行為として犯行に及んだ。 ・経緯及び動機には酌むべき点が少なくない。 ・しかし、反撃行為としてはあまりに過剰なものといわざるを得ない。		過剰防衛が成立（ただし、検察官も争っていないと思われる）。Vから手拳で殴りかかられ、Vの態度に怒りが爆発し、さらに攻撃の気勢を示していたVに対し、自己の身体を守るという思いもあって腹部を刺したというもの。
・殺意を抱いてVに襲いかかったのには単純型統合失調症の影響を否定できない。影響の程度がどの程度であったかは、鑑定人も断定できずやや不透明な部分もあるが、常識に照らして考えるとこれを無視することができない程度のものと判断される。 ・生活困窮者支援事業を展開しているNPO法人の役員を務める社会福祉士が、Aが執行猶予付きの判決を受けた場合、NPO法人に属する社会福祉士等がAの生活保護申請や精神科受診に協力し、社会内での更生を継続的に支援する意向を表明している。		情状鑑定が実施され、精神の障害の影響が量刑上有利に考慮された。

No	判決日 裁判所 認定罪名	判決	求刑 V意見 弁意見	争点と認定
75	H21.10.22 甲府 殺人未遂	3年・執行猶予5年		
76	H22.1.29 長崎 殺人未遂	3年・執行猶予5年	4年	・殺意の内容⇒強い意欲までは認められないが、ある程度殺害を目指しており、死亡する危険性が非常に高いであろうことを認識していた ・中止未遂の成否⇒否定
77	H22.2.24 大阪 殺人未遂	3年・執行猶予5年	5年	
78	H22.4.23 千葉 殺人未遂	3年・執行猶予5年	5年	
79	H22.6.10 前橋 殺人未遂	3年・執行猶予5年	5年 3年・執行猶予	

量刑事情	量刑傾向	特徴など
・被告人が、長女の夫から金を要求され、長女に対する愛情から支払わなければならないと考え金銭を渡し、追い詰められたという点は、同情すべき点として考慮すべき。 ・居住する地域の自治会長が署名活動を展開して、地域で暖かく迎え入れると証言していることを酌むべき。		長男による警察への通報が被告人の意思に合致し、自首と同等に扱われるべきという弁護人の主張に対し、長男から同意を求められて同調したにすぎず、自首と認められないことはもちろん、それほど酌むべき事情とはいえないとした。
・犯行を目撃した子（4歳）への悪影響が心配されることも挙げて、結果が重大であるとした。 ・直接の被害を受けた被害者自身が被告人を許し、被告人との再婚を考えると述べていることは刑を決める上で考慮すべき。 ・15歳の長女が出廷して証言し、家族の理解とサポートが期待できる。		
・経緯には、被告人のみを責められない点もあるが、被害者の気持ちを理解しなかったばかりか、被害者の言葉に怒りを爆発させて犯行に及んだ経緯は身勝手というほかない。 ・更生に向けた環境を有利な事情として挙げた。		自首が成立。
・本件に至る経緯には同情の余地があり、有利な事情として重視すべき。 ・前科がないことは、被告人が立ち直る可能性が高いことを示す事情として相当程度有利に考慮すべき。	中止未遂が成立した殺人未遂の事案では、懲役3年以下で執行猶予が付された事案が最も多い。しかし、強い殺意に基づく危険な犯行であることなどからすると、執行猶予に付すことが相当とは即断できない。	中止未遂が成立（争いなし）。
妹らの言動により、子ども2人の養育で切羽詰まっていたという状況は、自ら子どもの世話をする努力を怠っていたためであり、いきさつ・動機に同情の余地はない。		中止未遂が成立（争いなし）。

No	判決日 裁判所 認定罪名	判決	求刑 V意見 弁意見	争点と認定
80	H22.7.30 長野 殺人未遂、現住建造物等放火	3年・執行猶予5年	7年 	現住建造物放火未遂につき、故意の内容⇒未必の故意
81	H22.12.2 横浜 殺人未遂、出入国管理法違反	3年・執行猶予5年	6年 執行猶予	殺意の有無⇒肯定
82	H22.12.16 広島 殺人未遂	3年・執行猶予5年	5年 執行猶予	
83	H23.3.23 福井 殺人未遂	3年・執行猶予5年	6年 	・殺人の実行行為性⇒肯定 ・殺意の有無⇒肯定
84	H21.9.9 神戸 殺人未遂	3年・執行猶予4年・保護観察付	5年 3年・執行猶予4年	

量刑事情	量刑傾向	特徴など
被告人の更生への道には多くの協力と援助が見込まれること、具体的には、弁護士が過払い金返還訴訟を提起して借金の整理計画を立てていること、自治会長が地域でも指導監督していく旨表明していること、何よりも、被害者である母親が情状証人として出廷し、早く戻ってきてほしいと懇願していることを挙げた。		・放火の故意の検討において、検察官調書の信用性を否定。 ・中止未遂が成立。
・けがの治療費や休業損害の賠償も得られる見込みがない。 ・実刑か執行猶予のボーダーラインの事案であるが、普段は穏やかな人格で犯罪傾向がないこと、一定程度反省していることなどを考慮し、執行猶予とした。	・約19日間の治療で治癒し、後遺症もないことから、同種事案の中では重い類型には当たらない。 ・行為の危険性を踏まえても、殺人未遂の事案の中では、やや刑事責任は軽いほうであるといえる。	・一過性の妄想反応のため心神耗弱の状態にあった。 ・殺意の認定について、客観的には人が死ぬ危険性の高いものであり、Aは自分が包丁でVの腹部か腰部辺りを強く刺すことになることが分からず犯行に及んだという事情は特にないとして、殺意を認めた。
Aが犯行後に適応障害の診断を受けた事実は、種々の不安要因が短期間に積み重なってきた結果、不安を取り除く他の方法を考えて行動するに至らなかったことも否定できないことからすると、刑を軽くする方向に働く事情として考慮すべき。		殺意について、Vを殺したいと思う動機がないという弁護人の主張に対し、「上記認定は、被告人に、被害者の殺害を積極的に意図した強い殺意があったとするものではない」として排斥した。
本件犯行までは研修生として真面目に働き、犯罪とは無縁の生活を営んでいたこと、身柄拘束が1年近くに及んでいることを有利な事情として挙げた。		
被害者が、過去に被告人を甘やかしていたことなどから自分が加害者であるなどと述べ、処罰を求めていない。被告人の子らも被告人が戻ることを願っている。被害者及び子らの希望は最大限考慮されるべき。		

No	判決日 裁判所 認定罪名	判決	求刑 V意見 弁意見	争点と認定
85	H21.9.9 山口 殺人未遂	3年・執行猶予4年・保護観察付	4年 執行猶予	
86	H22.2.3 松山 殺人未遂	3年・執行猶予4年	4年	・殺意の有無⇒肯定 ・中止未遂の成否⇒肯定 ・自首の成否⇒否定（ただし、警察官の問いかけに比較的素直に応じていることから、自首とほぼ同じくらい量刑上有利に評価できる）
87	H22.6.3 新潟 殺人未遂	3年・執行猶予4年	4年	
88	H22.7.9 宇都宮 殺人未遂	3年・執行猶予4年	4年 2年6月・執行猶予3年	
89	H22.10.19 佐賀 殺人未遂	3年・執行猶予4年	5年 2年・執行猶予3年	

量刑事情	量刑傾向	特徴など
被告人は、妻への真摯な愛情から13年にわたり被害者を介護し、疲労が蓄積していた。あまりに緩やかな処罰は、同種犯行を誘発するおそれを生じさせる。		
犯行前の被害者の言動には、事件を誘発したという点で一定の落ち度がある（もちろん、被告人の行為を正当化はできない）。		殺意について、犯行時の記憶がないことと当時どのような意識だったかは別の問題とし、自分の行為の危険性を十分分かっていたと認定した。
被害者が勤務先で29万円を横領し、弁償の工面が立たず悩んだ末の犯行。横領した被害者にも責められるべき点はあるが、殺されなければならないほどの落ち度があったとは到底いえない。		自首・中止未遂が成立（争いなし）。
非定型精神病のうつ状態で、適正な診断に基づく適切な治療を受ける機会を逸してきたこと、家族や会社の、必ずしも適切とはいえない対応によって、被告人が一家心中まで考えるようになったこと、病識を持ち、治療への意欲がみられるようになったことを有利な事情として挙げた。		心神耗弱（争いなし）。
・本件犯行が子ども達にとっても衝撃的な出来事であり、その健全な成長に与える影響が大きい（不利な事情） ・被害者と協議離婚後、子ども達の養育費に関する示談が成立したこと、子ども達との良好な関係が持続している（有利な事情） ・身体拘束は刑罰ではないから、長期にわたる身体拘束により制裁を受けていることは有利に考慮すべきではないとした。	同種事案（家族関係または男女関係を動機として、配偶者を凶器を用いて殺害しようとした殺人未遂の単独犯の事案）について、概ね懲役2年から8年の間で分布し、懲役3年以下で執行猶予が付されているものが最も多いことを挙げた上、犯行に至る経緯に同情できる点があることや中止未遂や自首が成立していることなどを考慮して執行猶予にするのが相当とした。	自首・中止未遂が成立（争いなし）。

No	判決日 裁判所 認定罪名	判決	求刑 V意見 弁意見	争点と認定
90	H23.4.28 松山 殺人未遂	3年・執行猶予4年	5年 	
91	H22.10.28 福岡小倉 殺人未遂	3年・執行猶予3年・保護観察付	5年 2年・執行猶予3年	
92	H22.1.29 横浜 殺人未遂	2年6月・執行猶予4年・保護観察付	 	
93	H22.3.3 大分 殺人未遂	2年・執行猶予4年	3年 	

量刑事情	量刑傾向	特徴など
VがAに消費者金融で借金をさせてまでして現金を脅し取っており、極めて理不尽な仕打ちによってAが追い込まれていった気持ちも十分に理解できる（Vは、恐喝罪により懲役1年6月、執行猶予3年の有罪判決）。		V自身も、寛大な処分を希望。
被害者（長男）の長年にわたる暴力や金銭要求等に疲弊し、突発的に事件を起こしたという経緯には酌むべき点がある。検察官は、警察と連携するなどして問題解決に向けた努力を尽くしたとはいえないと主張するが、被告人なりに努力していた。		
弁護人の尽力により消費者金融会社から過払い金の返還を受け、被害弁償として220万円を支払い示談が成立している。		
被告人については、次男夫婦が受け入れを表明し、被害者に対しては同種犯行に及ぶ可能性はほとんど考えられない。近隣の住人から嘆願書も提出され、犯罪傾向もうかがわれない。		自首が成立。

3　傷害致死

(1)　量刑事情についての事実認定

a　被害者の落ち度

○水戸地裁平成23年１月21日（No70、傷害致死）

被害者の落ち度を認めた事案（懲役３年・執行猶予５年・保護観察付／求刑３年以上５年以下）

「本件は、被害者がいわれのない怒りを被告人に向け、突然、被告人の顔面を殴りつけたことが発端となっており、被告人がこれに立腹したことは理解できないではない。しかも、被害者は、店舗内で喧嘩を制止されて一端中断し、被告人も喧嘩を止めようと言っていたにも関わらず、被害者が更に酒の瓶を手にしたり、被告人をののしるなどして強く喧嘩を続ける姿勢を示したため、被告人がこれに応戦したことから店舗前の路上での喧嘩へと至ったものである。被告人が容易に反撃し、挑発に乗ったことは短絡的というべきであるが、被害者にも相当程度の落ち度が認められる。」

b　反省状況

(i)　反省が不十分であるとしたもの

○那覇地裁平成22年７月27日（No５、傷害致死）

自己の行為に対する認識が浅いとした事案（懲役11年／求刑13年）

「被告人の反省は、被告人という立場に置かれたことに対する後悔の面が大きいように見受けられ、自己の行為に対する認識は未だ浅く、暴力をもって問題解決を図る被告人の暴力傾向は根深いものがあるといわざるを得ない。」

(ii) **深く反省していると認めたもの**

○岡山地裁平成23年５月18日（No62、傷害致死）

深く反省しているとした事案（懲役４年６月／求刑７年）

「被告人は、法廷で真摯に反省や謝罪の言葉を述べたほか、身柄拘束中、反省や謝罪の気持ちを記したり、毎日写経をして被害者の冥福を祈ったりしていることにかんがみれば、被告人は、本件犯行について強い後悔の念を抱き、深く反省していると認めることができる。」

(iii) **反省に関する検察官の主張を退けたもの**

○那覇地裁平成22年９月30日（No46、傷害致死）

飲酒をやめる誓約・手紙による謝罪がないことなど（懲役６年／求刑10年）

「被告人は、当公判廷において、被害者及び遺族への謝罪と後悔の弁を述べるとともに、償いとして自ら重い刑を望む旨述べるなど、深い反省の態度を示している。この点、検察官は、被告人が飲酒を止める旨誓約することに躊躇していたことや、公判に至るまで、被害者の遺族に手紙などによる謝罪をしてこなかったことなどから、その反省の程度には疑問があると指摘するが、軽々な誓約はできない、下手な手紙は非礼に当たるといった被告人なりの考え方に基づいたものであって、被告人の反省の深さに疑問を生じさせるものとはいい難い。」

○鹿児島地裁平成22年２月26日（No55、傷害致死）

逮捕当初の否認・証拠と矛盾する供述など（懲役５年／求刑７年）

「検察官は、被告人が逮捕当初否認していたことや、公判において証拠と矛盾する説明をしているとして、心から反省しているとはいえないとも主張しているが、関係証拠を精査しても被告人の供述が証拠と格別矛盾しているというわけではなく、逮捕当初の供述をもって現在の被告人に反省の意思がないというのも相当でない。」

○仙台地裁平成22年２月３日（No53、傷害致死）

暴行の一部を記憶していないこと（懲役５年／求刑６年）

「検察官は、被告人が法廷で、暴行の態様の一部について記憶していないと供述している点を捉えて、被告人が本件について真摯に向き合っておらず、反省の態度が見られないと主張する。しかし、被告人は一時の興奮状態に陥って本件犯行に及んでいるのであって、犯行の一部始終について記憶していないとしても不自然ではなく、この点から反省の態度が見られないということはできない。」

c　再犯可能性

○那覇地裁平成22年９月30日（No46、傷害致死）

再犯可能性が高くないとした事案（懲役６年／求刑10年）

「検察官は、被告人の再犯の可能性が高いと主張する。（中略）しかし、被告人が、当公判廷において被害者の実姉の思いを聴いて、飲酒を断つ旨誓約するに至り、今後は酒に近づかないと述べていることなどからすると、再犯に及ぶ可能性が高いとまではいえない。」

d　生育歴の犯行への影響

(i)　犯行への影響を否定したもの

○那覇地裁平成22年10月28日（No47、傷害致死）

暴力体験の影響は定かでないとした事案（懲役６年／求刑７年）

「弁護人は（中略）父親からの虐待や学校でのイジメ体験という暴力体験が暴力への抵抗感を小さくした（中略）と主張する。しかし、（中略）暴力体験については、本件犯行に影響を与えていたかは定かでなく、特に同情すべき事情とはいい難い。」

(ii)　犯行への影響を肯定したもの

○長野地裁平成22年10月29日（No20、傷害致死）

暴力的体験の影響を否定できないとした事案（懲役８年／求刑12年）

「精神鑑定書等をも斟酌すれば、少年のころ義父から受けた暴力的体験が被告人の暴力に対する制御力に影響を与えた面をあながち否定もできない。」

e　飲酒の犯行への影響

○大阪地裁平成22年２月５日（No24、傷害致死）

刑事責任を軽減するまでの判断力の低下等があったとはいえないとした事案（懲役７年／求刑９年）

「被告人は、本件当時、かなり飲酒していたところ、その影響で犯行がエスカレートした面があったことも否定できない。しかしながら、当時の被告人の言動に不合理な点はなく、被害者の状態も十分に認識できていることに照らせば、被告人の刑事責任を軽減するまでの判断力の低下等があったとはいえない。」

(2)　量刑の基準（量刑の考え方）

a　量刑傾向について

(i)　従来の量刑傾向を否定したもの

○東京地裁平成22年10月26日（No19、傷害致死）

これまでの刑は軽いとした事案（懲役８年／求刑８年）

「量刑資料によれば、傷害致死罪で凶器を用いない単独犯の場合、最近では懲役４年から懲役６年ないし７年程度の刑に処せられている例が多かった。しかし、殺意をもっての行動ではないとしても、人の命を奪ったという重大な結果に照らせば、これまでの刑は軽いのではないかと考える。」

(ii)　従来の量刑傾向に基づくことを示したもの

○東京地裁平成22年10月４日（No18、傷害致死）

量刑分布を勘案したとする事案（A：懲役８年、B：懲役５年／求刑A：10年、B：７年）

「本件のような子に対する傷害致死の犯行類型については、多くが実刑に処せられており、その刑期は概ね懲役３年から９年の間に分布していることも勘案し、A被告人については懲役８年に、B被告人については懲役５年に、それぞれ処するのが相当であると判断した。」

○新潟地裁平成23年２月18日（No61、傷害致死）

量刑傾向を参考にしたとする事案（懲役４年６月／求刑６年）

「傷害致死の共犯事犯における量刑傾向も参照した上、検討すると（中略）執行猶予を付するのが相当な程度よりも重いというべき。」

○仙台地裁平成22年２月３日（No53、傷害致死）

量刑因子や分布を明示する事案（懲役５年／求刑６年）

「本件のように、凶器を用いずに、配偶者に対し、一時の興奮から、暴行を加えて死亡させた事案では、これまでの量刑は特別の事例を除いておおよそ懲役３年ないし懲役６年の範囲に分布しており、このうち懲役３年とされたものについては執行猶予が付されているものと実刑のものがある。裁判所は、本件でもこのような範囲内において、被告人の刑を定めるのが相当と考えた。」

○福岡地裁平成22年１月22日（No11、傷害致死）

刑の幅のうち上限を視野に入れるとした事案（懲役９年／求刑10年）

「処断刑が傷害致死罪の単独犯、被害者が１名で他の罪がなく、何らかの凶器を使用した事案では、法定刑の下限から中ほどにかけての刑の幅が想定される。（中略）刑の幅のうち、上限を視野に入れた刑を科すべき事案である。」

(iii) 弁護人の主張する量刑因子に関する判断を示したもの

○福岡地裁平成21年12月17日（No10、傷害致死）

「友人」であるとはいい難いとした事案（懲役９年／求刑12年）

「弁護人は、『単独犯』、『凶器なし』、『知人・友人』を量刑因子とするものによる量刑分布の傾向を念頭に検討すべきと指摘するが、上記の検討からすれば、被告人と被害者とが『友人』であるとは必ずしもいい難いことに照らし、同量刑分布の傾向を直接参照することには疑問があるものと確認された。」

○広島地裁平成22年２月10日（No76、傷害致死）

弁護人主張の量刑因子に基づくとした事案（懲役３年・執行猶予４年／求刑５年）

「弁護人が弁論で示した量刑データと同様の量刑因子（傷害致死、単独犯、動機がけんか又は家族関係、凶器なし、被告人から見た被害者の立場が配偶者等）を入力して導き出した過去の裁判例の量刑データを参考にした。」

(3) 量刑事情の範囲

a 反省

○広島地裁平成23年３月10日（No３、傷害致死）

反省の程度の差異を重視した事案（A：懲役11年、B：懲役11年６月／求刑A・Bともに13年）

「被告人両名が加えた暴行の内容や程度を全体として評価するとさほど差異がない上、強い主従関係があったとも認められない以上、被告人両名の責任の重さに差異はなく、科すべき刑を同等とすることも十分考えられるところであったが、上記３のとおり各被告人の反省状況等に差異があることは、被告人両名に対して科すべき刑の重さに反映されるべきであるとの結論に至った。そして、以上の事情を総合考慮した上、被告人Aに対しては懲役11年の刑を、被告人Bに対しては懲役11年６月の刑を科するのが相当であるとの判断をしたものである。」

b 飲酒

○横浜地裁平成22年２月19日（No38、傷害致死）

酔余の犯行であることを有利に評価した事案（懲役６年／求刑不明）

「被告人に責任能力が認められるとは言え、飲酒の影響によって暴行がエスカレートしてしまったことは否定できない。この点は、被告人が、全く飲酒していない状態で、同様の暴行を加えた場合と比較すれば、自制力が飲酒の影響によって多少弱まっていたと考えられ、その刑責を軽くみる事情と考えた。」

c　被害者の健康状態等

○大阪地裁平成22年２月５日（No24、傷害致死）

被害者の健康状態等を有利に評価しなかった事案（懲役７年／求刑９年）

「被害者の健康状態等が死という結果に影響を与えたことも否定できないが、被害者が負った熱傷等は通常人でも死亡しかねない程度のものであって、被告人の刑事責任を軽減するような事情があるとまではいえない。」

○広島地裁平成22年２月10日（No76、傷害致死）

犯行後の被害者の行動を有利に評価した事案（懲役３年・執行猶予４年／求刑５年）

「被告人の暴行後、被害者自身の体の動作などによって、その折れた肋骨が肺に刺さり、直接の死因となった気胸が生じたなどの可能性も否定できない。したがって、被害者を死亡させた責任をすべて被告人に負わせるのは適当ではない。」

d　救護措置等

○福岡地裁平成22年１月22日（No11、傷害致死）

救護措置を取らないことを非難した事案（懲役９年／求刑10年）

「致命傷となった傷を受けた直後に適切な救護の措置を受けていれば、被害者が救命された可能性は十分にあったと認められる。ところが、被告人は、被害者に致命傷となった傷を与えた後、被害者を救護していない。」

○岡山地裁平成23年５月18日（No62、傷害致死）

救護措置を有利に評価しなかった事案（懲役４年６月／求刑７年）

「弁護人らは、被告人がDに対して119番通報を要請するなどの救護措置を執ったことをもって被告人の刑を軽くする事情であると主張するが、加害者として当然のことをしただけであって、特別の努力を要したものでもないから、被告人の刑を軽くする事情として評価することまではできない。」

○鹿児島地裁平成22年２月26日（No55、傷害致死）

救護措置を有利に評価した事案（懲役５年／求刑７年）

「思いつく限りの救命措置を行っている上、救急車に同乗して病院まで行っている点や、Aが罪を認めて反省の態度を示している点は、Aに有利な事情として一定程度評価できると判断した。」

○福岡地裁平成22年８月11日（No29、傷害致死）

救護措置をやや有利に評価した事案（懲役７年／求刑10年）

「被告人は、被害児童死亡直前、意識を失った被害児童に気づき、懸命に心臓マッサージと人工呼吸を施した上、近隣の住人に救急車を呼ぶことを依頼するなど、被害児童に対する救護の措置を取っている。自ら養育する子が瀕死の状態に置かれている中では当然とるべき行動であって、この点を過度に考慮するのは相当ではないものの、救護措置を講じない類の事案を想定した場合との比較によれば、被告人にとってやや有利にとらえるべき事情といえる。」

e　親族間であること

○横浜地裁平成22年３月18日（No４、傷害致死）

親族間であることを有利に評価しなかった事案（懲役11年／求刑11年）

「弁護人は、本件が親族間の事件であることを特に有利な事情として主張するが、上記のような被害者と被告人との関係を量刑上被告人に有利に酌むべき事情と評価することはできない。」

f　生育歴

○名古屋地裁平成22年２月26日（No25、傷害致死）

生育歴を有利に考慮しなかった事案（懲役７年／求刑10年）

「仮に被告人が幼少期に虐待を受けていたとしても、被害児童の気持ちや子供に暴力をふるうのが問題であることは容易に分かるはずであるから、この点から被告人に対する非難が弱くなるものとはいえない。」

○名古屋地裁平成23年１月18日（No13、傷害致死）

生育歴を有利に考慮した事案（C：懲役６年６月／求刑10年）

「被告人Cは、不遇な生育歴に起因して、対人関係の持ち方に問題を抱えており、そのことが本件犯行に関与することになった経緯等に表れているといえること（中略）は、量刑に当たりそれなりに考慮することができる。」

g　前科

○那覇地裁平成22年９月30日（No46、傷害致死）

前科がないことを有利に考慮しなかった事案（懲役６年／求刑10年）

「弁護人は、被告人には実刑前科がなかったことを有利な事情として主張するが、そのことは、量刑上特に考慮されるべき事情とは考えない。」

h　被告人の健康状態

○前橋地裁平成22年２月12日（No65、傷害致死）

被告人の健康状態で大きく刑を変えるべきではないとした事案（懲役３年／求刑不明）

「被告人は、（中略）短ければ３ヶ月、長ければ２年の余命であるとの診断を受けている。しかし、刑の重さは被告人の行った行為の責任に基づいて決めるのが原則であり、被告人の余命や健康状態によって刑の重さを大きく変えることは公平とはいえない。」

(4)　量刑事情の位置づけ（ないし重み）

a　遺族の宥恕

(i)　遺族の宥恕を有利に考慮したもの

○福岡地裁平成22年９月17日（No69、傷害致死）

被告人の子の宥恕を有利に考慮した事案（懲役３年・執行猶予５年保護観察付／求刑６年）

「被害者の遺族である被告人の子は、被告人を許して寛大な処分を求める旨表明していること（中略）等は、被告人にとって有利に考慮すべき事情である。」

(ii) **遺族の宥恕を重視しなかったもの**

○旭川地裁平成23年３月25日（No63、傷害致死）

被害者と被告人の間の子らの宥恕を重視しなかった事案（懲役４年／求刑６年）

「被害者と被告人の息子らが被告人を許していることは、親子関係からすればある意味当然ともいえ、この点のみを過度に重視することはできない。」

○宇都宮地裁平成22年２月25日（No54、傷害致死）

被害者の妻である被告人の母の宥恕を重視できないとした事案（懲役５年／求刑６年）

「遺族である被告人の母は被告人に対して厳しい処罰感情を抱いていないが、遺族はそれぞれに被害者を失った悲しみを抱えて複雑な心境にあり、本件の結果の重大性を考えると、処罰感情が厳しくないことを過度に重視することはできない。」

○仙台地裁平成22年２月３日（No53、傷害致死）

いずれの遺族の処罰感情も重視できないとした事案（懲役５年／求刑６年）

「（宥恕している）息子の気持ちや（厳罰を望む）被害者の姉の気持ちはいずれも理解できるが、息子の気持ちは、被害者の命が失われているという事実の前では量刑を左右する事情であると考えることはできないし、そうであるならば、被害者の姉の気持ちも同様に左右する事情であると考えることはできないと判断した。」

b　生育歴

○那覇地裁平成22年７月27日（No５、傷害致死）

自身の意思に基づく犯行であるとして生育歴を重くみることはできないとした事案（懲役11年／求刑13年）

「幼少期にいじめに遭い、義父との折り合いも悪かったという被告人の生育歴については、本件との関係でも、被告人のため同情する余地がないわけではない。しかし、被告人は犯行時24歳の成年であり、本件各犯行はまさに被告人自身の意思に基づいて敢行されたものであって、この点を重くみることはできない。」

○横浜地裁平成21年12月14日（No52、傷害致死）

生育歴自体には同情すべき余地があるが刑事責任を大きく軽減する事情とまではいえないとした事案（懲役５年／求刑７年）

「被告人の人格形成に影響を与えた生育歴自体には同情すべき余地があるにしても、被告人が犯行時既に34歳であり、高校卒業後10年以上にわたって社会人として生活してきたことなどからすると、その間にいくらでも自己の性格を矯正し、その感情をコントロールするすべを身につけられたはずであり、母親との間で生じたあつれきについても、しかるべき改善の措置を講ずることができたはずである。これらのことにかんがみると、上記機序それ自体をもって、被告人の刑事責任を大きく軽減する事情とまではいえないというべきである。」

c　共犯者からの暴力

○新潟地裁平成23年２月18日（No61、傷害致死）

共犯者からの暴力を被告人に有利に考慮した事案（懲役４年６月／求刑６年）

「本件犯行以前より、共犯者から暴力を振るわれるなどした結果、強度の恐怖を植え付けられて服従を強いられていたため、犯行に加担しないことは主観においてかなりの困難があったことは（中略）相当程度被告人のために考慮すべき。」

d　被害者の落ち度

○福島地裁郡山支部平成22年10月８日（No30、傷害致死）

暴行態様に鑑み、被害者が犯行を誘発した点は過度に考慮できないとした事案（懲役７年／求刑６年）

「以前から被害者が被告人及びその家族に対して粗暴な言動に及ぶなどしていたことが、被告人の本件犯行に少なからず影響していたと認められる。被害者のこのような生活状況が被告人及びその家族を悩ますものであって、被告人の本件犯行を誘発した結果になった面は否定できない。しかしながら、前記の被告人の犯行動機に加え、一連の暴行が執拗で強力なものであることなども考慮すると、被害者は、このような暴行を加えられ、無念の死を迎えなければならない理由まではないというべきであり、被害者の事情を量刑上過度に考慮することは相当でない。」

(5)　量刑の変化

a　全体的な傾向

最高裁「裁判員制度の運用等に関する有識者懇談会」における資料（以下「最高裁資料」という。）によれば、裁判官裁判での傷害致死罪の量刑ピークは、懲役３年を超え５年以下であった。一方、裁判員裁判では、懲役５年を超え７年以下がピークであり、次いで懲役７年を超え９年以下が多いという結果だった。傷害致死全体において、量刑が重くなっていることが分かる。

b　重くなった類型

被害者が「配偶者」「子」「知人・友人」のものについては、裁判員裁判になって量刑傾向が重くなっていると思われる。一方、被害者が「親」「関係なし」のものについては、顕著な変化は見られない。

c　重くなった要因

被害者が「関係なし」のものは、従前から量刑が重かったので裁判員裁判

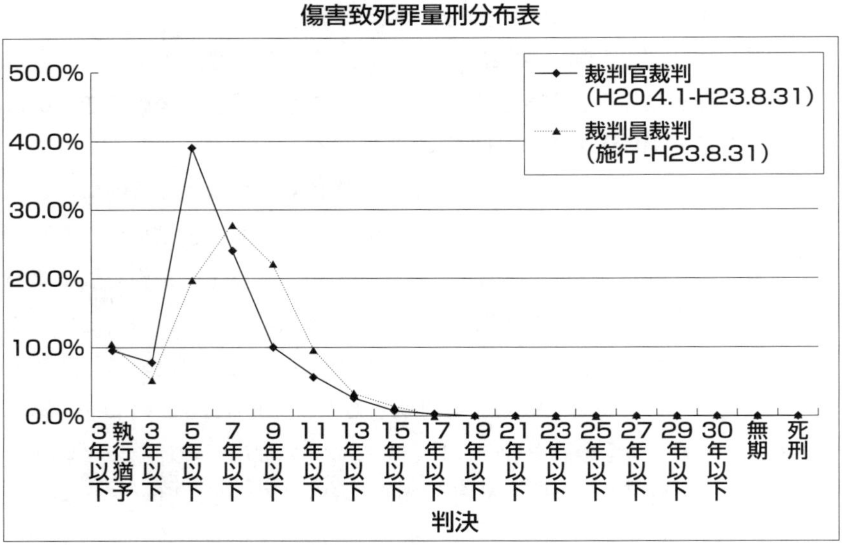

（裁判員制度の運用等に関する有識者懇談会〔第13回配付資料〕より）

になっても変わらない、ということのように思われる。

裁判員裁判になって重くなっている「配偶者（内縁を含む）」「子」「知人・友人」については、そもそも従来の量刑が軽かった、という裁判員の価値判断が反映していると考えられる。生命侵害に対する裁判員の評価が厳しいことを表しているのではないか。前記東京地裁平成22年10月26日（NO19、傷害致死、被害者は母親の内縁の夫）は、「量刑資料によれば、傷害致死罪で凶器を用いない単独犯の場合、最近では懲役４年から懲役６年ないし７年程度の刑に処せられている例が多かった。しかし、殺意をもっての行動ではないとしても、人の命を奪ったという重大な結果に照らせば、これまでの刑は軽いのではないかと考える。」と判示し、この点を明確に示している。

被害者が「親」のものは、裁判員裁判になっても必ずしも重くなっていないが、これは、他の被害者親族事案（配偶者、子、その他の親族など）と異なり、遺族（被告人のもう一方の親など）が原則として全て被告人の血族であり、被告人を宥恕しているケースが多いことが理由として考えられる。

（佐藤倫子）

■傷害致死一覧

No	判決日 裁判所 認定罪名	判決	求刑 V意見 弁意見	争点と認定
1	H22.9.2 宇都宮 傷害致死	12年	12年	
2	H23.3.14 福岡 傷害致死、傷害、死体遺棄	12年	15年	・被害者の身体に熱湯を注ぎかける暴行を加えたか否か⇒認められる ・前記暴行と死亡との因果関係⇒認められる ・被告人供述調書の任意性・信用性⇒認められる

量刑事情	量刑傾向	特徴など
・知人であるVの顔面を殴ったり、体を木刀で多数回殴りつけたりするなどの暴行⇒死亡。 ・約1時間に渡って、凶器も使いながら一方的に暴行⇒暴行態様は執ようで、粗暴かつ危険。 ・結果重大。 ・処罰感情強いのは当然。 ・暴力によって制裁し教育するという暴力団に顕著な思想に基づく犯行⇒動機・経緯は理不尽かつ身勝手。 ・救護措置を取ったり、119番通報していない。 ・前科5犯、暴力団特有の考え方や価値観⇒遵法意識著しく低い、監督者いない⇒再犯可能性高い。 ・恵まれない生い立ちなどを過度に評価することはできない。		・Vは知人。 ・1対1。 ・累犯前科あり。 ・求刑通り。
・被害者の身体に2リットルという多量の熱湯をかけ続けたという犯行態様は執ようかつ残虐で、極めて悪質。 ・体力的に勝る被告人が被害者に対して日常的に暴力を振るっていた事実が認められるところ、本件犯行もその一環として行われたもので、被告人が被害者の言動に腹を立てて犯行に及んだものと認められ、経緯、動機に酌むべき事情は全くない。 ・（死体遺棄）遺体を2週間放置⇒態様悪質。 ・（傷害）骨折という軽くない傷害。こぶしで何度も殴りつけるという態様は危険。日常的な暴力の一環として行われていたことも照らせば、犯情は悪質。 ・遺族が厳重処罰を求める。 ・傷害致死の公訴事実を争っており、真摯な反省の態度はみられない。 ・死体遺棄について自首。 ・前科不見当。 ・母親が指導監督すると述べる。	傷害致死罪においては、被害者を死に至らしめたという被害結果の重大性を前提とした上で、具体的な暴行の内容からうかがわれる犯行態様の悪質性、犯行に至る経緯や犯行動機等の犯情が重視されて量刑判断がなされてきている。	

No	判決日 裁判所 認定罪名	判決	求刑 V意見 弁意見	争点と認定
3	H23.3.10 広島 傷害致死	A：11年 B：11年6月	13年	共謀に基づくか⇒共謀の範囲に含まれる
4	H22.3.18 横浜 傷害致死	11年	11年	

量刑事情	量刑傾向	特徴など
・結果重大。常軌を逸した暴行も加えている。相当期間にわたって日常的に繰り返される非人間的で激しい暴行。遺族も厳罰希望。 ・被害者（Bの父）が知的障害を有しているのを知りながら、被害者の言動に対する不満を募らせ、ストレスのはけ口のようにし、面白半分で、虐待を繰り返していた。被害者の言動が原因でストレスを抱えていたとしても、同情の余地はない。 ・Bは、被害者が、寝ている孫娘の顔の上にしゃがんで陰茎を押しつけるわいせつ行為を行ったから被害者に熱湯をかけたと供述するが、Aの供述に反している上、被害者が当時かなり衰弱していたと考えられること、同居の実の母にも相談していないことなどから、直ちに信用することができない。 ・Aは反省。遺族に宛てて謝罪文。前科前歴なく、母親が出廷して立ち直り支援。 ・Bも前科前歴なく反省と謝罪の弁を述べるが、いくつも信用できない弁解、自己の責任を軽減しようという態度、病院搬送拒否、口裏合わせを依頼⇒自己保身の傾向が顕著。更に反省を深める必要。	責任の軽重はないが、反省状況等に差異⇒科すべき刑の重さに反映させるべき。	
・強烈かつ執ような暴行、犯行態様は極めて悪質。 ・Vに本件のような苛烈な暴行を受けなければならないような落ち度があったとも認められない。 ・傷害前科6犯を含む前科10犯。粗暴性は高く根深い。 ・Vを誹謗するような信用性の認められない供述⇒真摯に反省しているとも認められない。 ・弁護人は、本件が親族間の事件であることを特に有利な事情として主張するが、上記のような被害者と被告人との関係を量刑上被告人に有利に酌むべき事情と評価することはできない。	「傷害致死の中でも特に悪質な部類に属する」。	・Vは義兄。 ・累犯前科あり。

No	判決日 裁判所 認定罪名	判決	求刑 V意見 弁意見	争点と認定
5	H22.7.27 那覇 傷害致死、恐喝	11年	13年 	・恐喝事件における強迫文言の内容 ・傷害致死事件における暴行の態様
6	H23.1.28 津 傷害致死、傷害	11年	14年 6年	

量刑事情	量刑傾向	特徴など
・肉体関係を持った被害女性に、交際相手に対する危害等を告げて15万円を脅し取った恐喝と、その後に居候先の別の被害女性に対し、約2週間にわたって多数回暴行を加えて死に至らしめた傷害致死事件。 ・犯行態様は極めて悪質。 ・被害者の行為を利用し、同人宅に居候し、多額の金員を受取りながら、別の女性とも同居することを承諾させた上、些細なことを理由に被害者への暴行を反復するようになった⇒被害者の尊厳を踏みにじる卑劣で身勝手な犯行。 ・結果重大。被害感情が極めて強いの一言で片付けられるものではない。 ・一応の反省の態度⇒しかし、被告人という立場に置かれたことに対する後悔の面が大きく、自己の行為に対する認識は未だ浅く、暴力傾向は根深い。 ・弁護人は、被告人が被害者を看病するという優しい側面を持っていたと主張する。しかし、自ら暴力を振るって痛めつけた後、看病らしき行動を取ったからといって、有利に評価することはできない。 ・母親は、監督能力には疑問が残るが、反省・更生を期待させるもの。 ・生育歴については、犯行時24歳の青年であり、重くみることはできない。弁護人はパラノイアの疑いがあると指摘するが、根拠は十分でなく、犯行との関係も不明。 ・50万円の被害弁償⇒一定程度で有利に考慮すべき事情。		
・対向車両に気付かれないようにヘッドライト等を消した上で、高速道路を自動車で逆走⇒犯行態様極めて危険。 ・1名死亡、1名重い傷害⇒結果は極めて重大。 ・横領が発覚したと考えて絶望し自殺を決意、他人を巻き込む形での犯行⇒動機は極めて身勝手であり酌量の余地ない。 ・被害者に落ち度なく、被害感情極めて厳しい。 ・反省、母親が支援を表明。 ・道交法罰金前科のみ。		1名死亡、1名重傷。

No	判決日 裁判所 認定罪名	判決	求刑 V意見 弁意見	争点と認定
7	H22.3.29 福岡 傷害致死、死体損壊、死体遺棄	10年	12年 7年	
8	H22.5.28 前橋 傷害致死	10年	13年 6年	
9	H23.7.14 広島 傷害致死	10年	13年	共謀の有無⇒認定

量刑事情	量刑傾向	特徴など
・結果重大。 ・約1か月もの長期間、多数回にわたり殴る蹴るの暴行。犯行態様は極めて悪質。 ・Vに、年金担保で銀行等から借り入れさせようと考えて犯行。動機として酌むべき事情はない。 ・死体損壊、死体遺棄の犯情⇒身元や死因を判別不能にする目的で遺体を焼却⇒動機に酌むべき余地なく、犯行態様も悪質。 ・遺族が厳重処罰を求める。 ・共犯者間の役割にさほど差異は認められない。 ・逮捕前に出頭等⇒反省の情の表れ。 ・妻と幼い娘。妻が監督。 ・100万円の支払を申し出。 ・前科不見当。		・共犯事件。 ・ヤミ金営むAが金を貸し付けていたVに暴行。
・結果重大。遺族が厳しい処罰を望む。 ・Vが共犯者に対し暴言⇒本件の契機⇒覚せい剤の影響、適切な対処方法あった⇒Vの落ち度として大きく考慮することは相当でない。 ・Aらは約2時間半にわたり、鉄製の棒や木の棒で暴行。全身に少なくとも75か所以上の怪我。リンチと言うべき残虐かつ執ような犯行、非常に悪質。 ・最も激しい暴行。発端において従属的であることはさほど有利に考慮できない。 ・遺棄、隠蔽工作。 ・謝罪と反省の弁、実効性はさほど期待できないがAの母が更生に協力すると誓約。		・共犯事件。 ・累犯前科あり。
・本件暴行や被害者の死が偶発的なものであるとはいえない。 ・結果重大。 ・父親や伯母が指導監督誓約、乳児がいる。	数ある傷害致死事案の中にあっても相当に重い。	・共犯事件。 ・児童虐待事例。 ・Vは養女（2歳8か月）。

No	判決日 裁判所 認定罪名	判決	求刑 V意見 弁意見	争点と認定
10	H21.12.17 福岡 傷害致死	9年	12年 4年	
11	H22.1.22 福岡 傷害致死	9年	10年	致命傷が鈍体を打ち付けられたことによるものか⇒認定

量刑事情	量刑傾向	特徴など
・結果重大。 ・足払いをかけて床面に転倒させた上、頭や顔など多数回足蹴り⇒犯行態様非常に悪質。 ・Vに落ち度なし。 ・慰謝の措置講じていない。 ・Vに金銭的援助（＋）。 ・反省。 ・前科7件だが、直近の懲役前科も10年以上前。	犯情に関する事情を基に量刑分布の傾向をみてみると、まずは、検察官が指摘するそれ（「単独犯」、「凶器なし」、「被害者の落ち度なし」を量刑因子とするもの。「単独犯」、「凶器等なし」の事情は、当事者間で争いのない、証拠上明らかな事実である。また、「被害者の落ち度なし」の事情を採用できることは、上記認定のとおりである。）が本件において一応の合理性をもって妥当することが確認された。他方、弁護人は、「単独犯」、「凶器なし」、「知人・友人」を量刑因子とするものによる量刑分布の傾向を念頭に検討すべきと指摘するが、上記の検討からすれば、被告人と被害者とが「友人」であるとは必ずしもいい難いことに照らし、同量刑分布の傾向を直接参照することには疑問があるものと確認された。	AはVに金を貸していた。
・動機は不明。 ・以前にも被害者に暴行⇒暴力的な傾向があったことは軽視できない。しかし、本件が日常的な暴力の一環として敢行された事案とまでは評価できない。 ・鈍体を頭頂部に打ち付ける⇒行為の客観的危険性高い。 ・救護していない。 ・客観的事実に合致しない供述⇒反省していないと評価せざるを得ない。	「処断刑が傷害致死罪の単独犯、被害者が1名で他の罪がなく、何らかの凶器を使用した事案では、法定刑の下限から中ほどにかけての刑の幅が想定される」。 「刑の幅のうち、上限を視野に入れた刑を科すべき事案」。	Vは実父。

No	判決日 裁判所 認定罪名	判決	求刑 V意見 弁意見	争点と認定
12	H22.10.26 東京 傷害致死	9年	10年 無罪	・Bとの共謀の成否⇒成立 ・Aによる暴行の存否及び程度⇒罪となるべき事実記載の暴行あり ・(暴行があったとして)暴行と死亡との間の因果関係の存否⇒認定
13	H23.1.18 名古屋 傷害致死	A：7年 B：9年 C：6年6月	A：10年 B：12年 C：10年 A：3年・執行猶予5年・保護観察付 B：3年以下 C：執行猶予	

量刑事情	量刑傾向	特徴など
・犯行態様は一方的かつ執よう、共謀、卑劣、弱者へのいたわりを欠いた悪質なもの。 ・結果は誠に重大、被害児童が感じたであろう肉体的苦痛や恐怖、無念さは察するに余りある。 ・1歳児であれば当たり前ともいえる些細な出来事に腹を立てた動機は身勝手、酌量の余地ない。 ・積極的に犯行に関与、主導的。 （検察官が主張する情状事実のうち、以下の事情も考慮（★）） ・公判廷において不合理で場当たり的な虚偽供述に終始、共犯者に責任を転嫁するなど、反省の態度がみられない。弱者に対し粗暴な傾向がうかがわれ、再犯のおそれ否定できない。 ・累犯前科を含む前科3犯。法を守る意識に乏しい。 ・児童虐待が社会的にも大きな問題。厳しい姿勢を示す必要あり。 （被告人に有利な事情（★）） ・生い立ち同情の余地あり、現在両足切断、懲役6年のBとのバランス。	同種事案の量刑傾向が懲役3年（付執行猶予）から懲役12年の幅にあることを目安としてとらえた量刑の大枠の範囲内で、共犯者との刑のバランスや左欄「量刑事情」の★の諸事情をも考慮。	・共犯者が同一合議体にて先に判決（6年）。 ・児童虐待事例。
・犯行態様は陰湿で、一方的かつ執よう。 ・面白半分に弄んだというべきであって、非常に悪質で非人間的な犯行。 ・結果重大。 ・被害女性宅において、およそ守ることが困難な生活上のルールを一方的に押しつけた上、被害女性が違反したことを口実として日常的に暴行。面白半分、ストレスのはけ口。動機は理不尽極まりない。 ・Bは、主導的、中心的役割。年長者で、被害女性方の生活に深く関与。本来止めるべき立場。刑事責任は重い。弁護人は共犯女子少年に支配されていたと主張するが、主体性がうかがわれ、支配されていたとは認められない。 ・Aは、Bに比べれば暴行への関与の程度は低い。しかし、最年長者。一層止めるべき立場。従属的とはいえない。 ・Cは、Bに比べ暴行への関与の程度が低く、Aと同程度。 ・異常な状況下で起きたことは認められるが、そのような状況を作り出した責任は各被告人自身にもあるとみざるを得ず、大きく考慮することはできない。 ・Bは、反省しているが、責任転嫁のような姿勢もあり、内省が深まっているとはいえない。 ・Aは、内省を深めている。 ・Cは、内省が深まっているとはいえない。 ・不遇な生育歴。弁護人らの活動を通じて交流を重ねた証人が、今後の監督を誓っている。	傷害致死の中でも悪質な部類。	少年。

No	判決日 裁判所 認定罪名	判決	求刑 V意見 弁意見	争点と認定
14	H23.3.4 広島 傷害致死	9年	10年 無罪	犯人性⇒認定
15	H23.3.17 津 傷害致死、暴力行為等の処罰に関する法律違反、生命身体加害略取、死体遺棄	9年	12年 寛大な処分	・被告人が、V1の着衣をつかんだか⇒認定できない ・被告人が加えた暴行の具体的内容や回数⇒顔面蹴ったことは認定。回数については、起訴状記載の「三十数回」ではなく「多数回」と認定 ・被告人が暴行を加えようと考えたのがいつか⇒弁護人主張の通りだったとしても量刑に影響を及ぼさない ・社長に指示されるまで被害者に暴行を加える確定的な意思がなかったか⇒いずれにしても刑事責任を軽くする事情とならない

量刑事情	量刑傾向	特徴など
・結果重大、日頃のいじめの延長として卑劣で危険な暴行、同種前科複数、反省の態度うかがわれず。 ・計画的でない、凶器を用いていない、検察官が主張する腹腔内出血を生じさせた暴行は認められない。		
【刑事責任を重くする事情】 （V1事件について） ・被害者を有無を言わさず連れ去り、約3時間半という長時間にわたって、極めて多数回の暴行を執ように加える。苦しむ被害者を放置した上、被害者死亡後その死体をもの同然に遺棄⇒悪質。 ・結果重大。 ・傷害に積極的に加担、略取・遺棄についても重要な役割。 ・動機に同情の余地はない。 ・被害者の母親が、書面による意見陳述等において厳重処罰を求めている。 （V2事件について） ・無抵抗の被害者に対して、3人がかりで約2時間にわたり、被害者の指に当てた包丁の上にハンマーをのせて脅迫したり、代わる代わる多数回にわたって暴行⇒悪質。 ・動機に酌量の余地ない。 ・被害者厳重処罰求める。 【刑事責任を軽くする事情】 （V1事件について） ・他人に暴行を加えることに対する抵抗感乏しい。 ・被告人の果たした役割は小さい。 ・共犯者である社長が代表して120万円を支払う旨の示談が成立。 （V2事件について） ・社長の指示に従って暴行。 ・社長が代表して100万円支払う旨の示談成立。 ・謝罪文。父親が社会復帰後の監督を約束。		Vは会社の従業員。

No	判決日 裁判所 認定罪名	判決	求刑 V意見 弁意見	争点と認定
16	H23.6.10 さいたま 傷害致死	9年	10年 3年	
17	H22.6.16 大阪 傷害致死	8年	10年 	暴行と死亡の因果関係⇒認定
18	H22.10.4 東京 傷害致死	A：8年 B：5年	A：10年 B：7年 	両大腿部及び両腕をげんこつ（外側）で殴ったか、頭部にも暴行を加えたか、その暴行にげんこつ（外側）が含まれるか⇒げんこつ（外側）までは認定できない。頭部に暴行は加えているが、げんこつ（外側）までは認定できない
19	H22.10.26 東京 傷害致死	8年	8年 3年	死亡との因果関係⇒認定

量刑事情	量刑傾向	特徴など
・被害結果が重大（5歳の女児の死亡）であること、その結果は卑劣かつ粗暴な犯行により生じるべくして生じたものであること、動機は理不尽なもので、酌量の余地がないことを重視した。 ・被告人に対しては、求刑通り懲役10年の刑を科するのが相当とも考えられる。 ・犯行そのものは素直に認める、反省と謝罪の言葉、前科前歴なし。		児童虐待事例。
・知人であるVなどと飲酒⇒頭を踏みつけるなどの暴行⇒死亡。 ・結果重大。 ・執ようかつ一方的。極めて危険で悪質。 ・短絡的な動機に格別酌むべき点はない。 ・遺族が厳しい処罰求める。 ・再犯のおそれがないとはいえない。 ・真摯な反省が認められない。		1対1。
・7歳になる実子を夫婦で暴行し、死亡させた事案。犯行は執ようかつ卑劣で危険なもの。 ・本件が一過性の偶発的犯行でないことは明らか。 ・結果重大。 ・不自然な弁解を述べて頭部に対する暴行を否認。自分たちが犯した犯行を直視し内省を深めているのかについては疑問が残る。 ・生育歴は、重視することはできない。 ・非常に悪質な児童虐待の事案。 ・予期しない結果。救命措置。罪は認めている。日常的な生活においては育児を放棄していたわけではない。	「本件のような子に対する傷害致死の犯行類型については、多くが実刑に処せられており、その刑期は概ね懲役3年から9年の間に分布していることも勘案し」た。	児童虐待事例。
・AはVの内妻の息子。被害者らのマンションに無償でAを住まわせ支援。VがAの生活態度を非難するのも当然。身勝手にも逆恨みして本件犯行に及んだ。Vの無念さは察するに余りあり、遺族の悲しみも理解できる。Vの内妻の慚愧の念、悲しみも計り知れない。 ・Vを死に至らしめた踏みつけ行為は、まさに「踏みにじる」行為であって悪質。 ・傷害罪により執行猶予判決を受けたにもかかわらず、約1年後からVに対する暴行を繰り返す。執行猶予中に本件犯行。粗暴性の現れ。 ・十分に反省しているとは考えられない。 ・窃盗や覚せい剤取締法違反の前科で服役した。 ・暴行自体は執ようなものとは言い難く、死の結果はAにとっても意外。計画的な犯行ではなく稚拙で衝動的。生育歴に不遇な面も見受けられる。隣人夫婦が情状証人として証言。	量刑資料によれば、凶器を用いない単独犯の場合、懲役4年から懲役6年ないし7年が多い。しかし、人の命を奪ったという重大な結果に照らせば、これまでの刑は軽いのではないか。	・求刑通りの判決。 ・Vは母の内夫。

No	判決日 裁判所 認定罪名	判決	求刑 V意見 弁意見	争点と認定
20	H22.10.29 長野 傷害致死	8年	12年 	
21	H22.12.27 さいたま 傷害致死	8年	9年 5年	併合罪か⇒包括して1個の傷害致死
22	H23.3.18 福岡 傷害致死	8年	9年 	・被告人の暴行と被害者の死亡原因たる急性硬膜下血腫の因果関係⇒認定

量刑事情	量刑傾向	特徴など
・妻に暴行。短絡的かつ身勝手で強烈な暴行を執ように加えた非常に残忍で悪質なもの。 ・被害者が死に至るまでに受けた苦痛や恐怖の大きさは想像に難くない。 ・遺族が厳しい処罰を希望。 ・飲酒の影響もあって突発的に敢行された犯行。 ・精神鑑定書等をも斟酌すれば、少年のころ義父から受けた暴力的体験が被告人の暴力に対する制御力に影響を与えた面をあながち否定もできない。 ・母親に電話で犯行を打ち明ける、飲酒を慎む旨誓約、不動産の共有持分を遺族に譲渡、母親が監督を誓約、前科は罰金のみ。		・Vは妻。 ・1対1。
・最も重視した事情は、被害結果の重大さや犯行態様の悪質さ。 ・従前からの暴行の延長線上⇒偶発的、突発的なものとはいえない。 ・厳しい処罰感情。 ・思慮の浅い動機に酌量の余地はない。 ・被害者の言動が被告人のために酌むべき事情とはならない。 ・暴行の程度、共犯者と大差なく重要な役割。むしろ、共犯者を利用した側面も否定できず、責任はやや重い。 ・謝罪、反省、祖父が情状証人、前科なし。		共犯事件。
・死の結果をもたらした暴行の具体的な態様こそ特定できないものの、本件の際に被告人は多数回の暴行を加えている。暴行全体を見れば、その態様は相当強度かつ執よう。 ・飲酒しては妻である被害者に頻繁に暴行。暴力行為の常習性は根深く、本件は日ごろのこの様な行為の延長線上で発生しており、偶発的に生じたものであるとはいえない。 ・被告人、被害者ともにアルコール依存症。本人の飲酒は有利に考慮できない。しかし、被害者も、飲酒した際には被告人の暴力を誘発するような言動をとることもあったことがうかがわれる。多少なりとも酌むべきもの。 ・社会復帰後も飲酒にふけり、その結果再び粗暴犯に及ぶのではないかということも危惧される。しかし、悔悟の念を強め、治療に努める考えを強めている。母親が見守ろうとする態度。	・被告人が凶器を用いていないこと、被害者が被告人の配偶者であること等に着目して従前の量刑の傾向を見ると、相当期間又は相当長期間の実刑判決がほとんどである一方、執行猶予判決も一定数認められる。 ・同種事案の中でもやや重い部類に属し、相当長期間の懲役刑をもって臨むべき。	

No	判決日 裁判所 認定罪名	判決	求刑 V意見 弁意見	争点と認定
23	H22.7.21 福島郡山 傷害致死	7年6月	不明 	・事件性⇒認定 ・犯人性⇒認定 ・因果関係⇒認定
24	H22.2.5 大阪 傷害致死	7年	9年 	
25	H22.2.26 名古屋 傷害致死	7年	10年 3年	

量刑事情	量刑傾向	特徴など
・介護職員であるAが入所者であるVに暴行して死亡させた。 ・結果重大。 ・一方的であって悪質。 ・反省の態度も見られない。		・Vは施設入所の高齢者。 ・Aは施設職員。
・腹部等を数回足蹴りし、顔面にお湯をかける暴行。 ・相当程度の力で足蹴り、お湯をかけ続ける執ような犯行。 ・被害者の健康状態等が死という結果に影響を与えたことも否定できないが、被害者が負った熱傷等は通常人でも死亡しかねない程度のものであって、被告人の刑事責任を軽減するような事情があるとまではいえない。 ・短絡的で身勝手な犯行動機。 ・かなり飲酒⇒エスカレート。しかし刑事責任を軽減するまでの判断力の低下等があったとは認められない。 ・飲酒の上での前科多数。累犯前科刑期終了後わずか1年弱で飲酒した上犯行。粗暴性は顕著、規範意識鈍磨。		・Vは知人。 ・累犯前科あり。
・極めて強い暴行を3日間にわたり断続的に多数回加えた。暴行態様は執ようで極めて危険、悪質極まりない。 ・動機は身勝手というほかない。 ・結果重大。 ・以前から十分な食事を与えられてこなかった疑い、日常的な虐待行為が高じた結果。 ・弁護人が児童相談所等の対応の問題として指摘する諸点は被告人の刑事責任を決める際の重要な考慮要素であるとはいい難い。 ・仮に被告人が幼少期に虐待を受けていたとしても、被害児童の気持ちや子供に暴力をふるうのが問題であることは容易に分かるはずであるから、この点から被告人に対する非難が弱くなるものとはいえない。 ・被告人なりに反省。 ・元妻でありVの母が被告人との家族生活を再び送ることを願う旨証言。		・Vは実子（4歳）。 ・児童虐待事案。

No	判決日 裁判所 認定罪名	判決	求刑 V意見 弁意見	争点と認定
26	H22.5.19 高知 傷害致死	7年	8年 3年	
27	H22.6.4 福岡小倉 傷害致死	A：7年 B：6年	A：7年 B：7年	・後半の暴行に関し、Aの共犯関係の解消⇒排斥 ・Bの自首⇒排斥 ・Bの踏みつけ行為の有無⇒排斥 ・（共犯関係解消を前提とし）死因は後半の暴行か⇒排斥（特定できない）
28	H22.7.30 広島 傷害致死、死体遺棄	7年	10年 執行猶予（傷害致死は無罪）	・VがAの暴行によって死亡したか⇒認定 ・正当防衛ないし過剰防衛の正否⇒排斥

量刑事情	量刑傾向	特徴など
・Vを突いて転倒させ路上等に打ち付けさせる、タクシー内で平手で数回殴打する暴行⇒死亡。 ・危険な犯行態様。 ・短絡的かつ安易。 ・多数の傷害前科、粗暴的傾向。 ・遺族の処罰感情強い。 ・暴行の回数は多くない、拳で殴ったりするような態様でない、Vは飲酒、Aとしては、この程度の暴行で命を落とすことになるとまでは思っていなかったであろうことは有利な事情。 ・不十分ながら救命のための行動。 ・Aなりに反省。 ・Vに多数のあざ⇒Aによる日常的な暴力とまでは認められない⇒不利に考慮できない。		・Vは交際相手。 ・累犯前科あり。
・5人でVの顔面、胸部、腹部等を多数回殴る、蹴る、踏みつける⇒死亡。 ・結果重大。 ・非常に執ようかつ危険で悪質。 ・ABは、本件犯行においてほぼ同等の役割を果たしており、その役割は大きい。 ・A弁護人は、AがVを介抱したり一度かばったことを有利な事情として主張するが、119番通報などの有効な救助行為をしたものではないから、格別有利な事情と評価することはできない。 ・遺族の処罰感情厳しい。 ・遺体を埋める。 ・Vがシンナーを吸って挑発的な言動⇒有利に考慮すべきではない。 ・Bの自白が本件事案の解明につながったことはBに有利に考慮すべき。	本件犯行は、傷害致死罪のうち、共謀して（実行共同正犯）、こらしめを動機として行われた犯罪類型に該当する。そして、これと同様の犯罪類型の量刑は、懲役3年（5年間執行猶予）から懲役13年までに分布している。	・共犯事件。 ・累犯前科、併合罪関係に立つ確定判決あり（平成16年の刑法改正前の事件）。
・Vの頭部を2度にわたってドア枠や頭などの硬いものに強くぶつける暴行⇒非常に危険で悪質な犯行。 ・結果重大（Vの無念さは察するに余りある。長女〔犯行時1歳11か月〕は大切な母親を奪われた。いつの日か真実を知る⇒精神的衝撃大きさは推測するに難くない。V両親強い処罰感情）。 ・犯行動機に酌むべき余地は乏しい。 ・遺体を1週間放置した後、竹藪に遺棄。 ・Vの死を悼む態度は全く見られない。 ・様々な嘘⇒反省の態度はうかがわれない。 ・Vの行動が犯行を触発⇒量刑上考慮。 ・父親出廷。監督誓約。 ・前科前歴なし。 ・反省の弁は述べるが、いろいろと嘘⇒考慮できない。謝罪文なども同様。		・Vは妻。 ・1対1。

No	判決日 裁判所 認定罪名	判決	求刑 V意見 弁意見	争点と認定
29	H22.8.11 福岡 傷害致死	7年	10年 3年	
30	H22.10.8 福島郡山 傷害致死	7年	6年 無罪	正当防衛の成立⇒排斥

量刑事情	量刑傾向	特徴など
（犯情） ・Vの顔面を手のひらで強く続け様に2回殴って死亡させた事案。 ・Aは養育者。Vの無念さは察するに余りある。結果の重大性を増す要素。 ・犯行態様は、Aの生命を奪う危険性の高い相当悪質なもの。 ・従前から繰り返してきた虐待の一環（Vの体中に80個を超える多数のあざ）。 ・被虐経験に基づくものである点は、Aにとって一定程度有利に考慮してしかるべきものであるものの、総合的にみれば、本件の動機につき、Aにとって酌むべき事情として取り上げることにちゅうちょを覚えざるを得ないところである。 ・特段の措置が講じられない限り、Aが今後同種の再犯に及ぶおそれすらないとはいえない。 （一般情状） ・Vの祖母重罰を望む。一定程度不利に働く事情。 ・救護措置取っている⇒救護措置を取らない事案との比較によれば、やや有利にとらえるべき事情。 ・Aの実母、援助する心づもり⇒再犯のおそれを防止する措置もそれなりに講じられる可能性。 ・前科前歴なし、21歳と若年。	「傷害致死」「（被告人から見た被害者の立場）子」という量刑因子による量刑分布の傾向（懲役3年以下（執行猶予付きのものを含む。）から12年以下まで）を主として参照して検討を加えたが、前記の犯情の悪質さにかんがみれば、その分布の下方に刑期を位置づけるのは相当ではない。	・Vは妻の連れ子（3歳）。 ・児童虐待事例。
・隣家に居住する叔父である被害者と口論になり、暴行を加えて死亡させた事案。結果重大。遺族の処罰感情厳しい。 ・一連の暴行は、身体の重要部分に対して執ようで強力になされたもの。 ・被害者の生活状況が本件犯行を誘発した面は否定できないが、暴行が執ようで強力なものであることなども考慮すると、被害者の事情を量刑上過度に考慮することは相当でない。 ・社会に与えた影響も考慮する必要がある。 ・不合理な弁解。明確な謝罪もない。反省の態度不十分。		・Vは隣家に住む親族。 ・求刑超え判決。

No	判決日 裁判所 認定罪名	判決	求刑 V意見 弁意見	争点と認定
31	H22.11.19 広島 傷害致死	7年	8年 	
32	H23.1.25 横浜 傷害致死	7年	8年 無罪	犯人性⇒認定
33	H23.7.8 福岡 傷害致死	7年	8年 執行猶予	・第二暴行（壁に打ち付けた）の有無⇒認定 ・第三暴行（馬乗りになって顔面を数回殴打）の有無⇒認定 ・第四暴行は心臓マッサージ目的なので正当行為か⇒排斥
34	H23.7.15 東京 傷害致死	7年	8年 	

量刑事情	量刑傾向	特徴など
・結果は誠に重大。 ・一方的で執ようかつ強い暴行。飲酒していたことは、特に被告人の刑を軽くする方向に考慮すべき事情とはいえない。 ・以前にも被害者に対して手や木の棒で殴るなどの暴行を加えたことがあった。したがって、本件は、たまたま突発的に暴行をふるったような事案とは一線を画するというべき。 ・被告人なりに努力して被害者の世話。 ・真摯に反省。 ・自ら捜査機関に出頭。 ・前科なし。 ・妻が更生の励みになると期待。		Vは同居の実兄。
・暴行は危険で苛烈。 ・被害者の肉体的・精神的苦痛は察するに余りある。 ・被害者に落ち度があったとは到底いえない。動機は短絡的。 ・前科前歴なし。被害者（妻）との関係では過去にも暴力があったことがうかがわれるが、被告人の暴力はもっぱら被害者との関係に起因。再犯の可能性は低い。 ・犯人性否認、不合理な弁解⇒再犯の可能性否定できない。	傷害致死の中でもやや重い事案。	Vは妻。
・極めて危険かつ激しく、結果重大。		Vは一緒に酒を飲んでいた（知人？）。
・素手⇒麺打棒で繰り返し打撃⇒非常に危険かつ執よう。 ・以前にもVに暴行複数回⇒突発的な犯行ではない。一定の冷静さもある。 ・Vの勤務態度や言動が本件に至る一因。 ・救命措置。 ・自首。 ・被害弁償の意思。		Vは共同経営者。

No	判決日 裁判所 認定罪名	判決	求刑 V意見 弁意見	争点と認定
35	H21.10.16 熊本 傷害致死	6年	7年	
36	H22.1.4 千葉 傷害致死	6年	10年	
37	H22.2.18 大阪 傷害致死	6年	不明	・馬乗り等の暴行⇒排斥 ・被害者が謝っていた⇒排斥
38	H22.2.19 横浜 傷害致死	6年	不明	・心神耗弱か否か⇒完全責任能力 ・自首の成立⇒排斥

量刑事情	量刑傾向	特徴など
・顔面を右足で1回蹴る暴行。 ・結果重大。 ・犯行当時Vが頭を下げて無防備な状態、地面が硬いタイル張り⇒犯行は十分に危険かつ悪質。 ・些細なことに腹を立て身勝手に犯行に及ぶ。 ・被告人なりに反省。父が100万円支払。		Vは見ず知らず。
・動機身勝手で短絡的だが、恨みや悪意に基づいて暴行を加えたという事案に比べれば、動機が悪質とまでは言い難い。 ・検察官は、被告人が暴力的な性格の持ち主であるとして、より重い刑を科すべきであると主張している。(中略)性格面に着目して被告人をより重く処罰すべきとの検察官の意見には賛同できない。	本件の犯行態様の悪質さに照らすと、犯行態様に関してみれば、本件は、参考事例のなかでも相当悪質な部類に属すると考えられる。	Vは友人。
・酔いと怒りに任せて一方的かつ執ように激しい暴行。日頃から繰り返し他人に暴行を加えてきた挙げ句にいわば常習として本件犯行に及んだ。 ・弁護人は、誰かが適切に救命措置をとっていればVの命が助かった可能性があるとして、刑を軽くする事情として考慮すべきと主張⇒A自身何らの救命措置も取らず⇒刑を軽くすべき事情として考慮できない。 ・弁護人は、Vに落ち度があるかのように主張⇒当を得ない。 ・同種前科含む累犯前科3犯。 ・不幸な生い立ち⇒刑を軽くすべきであるとまでは考えられない。 ・反省。 ・若年、やり直す意欲。	傷害致死の社会的類型の中でもかなり重い部類。	・Vは通りがかり。 ・累犯前科あり。
・元夫の髪の毛をつかんで頭部を床に打ち付け、腰背部をや頭部を足で蹴る⇒死亡。 ・結果重大。 ・検察官の述べるほどに犯行態様が悪質であるとは評価できない、他方夫婦喧嘩としては度が過ぎる。 ・執行猶予中。罪種が異なることは結論を左右しない。 ・酔余の犯行(有利)。被告人に責任能力が認められるとはいえ、飲酒の影響によって暴行がエスカレートしてしまったことは否定できない。この点は、被告人が、全く飲酒していない状態で、同様の暴行を加えた場合と比較すれば、自制力が飲酒の影響によって多少弱まっていたと考えられ、その刑責を軽くみる事情と考えた。		Vは元夫。

No	判決日 裁判所 認定罪名	判決	求刑 V意見 弁意見	争点と認定
39	H22.3.18 横浜小田原 傷害致死	6年	7年 4年	
40	H22.3.19 大阪 傷害致死	6年	8年	・暴行態様⇒詳細に認定できないものの、暴行は総じて激しいものであり、一方的で執よう ・因果関係⇒認定
41	H22.5.18 横浜 傷害致死	6年	8年 できるだけ寛大な刑	暴行の回数⇒数十回

量刑事情	量刑傾向	特徴など
・雇用主に対し同僚であった共犯者2名とともに5日間前後7回にわたって断続的に激しい暴行⇒死亡。 ・態様は残虐で悪質。長時間、3人がかりで全身に暴行。凶器を使用したものも多い。 ・遺族が厳重処罰求める。 ・Vが営業活動しない⇒しかし、本件のような激しい暴力が正当化される余地は全くない。立場の弱いVに対して暴力を向けることでストレスのはけ口にしていた面。 ・共犯者Cに全ての責任を押しつけ、口裏合わせ、Bとともに各種の証拠隠滅工作、犯罪歴（猶予中）や生活状況⇒遵法意識を欠く。 ・他の共犯者に比べればAの暴行は相対的に軽い、心理的にもBに追従⇒共犯者間の責任の軽重という観点では、一定程度考慮。 ・犯行後現在までの実際の言動等に照らすと、犯した罪の重さに正面から向き合って、反省の念を深めているとまではうかがえない。		・共犯事件。 ・Vは雇用主。
・V全身に50か所以上の傷害。また、一方的で相当しつこい。 ・被害者を放置したまま外出。 ・被告人が被害者の頭部等に対して意図的に直接強い暴行を加えた結果被害者が死亡した場合と被告人の責任を同視することはできない。 ・反省の気持ちを深めているとまでは考えにくい。 ・偶発的な犯行。 ・前科なく、Vの健康を気遣いながらVとともに相応の社会生活。 ・娘が監督、娘が100万円支払った。		Vは内夫。
・犯行態様は危険、執ようかつ悪質。 ・結果重大。 ・弁護人は、本件は行き過ぎた親子げんかであると主張するが、被告人・被害者間の前記体格差等に鑑みれば、そのように評価することは相当ではない。 ・覚せい剤で4回服役、出所したばかり。本件が前科とは異種であることをふまえても、軽視することはできない。	「本件のような傷害致死（単独犯）の事例に関する量刑の傾向なども考え合わせると」	・Vは実母。 ・累犯前科あり。

No	判決日 裁判所 認定罪名	判決	求刑 V意見 弁意見	争点と認定
42	H22.6.23 山口 傷害致死	6年	8年	
43	H22.6.23 千葉 傷害致死	6年	8年	心神耗弱か否か⇒完全責任能力

量刑事情	量刑傾向	特徴など
・暴行行為は生命に関わりかねない極めて危険なもの。 ・暴行後、Vの状況を気遣い思いやる態度を全く見せておらず、社会人としてのモラルに欠け、自分のした行動に対して無責任。 ・結果重大。 ・Vから目が見えないことをからかわれたと思って犯行に及んだ。暴行が長時間に及び次第にエスカレートしたのは、Aが目が見えず、Vも痛いなどの声を上げなかったことやVの怪我の様子が分からなかったことが影響していると考えられる。障害者同士の不幸な行き違いの面もある。反省の態度、再犯の可能性ない、更生の意欲ある。	相当の期間実刑に処すのが相当であるが、検察官の主張する懲役8年は少し重い。	・Aは目が見えない。 ・Vは知的障害と統合失調症。 ・1対1。
・結果重大。 ・態様が執よう、残酷。 ・動機は自己中心的で身勝手。その犯行動機には、被告人の自己愛性人格障害も影響しているとみられるところ、その生育環境も少なからず被告人の人格形成には影響していると思われることからすると、全ての責任を被告人一人に負わせることには躊躇を覚えるとしても、その主要部分は、被告人に帰責されるべきもの。 ・Vは弱者であり本来守られるべき存在。そのような者に対して感情の赴くままに暴力を加えた点を強く非難すべき。 ・日常的な祖母に対する家庭内暴力の一環としての虐待行為。 ・自首は、量刑上大きく考慮するほどではない。 ・心からの反省は伝わってこない。 ・Vの夫（祖母）や娘（母）が宥恕し、支えていく意思。だが、被告人を甘やかしてしまうのは更生を阻害するとも考えられるので、この点を重視すべきではない。 ・前科なし、父や祖父の看病、大検受けて大学入学⇒大きく酌むべきとは認められない。そのような態度の背景に自己愛性人格障害があり、被告人はその点自覚すべき。	単独犯で、親や親族等に対する傷害致死の犯罪類型に対する過去の裁判例（被害者に落ち度がないもの。累犯、同種前科のあるものを除く。）で示された量刑幅を参考にするのが相当である。	・Vは同居の祖母。 ・1対1。

No	判決日 裁判所 認定罪名	判決	求刑 V意見 弁意見	争点と認定
44	H22.7.1 東京 傷害致死	6年	8年 10年 4年	
45	H22.7.1 宇都宮 傷害致死	6年	7年	
46	H22.9.30 那覇 傷害致死	6年	10年	

量刑事情	量刑傾向	特徴など
・相当強い力で被害者を突き飛ばした⇒危険性が高い行為。 ・転倒した被害者に対し、さらに顔面、腹部を何度も蹴りつける⇒執ようで激しく、態様は悪い。 ・被害者にもきっかけを作ったという点で非があるが、このような激しい暴行を加えることは許されず、行動は短絡的。 ・被害者の肉体的、精神的苦痛も大きい。 ・被告人が人の命を失わせたことの重大さを十分に受け止めているとは認められない。 ・被害者参加人が厳しい処罰を求めている。 ・傷害・暴行の前科多数。粗暴な傾向。再犯のおそれあり。 ・反省あり。		
・内妻であるVの腹部や頭部を少なくとも7、8回蹴る⇒執ようかつ粗暴。Vが血が止まりにくい体質であることを知っていた⇒危険。 ・結果重大。Vの長女厳しい処罰感情。 ・知人女性が119番するまで13時間放置。 ・動機・経緯は短絡的。 ・Vは肝硬変で出血しやすい状態。しかし、Aはそのことを知って暴行。過度に評価できない。 ・偶発的犯行。 ・被告人なりに反省、再犯のおそれはさほど高くはない、飲酒を慎めるか疑問、適切な監督者なく更生の環境は未だ整っているとはいえない。		・Vは内妻。 ・1対1。
・包丁で腹部を1回突き刺した⇒人の死に直結する可能性の高い極めて危険なもの。態様は非常に悪質。ただし、腹部を狙って突き刺したと断定することはできない。 ・遺族の厳しい処罰感情は当然。 ・被告人を挑発した被害者に全く落ち度がなかったとはいえないが、被害者の発言が本気でないことは分かっていたはずであり、短絡的かつ軽率。飲酒に絡む前科複数。飲酒を厳に慎むべき立場。経緯・動機に同情するべき点は乏しい。 ・再犯可能性は否定できないが、高いとまではいえない。 ・飲酒の際の口論の末の偶発的犯行。一定程度酌むべき余地。 ・自首⇒有利に考慮。 ・被害者の救護に向けた真摯な行動⇒有利に酌むべき事情。深い反省の態度。 ・実刑前科がないことは特に考慮すべき事情とは考えない。	近似の量刑傾向も参考にすると、検察官の求刑である懲役10年の刑期は重い。	

No	判決日 裁判所 認定罪名	判決	求刑 V意見 弁意見	争点と認定
47	H22.10.28 那覇 傷害致死	6年	7年 	
48	H23.2.10 横浜 傷害致死	6年	7年 3年・執行猶予4年	

量刑事情	量刑傾向	特徴など
・内妻の子ども（生後3か月）に頭突きし、足首をつかんで放り投げ、頭部を布団に打ち付けるなどの暴行⇒頭蓋内損傷⇒死亡。 ・身勝手な動機。同情すべき点が乏しい。 ・まさに虐待ともいうべき悪質な犯行。被害児の異常に気付きながら隠そうとしていた⇒犯行後の行動も非難に値する。 ・結果重大。内妻の悲しみが深いのも理解できる。 ・乳児に対する虐待の事案として、社会に与えた影響も少なくなく、量刑上、一定程度は考慮せざるを得ない。 ・弁護人の主張する経済的な問題は、多かれ少なかれ一般的に存在する事情⇒大きく考慮することはできない。暴力体験は、本件犯行に影響を与えていたかは定かでなく、特に同情すべき事情とは言い難い。 ・なるべく自らの暴行の結果が公にならないような行動も取っており、蘇生処置等は、有利に考慮できない。 ・反省と後悔の態度、償いの意思あり⇒被告人の更生を期待できる事情。 ・22歳と若く、前科なし。母親も見守りを誓う⇒将来的に更生する余地は十分ある。	近似の量刑傾向も参考にすると、検察官の求刑である懲役7年の刑期は少し重い。	児童虐待事例。
・罪質や結果重大。 ・犯行態様は、なされるがままの状態にあった弱者に対する容赦のないもの。 ・犯行後、父親が苦痛を訴えていたのに格別の措置を講じなかった。犯行後の対応も責められなければならない。 ・父親は、酒癖に問題があり、家庭内で孤立していたものの、勤務先を定年退職するまでまじめに働き、被告人を含む家族を養ってきたものである。苦痛や無念さは察するに余りある。 ・真摯な反省の姿勢をうかがうことはできない。 ・計画性なし、自首、それなりの後悔と反省、遺族が社会内処遇を希望、犯罪歴なし、3か月の身柄拘束。		Vは父。

No	判決日 裁判所 認定罪名	判決	求刑 V意見 弁意見	争点と認定
49	H21.10.9 名古屋 傷害致死	5年6月	8年 	
50	H22.6.1 東京 傷害致死	5年6月	8年 3年・執行猶予	
51	H23.5.24 千葉 傷害致死	5年6月	8年 	
52	H21.12.14 横浜 傷害致死	5年	7年 	

量刑事情	量刑傾向	特徴など
・犯行態様は、抵抗のないVに多数回殴る蹴る。 ・Vに本件を誘発したという側面があることは否めないものの、これをもってVに対して一方的に暴行を続けたことが正当化されるものではない。 ・結果重大。 ・少年院2回、覚せい剤で執行猶予中。 ・反省。 ・最近は落ち着いた生活。母親が監督、雇用主も再雇用と監督。367万弁償、多数の嘆願書。		・Vは見ず知らず。 ・執行猶予中。
・頭を、脳が回転するような強さで殴った上、胸を踏みつけるなど、10回程度以上暴行⇒死亡。 ・一方的、危険で執ような暴行。 ・結果重大。 ・退職金から1500万円弁償。 ・公判ではVに対する腹立ちを否定し、本件の原因について正面から向き合おうとする姿勢が十分ではなく、そのことが遺族の被害感情を厳しくさせていることを真摯に受け止めるべき。 ・Vにも原因の一端。しかし暴力を加える理由にはならない⇒それほど大きくは考慮しなかった。		・1対1。 ・Vは仕事関係者。 ・被害弁償。 ・Vに原因の一端。
・いじめを背景として一方的に執ような暴行⇒卑劣。 ・態様は、危険性が高く極めて悪質。 ・主犯であるAに取り入ることで自分の利益になるなどの考えもあって、Aに付き従い、Vに対する激しい暴行を容認⇒責任は重い。		・Vは職場の同僚。 ・共犯事件。
・犯行態様は危険かつ執よう。 ・生育歴⇒刑事責任を大きく軽減する事情とまではいえない。 ・真面目に稼働し、両親の生活を支えた。 ・反省深める。 ・再犯可能性は低い。		Vは実父。

No	判決日 裁判所 認定罪名	判決	求刑 V意見 弁意見	争点と認定
53	H22.2.3 仙台 傷害致死	5年	6年 執行猶予	
54	H22.2.25 宇都宮 傷害致死	5年	6年 執行猶予	

量刑事情	量刑傾向	特徴など
・無抵抗のVに一方的に強烈な暴行。生命に対する危険性が高い。 ・結果重大。	・本件のように、凶器を用いずに、配偶者に対し、一時の興奮から、暴行を加えて死亡させた事案では、これまでの量刑は特別の事例を除いておおよそ懲役3年ないし懲役6年の範囲に分布しており、このうち懲役3年とされたものについては執行猶予が付されているものと実刑のものがある。裁判所は、本件でもこのような範囲内において、被告人の刑を定めるのが相当と考えた。 ・この種の事案の中でも比較的重い事案。	Vは妻。
・電気の消灯をめぐって口論となり、父親の顔面を殴ったり床に投げ倒したりした結果、父親が頭部をタンスにぶつけて死亡。 ・結果重大。 ・遺族である被告人の母は被告人に対して厳しい処罰感情を抱いていないが、遺族はそれぞれに被害者を失った悲しみを抱えて複雑な心境にあり、本件の結果の重大性を考えると、処罰感情が厳しくないことを過度に重視することはできない。 ・5年ほど前から家庭内暴力。起るべくして起こった事件。経緯についても酌むべき点は乏しい。 ・反省の内容具体的でない、監督者の監督能力疑問、カウンセリングで改善されるか疑問、有利な事情とは言い難い。 ・弁護人は、被告人が犯行後に母親に対して救急車を呼ぶように頼んだことが被告人に有利な事情であると主張しているが、犯行後父親のそばについていたわけでもなく、十分な救護活動をしたとは言い難く、この点を被告人に有利に考えることはできない。 ・前科前歴なし。		Vは実父。

No	判決日 裁判所 認定罪名	判決	求刑 V意見 弁意見	争点と認定
55	H22.2.26 鹿児島 傷害致死	5年	7年 	
56	H22.7.1 横浜 傷害致死	5年	7年 3年（執行猶予も十分に考慮）	

量刑事情	量刑傾向	特徴など
・結果重大、日頃のいじめの延長として卑劣で危険な暴行、同種前科複数、反省の態度うかがわれず。 ・計画的でない、凶器を用いていない、検察官が主張する腹腔内出血生じさせた暴行は認められない、Vの脇腹を一方的に約7回強い力で殴る⇒非常に危険で悪質な暴行。 ・しばしば行われていたVに対する暴行の延長線上の犯行。全くの偶然の犯行とする弁護人の意見には賛成できない。犯情悪い。 ・Vがたびたび売上を使い込む⇒Aに有利に酌むべきではないとの異論も出たが、Vの勤務上の問題に悩んできたAが、Vの発言をきっかけに激怒したという経過そのものには酌むべき点があると判断した。 ・思いつく限りの救命措置を行っている上、救急車に同乗して病院まで行っている点や、Aが罪を認めて反省の態度を示している点は、Aに有利な事情として一定程度評価できると判断した。 ・検察官は、Aが逮捕当初否認していたことや、公判において証拠と矛盾する説明をしているとして、心から反省しているとはいえないとも主張しているが、関係証拠を精査してもAの供述が証拠と格別矛盾しているというわけではなく、逮捕当初の供述をもって現在の被告人に反省の意思がないというのも相当でない。 ・前科前歴なし、150万円被害弁償。		・VはAが店長を務める風俗店の従業員。 ・150万円被害弁償。
・認知症に罹患した同居の実父の顔面等を手拳で多数回殴り、左脇腹等を足で多数回蹴る⇒死亡。 ・結果重大。 ・態様は、執ようかつ危険。 ・犯行動機は自分本位で身勝手。 ・Aが父に対し繰り返し暴力をふるっていたことや、顔面に落書きをしていたことなどを考慮すると、本件が偶発的な犯行だとはいえない面があり、Aには粗暴さの他、その裏には幼稚さが見て取れる。 ・Vの遺族でもあるAの母が宥恕。 ・本件が、傷害致死罪として最も軽い部類に属する事案であるとは到底いえず、実刑は免れない。	これまでの同種の傷害致死事案を見ると、概ね4年から6年までの刑が言い渡されているところ	・Vは実父。 ・1対1。

No	判決日 裁判所 認定罪名	判決	求刑 V意見 弁意見	争点と認定
57	H23.4.22 宇都宮 傷害致死	5年	8年 執行猶予・保護観察付	
58	H23.9.8 福岡 傷害致死	5年	7年 5年	
59	H22.3.11 東京 傷害致死	4年6月	7年	
60	H22.5.27 千葉 傷害致死	4年6月	7年 3年・執行猶予4年	

量刑事情	量刑傾向	特徴など
・結果重大。 ・動機身勝手、犯行の動機に酌むべきところはない。 ・執ように激しい暴行。 ・傷害罪や暴行罪による罰金前科あり。粗暴な行為を行う傾向。矯正には相当の時間を要する。 ・自首、反省、現在では被害者である父親の思いを理解し、父親のためにも固く更生を決意。		・Vは父。 ・1対1。
・実母を殴打し、足で踏むなどの暴行⇒死亡。 ・日常的に暴力、他方、うつ病で精神的にも追い詰められた状況下で適切に対処できず本件犯行に及んだ側面は否定できない。		Vは実母。
・一方的で危険性の高い暴行。 ・救助の措置を取らずに約2日間放置。 ・Vに暴行を加えられるような落ち度はない。 ・Vが酒を飲んでは妻らに暴言を吐いたり暴行を加えていたことがある。犯行動機に同情の余地がないとまではいえない。 ・憤激に基づく犯行。Vに対して怪我を負わせようという積極的な強い意図があったわけでもない。 ・雇用し更生に協力する旨申し出る知人。 ・反省の気持ちがあり更生の意欲が強いことは十分に認められる。		Vは実父。
・認知症の母親の頭部を平手で数回殴る⇒死亡。 ・結果重大。 ・平手による殴打にとどまるとはいえ、5、6回にわたって一方的⇒態様悪質。 ・日常的な暴行とまでは言い難いが、過去の暴行行為を認めることができる。 ・5年間介護。被告人が置かれていた状況には同情できる面がある。しかし、単身介護を余儀なくされたとは言い難く、本件当時の状況を招いた責任の一端は被告人にもある⇒量刑上有利に考慮するにしても限界がある。 ・Vの異変に気づいた後も病院へ連れて行くことを拒む⇒犯行後の情状は良くない。 ・実兄が実刑望む⇒介護にほとんど関与していない⇒量刑上重く見ることは相当でない。	1件の傷害致死罪で、凶器が用いられず、被害者と被告人とが家族等の関係にある事件のうち、認知症・介護等を背景とした親に対する者の量刑例を参考として。	Vは認知症の母。

No	判決日 裁判所 認定罪名	判決	求刑 V意見 弁意見	争点と認定
61	H23.2.18 新潟 傷害致死	4年6月	6年 執行猶予	
62	H23.5.18 岡山 傷害致死	4年6月	7年 3年・執行猶予4年	

量刑事情	量刑傾向	特徴など
・他の共犯者の役割には及ばないが、Aが担った行為自体を軽くみることはできない。 ・本件犯行以前より、共犯者から暴力を振るわれるなどした結果、強度の恐怖を植え付けられて服従を強いられていたため、犯行に加担しないことは主観においてかなりの困難⇒相当程度被告人のために考慮すべき。 ・反省、前科前歴なし、父親が出廷。 ・共犯者は、懲役10年、懲役6年6月。	傷害致死の共犯事犯における量刑傾向も参照した上、検討すると（中略）執行猶予を付するのが相当な程度よりも重いというべき。	共犯事件。
・態様悪質。被告人の加えた暴行が極めて危険であったことは明らか。 ・被害者の無念は察するに余りある。遺族の厳しい処罰感情は当然。 ・被害者から絡まれたことに立腹した経緯には同情できる面があり、被害者に落ち度がある。しかし被害者は酔った勢いなので、回避することは容易。「売られたけんかは買ってやる」というのは余りに短絡的。被告人にも責められるべき点は多々ある。被害者から挑発する言葉を掛けられたり腹を蹴られたりしているとき、既に被害者に暴行を加えることを決意していたことや、被害者の暴行が強度なものではなかったことからすれば、同情できる余地は大きくない⇒有利な事情として評価するには、一定の限度があるというべき。 ・救護措置は、加害者として当然のこと⇒軽くする事情として評価することまではできない。 ・証拠隠滅を図る⇒重く評価すべき事情。 ・2回少年院、犯行前に大麻⇒犯罪傾向が進んでいる。このことは、被告人に不利な事情。 ・強い後悔の念を抱き、深く反省。 ・母と内妻。更生意欲を支えるものとして重要だが、監督の実効性には不安。		

No	判決日 裁判所 認定罪名	判決	求刑 V意見 弁意見	争点と認定
63	H23.3.25 旭川 傷害致死	4年	6年 	
64	H23.7.1 横浜小田原 傷害致死	3年6月	7年 執行猶予	
65	H22.2.12 前橋 傷害致死	3年	不明 	

量刑事情	量刑傾向	特徴など
・弁護人は、老老介護の問題が重要なポイントであると指摘するが、本件において、介護によるストレスが直ちに犯行に結びついたものとは認められず、被告人の暴力を正当化する理由は特に見当たらない。 ・被害者と被告人の息子らが被告人を許していることは、過度に重視することはできない。 ・安易に執行猶予を付するのは社会の常識に照らしても相当とは考えられないし、被告人にも一定のけじめを付けさせるべき。 ・反省、息子が許す、被害者の実家の親族も寛大な処分を望む、これまで真面目に生活し、躁うつ病や認知症を病む被害者の面倒をみてきた。 ・被告人の年齢に照らし、社会復帰後の被告人の生活も考えれば、余り長期の服役は相当でない。		
・結果重大、被害者の息子2名が実刑望むのも当然。 ・致命傷となった暴行（後頭部や顔面を殴打、後頭部を床にたたきつける）は激しく危険性高い。 ・衰弱するVに一方的に暴行しており、卑劣。 ・2週間にわたり断続的に暴行。偶発的でない⇒犯行態様は極めて悪質。 ・犯行動機が独善的短絡的で酌むべき点なし。 ・後悔し、謝罪の弁。 ・動機は、単に身勝手であるとばかりはいえない。 ・前科前歴なし、再犯のおそれ高くない、叔母が身元引き受け、勤務先の店長が再雇用を検討。		Vは実弟。
・犯行態様は執ようかつ危険で極めて悪質、結果重大。 ・犯行動機は、深夜帰宅しチャイムを鳴らしたがVが起きてこなかったこと⇒自己中心的。Vの統合失調症で苦労してきたことを考慮しても、動機経緯に同情することはできない。 ・実子は寛大な処分求める、Vの実父と兄は厳罰求める。 ・自首はそれほど有利に考慮できない。 ・Vの痛みや無念さを十分に考えた上での反省かどうか疑問。 ・被告人の余命、長くて2年⇒余命や健康状態で刑の重さを大きく変えることは公平といえない。介護を必要とする母がいることも同様。		Vは妻。

No	判決日 裁判所 認定罪名	判決	求刑 V意見 弁意見	争点と認定
66	H22.10.22 広島 傷害致死	3年	5年	
67	H23.6.16 山形 傷害致死	3年	5年	
68	H21.12.3 松山 傷害致死	2年6月	5年	

量刑事情	量刑傾向	特徴など
・平手で1回殴って転倒させ、コンクリート床面に頭部を打ち付けた事案。結果はあまりに重大。遺族が厳重な処罰を望む。 ・被害者には殴られなければならないような落ち度があったとは到底いえず、本件は理不尽な犯行。 ・利き手とは逆の左平手で被害者を1回殴っただけであり、被害者の顔や口の周辺、口内に外傷があったことを示す証拠も見当たらないことからすると、暴行それ自体で被害者にけがを負わせるほどであったとはいえず、被告人にとって被害者が死亡するという結果が予想外であったことはもちろん、けがを負わせようと意図があったとも認められない。 ・被告人の人命軽視の姿勢に裏打ちされた犯行という検察官の主張には賛同できない。 ・反省。 ・前科前歴なく、粗暴な傾向もない。 ・いとこが同居して支えると誓っている。		・1対1。 ・暴行1回。
・結果重大。 ・暴行態様は危険で悪質（殴って踏みつける）。 ・被害者の言動に怒ったという心情は理解できる。酒の上での突発的な犯行、計画的な犯行に比べると酌むべき点ある。 ・深い反省の上、遺族が寛大な処分望む。友人らから嘆願書、養育すべき子がある。前科前歴がない。		Vは実父。
・結果重大。 ・Vに腕を捕まれるまでして飲酒運転を制止されたにもかかわらず、なおも運転に及ぼうとして手を振り回す。その後も車を運転して駐車場から出ようとした⇒重く評価せざるを得ない。 ・暴行は執ようなものではないが、違法行為を止めようとしたVに対する暴行⇒刑を重くする要素。 ・再犯のおそれ低い。 ・後悔、反省。 ・200万円支払。		Vとの関係不明。

No	判決日 裁判所 認定罪名	判決	求刑 V意見 弁意見	争点と認定
69	H22.9.17 福岡 傷害致死	3年・執行猶予5年・保護観察付	6年	
70	H23.1.21 水戸 傷害致死	3年・執行猶予5年・保護観察付	3年以上5年以下 執行猶予	
71	H23.4.27 大阪 傷害致死	3年・執行猶予5年・保護観察付	6年	

量刑事情	量刑傾向	特徴など
・結果重大。 ・多量のインスリン注射。犯行態様は極めて危険。 ・責任能力の低下の程度は重い。 ・被害者の暴力が本件犯行を誘発。被告人のアルコール依存症の主な原因は被害者の暴力にあった上、家族の対応が不適切だったことに照らすと、被告人がアルコール依存症だったことを強く責めることはできない。 ・被害者の遺族である被告人の子が宥恕。 ・罰金前科を除いて前科なく、犯罪傾向はない。 ・被告人の更生に向けた環境調整も一応行われていると認められる。		複雑酩酊による心神耗弱は争いなし。
・結果重大。 ・暴行は、さほど強烈なものであったとは考えられない。素手によるいわゆるけんかの範疇、取り立てて被害者の生命に直接的な危険を及ぼすおそれが大きいものとはいえない。現に、致命傷となった右側頭部の打撲傷も、殴打行為自体から生じたものではなく、後方に転倒してアスファルト舗装された路面に頭を打ち付けたことによる。他方、倒れた被害者の頭部を複数回蹴り付けており、この暴行は危険であって相当に悪質。 ・被告人が立腹したことは理解できないでもない。被害者にも相当程度の落ち度が認められる。 ・少年であるが故の未熟さ。 ・死亡する前の被害者に謝罪し、被害者を介抱。遺族に謝罪文。 ・100万円を支払。被害者の母の被害感情もそれなりに緩和。 ・母が更生に協力。		・少年。 ・外国人。 ・Vに相当の落ち度。 ・100万円を支払。
・中等度以上の重症度である妄想型統合失調症による心神耗弱（争いなし）。 ・結果は非常に重大。 ・動機には統合失調症による妄想の影響が非常に大きい。 ・態様は執ようだが、統合失調症の症状が強く影響しており、厳しく非難することが相当とはいえない。 ・本来の人格とは相当程度異質。 ・十分な治療を受けていたとはいえず、統合失調症の重篤化について被告人のみにその責任を負わせることが必ずしも適当でない。 ・心神耗弱者の中でも強い非難を加えることが困難な事案というべき。 ・自首。 ・前科なし。 ・治療の必要性。 ・母親・伯父が支援を表明。 ・反省。		統合失調症による心神耗弱。

No	判決日 裁判所 認定罪名	判決	求刑 V意見 弁意見	争点と認定
72	H21.12.9 鹿児島 傷害致死	3年・執行猶予5年	4年	
73	H21.12.10 京都 傷害致死	3年・執行猶予5年	5年	
74	H22.6.18 長野松本 傷害致死	3年・執行猶予5年	6年	
75	H22.7.20 千葉 傷害致死	3年・執行猶予5年	5年	

量刑事情	量刑傾向	特徴など
・妻の顔を1回ずつ殴ったり蹴ったり⇒くも膜下出血等。 ・結果の重大性と暴行の危険性を直ちに結びつけることには疑問がある。 ・Vが重大な状態にあったことを的確に認識できたとはいえず、Vの状態を故意に悪化させようといういとまでは認められない。「放置した」としてことさら悪い情状と評価することはできない。 ・前科等もなく非常に真面目な家庭生活。 ・悔悟の念や反省の態度。 ・弟や二女が支えていく旨述べる。		Vは妻。
・偶発的。 ・犯行態様はげんこつで1回限りの殴打⇒危険性が高いとまではいえない。 ・一定の慰謝の措置。遺族の処罰感情も厳しいものではない。		Vは職場の先輩。
・同級会における被害者の言動に腹を立て、被害者の左頚部をげん骨で1回殴打⇒死亡。 ・頚部という人体の枢要部分に対し強烈な攻撃を加えている以上、暴行の態様は危険なもの。 ・たとえVの挑発があったとしても、Aの行為は軽率。 ・結果重大。遺族が相応の処罰を求める。 ・Vの挑発とも取り得る言動⇒この経緯をなんら考慮しないのは酷であり、若干ではあるが考慮すべきである。 ・真摯な反省⇒重視すべき。 ・5152万円で和解成立。 ・再犯可能性は相当に低い。	類似事案のこれまでの量刑傾向をふまえると、検察官の求める懲役6年の刑は重く、刑の執行猶予も視野に入れ、法定刑の下限前後の刑とするのが相当である。	・1対1。 ・暴行1回。 ・Vが挑発。 ・和解成立。
・Vの左顔面を1回強く殴打する暴行⇒死亡。 ・結果の重大性⇒執行猶予は例外的な場合に限るべき。 ・右手で左顔面を1回殴打⇒客観的に危険な行為ではある。 ・他方、V転倒していない⇒転倒させるほどの強度ではなかった。2日間、普通に日常生活⇒Vの年齢や持病、体質等、特に内出血を起こしやすい体質が頭蓋内での内出血を引き起こした可能性は否定できない。 ・日常的な家庭内暴力の一環とはいえない。 ・Vの行動が夫婦げんかの原因⇒動機が短絡的であることやVに落ち度がないことを重視すべきであるとはいえない。 ・養子（Vの実子）らが減刑嘆願。Aが父親としての役割を十分に果たしてきたことが窺われ、相応の評価はすべき。監督も期待できる。	検察官の求刑や弁護人の科刑意見には具体的な根拠が示されておらず、これらに依拠して量刑を考えることができず、本件事案と同種の犯罪類型（単独犯で、配偶者に対する凶器等を用いない傷害致死事案）に対する過去の裁判例（被害者に落ち度があるもの及び累犯・同種前科のあるものを除く。）で示された量刑を参考にすることとした。	・Vは妻。 ・1対1。 ・暴行1回。 ・Vに落ち度？ ・遺族宥恕。

No	判決日 裁判所 認定罪名	判決	求刑 V意見 弁意見	争点と認定
76	H22.2.10 広島 傷害致死	3年・執行猶予4年	5年 3年・執行猶予3年	
77	H22.12.20 東京 暴行	罰金15万円	5年 罰金	死亡との因果関係⇒排斥

量刑事情	量刑傾向	特徴など
・右胸部を足裏で1回蹴りつける暴行。 ・統合失調症等を患っていた被害者を長年愛情をもって介護してきたことにより、疲れ、精神的に不安定⇒短絡的であるからといって被告人を厳しく非難するのは酷。 ・暴行がとても乱暴で危険であるとはいえない。 ・被告人の暴行後、被害者自身の体の動作などによって、その折れた肋骨が肺に刺さり、直接の死因となった気胸が生じたなどの可能性も否定できない。したがって、被害者を死亡させた責任をすべて被告人に負わせるのは適当ではない。 ・本件が、被告人の日常的な暴力の延長線上の事件であるとはいえない。 ・長年の介護で疲れがたまっていて精神的に不安定。 ・遺族が処罰を望んでいない。 ・反省。 ・普通の社会人として真面目に生活。近隣の人々も嘆願書。	弁護人が弁論で示した量刑データと同様の量刑因子（傷害致死、単独犯、動機がけんか又は家族関係、凶器なし、被告人から見た被害者の立場が配偶者等）を入力して導き出した過去の裁判例の量刑データを参考にした。	Vは妻。
暴行に至る経緯や暴行の程度、被告人に前科前歴がないことにかんがみれば、被告人に対しては、罰金刑に処するのが相当である。そして、被告人がこれまでに9ヶ月間にわたり未決勾留されていたという事情も考慮すると、社会的制裁としてはもはやこれで十二分というべきであり、未決勾留日数を罰金刑に満つるまで算入してその刑の執行を終える。		・死亡との因果関係否定し、罰金刑。 ・保釈請求するも不許可。

4　強盗致傷

(1)　量刑事情についての事実認定

a　反省状況

○大阪地裁平成22年７月２日（NO114、強盗致傷）

十分な反省が認められないと認定された事案（懲役６年／求刑不明）

「被告人は、当公判廷で本件犯行の中核部分について記憶にない旨供述する一方で、自己の刑責に直接関係しないその直近の出来事については記憶がある旨供述しているところ、このような不自然で特異な説明状況に鑑みれば、被告人は自己保身のためにそうした供述を行っていると見るのが相当であって、被告人が被害者に迷惑をかけて悪かったと述べていることを踏まえても、被告人が本件につき十分反省していると見ることはできない。」

(2)　量刑の基準（量刑の考え方）

a　量刑傾向について

○東京地裁平成22年11月26日（NO85、強盗傷人）

強盗傷人事件の量刑判断にあたって強盗致傷の量刑傾向をそのまま基礎にはできないとされた事案（懲役７年／求刑８年）

（注）最高裁量刑検索システムでは、検索条件上は強盗傷人と強盗致傷を区別できない。

「これらの諸事情を踏まえ、同種事案のこれまでの量刑傾向も参考に判断すれば（なお、弁護人が弁論で示した量刑傾向は、強盗傷人と強盗致傷の双方を含むものであるから、これをそのまま同種事案の量刑傾向として判断の基礎とすることは相当ではない。)、本件は、酌量減軽をすべき事案であるとまでは言えないが、法定刑の範囲内で殊更に長期の刑を科すべき事案とも言い得ず、結論において、主文記載の刑を科するのが相当であるとの結論に至った。」

○千葉地裁平成22年12月７日（NO７、強盗致傷等）

犯行態様の悪質性から従前の量刑傾向よりも重く処罰すべきとされた事案（A：懲役13年／求刑16年、B：懲役10年／求刑13年、C：懲役６年／求刑９年）

「判示第１の犯行（注：強盗致傷）は、同程度の傷害の結果及び財産的被害（注：本件では傷害は全治約２週間、被害は約200万円）が生じた強盗致傷の事案と比較して、犯行態様が悪質な事案であり、経緯・動機からも強く非難されるべき事案であるといえる。

そこで、同程度の傷害の結果及び財産的被害が生じた強盗致傷の従前の量刑傾向より重く処罰することとし、各被告人の役割その他の事情も考慮して、」

○福岡地裁平成23年７月29日（NO157、強盗致傷）

従前の量刑傾向から酌量減軽をした事案（懲役５年／求刑６年）

「本件について、単独犯であること、事後強盗であること、凶器を用いてないこと、傷害の程度が２週間以内であること、被害額が１万円以内であること、被告人に前科があることなどに着目して従前の量刑の傾向をみると、相当期間の実刑とした判決が多数存在しているが、その多くは酌量減軽して刑を量定しているところである。（中略）本件犯行は同種事案の中でも重い部類に属し、被告人の刑事責任は相当重いというべきであり、被告人に対しては相当期間の懲役刑をもって臨む必要がある。（中略）被告人が窃盗を思い立ったのは、犯行直前であり、計画的な犯行とまではいえない。（中略）被害品は（中略）被害者に返還されて、実質的な財産的被害は生じていないことがうかがわれる。（中略）被告人なりに反省の態度を示していることなどの事情も認められる。（中略）そこで、これら諸般の事情を総合考慮し、被告人に対して酌量減軽の上、主文の刑を科すのが相当であると判断した。」

(3) 量刑事情の範囲

a 財産的被害が生じなかったこと

○福岡地裁小倉支部平成22年９月30日（NO80、強盗致傷）

財産的被害が生じなかったことが有利に考慮できないとされた事案（A・Bともに懲役７年／A・Bともに求刑８年）

「本件犯行の結果、被害者は、手指や鎖骨、鼻骨を骨折するなどし、82日間入院し、その後約９カ月に渡って通院した。さらに、被害者は、手と肩に後遺症が残り、その結果、清掃の仕事をすることができなくなり、生活保護を受給しての生活を強いられている。また、本件犯行により、被害者は大きな恐怖感、屈辱感を感じた。

このように、被害者が本件犯行によって被った身体的・精神的被害は大きく、結果は重大である。弁護人らは財産的損害が発生していない点を被告人に有利に考慮すべきと主張するが、たまたま金庫がなかったために、財産的損害が発生しなかったのであり、本件犯行の悪質性は変わらず、この点を特に被告人らに有利に考慮することはできない。」

b 計画性がないこと

○宮崎地裁平成22年11月12日（NO46、強盗致傷等）

計画性がないことを有利な事情とみるのは相当でないとされた事案（懲役８年／求刑10年）

「ところで、第３事件（注：強盗致傷事件）は、被害者方を物色中に被害者が旅行から帰宅したことを発端とするものであり、強盗について計画性があったとは認められない。しかし、被告人は、被害者方から被害者に気付かれずに逃走するのが困難であるとみるや、金欲しさから短絡的に強盗することを決意した上、現実に犯行に及んでいるのであるから、本件で強盗に計画性がないことを被告人に有利な事情とみるのは相当でない。」

c　被告人の年齢

○大阪地裁平成22年８月９日（NO197、強盗致傷）

被告人が23歳であることから改善可能性に期待できると判断された事案（懲役３年／求刑６年）

「しかしながら、被告人が本件による逮捕後、自己の問題点を見つめ直し、被害者に対する謝罪文を作成し、家族とも向き合おうとするようになり、当公判廷でも、事実関係を素直に認めて被害者を含めた関係者に対する謝罪の弁を述べるなど、被告人なりに反省の念を深めつつあることは看て取ることができる。そして、被告人にはこれまで前科前歴がなく、現時点でも23歳と若年であること等にも照らせば、矯正教育による改善可能性にも相応に期待することができる。加えて、被告人の実母が当公判廷において被告人の指導監督を誓っていることからすれば、これまでの被告人と家族の関係性からして不安はないとはいえないが、社会復帰後の更生環境もそれなりには整っているということができる。そうすると、被告人の再犯防止という観点からは、長期間に亘って矯正教育を受けさせるまでの必要性は必ずしも高いとはいえない。」

○津地裁平成22年１月22日（NO176、強盗致傷等）

被告人が22歳であることが刑を軽くする事情とされた事案（懲役４年／求刑６年）

「被告人の刑を軽くする事情（中略）その他、被告人が自分の問題点を見つめなおし、被害者らに対し謝罪文を書いたほか、公判においても反省の態度を示していること、犯行当時22歳と若く、前科がないこと、被告人の母親が出廷し、被告人の社会復帰後、同居して立ち直りを支援する旨述べていることなどの事情も認められる。」

○さいたま地裁平成22年７月７日（NO12、強盗致傷３件等）

再起可能な若い年齢での社会復帰の機会を付与することが相当である

とされた事案（懲役10年／求刑15年）

「被告人が現在28歳であるという年齢を勘案すると、懲役15年の刑罰を科した場合、43歳まで受刑する可能性があり、被告人が社会復帰を果たした時点では、被告人自身の加齢はもとより、被告人の援護を誓う親族の老齢化に伴い被告人の更生が極めて困難な事態に陥ることが容易に想定されるのであって、被告人が再起可能な比較的若い年齢での社会復帰の機会を付与させなければ、被告人を更生させる実際的可能性に乏しい結果を招くおそれがある。

そうだとすると、刑罰本来の目的である応報刑の見地や一般予防の見地からすれば、被告人の本件連続強盗や覚せい剤使用の各行為責任を軽く考えることはできず、相当に重い処罰は免れないとの結論は動かせないものの、15年間の長期の受刑により被告人の更生が極めて困難となる可能性を選択するよりも、被告人に再起可能な年齢での社会復帰の機会を付与することが相当であり、結論的には、各罪ごとの懲役刑を合算した刑期を根拠とする検察官の見解によらず、むしろ全体を単一かつ総合的にとらえて直裁に刑期を判断すべきとの評議に至った。」

d　犯行に至った経緯、動機

○鹿児島地裁平成23年２月４日（NO218、強盗傷人）

経緯や動機に同情の余地があるとされた事案（懲役３年・執行猶予５年・保護観察付／求刑５年）

「犯行に至った経緯や動機についてみると、被告人は、（中略）入院中の権利事項や制限等について事前に十分な説明を受けることなく、事後的にそれらが記載された文書の交付を受けたことなどの経緯もあり、自分の入院の必要性及び幻覚や幻聴の症状を有する精神病患者と同じ閉鎖病棟に入院する理由も理解できず、耐えがたいと感じていた上、病院から処方された薬を指示どおり服用し、外泊等をした後は病院に帰ってくるつもりでいたにもかかわらず、度重なる外泊等の申請がその都度問診等もなく、明確な理由も告げられずに不許可とされ、理由が分からないまま外に出ることができないことに強いストレスを感じ、犯行当時は精神的に相当追いつめられていた。しかも、関係証拠によれば、被告人は既に、犯行の２日前には『警察に保護されてもいいから、ここを出たい。』『ここに、このままいると何かしそうだ。』などと、１日前には『何かが起こる前ぶれと思ってください。』などと訴えており、病院側は、何らかの予防策をとることも不可能ではなかったと考えられ、病院側の対応が十分でなかったことが犯行を誘発した面も否定できず、その限度では経緯や動機には同情の余地があると言わざるを得ない。」

(4) 量刑事情の位置づけ、重み

a　被告人の精神疾患・知的障害についての評価

○前橋地裁平成22年10月29日（N083、強盗致傷等）

精神病による幻聴が量刑上大きく考慮されなかった事案（懲役７年／求刑10年）

「本件犯行当時、被告人に精神病に基づく幻聴があったことは無視できない事情ではある。もっとも、幻聴が本件に与えた影響は著しいものではないこと、幻聴に悩まされて犯行に及ぶ事態となったのは、そもそも被告人が幻聴に対する治療を怠っていた上、パチンコに熱くなって公的機関に相談する機会を放棄したことにも起因することを考えると、本件犯行当時幻聴があったことを過大に評価すべきではない。ただし、幻聴の治療については、被告人がこれまで長い期間刑務所に服役するなど、適切な治療を受ける機会に乏しかったともみられるとして、一定程度の理解を示す意見もあった。」

○奈良地裁平成22年８月５日（N051、強盗傷人等）

知的障害や虐待を受けていたことが有利に評価されなかった事案（懲役７年６月／求刑８年）

「弁護人は、被告人には知的障害があることや、被告人が、育児放棄等の虐待を受けたりしたことで、学校教育を十分に受けることができなかったため、善悪の判断をはぐくむことができなかったことにより、今回の犯行に及んでしまった点を、被告人にとって酌むべき事情であると主張する。被告人に知的障害があることは明らかであり、またその生い立ちについても同情すべき不幸なところが多々みられ、それらのことについて被告人に責めを負わせることができないことは弁護人の主張を待つまでもなく当然である。しかし、知的障害があったり、虐待を受けていたからといっても、必ずしも犯罪を犯すなどとはいい難いこともむしろ弁護人が主張するところというべきであるし、被告人はこれまで高校生時代の３年間を含め養護学級で指導、教育を受けてきており、またその後約３年間という短くない職歴もある。これらに加え、本件の犯行経過、態様など先に見たところからすると、被告人の知的障害や生い立ちは、今回の犯行の経緯に影響しないとはいえないけれども、本件をそれらの必然の結果であるかのようにいって、これを本件を正当化するような事情として評価することは到底できないのであって、被告人の知的障害等を過度に強調するのは、養護学校等における被告人や関係者の努力を軽視することにつながるばかりか、被告人が今後自己の持つ障害や生い立ちを言い訳にして更生や贖罪の意欲を損なうおそれすらなしとしない。」

○さいたま地裁平成22年９月22日（NO216、強盗致傷）

情状鑑定の結果に基づいて知的障害を有利に評価した事案（懲役３年・執行猶予５年・保護観察付／求刑４年）

「情状鑑定によれば、被告人の知能、資質、性格及び犯行に至る心理過程等は次のようなものである。」「被告人は、軽度精神遅滞の知的障害を有している。」「価値観、人格特性等は反社会的でなく、犯罪常習性は強くない。被告人の両親は、被告人の言語的知能が比較的高かったことから、被告人の知的障害に対する理解が十分ではなく、被告人に対する有効適切な助言、援助が不足していた。そのような中、被告人は、好意を抱いていた女友達に対し、食事代の名目で金銭を支払う約束をし、さらに、その女友達とのメールのやり取りをするうち、支払いをすることによって女友達を助けたいとの思いを抱くようになった。そして、支払期限が間近に迫り、約束を守らないといけないという焦りや切迫感を抱いて心理的に追い詰められ、現実的な検討能力の低さも相俟ち、目の前にある財布を見て機会的、急性的に本件犯行に至った、というのである。

このように、本件犯行前には、知的障害を有する被告人に対する指導、助言が適切にされていなかったのであり、それが本件犯行に影響していることは否定できないところであるから、この点は被告人に有利に斟酌されるべきである。」

b　社会的地位を失ったことについての評価

○大阪地裁堺支部平成22年７月23日（NO77、強盗致傷等）

勤務先の懲戒解雇や妻との離婚が有利に評価されなかった事案（懲役７年／求刑10年）

「他方、被告人は、被害者らに謝罪の手紙を送付し、できる限度で誠意を示すとともに、自分の行為を反省していること、各強盗の被害者との間では示談が成立し、③事件及び④事件の各被害者は被告人を宥恕していること、被告人は、①事件で引き出された預金相当額を各入居者の預金口座に戻した元雇用先会社に対し社会復帰後、月々返済する旨を約していること、被告人の父親が、社会復帰後の被告人の監督を約束していること、被告人には前科がないこと等の事情も認められる（なお、被告人が勤務先を懲戒解雇されたことや、妻と離婚したことは、被告人自らが招いた結果であり、特に有利な事情と見ることはできない。）。」

○松山地裁平成22年４月16日（NO166、強盗致傷等）

勤務先の懲戒解雇や妻との離婚が有利に評価された事案（懲役４年６月／求刑７年）

「各事件の被害者に対し被害金額を上回る被害弁償をしている。

今回の事件により勤務先を懲戒解雇（ただし、今回の両事件の性質を考えると、当然の事態である。）され、離婚して長女とも別居せざるを得なくなるなどの不利益を受けている。逮捕後、犯情を素直に認め、窃盗については自首しており、反省と被害者への謝罪の言葉を法廷で述べている。犯罪歴はなく、真面目に仕事もしていた。妹が監督を誓約しており、親戚が雇入れを申し出ている。（中略）他方、先に指摘した被告人のために酌むべき事情、とりわけ被告人の反省と立ち直りに向けた態度等を勘案し、酌量減軽の上、主文のとおり判決する。」

c　被害回復措置や謝罪等についての評価

○鳥取地裁平成22年７月８日（NO115、強盗致傷）

謝罪や被害弁償、被害回復等の事実があっても、酌量減軽すべきでないと判断された事案（懲役６年／求刑７年）

「元妻は（中略）被告人に代わって、月13万円程度の自らの収入の中から、被害店舗に１万2000円、被害者に５万円の各被害弁償を行った（中略）その他弁護人が主張する謝罪、被害弁償、被害回復等の事実（弁護人は、被害者に労災保険給付によって、診療費、薬剤費や休業損害が支払われていることを被告人にとって有利な事情として評価するのには限度がある。）、（中略）さらには、本件で実刑に科せられると前刑の執行猶予が取り消され、併せて服役することをも考え併せ、これら被告人のために酌むべき諸事情を最大限に考慮しても、本件事案の前記２、３の内容（注：結果が重大、犯行後の情状がよくない、被告人の前科前歴等について触れた部分）に照らし、本件が情状酌量して酌量減軽すべき事案であると認めることはできない。」

○京都地裁平成21年10月29日（NO125、強盗致傷等）

被告人が直接工面した金によるものでない示談が刑を軽くする事情とされた事案（懲役５年６月／求刑６年６月）

「犯行後の事情についてみると、50万円の被害弁償を行って被害者との間に示談が成立し、被害者が被告人に対して寛大な判決をするよう希望しており、この点は、弁護人の主張するとおり、被告人の刑を軽くする事情として重視した。なお、被告人自身が直接工面した金ではないことは検察官の主張するとおりであるとしても、被告人の意を受けた妻が自己の生活保護費の一部を積み立てたり、被告人の友人から集めてきたお金であり、被告人による間接的な弁償といい得るし、50万円という金額が本件被害者の金銭的損害や精神的苦痛の一部を回復したことは明らかであって、被告人の経済状況からしてもかなりの金額といえる。」

○宮崎地裁平成22年11月12日（NO46、強盗致傷等）

供託をしたことが量刑上大きく考慮できないとされた事案（懲役８年／求刑10年）

「また、その他の（注：還付された自動車とエンジンキー以外）の被害金品相当額及び治療費相当額が供託されているが、前記のとおり、負傷結果が相当重いことや被害者が大きな精神的被害を受けており、被害弁償の申入れを拒否していることなどに照らせば、これを量刑上大きく考慮することはできない。」

d　被害者の心情についての評価

○名古屋地裁平成22年５月21日（NO189、強盗致傷等）

被害者が寛大な刑を求めても社会不安を与える重大な事案であったことから大きく考慮できないとされた事案（懲役３年６月／求刑８年）

「A、B及び被告人の３名は、被害者との間で100万円という十分な金額による示談を成立させ、そのうち被告人は、実母の協力を得て15万円を支払い、被告人の果たした役割に見合った金額を負担している（注：共同正犯の成立を争い、従犯が成立するに過ぎないと判示された）。なお、これにより被害者が寛大な刑を求めている点については、本件強盗が覚せい剤の密売人を襲うという社会に不安を与えるような重大な事案であることからすれば、大きく考慮することはできない。」

○大津地裁平成23年１月28日（NO134、強盗致傷等）

被害者が被告人の厳罰を求めていることが犯情として無視できないとされた事案（懲役５年６月／求刑７年）

「犯罪行為自体に関する事情（犯情）について（中略）被害者の腹部刺創、腹直筋・大網損傷等は、放置すれば死にいたる程度のもので、これが重大であることはいうまでもない。しかも、被害者は、治療費や休業による損害等に加え、殺されるかもしれないとの恐怖などの精神的な苦痛を味わい、事後も、当夜のことを夢に見たり、サングラスをかけた人間に恐怖を覚えたりしており、その影響は深刻であると推察される。したがって、強盗自体による財産的被害がないことを考慮してもなお、結果は重大といえる。（中略）被害者は、後記のとおり、弁償の申し出を断って被告人の厳罰を求めているのであるが、その思いは十分に理解できるもので、この事情を無視することはできない。」

e　被告人の反省に対する評価

○広島地裁平成22年３月19日（NO208、強盗致傷）

被告人の反省に疑問があっても刑を決するには付随的に考慮するにとどまるとした事案（懲役３年・執行猶予５年／求刑５年）

「被告人のこれまでの供述経過などをみると、被告人には、できるだけ自分の罪を軽くしたいという気持ちがあり、場当たり的に虚偽の供述をしてきたという事実もまた認められる。このことは、被告人が本当に自分の犯した罪と向き合って、反省を深めるかについて疑問を抱かせる事情といえる。もっとも、この点は、被告人に対する刑を決するに当たっては付随的に考慮するにとどまった。」

f　併合罪関係にある罪の評価

○福岡地裁平成22年11月18日（NO47、強盗致傷等）

併合罪関係にある罪について確定裁判があることが量刑上大きく考慮されなかった事案（懲役８年／求刑９年）

「被告人には、本件各罪と併合罪関係にある罪について確定裁判があり、この確定裁判にかかる罪と本件各罪とは併合して審理が可能であったことから、併合審理した場合との刑の均衡（いわゆる併合の利益）も考慮して刑を検討したが、被告人は、交通事故を偽装して248万円余りを騙し取った保険金詐欺１件のほか、被害総額1148万円余りに及ぶ侵入窃盗16件を１年足らずの間に犯しており、これらの犯罪行為を繰り返す間に本件各犯行を犯したものであるからすると、本件各罪と併合審理した場合を想定しても、併せて懲役10年を下回るような刑は想定しにくい。」

「そうすると、被告人に対して併合罪の関係にある罪について懲役４年６月の刑が言い渡され、すでに確定していることを考慮しても、弁護人が主張するような刑は相当ではなく、本件犯行内容に照らすと、検察官の求刑した懲役９年という刑はおおむね妥当と考えられるが、十分とはいえないものの被告人が反省している態度がうかがわれることや、まだ24歳と若い被告人の更生をも考え、被告人の服役態度いかんでは30代前半での社会復帰が可能となる刑期である、懲役８年の刑が相当であるとの結論に至った。」

(5) 量刑の変化

a　最高裁公表資料に見られる特徴

・件数のピークが、裁判官裁判では、３年を超え５年以下であったのに対し、裁判員裁判では、５年を超え７年以下となっている。

・執行猶予付判決の割合が8.08％から12.89％と増加している。

b　執行猶予判決が下された事案の紹介

次頁の最高裁資料によれば、強盗致傷事件における検察官求刑は、裁判官裁判と比べて、裁判員裁判では、「５年を超え７年以下」の件数の割合が低くなり、「７年を超え９年以下」の割合が高くなったが、その他の点では、あまり変わりがない。

裁判官裁判時代においては、検察官求刑５年の事件は実刑か執行猶予かのボーダーラインにあり、６年以上の事件はほとんど実刑になっていたと考えられる。

そこで、執行猶予率が増加した原因を明らかにするため、以下では、裁判

強盗致傷罪量刑分布表

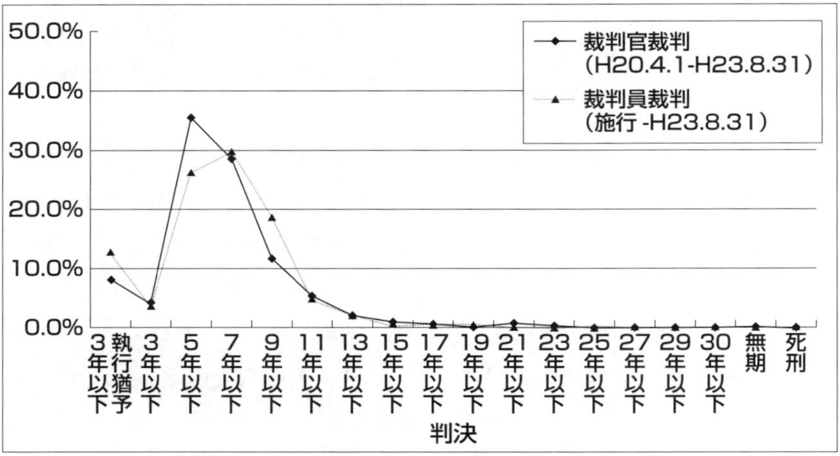

(裁判員制度の運用等に関する有識者懇談会〔第13回配付資料〕より)

強盗致傷罪求刑分布表

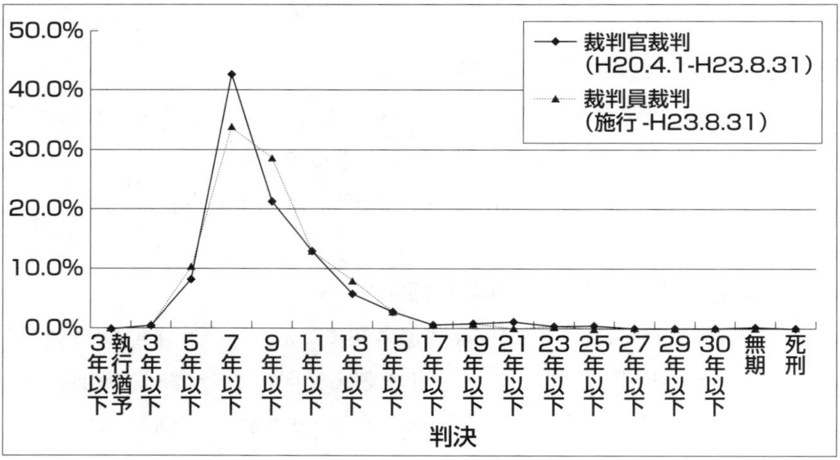

(裁判員制度の運用等に関する有識者懇談会〔第13回配付資料〕より)

員裁判において、求刑が5年以上であったにもかかわらず、執行猶予判決が下された事案について、個別に検討を行った(なお、検察官求刑が8年以上の事案で執行猶予判決が下された例は報告されていない)。

○大分地裁平成22年９月６日（NO224、強盗致傷）

（A・Bともに懲役３年・執行猶予５年・保護観察付／A・Bともに求刑７年）

犯罪類型：事後強盗

傷害の程度：約２週間

被害金額：なし（未遂）

処断罪以外の罪：なし

被告人両名が各10万円供託

「パチンコ玉の窃取自体は未遂にとどまっており、被害店舗に窃盗による金銭的被害は発生していない。被害者らに対する暴行は偶発的なものであり、計画性がない。被害者らの負った怪我の程度は重いとはいえない。

被告人らは、被害者らに対し、各10万円の被害弁償の支払いを申し出て、供託している。被告人らは被害者らに対して謝罪し、反省の態度を示している。

被告人Aに同種前科はない。社会復帰後は妻や弟の事業を手伝うと述べており、妻が当公判廷において今後の監督を誓約している。

被告人Bは、いったん逃走したものの、警察署に自ら出頭しようとしていた。前科はない。母が出廷して社会復帰後の監督を誓約している。」

「なお、本件は、いわゆるゴト師グループによる組織的な強盗致傷の事案とは異なっている。」

「そこで、これら諸事情を総合考慮し、酌量減軽をした上で、被告人両名を主文の刑に処し、今回に限ってその刑の執行を猶予することとするが、被告人Aの妻及び被告人両名の実母の監督能力には心許ないところもあるので、被告人両名を保護観察に付し、保護観察所による補導援護や指導監督を受けさせ、家族以外の者からの助言を得ながら、就労し、家族とともに被告人らに社会内での更生の機会を与えるのが相当であると判断した。」

○横浜地裁小田原支部平成21年10月22日（NO200、強盗致傷等）

（懲役３年・執行猶予５年・保護観察付／求刑６年）
犯罪類型：事後強盗
傷害の程度：約２週間
被害金額：CD44組（販売価格合計122,709円）
処断罪以外の罪：３件（窃盗、傷害、窃盗）
示談成立
「被告人は、21歳と若年で、刑事裁判を受けるのは今回が初めてであること、父親が出廷して、社会復帰後の監督を誓約し、さらに、以前の雇主が被告人の再雇用を申し出ていること、そして何より、当法廷において、被告人が、真摯な表情で反省の言葉を述べ、今度こそ更生したいとの強い意欲を示していることなど、被告人に有利な事情がある。
当裁判所としては、本件各犯行の悪質性、動機に酌むべき点がないこと、被害結果も軽くないこと、同種犯罪の発生を防止する必要など、検察官指摘の諸事情を十分検討したが、被告人に更生意欲が認められ、また、父親の指導監督、再雇用を約束している元雇主の指導援助など、被告人の更生を支援する体制がある程度整っていることを重視し、今回に限って、社会内での更生を期待することが相当であると判断し、」
○仙台地裁平成21年12月16日（NO203、強盗致傷等）
（懲役３年・執行猶予５年・保護観察付／求刑６年）
犯罪類型：路上強盗
傷害の程度：約10日間
被害金額：なし（未遂）
処断罪以外の罪：５件（いずれも建造物侵入・窃盗）
両親から被害者に約106万円支払
「本件のように共犯者が存在し、計画的な犯行で、被害者に約２週間以内の傷害を負わせたものの、強盗自体が未遂になった強盗致傷事件のケースにおいては、これまでの量刑はおよそ懲役３年ないし８年の実刑に分布している」
「被告人には前科がなく、強盗致傷事件においても、被告人は被害者を傷つけていない。また、被告人は、共犯者に影響されて犯行に及んでいるといえる。こうした点から、被告人の犯罪性向は進んでいないと評価すべきである。

加えて、被告人の両親や親類が被告人の更生に協力する旨の意思を示しており、被告人が更生するための環境が整っている。また、被告人も、本件各犯行について、反省している。

そうすると、被告人の未熟さゆえに更生に不安が残るものの、被告人には更生可能性が認められるのであって、検察官指摘のような再犯の可能性が高いとはいえない。」

「特に、被告人の犯罪傾向が進んでいないこと、被告人の強盗致傷事件における責任が実行犯のうち一番低いと評価すべきこと、その更生環境が整っていることを考慮すると、上記分布内で刑を決めるのではなく、被告人を最下限の刑に処し、その執行を保護観察付きで猶予するのが相当と判断した。」

○さいたま地裁平成22年２月25日（NO227、強盗致傷）
（懲役３年・執行猶予４年・保護観察付／求刑６年）

犯罪類型：事後強盗

傷害の程度：約１週間

被害金額：バンセンカッター（販売価格2980円）

処断罪以外の罪：なし

示談成立

「万引きしたことや怪我を負わせたことについて被害者に対して謝罪の言葉を述べ、（中略）50万円を支払い被害者との間で示談が成立したこと、窃盗の被害金額は（中略）高額とまではいえないこと、（中略）当初から盗む目的で被害店舗に赴いたとまでは認められず、その意味で本件万引き行為に計画性は認められないこと、父親が出廷し、今後の被告人の監督を誓っていること、被告人はこれまで少年時の傷害の前歴以外に前科・前歴はなく、とび職人として経済的苦境にありながら一応真面目に稼働してきたもので、事実上の雇い主が出廷し、これまでの被告人の勤務ぶりを評価した上で、今後も被告人に仕事を任せることを誓約していることや被告人が更生可能な若さであることなど被告人のために斟酌すべき有利な事情も存する。」

「本件犯行の犯情は悪質であるが、本件犯行後の態度、被告人の若さと更生の意欲及び周囲の人々の援護監督を斟酌して、今回に限り専門家の援護の下で、社会内で自力更生する最後の機会を付与することを相当と判断した。」

○岡山地裁平成22年10月4日(NO217、強盗致傷等)
(懲役3年・執行猶予5年・保護観察付/求刑6年)

犯罪類型:侵入強盗
傷害の程度:約1か月
被害金額:インスタントラーメン(約400円相当)
処断罪以外の罪:1件(建造物侵入・窃盗)
示談・弁償等なし

「被告人は、被害者らに対し謝罪し、時間をかけてでも被害弁償する意思を示していること、反省の態度を示していること、若年であること、被告人の元雇い主が、当公判廷において、再び被告人を雇用するなどして指導監督する旨申していることなど、被告人のために酌むべき事情も認められる。

これらの事情を総合考慮すると、被告人については、保護観察所の指導監督のもとに社会内において更生を図らせるのが相当である。」

○広島地裁平成22年3月19日(NO208、強盗致傷)
(懲役3年・執行猶予5年/求刑5年)

犯罪類型:事後強盗
傷害の程度:約1か月
被害金額:ヘアトリートメント4本(3112円相当)
処断罪以外の罪:なし
示談・弁償等なし

「まず、本件犯行に関連する事情としては、犯行に計画性が認められないことを重視した。」

「また、被告人が暴行に際して凶器を用いておらず、窃盗の被害金額も高くないことや、被告人の内縁の夫が、傷害の被害者に対する被害弁償金として10万円を積み立てて用意しており、被害弁償に向けた努力をしていることも考慮した。そして、被告人自身も、社会復帰後にまじめに働き、さらに被害弁償を続けていくことを約束している。」

「次に、被告人自身に関する事情として、まず、被告人には日本でもブラジルでも前科前歴がないことを重視した。また、外国人である被告人がすでに９カ月以上の長期間にわたって身体拘束を受けており、被告人はすでに一定の制裁を受けているとも評価できると考えた。そのほか、被告人がまだ若く、本国に幼い子や病気の母を残していること、内縁の夫が情状証人として出廷して被告人に対する監督・支援をこの法廷で誓っており、被告人の更生に当たっては内縁の夫の協力が期待できること、被告人が家族のためにも今後２度と犯罪を起こさないとこの法廷で誓っていることなどの事情も十分に考慮した。」

「これらの事情を総合的に考えて評議を行った結果、被告人の行った犯罪行為については見過ごし難いものがあるけれども、上記のように、刑を軽くする方向に働く事情がたくさんあるので、これらを被告人のために最大限考慮し、今後の被告人の更生に期待を込めて、被告人に対しては、今回に限り、執行猶予付きの刑を言い渡すのが相当であるとの結論に達した。」

c　執行猶予事案の特徴

bで検討した執行猶予事案においては、以下のような特徴が見られる。

・示談、弁償等がなされている。あるいは、被告人が示談、被害弁償の努力をする、示談や弁償の意思を法廷で述べるなどしている。
・被告人が若い、前科がないなど、犯罪傾向が進んでいない。
・親族又は雇用主などが出廷して援助を約束している。
・被告人の反省が認められる。

すなわち、強盗致傷事案においては、(1)示談や被害弁償によって被害回復がなされているか、あるいは被害回復の努力や意思が認められる、(2)被告人の反省や親族・雇用主の援助等によって社会内での更生が十分に可能といえるといった場合には、裁判官裁判では実刑となったような事案でも執行猶予判決が得られているものと考えられる。

d　裁判員裁判において変化が生じた理由に関する考察

上記で検討した変化が、強盗致傷事件の裁判員裁判で生じた理由については、以下のような仮説を立てることが可能である。

(i)　弁護活動の充実

裁判員裁判が実施されるようになって、従来に比べ、弁護人が、示談や被害弁償の努力を行うようになった。また、被告人を真摯に事件に向かい合わせて反省の弁を述べさせる、雇用先を探す等の更生環境を調整するなどの活動を従来よりも充実化させるようになった。

(ii)　傷害の程度が重大な事案でない場合の裁判員の意識

生命や性的自由が侵害されている事案（殺人、傷害致死、強姦致傷等）においては、法益侵害に対する裁判員の評価が厳格である。

これに対して、強盗致傷では、傷害の程度が重大でない事案において法益侵害に対する評価が厳格にならず、反省や環境調整が十分になされていれば、社会内で更生させようと裁判員が判断している。

（柴田勝之・寺林智栄）

■強盗致傷（強盗傷人も含む）一覧

No	判決日 裁判所 認定罪名	判決	求刑 V意見 弁意見	争点と認定	犯罪類型 凶器 傷害の程度
1	H23.3.22 東京 強盗致傷①②、逮捕監禁（3件）、強盗（2件）、窃盗、強制わいせつ	19年	22年		①監禁強盗 ②集金車強盗 ①なし ②催涙スプレー ①2週間 ②約3か月間
2	H22.12.16 さいたま 強盗致傷①②、強盗、強姦致傷、強姦（2件）、強姦未遂、窃盗	18年	20年 11年		路上強盗 なし ①約4週間 ②約2週間
3	H22.10.18 高知 強盗致傷、強盗、窃盗（7件）	17年	18年		路上強盗 木刀、鉄棒 V5：約3週間、 V6：約1か月間
4	H22.10.15 長崎 強盗傷人、建造物侵入、銃刀法違反、建造物損壊、強盗、窃盗	14年	15年	強盗の際の拳銃発射につき、拳銃発射罪の共謀及び正犯性、拳銃発射罪の要件該当性⇒いずれも認定	侵入強盗 木製鍬の柄、木製ハンマーの柄 加療約6週間
5	H22.11.12 さいたま 強盗致傷①②③、建造物侵入（5件）、強盗（2件）、強盗未遂、詐欺、詐欺未遂	14年	17年		侵入強盗（店舗狙い） ①バール ②金属製特殊警棒 ③金属製特殊警棒 ①約10日間 ②約1週間 ③約1週間

被害金額 示談等	量刑事情	量刑傾向	特徴など
①現金約2万2000円。 ②なし（未遂）。	各犯行の態様の悪質さ、結果の重大性などに加え、累犯前科1犯を含む前科3犯を有しており、犯罪性向が更に進んだと見ざるを得ないことなども考慮すると、懲役20年が相当とも思われる。しかし、反省の態度がうかがわれることなど酌むべき事情に加え、デリヘル嬢狙いの各犯行における被告人の役割、共犯者との刑の均衡をも考慮すると、20年はわずかに重く、19年に処すのが相当と判断した。		
①物品約4万6300円相当。 ②現金約7万1328円、物品約1万円相当。 ①なし。 ②示談、厳罰求めず。			
現金147万4600円、手提げバッグ等時価合計1万1480円相当。	（強盗致傷につき）被告人の責任が3人の共犯者の中では一番重い。		
現金451万6818円、バッグ1個（3300円相当）。	盗犯の常習化が見られる。被告人の役割は、重要不可欠で、共犯者に比べてやや重い。罪責の一部を免れようとする不合理な弁解を公判廷でしており、十分な反省がなされているか疑問。		
①なし（未遂）。 ②現金約8万3000円。 ③なし（未遂）。 なし。	被告人が実行役を担うことになったのは、共犯者が被告人に嫌な役目を押し付けたという事情があったからであり、被告人が実行犯であるからといって、共犯者より責任が重いとみるのは相当ではない。		

No	判決日 裁判所 認定罪名	判決	求刑 V意見 弁意見	争点と認定	犯罪類型 凶器 傷害の程度
6	H22.2.26 千葉 強盗致傷①②③④、強盗、窃盗（3件）	13年	15年 9年		路上強盗 バイクでのひったくり ①約98日間 ②約10日間 ③約3か月間 ④約1週間
7	H22.12.7 千葉 A：強盗致傷、逮捕監禁致傷、窃盗、B：強盗致傷、逮捕監禁致傷、窃盗、覚取法違反、C：強盗致傷、逮捕監禁致傷	A：13年 B：10年 C：6年	A：16年 B：13年 C：9年	共謀⇒認定	監禁強盗 なし 約2週間
8	H23.3.10 甲府 強盗致傷、住居侵入（2件）、強盗（2件）、窃盗	13年	15年	被害額（パチンコの特殊景品の評価）⇒景品買取価格で認定	自動車強盗 催涙スプレー様のもの（顔に吹き付けて自動車から転落させた） 41日間
9	H23.3.10 さいたま 強盗致傷①②③④	13年	15年		路上強盗 なし ①約2か月間 ②約14日間 ③約28日間 ④約20日間
10	H22.8.26 津 強盗傷人、詐欺、銃刀法違反	11年	14年	共犯者Aの指示に逆らえなかったか⇒否定	侵入強盗 回転弾倉式けん銃（発射はしていない） 入院36日間

被害金額 示談等	量刑事情	量刑傾向	特徴など
①現金約1万7000円、物品約1万3300円相当。 ②物品約2万5700円相当。 ③なし（未遂）。 ④なし（未遂）。 ・一部弁償（130万円）。 ・一部還付。	被告人は、本件各犯行により被害者が傷害を負うかもしれないことをあまり考慮することなく、金目当てに安易に本件各犯行に及んだものと認められるから、被告人が意図的に傷害を生じさせたのでないことを、被告人に有利な事情として過大に評価することは相当でない。	過去の同種事案における量刑の傾向並びに検察官及び弁護人の意見を参考にして。	
・現金約80万円。 ・キャッシュカード（93万円引出）。 ・物品約111万円相当。 なし。	被害品の一部が被害者に返還されていることは、被告人らにある程度有利な情状として考慮する。	同程度の傷害の結果及び財産的被害が生じた強盗致傷の事案と比較して、犯行態様が悪質で経緯・動機からも強く非難されるべきであるので、従前の量刑傾向より重く処罰。	
現金4867円、物品約7082万9000円相当。 なし。	レシートのない大量の特殊景品を、犯行後に怪しまれることなく換金することは困難であったと認められ、被害品である特殊景品の景品買取価格の総額が7001万8800円相当であることは量刑上重視しなかった。		
①現金8万円、物品7万3450円相当。 ②現金約2万5000円、物品約4万3100円相当。 ③なし（未遂）。 ④現金約9200円、物品約3300円相当。 なし。			
現金298万5000円。	立場が従属的。拳銃発射及び傷害につき未必的故意。		共犯者Aには、殺意があったと判示。

No	判決日 裁判所 認定罪名	判決	求刑 V意見 弁意見	争点と認定	犯罪類型 凶器 傷害の程度
11	H22.9.10	11年	13年		路上強盗
	千葉				①鉄パイプ ②パイプ様のもの
	強盗致傷①②、強盗、覚取法違反、窃盗				①約1週間 ②約1週間
12	H22.7.7	10年	15年		①コンビニ強盗 ②店舗強盗 ③店舗強盗
	さいたま				①特殊警棒 ②特殊警棒 ③バール
	強盗致傷①②③、建造物侵入（4件）、強盗、強盗未遂、覚取法違反				①1週間 ②約1週間 ③約10日間
13	H22.7.8	10年	12年		車両（現金運搬車）強盗
	東京				催涙スプレー
	強盗致傷		5年		約1か月間
14	H22.7.16	10年	12年	共同正犯か幇助犯か ⇒共同正犯と認定	店舗強盗
	千葉				①なし ②なし
	強盗致傷①②、建造物侵入（5件）、強盗（3件）				①1か月間 ②約10日間

被害金額 示談等	量刑事情	量刑傾向	特徴など
①現金約35,000円、物品約100円相当。 ②現金約1万円、物品約1000円相当。 ①なし。 ②一部弁償。	弁償についてはその額が多くなく、時期も遅かったことに照らすと、考慮する程度には限りがある。	本件は同種の事案における量刑傾向の中で、比較的重く位置づけられるべきものである。	
①現金8万3000円。 ②なし（未遂）。 ③なし（未遂）。 一部弁償、一部示談。	・被告人は更生できる可塑性のある若者であると期待し得る。 ところが、被告人が現在28歳であるという年齢を勘案すると、懲役15年の刑を科した場合、43歳まで受刑する可能性があり、被告人が社会復帰を果たした時点では、被告人自身の加齢はもとより、被告人の援護を誓う親族の老齢化に伴い被告人の更生が極めて困難な事態に陥ることが容易に想定されるのであって、被告人が再起可能な比較的若い年齢での社会復帰の機会を付与させなければ、被告人を更生させる実際的可能性に乏しい結果を招くおそれがある。 ・15年間の長期の受刑により被告人の更生が極めて困難となる可能性を選択するよりも、被告人に再起可能な年齢での社会復帰の機会を付与することが相当。	近年の同種の犯罪の裁判例等の量刑の範囲、内容、傾向等をも視野に入れて評議を尽くした。	
・現金4182万5304円。 ・物品約500円相当。 なし			No30、41と共犯。
①現金10万5696円、物品1万8800円相当。 ②現金4万3844円。 なし。		強盗致傷罪（「（共犯関係等：共犯）、（犯行態様：店舗ねらい）、（凶器等：あり）、（処断罪名と同じ罪の件数：2件以上）」）に関するこれまでの量刑傾向も参考にした上で。	

No	判決日 裁判所 認定罪名	判決	求刑 V意見 弁意見	争点と認定	犯罪類型 凶器 傷害の程度
15	H22.7.16 宇都宮 強盗致傷①②	10年	12年	脅迫の際に「殺すぞ」と言ったか⇒言ったと認定	タクシー強盗 ①千枚通し様のもの ②なし ①30日間 ②約2週間
16	H23.2.4 大阪堺 強盗致傷、強盗、窃盗、窃盗未遂	10年	12年		路上強盗（乗用車で原付を襲う） 乗用車、バール 加療約10日間
17	H22.3.12 大阪 強盗致傷、常習累犯窃盗、住居侵入、強盗未遂	9年6月	10年	自首の成否⇒不成立	路上強盗 スパナ 約10日間

被害金額 示談等	量刑事情	量刑傾向	特徴など
①現金約４万4000円、物品約500円相当。 ②約３万9155円。 なし。	・本件が、タクシーの客としての立場を利用した犯行であることからすれば、客への信頼を逆手にとられた被害者等の精神的被害は甚大である。 ・本件は、模倣性の高い犯罪で、タクシー業界に与える不安は大きく、同種犯罪を防ぐためにも、この種犯罪に対しては、厳しい態度で臨む必要がある。 ・被告人は、各犯行後、傷害を負った被害者らをタクシー助手席に乗せ、市内まで自ら運転し、タクシーを停めて逃走した。（中略）けがをした被害者らを現場に置き去りにしてこなかった点は、わずかながらも被告人にとって酌むべき事情と評価できる。		
時価5000円相当。	被告人は、保護観察の規制の下、社会内において更生すべき立場にありながら、現に自重自戒することなく、一連の犯行を連続的に敢行したのであって、規範意識の欠如は甚だしい。		他に、窃盗及び窃盗未遂10件、強盗３件。被害は全部で、現金１万2000円、時価合計約81万1450円。
かばん１個（時価合計約１万500円相当）。 母が被害者に５万円送金。	通算10年以上の服役後、出所から半年足らずの間に本件各犯行に及んでおり、犯罪傾向が進んでいる。住居侵入・強盗未遂で逮捕された後、犯人が判明していなかった強盗致傷の犯行を自白し、公判廷でも本件各犯行を認めている点は、相応に考慮する必要がある。		弁護人一人の事案（国選）。

No	判決日 裁判所 認定罪名	判決	求刑 V意見 弁意見	争点と認定	犯罪類型 凶器 傷害の程度
18	H22.9.2 大阪 強盗致傷、強盗、窃盗、恐喝、窃盗未遂	A：9年4月 B：9年	A：11年 B：10年		路上強盗 V12：約1週間 V13：約5日間 V14：約9日間 V15：約4日間
19	H21.11.18 大阪 強盗傷人、銃刀法違反	9年	12年		侵入強盗 柳刃包丁、催涙スプレー 約1か月
20	H22.2.22 大阪 強盗傷人、建造物侵入、窃盗	9年	13年 8年を超えるべきではない	被告人らが被害者の左腰を蹴ったか⇒立証不十分につき認定できない	侵入強盗 棒状の物 約16日間
21	H22.6.14 東京 強盗致傷①②、銃刀法違反	9年	12年	共謀の有無⇒有りと認定	①路上強盗 ②事務所強盗 ①なし ②包丁 ①約1か月 ②約1週間

被害金額 示談等	量刑事情	量刑傾向	特徴など
V12：被害なし。 V13：現金1万3000円、時価合計約4万円相当。 V14：現金1万1000円、キャッシュカード（14万6000円引き出し）。 V15：現金1000円。 被害弁償をしている。	1ヵ月半の間に合計16件の犯行に及んでおり、無軌道ぶりも甚だしい。ボクシングの腕前を持つ者が拳で顔を殴ることの危険性を考えると、凶器を使っていないことは酌むべき事情とはいえない。両親が財産的被害相当額に概ね1万円を加えた金額を被害弁償しているが、十分な慰謝の措置がとられたとはいえない。		強盗致傷以外の事件について部分判決。Aが単独で恐喝事件を起こしている他、全てA・Bの共犯事件。A・Bとも犯行時19歳。A・Bとも大学のボクシング部所属（スポーツ特待生）。
なし（未遂）。	柳刃包丁を至近距離にいた被害者の上半身に向けて突き出した行為は危険。糖尿病、慢性肝炎、ヘルニアといった病気を抱えており、刑務所での長い生活には相当の苦労を伴う。		
ビジネスバッグ等時価1万2000円相当。 共犯者らとともに200万円支払い示談成立（被告人は100万円負担）。被害者は、被告人につき厳しい処罰を望まない旨述べている。	証人として出廷した住職の知人が、今後被告人が犯罪を行うことがないよう教誨指導していくと述べている。		9件の事件のうち、8件が建造物侵入及び窃盗。このうち7件が携帯電話販売店からの携帯電話窃盗。
①現金7909円、物品約11万500円相当。 ②なし（未遂）。 被害品は一部壊れたりはしたものの被害者に還付。			No64と共犯。

No	判決日 裁判所 認定罪名	判決	求刑 Ｖ意見 弁意見	争点と認定	犯罪類型 凶器 傷害の程度
22	H22.7.28 高知 強盗致傷、建造物侵入、窃盗（２件）	9年	10年		路上強盗（売上金狙い） 木刀、鉄棒 Ｖ1：約3週間 Ｖ2：約1か月間
23	H22.7.29 東京 強盗致傷、器物損壊、傷害（２件）、窃盗	9年	12年	・強盗致傷、傷害、窃盗の犯人性⇒いずれも犯人と認定 ・傷害の際に刃物様の物を持っていたか⇒持っていたとは認定できない	路上強盗 刃物様のもの 約16日間
24	H22.7.30 東京 強盗致傷	9年	10年 5年	被害者に意図してナイフを突きつけたか⇒検察官主張どおり認定	侵入強盗 折りたたみ式ナイフ 約2週間
25	H22.9.9 千葉 強盗致傷、監禁、窃盗（２件）、有印私文書偽造同行使、詐欺	9年	12年		監禁強盗 なし 約2週間
26	H22.10.18 宇都宮 強盗致傷、恐喝、窃盗	9年	12年	恐喝文言⇒被害者供述に沿って認定	店舗強盗 カッターナイフ 約1週間

被害金額 示談等	量刑事情	量刑傾向	特徴など
現金147万4600円。	いきなり襲い掛かり木刀で滅多打ちにしたり2.5キロの鉄棒で殴ったり、態様は非常に危険。数回にわたって下見するなど計画性がある。被告人の責任は共犯者Bより軽いが、Cより重い。		
なし（未遂）。 なし。	強盗致傷以外は少年時の犯行であるが、当時被告人は保護観察期間中であった上、成人になってから更生しているのであればともかく、強盗致傷を敢行しているのであるから、強盗致傷以外についても特に刑を軽くすべきであるとは考えなかった。	処断罪である強盗致傷罪の量刑傾向も参考にした上で。	
・現金約3万520円。 ・物品約2万8000円相当。 なし。	弁護人は、被告人が犯行に及んだ原因として被告人のアルコール依存症の影響があったかのような主張をする。確かに、アルコール依存症の問題が背景にあったことは否定できないとしても、被告人の本件犯行前の飲酒状況・飲酒量、奪った金のほとんどを酒代ではなく遊興費に使っていること等に照らせば、本件はアルコール依存症が直接に影響してひき起こされたものとはいえず、結局、まとまった金を手っ取り早く手に入れようとした短絡的で自己中心的な犯行にすぎないのであって、その動機、経緯に酌量すべきものはない。		
・現金約1000円。 ・キャッシュカード（10万円引き出し）。 なし。			
現金約10万円。 ・店舗経営者と示談。 ・経営者は厳罰求めず。			No130と共犯。

No	判決日 裁判所 認定罪名	判決	求刑 V意見 弁意見	争点と認定	犯罪類型 凶器 傷害の程度
27	H22.11.19 東京 強盗致傷、窃盗	9年	12年 6年	・バールによる殴打が4回か、1回か⇒検察官主張どおり4回を認定 ・貴金属4点の窃取の有無⇒窃取したとは断定できない ・自首の成否⇒不成立	事後強盗 バール 約4週間
28	H23.6.17 さいたま 強盗致傷、強盗(2件)、強盗未遂(2件)、銃刀法違反(3件)	9年	12年 7年		コンビニ強盗 プラスチック製エアガン、カッターナイフ ・V1(店員):約1週間 ・V2(警察官):約6週間
29	H23.2.1 山形 A:強盗致傷、監禁、器物損壊 B:強盗致傷、監禁	A:8年8月 B:5年6月	A:11年 B:7年 A:6年 B:3年6月以下		出会い系サイトで知り合った男を呼びだして路上強盗 ラバーハンマー、鉄パイプ 約3週間

被害金額	示談等	量刑事情	量刑傾向	特徴など
物品約124万8000円相当。	なし。	住宅ローンの支払に困るなどしたことから犯行を思い立ったもので、やむにやまれぬ動機による犯行ではない。		
なし（未遂）。	・店舗に被害弁償。 ・被害警察官に療養補償金の弁済。			
・現金約3万9500円。 ・物品約100円相当。	共犯者が弁償。	・共犯者が被害者の遺族に300万円の被害弁償をしているが、被告人らが弁償したわけではないから、無視することはできないが、重視すべき事情とまではいえない。 ・監禁の犯行後、被害者の怪我の手当をしている点は、病院に連れて行ったわけでもなく、警察に届け出られないようにしようとして手当をしたとみられるから、重視できない。	・Aにつき「強盗致傷罪（実行共同正犯〔主導的〕、路上強盗、凶器あり、傷害の程度1か月以内）の量刑分布がおおむね4年以下から14年以下の間に分布しており、6年以下の刑が最も多いことも参考にして」8年8月。 ・Bにつき「強盗致傷罪（実行共同正犯〔主導的以外〕、路上強盗、凶器あり、傷害の程度1か月以内）の量刑分布がおおむね3年以下から14年以下の間に分布しており、5年以下の刑が最も多いことも参考にして」5年6月。	

No	判決日 裁判所 認定罪名	判決	求刑 V意見 弁意見	争点と認定	犯罪類型 凶器 傷害の程度
30	H22.7.30 東京 強盗致傷	8年6月	13年 6年	・共謀の成立時期⇒7か月前から共謀成立していたという検察官主張を認めず ・共犯者の中で被告人が首謀者か⇒必要不可欠だが首謀者とはいえない	車両（現金運搬車）強盗 催涙スプレー 約1か月間
31	H22.9.6 福岡小倉 強盗致傷、強制わいせつ	8年6月	9年 	・住居侵入の目的⇒金品強取 ・暴行、脅迫の目的及び強取の有無⇒金品強取目的、強取認定 ・わいせつ目的及びわいせつ行為の有無⇒いずれも認定	侵入強盗 カッター様の刃物 加療約1か月
32	H21.10.9 福井 強盗傷人、強盗致傷①②	8年	10年 		路上強盗(売上金狙い) スプレー（ラッカー） 強盗傷人：約14日間 強盗致傷①：約10日間 強盗致傷②：約10日間
33	H21.11.13 東京 強盗致傷、常習累犯窃盗	8年	9年 4年6月		路上（公衆便所）強盗 なし 約3週間

被害金額 示談等	量刑事情	量刑傾向	特徴など
・現金4182万5304円。 ・物品約500円相当。 一部弁償（1000万円）。			No13、41と共犯。
現金約4000円。	被害者への対応が冷酷なことを重視すると、同種類型の強盗致傷の事案のなかでも重い部類に属する。自己弁護に汲々としていることから、十分に反省していると到底認められない。謝罪の措置を一切していないことからすれば、被害弁償の見込みもうすい。前科がないことは一般市民として当然のことであって、特に有利に考慮すべき事情にはならない。		併合罪関係にある確定裁判があり、執行猶予取り消し見込み。
・強盗傷人：現金9万7100円、時価合計600円相当の鞄。 ・強盗致傷①：なし。 ・強盗致傷②：現金246万4601円。 強盗傷人と強盗致傷、②の被害者に被害弁償。	強盗傷人と強盗致傷①の被害者が処罰を望んでいる。地域社会に与えた不安感などの影響。		
なし（未遂）。 なし。	暴行・脅迫を用いた犯行は今回が初めてであることは、むしろ、被告人の犯罪傾向が進んでいることを示しており、およそ有利にしん酌できる事情とはいえない。		

No	判決日 裁判所 認定罪名	判決	求刑 V意見 弁意見	争点と認定	犯罪類型 凶器 傷害の程度
34	H21.12.11 さいたま 強盗致傷	8年	10年 無罪	共謀の有無⇒公訴事実どおり共謀認定	侵入強盗 なし 約1週間
35	H21.12.18 大阪 強盗傷人、窃盗、大麻取締法違反、覚取法違反	8年	10年 6年	被告人が被害者の左腰付近を蹴ったか⇒共犯者2名のうちいずれかが蹴った	路上強盗(居住マンションエントランスでの待ち伏せ) 棒状の物 約16日間
36	H22.1.21 横浜 強盗致傷、強盗(2件)、窃盗(3件)	A:8年 B:7年 C:7年	A:10年 B:9年 C:10年		トラックを停車させ強盗 バール 約1か月間
37	H22.6.18 名古屋 強盗致傷	8年	10年	・暴行の故意⇒認定 ・逮捕を免れる目的⇒認定	事後強盗 約1年6か月
38	H22.6.25 福岡小倉 強盗致傷、毒劇法違反	8年	9年 3年		路上強盗 ステッキ(被害者の持ち物) ・約60日間 ・後遺症

被害金額	示談等	量刑事情	量刑傾向	特徴など
・現金53万5000円。 ・物品約141万1960円相当。	なし。		これまでの同種事案についての量刑動向等にも照らすと、検察官が求刑する懲役10年の刑はやや重すぎる。	
時価１万2000円相当。	・共犯者とともに200万の支払い示談成立。 ・被害者から嘆願書。	共犯者と協力して200万円を被害者に支払って示談が成立し、被害者からは嘆願書が出されているが、酌量減軽するまでの事情は見出せない。		
・現金約400万円。 ・物品約1400円相当。	Ｂの母が一部（50万円）を弁償。	・Ｂが既に19歳であったことや、それまでの生活歴等にも照らせば、本件各犯行当時、未成年であることを刑を軽くする事情と見るのは相当でない。 ・（Ｃについて）とりわけ、前科前歴がないことや警察への出頭という事情が他の２名と異なっており（後略）。		
魚沼産コシヒカリ１袋（販売価格2857円）。		・被害者に後遺症が残る可能性。 ・20万円の一部弁償の申し出。		
腕時計１個（時価5000円相当）。		結果の重大性及び、粗暴になると分かりながらシンナーを吸引し、老人の頭部を杖が折れるほど容赦なく多数回殴打した犯行態様の悪質さから、酌量減軽すべき事案ではない。		

No	判決日 裁判所 認定罪名	判決	求刑 V意見 弁意見	争点と認定	犯罪類型 凶器 傷害の程度
39	H22.7.9 名古屋岡崎 強盗致傷、出入国管理及び難民認定法違反、建造物侵入、窃盗、住居侵入	8年	9年 5年		侵入強盗（質屋） バール、オーディオセット 3週間
40	H22.7.9 広島 強盗傷人	A・Bともに8年	A・Bともに9年	被告人Bが被害者V2の頭に模造刀を振り下ろしたか⇒振り下ろした。	路上強盗(売上金狙い) 模造刀、金属パイプ、エアーガン V1：約7か月以上 V2：約1か月間 V3：3日間
41	H22.7.15 東京 強盗致傷	A：8年 B：8年 C：6年	A：10年 B：10年 C：8年 4年		車両（現金運搬車）強盗 催涙スプレー 約1か月間
42	H22.7.28 福岡・小倉 強盗致傷、建造物侵入	8年	8年	自首の成否⇒否定	侵入強盗 バール 入院82日間、通院9カ月間、後遺症
43	H22.8.6 前橋 強盗致傷①②、有印私文書偽造、同行使、詐欺	8年	9年 6年		路上強盗 なし ①約144日間 ②約1週間

被害金額 示談等	量刑事情	量刑傾向	特徴など
販売価格合計79万6000円。 共犯者が26万円の一部被害弁償。	被害品はすべて被害者に返還されているが、傷がつくなど商品価値は下がっており、十分に被害が回復されているとはいえない。		
なし。	・本件の暴行は一歩間違えば生命にも影響を及ぼしかねない非常に危険なもの。 ・被告人Bは、被害者らの労災給付のために労働基準監督署に第3者行為災害報告書を提出しているが、当然の協力で、刑を軽くする方向に考慮するのは相当でない。 ・Bの暴行により大きな被害が生じているが、役割分担の結果に過ぎず、被告人両名の役割や責任の度合いに軽重の差は生じない（役割は対等）。		
・現金4182万5304円。 ・物品約500円相当。 なし。			No13、30と共犯。
なし。	・バールで人を殴ること自体極めて危険。被害者の身体的・精神的被害は大きく結果は重大。 ・財産的損害が生じていないことを有利に考慮することはできない。		
①現金約3万5500円、物品約3000円相当。 ②現金約5000円、物品約300万1000円相当。 なし。	被告人は現在24歳と若年である。成人に達している以上、大人としての分別が期待されるから、犯行時に若年で未熟であったことを被告人に有利に考えることはできないが、被告人が本件各犯行の後約1年にわたり、自ら仕事を探し、就業して生活していたこと等と相まって、被告人がこれを機会に立ち直ることも期待できる。		

No	判決日 裁判所 認定罪名	判決	求刑 V意見 弁意見	争点と認定	犯罪類型 凶器 傷害の程度
44	H22.8.26 徳島 強盗致傷、住居侵入、常習累犯窃盗	8年	10年 5年		侵入強盗 包丁、アイロン 約14日間
45	H22.9.29 鹿児島 強盗致傷、住居侵入	8年	8年		侵入強盗 約10日間
46	H22.11.12 宮崎 強盗致傷、窃盗、建造物侵入	8年	10年 5年		侵入強盗 果物ナイフ 約4週間
47	H22.11.18 福岡 強盗致傷、強盗	8年	9年		路上強盗 包丁 約6日間

被害金額 示談等	量刑事情	量刑傾向	特徴など
・洋酒1本（2250円相当）。 ・現金60円。 被告人の母が治療費を負担（20万円の被害弁償は申し出拒否）。	執ようで強力な暴行であり、犯行態様は悪質。今後の被告人の更生には相当の努力と期間が必要である。		
なし。	・面識がないのにお金を貸してくれた80歳の高齢女性の首を手で絞めたもので悪質。 ・10年間服役後2か月足らずで前刑同様の犯行に及んでおり、再犯のおそれも懸念される。		2日前にお金を貸してくれた女性に再び借金を申し込み、断られたために強盗に及んだ事件。
・現金約1万300円。 ・軽四輪貨物自動車等時価合計20万500円相当。 被害品相当額・治療費相当額を供託。	・強盗について計画性があったとは認められないが、被害者に気づかれずに逃走するのが困難と見るや短絡的に強盗することを決意したのであるから、計画性がないことを有利な事情と見るのは相当でない。 ・被害金品相当額及び治療費相当額の供託は、被害者が弁償申し入れを拒否していることなどに照らせば、量刑上大きく考慮できない。		窃盗と強盗致傷の被害者は、同一人物（資産家の高齢女性）。
現金272万円及び手提げバッグ等（時価合計3000円相当）。	本件各罪と併合関係にある罪について確定裁判があり、併合審理が可能であったことから併合の利益も考慮して検討したが、保険金詐欺1件、侵入窃盗等16件を1年足らずの間に犯しており、これらの犯罪行為を繰り返す間に本件各犯行を犯したものであるから、併合審理した場合を想定しても、併せて懲役10年を下回るような刑は想定しにくい。		

No	判決日 裁判所 認定罪名	判決	求刑 V意見 弁意見	争点と認定	犯罪類型 凶器 傷害の程度
48	H21.11.27 千葉 強盗致傷、覚取法違反（2件）	7年6月	8年 	被害者の左腰部打撲が被告人の暴行によるものか⇒肯定	事後強盗 角材 約10日間
49	H22.3.18 名古屋 強盗致傷	7年6月	8年 5年	傷害の共謀の有無⇒認定	侵入強盗（外国人が寺から仏画を盗もうとしたもの） 柳刃包丁 約3か月間
50	H22.7.1 福島郡山 強盗致傷、強盗	A・Bともに7年6月	A・Bともに8年 		呼び出し強盗（出会い系サイト） なし 約204日間
51	H22.8.5 奈良 強盗傷人、銃刀法違反	7年6月	8年 3年		侵入強盗 ビール瓶（携行した刃物は使用していない） 約22日間
52	H22.9.9 千葉 強盗致傷、住居侵入	7年6月	10年 	犯人性⇒犯人と認定	侵入強盗 タオル、電気コード 約2週間

被害金額 示談等	量刑事情	量刑傾向	特徴など
なし（未遂）。 なし。	・当事者は主張していないものの、本件が常習的・職業的に行われた自動車窃盗の一環であることも、量刑上重要である。 ・被害品が被害者の手元に残っている点は、被害者が翌日も同車を仕事に使うことができたことからすれば、財産上の損害が少なく止まっているものの、偶然の結果に過ぎないから、量刑上重く見るのは相当でない。	事後強盗罪から発展した強盗致傷罪であり、凶器を使用し、傷害結果が加療約2週間以内の犯罪類型に当たり、さらに、被告人に累犯前科がある事例に当たるので、今回の事件では、これと同種の過去の裁判例で示された量刑幅を参考にするのが相当。	No60と共犯。
なし。	文化財を狙う国際的犯罪に対しては重い処罰を科すことにより、今後の同種犯罪を抑止する必要性も高い。	共犯者A・Bに対する刑は、行為態様と被害結果の重大性に照らして軽い。	
・現金約2万3000円。 ・物品約2万2500円相当。 一部弁償。			
現金25万円及び財布等3点。	被告人の知的障害や虐待を受けていたことを過度に強調するのは、被告人が今後自己の持つ障害や生い立ちを言い訳にして更生や贖罪の意欲を損なうおそれがある。		共犯者が当時12歳の少年。
・現金約191万2000円。 ・物品約73万6500円相当。 なし。		同種事案（検索条件「強盗致傷」「共犯」「犯行態様：侵入強盗」「処断罪と同じ罪の件数：1件」「被害額：100万円～1000万円」）の量刑傾向も参考にした上で。	

No	判決日 裁判所 認定罪名	判決	求刑 V意見 弁意見	争点と認定	犯罪類型 凶器 傷害の程度
53	H22.10.28 山形 強盗致傷、窃盗、覚取法違反、麻薬及び向精神薬取締法違反	7年6月	9年 3年・執行猶予5年・保護観察付		監禁強盗 なし 7～10日間
54	H22.11.19 高知 強盗致傷、銃刀法違反	7年6月	10年 4年		侵入強盗 包丁（刃体13センチ）、ガソリン 約2週間
55	H23.3.9 東京 強盗致傷	7年6月	9年 3年以下	共謀共同正犯か幇助犯か⇒検察官主張どおり共謀共同正犯を認定	侵入強盗 特殊警棒 約2か月間

被害金額 示談等	量刑事情	量刑傾向	特徴など
クレジットカード（30万円引出）。 一部弁償。	・全額で85万円が被害弁償され、それなりに被害は回復されている点は評価できる。一方、被告人が支払った2万5000円（注・共犯者が82万5000円支払）は、被害弁償としてはとうてい十分とはいえないから、被告人が被害弁償をしたことを重視することはできない。ただし、所持金の大部分を被害弁償として差し出しているから、反省の態度、努力としては相応に評価すべき。 ・母親に施設に預けられ十分な愛情を受けず、周囲からも虐待を受けるなどして成長してきた生い立ちは同情に値する。被告人が犯行に至ったのも、この影響があったとも考えられる。被告人が適切な矯正教育を受ければ、早期に更生して健全な社会生活を営むようになるとも予想できるから、その点は刑を軽減する要素になるといえる。しかし、本件各犯行の態様、被告人の反省の程度、前科前歴があるのに犯行に及んでいることに照らすと、法令を遵守する意識が十分に備わっているとはいえず、現段階で、大幅に刑を減軽すべき事情があるとまではいえない。	同種事例が5年を中心に、主に3年から14年までに分布していることを参考に、犯行態様が比較的悪質であり薬物事案も合わせて行っているから重く処断する必要があるが、適切な矯正教育を受けることで早期社会復帰できることも期待して、9年。	
現金300万円。	犯罪事実そのものに関する事情ほど重視することができないものの、社会的影響も無視できない。		郵便局において局員に刃物を突き付けて脅し、ガソリンをまいた。
現金約7万円。 ・示談。 ・宥恕あり。			No190と共犯。

No	判決日 裁判所 認定罪名	判決	求刑 V意見 弁意見	争点と認定	犯罪類型 凶器 傷害の程度
56	H23.3.11 千葉 強盗致傷、建造物侵入（2件）、強盗、強盗未遂、銃刀法違反	7年6月	12年		侵入強盗（店舗狙い） なし V1：約3週間 V2：約2週間
57	H23.7.15 さいたま 強盗致傷①②③④、強盗、恐喝	7年6月	8年 6年		路上強盗 ①角材 ②～④なし ①約1か月間 ②約2週間 ③約1週間 ④約5日間
58	H21.10.28 静岡沼津 強盗致傷	7年	8年		路上（駐車場）強盗 ナイフ様の刃物 約10日間
59	H21.11.18 仙台 強盗致傷、建造物侵入、窃盗（5件）	7年	9年 4年6月程度以下		路上強盗（店舗の鍵狙い） バール 約10日間

被害金額 示談等	量刑事情	量刑傾向	特徴など
現金約3万9000円。 なし。	弁護人は、店員らのけがかそれほど重くないこと、被害店舗の損害が保険によって全額填補されたこと、被告人が損害保険会社に51万円あまりの弁償金を支払い、店員ら個人にも被害弁償を申し出たことを主張する。しかし、店員らの負った精神的苦痛が大きく、謝罪や弁償を拒んでいること、損害保険会社の支払額のほとんどがまだ弁償されていないことなどからすれば、この点で被告人の刑事責任を大きく軽減することはできないと考えた。		
①現金約1万5000円、物品約4万3490円相当。 ②現金約8300円、物品約2万6000円相当。 ③物品約1万1200円相当。 ④現金約1500円、物品約2万6800円相当。 4名との間で示談成立、うち2名は寛大な処分を求める。	検察官が主張するように、被告人が、自らの手を汚さず、後輩らを使って金品を奪わせていたとまでは認められないが、被告人は仲間のうちでただ一人の成人でありながら、自分が手を出さなければ捕まることはないなどという自己中心的で愚かな考えの下、未成年の後輩らが「狩り」をするに任せていたというのであるから、実行行為を分担していないことを、被告人に有利に考えることはできない。		
現金1万円。 ・なし。 ・被害品は還付。	被告人にはけがを負わせるつもりがなかったことは、刃物を突き付けられた被害者の対応次第では重大な結果を生じかねないことを考慮すると、あまり有利な事情とはいえない。		
なし（未遂）。 示談。	強盗致傷事件が計画的・組織的な犯行であり、犯行態様が凶器を使用した手荒なもので、被害結果が重大であること、被告人が首謀者の立場にあることからすれば、被告人の責任はこの種事案の中では重い部類に属し、（後略）。		No140、203と共犯。

No	判決日 裁判所 認定罪名	判決	求刑 V意見 弁意見	争点と認定	犯罪類型 凶器 傷害の程度
60	H22.1.28 千葉 強盗致傷、窃盗（3件）、覚取法違反（2件）	7年	9年		事後強盗 角材 約10日間
61	H22.3.18 鹿児島 強盗致傷	7年	8年	共犯者との強盗の共謀があったか⇒認定	路上強盗（売上金狙い） 柳刃包丁 約2週間
62	H22.3.19 長野松本 建造物侵入、強盗致傷	7年	10年		事後強盗 なし 約24日間
63	H22.3.19 名古屋 強盗致傷、強盗（2件）、銃刀法違反	7年	8年		コンビニ強盗 料理用包丁 約10日間
64	H22.3.26 東京 強盗致傷①②③、銃刀法違反	7年	8年 5年	・強盗致傷について負傷の原因⇒もみあいの際に生じたことは明らか ・被告人が被害者に傷害を負わせないような配慮をしていたか⇒配慮を十分していたとは認められない	①路上強盗 ②事務所強盗 ③事後強盗 ①なし ②包丁 ③なし ①約1か月間 ②約1週間 ③約1週間

被害金額 示談等	量刑事情	量刑傾向	特徴など
なし（未遂）。 なし。	弁護人は、窃取が未遂に終わったことを重視すべきと主張しているが、被告人ら自身で盗みを止めたのであればともかく、被害者に捕らえられそうになって止めたのであるから、この点は被告人に有利な事情として特別に考慮できない。	従前の量刑傾向（強盗致傷、事後強盗の類型、処断罪名と同じ罪の件数1件）を参考に。	No48と共犯。
現金88万6250円及び手提げバッグ等（1万1000円相当）。 	凶器は刃の長さ約36.4センチもある包丁で危険な犯行。被告人が主犯。被告人自身は全く利得していない。		
小刀等9点が入った名刺箱1箱、軍隊内務書と題する冊子1冊。 なし。	被告人は、本件により被害者に怪我を負わせたことを認識していながら、逮捕直後は自分の犯行ではないと嘘をついていたのであるから、この点は刑を重くする事情にはなるが、すぐに犯行を認め、裁判でも事実を認めていることからすれば、具体的な刑期に反映させるほどに考慮する必要はないと判断した。	類似事案の量刑傾向を併せ考慮した結果。	
なし。 強盗致傷の被害者と刑事和解（損害賠償として220万円）、40万円を親族の援助により既に支払い。	刃物は用いているが被害者を刺すには至っていない。		
①現金7909円、物品約11万500円相当。 ②なし（未遂）。 ③なし。 なし。			No21と共犯。

No	判決日 裁判所 認定罪名	判決	求刑 V意見 弁意見	争点と認定	犯罪類型 凶器 傷害の程度
65	H22.4.15 千葉 強盗致傷、窃盗（2件）、覚取法違反	7年	10年 	・被告人がCDを窃取したか⇒窃取した ・被告人が暴行したか⇒暴行した	事後強盗 自動車 約8日間
66	H22.5.19 和歌山 強盗致傷、窃盗	7年	10年 6年		路上強盗 ナイフ 約10日間
67	H22.5.26 さいたま 強盗致傷①②	7年	8年 		路上強盗 なし ①約6週間 ②約3週間
68	H22.5.28 千葉 強盗致傷、建造物侵入、窃盗、窃盗、児童福祉法違反、児童買春、児童ポルノに係る行為等の処罰及び児童の保護等に関する法律違反、傷害	7年	10年 5年程度		路上強盗 なし 1か月間
69	H22.6.3 長野 住居侵入、強盗致傷、窃盗	7年	9年 		侵入強盗 なし 約5日間

被害金額 示談等	量刑事情	量刑傾向	特徴など
CD数枚。 なし。			
現金6500円及び普通乗用自動車等時価21万4430円相当。	・被害結果は、被告人の量刑をやや重くする方向に働く。 ・動機はごく普通であり、被告人の量刑を重くする方向にも軽くする方向にも働かない。 ・被告人の再犯のおそれは高く、量刑をある程度重くさせる方向に働く。 ・別に係属中の事件とは併合罪の関係にあり、考慮せざるを得ない（控訴中だが１審で懲役５年）。		・量刑要素１つ１つについて、軽重の方向性について言及。 ・被告人には殺人や強盗強姦致傷等の前科あり。
①現金約２万5000円、物品約1000円。 ②現金約１万円、物品約2000円。 示談。		同種事案に関する量刑の傾向も踏まえて。	
・現金約１万600円。 ・物品約1000円相当。 なし。	既に成人している（23歳）ことなどを考えると酌むことのできる程度には自ずと限度はあるものの、被告人の生い立ちには同情すべき点もある。		
・現金４万500円。 ・物品約750円相当。 500円返還。			

No	判決日 裁判所 認定罪名	判決	求刑 V意見 弁意見	争点と認定	犯罪類型 凶器 傷害の程度
70	H22.6.3 徳島 強盗致傷、建造物侵入、住居侵入、強盗未遂	7年	10年 5年		侵入強盗 マイナスドライバー 約7日間
71	H22.6.4 仙台 強盗傷人、銃刀法違反	7年	8年	責任能力（弁護側：心神耗弱主張） ⇒完全責任能力	店舗強盗 文化包丁 約14日間

被害金額 示談等	量刑事情	量刑傾向	特徴など
なし。 	・被告人の父が今後の支援監督を誓っているが、双方の年齢やこれまでの被告人と両親の関係を考慮すると、不安が残る。 ・被告人の犯罪傾向が根深いとまではいえない。		山間部の女性職員2名しかいない郵便局での強盗致傷（未遂は、11歳の少女しかいない家に入り、少女に手錠をかけた事件）。
物品2481円相当。 なし。	・本件犯行の動機は、被告人が本件犯行の3日前から何も食べておらず、空腹に耐えきれなくなり、コンビニで現金や食べ物を奪おうとしたものであるが、このような状況は、被告人が働けるのに働かず、父親からの小遣いも使い切って、自ら招いたものといわざるを得ないし、このような状況になっても、知人等に援助を申し込むなど他の手段は考えられるのに、それもせずに本件犯行に及んだことは、同情することはできず、刑を重くする事情である。 ・被告人の生い立ちには、生まれた当初から母親がいなかった等の気の毒な面もあるが、生い立ちが不幸であっても立派に生きている人はいるし、生い立ち自体に本件犯行との直接の関連性があるとはいえず、この点を被告人に有利な事情として考慮することはできなかった。		

No	判決日 裁判所 認定罪名	判決	求刑 V意見 弁意見	争点と認定	犯罪類型 凶器 傷害の程度
72	H22.6.7 さいたま 強盗致傷、建造物侵入（2件）、強盗、強盗未遂	7年	9年 7年		路上強盗 金属バット、木製バット 約10日間
73	H22.6.18 前橋 強盗致傷	A：7年 B：7年	A：8年 B：8年		車両（現金運搬車）強盗 短刀 約21日間
74	H22.6.18 鹿児島 強盗傷人、住居侵入	A：7年 B：4年 C：4年	A：10年 B：7年 C：7年		路上強盗(売人つぶし) 手錠 約40日間
75	H22.6.30 千葉 強盗致傷、覚取法違反、強盗	7年	10年		路上強盗 スタンガン 約7日間

被害金額 示談等	量刑事情	量刑傾向	特徴など
物品約6200円相当。 なし。	検察官の求刑意見については、結局、今後の被告人本人の真摯な反省の有無や周囲の環境整備如何による、将来の再犯の可能性及び更生の見込みの予測等不確定な条件に依拠した立論部分があると認められ、これまでの同種の裁判例と対比してもその年数が決定打となる程の確実な根拠（証拠）に基づくものとは認め難い側面があると思料された。	近年の同種の犯罪の裁判例等の量刑の範囲、内容、傾向等をも視野に入れて。	
・現金1259万6000円。 ・物品約4万3000円。 なし。			
覚せい剤若干量、自動二輪車等173点（417万7500円相当）。 B・Cが被害者に一部示談金支払い（処罰感情和らぐ）。	・犯行内容や手口は非常に悪質、結果も重大。 ・被害者が覚せい剤を取り扱っていたことは、被告人らがこの点に付け込んで多額の金銭を得ようとしたのであるから、有利に考慮するのは不適切。 ・BはAに暴行脅迫を受けたことがあり、逆らいきれなかった。 ・CはAに止められるほどの暴行をしていたがAに対する恐怖感があった可能性があり、ことさら重視すべきではない。		
なし（未遂）。 ・示談。 ・宥恕あり。	・強盗を行えば暴行は当然予想しうることであるから、実際に暴行を加えたのが共犯者であるという理由から、被告人の責任が軽減することはない。 ・普段の日常生活を送っていて突然強盗被害に遭うということは一般住民が安心して外を歩けなくなるということであり、社会一般に与える不安感が大きく、このような犯行は厳しく処罰する必要がある。	強盗致傷罪（「（共犯関係等：共犯）、（犯行態様：路上強盗）、（凶器等：あり）」）に関するこれまでの量刑傾向も参考にした上で。	No113と共犯。

No	判決日 裁判所 認定罪名	判決	求刑 V意見 弁意見	争点と認定	犯罪類型 凶器 傷害の程度
76	H22.7.15 大阪 強盗致傷	7年		被告人の犯人性⇒肯定	路上強盗(ひったくり) 使用せず 約7日間
77	H22.7.23 大阪堺 強盗致傷、銃刀法違反、強盗、強盗未遂、有印私文書偽造、同行使、詐欺	7年	10年		侵入強盗（コンビニ強盗） 刃物 加療約3日間
78	H22.8.24 千葉 強盗致傷、窃盗（3件)、公務執行妨害、傷害	7年	10年		路上強盗(ひったくり) なし（自動車を使ったひったくり） 約3か月間
79	H22.9.9 大阪 強盗傷人、詐欺、銃刀法違反、道交法違反、窃盗	7年	11年 4年	・傷害の故意の有無⇒あり ・暴行による飲食物代金支払い義務を免れた点について強盗罪の成立を認めるのと別に、飲食物をだまし取った点について詐欺罪の成立を認めるのは二重評価か⇒混合的包括一罪として強盗傷人罪で処断されるので刑期は不当に重くならない	その他（無銭飲食後の強盗） ナイフ（刃体の長さ約11.8センチメートル） 約2週間

被害金額 示談等	量刑事情	量刑傾向	特徴など
・現金1万円。 ・物品時価4950円相当。 ――	共犯者乙が幾分主導的役割を果たしたといえるが、被告人が臨機応変に行動して犯行に積極的に加担していることや奪った現金を折半していることからすると、役割の違いをさほど重視することはできない。		
・強盗につき8万5000円（強盗致傷事件は強盗自体は未遂）。 ・詐欺等につき合計858万8000円。 強盗未遂と強盗致傷で示談成立、被害者宥恕。	強盗未遂、強盗致傷事件の被害者との間で示談が成立し、被害者が宥恕している。勤務先を懲戒解雇されたことや妻と離婚したことは特に有利な事情と見ることはできない。		
なし（未遂）。 なし。	少年期に適切な家庭環境になかったことや家庭での疎外感、心休まる場所がなかったことが、現在の不良な生活態度に繋がっていることは否定できず、将来、適切な居場所を見つけることができれば、更生を果たすことも可能であり、この点も一つの情状として考慮した。	判示の強盗致傷罪は自動車を用いたひったくりが発展したものであるから、ひったくりが強盗致傷罪に発展した類型における過去の裁判例で示された量刑幅を参考にするのが相当である。	No76と共犯。
現金2710円。 なし。	・飲食代金が2710円にとどまっていること、傷害結果が比較的軽いことは特に刑を軽くする事情であるとはいえない。 ・2万円を贖罪寄付したこと、高齢の交際相手が被告人の帰りを待っていることは被告人のために考慮すべき事情。		被害者が、被害弁償を受け取ると刑が軽くなるなら受け取れないと公判で述べた。

No	判決日 裁判所 認定罪名	判決	求刑 V意見 弁意見	争点と認定	犯罪類型 凶器 傷害の程度
80	H22.9.30 福岡小倉 強盗致傷	A・Bともに7年	A・Bともに8年	・被害者にバールを奪われたのはAか共犯者Cか⇒C（奪われた後Aが被害者を殴打） ・Bは倒れた被害者に暴行したか⇒認定	侵入強盗 バール 入院82日間 通院9か月 後遺症
81	H22.10.7 横浜小田原 住居侵入、強盗致傷	7年	8年	・脅迫文言⇒被害者供述どおり ・反抗抑圧の有無⇒あり	侵入強盗 鈍器様の凶器 約10日間
82	H22.10.22 さいたま 強盗致傷、強盗、覚せい剤所持	7年	10年 10年 執行猶予	・財物奪取の共謀の有無⇒公訴事実どおり認定 ・強盗について実行行為と共謀の有無⇒公訴事実どおり認定	路上強盗 なし 約3週間
83	H22.10.29 前橋 強盗致傷、銃刀法違反	7年	10年 4年	責任能力（弁護側：心神耗弱主張）⇒完全責任能力	病院の中で幻聴により 果物ナイフ 4週間

被害金額 示談等	量刑事情	量刑傾向	特徴など
なし。 	・財産的損害が生じていないのは、たまたま金庫がなかったからであるから、この点を被告人らに有利に考慮することはできない。 ・主導的立場にあったのはCで、被告人らはCほど激しい暴行を行っていない。		先に公判が行われた共犯者Cの裁判官調書抄本の証拠採用が、反対尋問権を侵害するかどうかが問題となった。
・現金4万2000円。 ・物品約10万100円相当。 被害品は還付。			
・現金約8000円。 ・物品約4000円相当。 なし。	被告人には、少年時代傷害事件を起こして、保護観察に付された前歴があり、少年時代の前歴を重視すべきではないものの、それから数年しか経過していないにもかかわらず、本件各犯行に及んでおり、その粗暴癖や規範意識の低さは指摘せざるを得ない。		
なし（未遂)。 なし。	精神病に基づく幻聴が本件に与えた影響は著しいものではないこと、幻聴に悩まされて犯行に及ぶ事態となったのは、そもそも被告人が幻聴に対する治療を怠っていた上、パチンコに熱くなって公的機関に相談する機会を放棄したことにも起因することを考えると、本件犯行当時幻聴があったことを過大に評価すべきではない。ただし、幻聴の治療については、被告人がこれまで長い期間刑務所に服役するなど、適切な治療を受ける機会に乏しかったともみられるとして、一定程度の理解を示す意見もあった。		

No	判決日 裁判所 認定罪名	判決	求刑 V意見 弁意見	争点と認定	犯罪類型 凶器 傷害の程度
84	H22.11.22 津 強盗致傷	7年	8年	被告人と共犯者らの間に強盗の共謀が成立するか⇒成立	侵入強盗 催涙スプレー、バール V1：約1週間 V2：約1か月間
85	H22.11.26 東京 強盗傷人	7年	8年 4年		店舗狙い（コンビニ強盗） 刃物 約36日間
86	H23.1.21 大阪 強盗傷人	7年	8年	暴行の意思が生じた時期⇒当初からあった	路上強盗 約3か月間
87	H23.1.27 さいたま 強盗致傷	7年	9年 適正に		侵入強盗（事後強盗） V1：なし V2：ドライバー V1：約2か月間 V2：約3週間

被害金額 示談等	量刑事情	量刑傾向	特徴など
現金3万500円。 	本件犯行後指名手配されても逃亡を続けた上、公判廷でも不合理な弁解をしており、十分に反省しているといえない。		窃盗は車上狙い（自動車のドアなどを壊した上で財物奪う）。
なし。 なし。	弁護人は、仕事や借金返済などに関して被告人が思い悩んでいたことを背景事情として指摘するが、そのことの故に本件犯行を正当化できる余地はない。	弁護人が裁判所の量刑データ検索（検索条件上は強盗傷人と強盗致傷の区別ができない）の結果に基づき、傷害の程度等が同様の事案においては懲役4年から6年の事例が多い量刑傾向を指摘したところ、判決では「弁護人が弁論で示した量刑傾向は、強盗傷人と強盗致傷の双方を含むものであるから、これをそのまま同種事案の量刑傾向として判断の基礎とすることは相当ではない」とされた。	
財産的被害はなし。 	女性の一人歩きが通常危険とは思われない時間帯（8月の午後8時）に住宅街で敢行された路上強盗であり、付近住民に与えた心理的影響は軽視できない。		
なし。 なし。			

No	判決日 裁判所 認定罪名	判決	求刑 V意見 弁意見	争点と認定	犯罪類型 凶器 傷害の程度
88	H23.4.28 名古屋 強盗致傷、偽造有印公文書行使、有印私文書偽造、同行使、詐欺未遂	7年	8年 寛大な判決		店舗内でのひったくり ナイフ 約11日間
89	H23.5.19 横浜 強盗致傷、銃刀法違反	7年	10年 4年		路上強盗 果物ナイフ V1：約2週間 V2：約10日間
90	H23.5.24 岡山 強盗致傷	7年	9年	被告人の犯人性⇒認定	侵入強盗（事後強盗） 約20日間
91	H23.6.17 さいたま 強盗致傷	7年	8年 4年	強盗の犯意が生じた時期⇒自車を降りて被害者の車に近づいた時点	車上強盗 なし 約2週間

被害金額	示談等	量刑事情	量刑傾向	特徴など
なし。		・動機が短絡的で身勝手。 ・知的障害を含め、境遇に同情の余地あり。		窃盗前科7犯。
・現金7321円。 ・物品約4万5000円相当。		・被告人が犯行に及んだのは、ヤミ金から借金の返済を強く迫られ、精神的に追いつめられたからであるが、元はといえば生活状況に照らして不相応な出費をしたからであるし、他に執りうる手段もあったことを考えると、この点を被告人に有利に評価することはできない。 ・手提げかばんは被害女性に返還され、財産的な損害は回復しているが、それは、被告人が逮捕されたためであることを考えると、この点もそれほど重視することはできない。	本件は、路上強盗の事案としては重い部類に属する。	
充電器等2点（1万478円相当）。		・被害者が車両のルーフレールなどを両手でつかんでぶら下がるような形でしがみついている状態なのに、約88メートルの距離を時速40から50キロと被害者が感じる速度で走行し、急左折する行為は大変危険。 ・不合理な弁解をして犯行を否認し、反省している様子が伺えない。暴行は偶発的。		ホームセンターで窃盗した後、制止した警備員に傷害を負わせた事件。
・現金10万5000円。 ・物品2万5000円相当。			強盗致傷罪では、奪った金品の多寡及び負傷の程度によって刑の大枠は決まるが、その中でも本件犯行は重い方の刑を科すべきである。	

No	判決日 裁判所 認定罪名	判決	求刑 V意見 弁意見	争点と認定	犯罪類型 凶器 傷害の程度
92	H22.5.19 さいたま 強盗致傷、強盗（2件）	6年10月	9年 5年以下	・強盗について主体的・積極的に犯行に及んだか⇒主体性・積極性あり ・薬物の影響下で犯行に及んだか⇒影響は軽微	コンビニ強盗 包丁 約1週間
93	H23.5.19 千葉 建造物侵入（2件）、強盗致傷、強盗	6年10月	10年 5年		店舗（パチンコ店）強盗 包丁 V1：約3週間 V2：約2週間 V3：約2週間
94	H21.10.29 津 強盗致傷	6年6月	8年		侵入強盗（コンビニ強盗） 金属バット 約4か月間
95	H21.11.19 青森 強盗致傷、建造物侵入、窃盗（3件）	6年6月	8年		事後強盗 なし 約2週間
96	H21.12.16 鹿児島 強盗致傷	6年6月	7年		侵入強盗 傘 約1週間

被害金額 示談等	量刑事情	量刑傾向	特徴など
なし（未遂）。 なし。			
現金約3万9000円。 	・金銭的被害の大部分が保険金によって回復されたこと、その一部が保険会社に支払われたことは、本件被害の大きさや被害弁償の原資の多くが本件犯行の被害金に由来すること等に照らすと、被告人の刑事責任を大きく軽減する事情として評価することはできない。 ・共犯者の判決結果も考慮して。		
現金27万円。 両親の協力を得て示談成立。130万円を支払い。	被害結果が大きい。5年前にも同様の強盗事件をおこし、少年院での教育を受けている。てんかんの持病があって就職の妨げとなっているが、被告人自身の就職に向けた努力が足りない面も見受けられることを考えると、責任に大きな影響を与えない。		
現金約1万6000円。 ・示談。 ・示談金全額支払。			
なし。 2万円の被害弁償。	・傘で約30回頭部を殴打する犯行態様は悪質。 ・被害者が被害品を奪還したことは、有利な事情として大きく酌むことはできない。 ・前科2犯、仮釈放後半年で本件に及んでいること、ひったくりから強盗へと悪質化していることなどから、再犯の可能性も少なくない。		公園のトイレの個室で、隣の個室に人が入るのを待ち伏せての犯行。

No	判決日 裁判所 認定罪名	判決	求刑 Ｖ意見 弁意見	争点と認定	犯罪類型 凶器 傷害の程度
97	H22.1.22 東京 住居侵入、強盗致傷	6年6月	9年 5年以下、例えば4年程度		侵入強盗 ビニールテープ 約74日間
98	H22.2.9 大阪 強盗致傷、強盗	6年6月	9年	・(強盗につき)被告人は故意に頭突きしたか⇒認定 ・(両事件につき)被告人が主導的あるいは中心的役割を果たしたか⇒認定	路上強盗 約2週間
99	H22.2.18 山形 強盗致傷①②	6年6月	9年 3年 執行猶予		①室内強盗(デリヘル嬢) ②路上強盗 なし ①約10日間 ②約1週間
100	H22.3.5 福岡 A、B：強盗致傷、傷害、窃盗 C：強盗致傷	A：6年6月 B：5年 C：3年	A：8年 B：7年 C：5年		路上強盗 金属製の棒 約3か月間

被害金額 示談等	量刑事情	量刑傾向	特徴など
・現金約366万8950円。 ・物品約3264万円相当。 なし。			
現金2万1000円及びPC等在中の手提げバッグ時価合計約18万9600円。 被害者が示談申し出拒否。	・被害者が被告人厳重処罰を希望し、示談申し出を拒否している。 ・強盗致傷事件2日後に自ら出頭。強盗事件では財産的被害が少なく、強盗致傷事件では、被害品がある程度回復されている。	「本件と同種事案の量刑傾向を踏まえ」と記載されている。	
①サービス料金の支払を免れた。 ②物品約2300円相当。 ・示談。 ・100万円支払。	少年時代に保護観察処分を受けたことで立ち直る機会があったのにこれを活かせなかったことは残念だが、そのいきさつが明らかではないので、これを被告人に不利には考えないことにした。	強盗致傷の量刑については、弁護人提出の量刑分布表では、懲役3年から16年の間におおむね分布しており、分布の中心は懲役5年のところにある。全体で約580件ある中で、懲役3年で執行猶予が付された事案も、50件程度認められた。 この量刑分布を前提に検討する。	No165、221と共犯。
現金1万8000円及び財布1個等（2万300円相当）。 A・B・Cがそれぞれ40万円ずつ弁償し、示談成立。	・犯行態様は危険性が高いもの。 ・計画的で手法が卑劣。 ・利益配分は、各被告人の役割の重要性等を反映したものではなく重視すべきではない。 ・C自身は暴行に及んでいない。	被害者1名に対し、棒状の凶器等を使用した、計画的な、路上強盗等の累計で、傷害の程度が3か月以内、被害額が10万円以内の強盗致傷の共犯の事案について、従前の量刑の傾向を参考にすると、概ね法定刑の下限の前後の懲役刑が科せられており、少数ではあるものの執行猶予判決も存在している。	未成年者と主にテレクラを利用した美人局。AとBの窃盗は、傷害の機会に同一被害者から金品を奪ったものだが、それぞれ単独犯とされている。

No	判決日 裁判所 認定罪名	判決	求刑 V意見 弁意見	争点と認定	犯罪類型 凶器 傷害の程度
101	H22.4.26 大阪 強盗致傷、恐喝、窃盗、強盗、窃盗未遂、覚せい剤取締法違反	6年6月	12年		タクシー強盗 8日間
102	H23.2.18 東京立川 強盗致傷、住居侵入、窃盗	6年6月	8年 4年		事後強盗（侵入強盗） ミニハンマー 約10日間
103	H23.3.4 横浜 強盗致傷、覚せい剤所持、覚せい剤使用、窃盗（2件）	6年6月	8年 4年	被告人がバイクの後部荷台につかまった被害者を故意に引きずった距離⇒検察官主張の約65mに対して約50mと認定	事後強盗 なし 約1か月間
104	H21.10.9 大阪 強盗致傷、銃刀法違反、覚取法違反	6年	7年		侵入強盗 カッターナイフ 約5日間

被害金額 示談等	量刑事情	量刑傾向	特徴など
強盗致傷の被害額は現金１万7000円。事件全体の被害額は147万円あまり。 窃盗３件、恐喝１件、強盗の被害者とは示談成立し、減軽嘆願書あり。	被告人が更生するためには再起の機会を与えることが重要であり、ことさらに長期の刑を科することは、却ってマイナスである。		他人のために借金などをしたなどの事情が基で起こした一連の事件。強盗致傷以外については区分審理が行われている。
物品約２万5000円相当。 一部弁償。	犯行の動機について、被告人は、この当時、窃盗被害に遭った結果、住まいを失い、自暴自棄になり仕事を辞めて、生活に窮したという。しかし、仕事を辞めれば生活に窮することがわかっていながら、退職し、その後仕事を探すことなく、安易に侵入盗を繰り返したのは、被告人に罪悪感が乏しいからであり、厳しく非難されるべきである。		
物品３万5158円相当。 なし。	被害者を引きずった距離が検察官の主張より短かったからといって、この点を量刑上有利に考慮することもできない。		
現金５万6000円。 示談成立し、示談金15万円支払い。	覚せい剤使用により気が大きくなっていたことも犯行の一因になっていると自認しており、情状はよくない。被害者との間で示談成立。示談金15万円支払われている。被害現金は全額被害店に返されている。		保釈されている。

No	判決日 裁判所 認定罪名	判決	求刑 V意見 弁意見	争点と認定	犯罪類型 凶器 傷害の程度
105	H21.12.3 千葉 強盗致傷、銃刀法違反	6年	7年 3年・執行猶予5年・保護観察付	被害者が倒れた原因は被告人に両手で押されたためか⇒押されたためとまではいえない	タクシー強盗 包丁 約1か月間
106	H21.12.11 前橋 住居侵入、強盗致傷	6年	7年		侵入強盗 結束バンド、ガムテープ 約6日間
107	H21.12.17 札幌 建造物侵入、強盗致傷、銃砲刀剣類所持等取締法違反	6年	8年		金融機関（郵便局）狙い 筋引包丁 約14日間
108	H21.12.18 千葉 強盗致傷、覚取法違反	6年	8年 3年	暴行・脅迫の有無⇒あり	事後強盗 なし 約4日間

被害金額 示談等	量刑事情	量刑傾向	特徴など
・現金約5万円。 ・乗車料金5030円の財産上の利益。 なし。	世の中には離婚したり経済的に苦しいという事情があっても被告人のように犯罪行為に走らず懸命に生きている人々がいるのであるから、これらは刑を軽くする事情にはならない。		
現金約38万円。 なし。			
60万円。 ・被害金は還付。 ・被害弁償12万円。		本件は、金融機関を狙って強盗に及んだというだけではなく、人質を取り、その人質に重大な怪我を負わせる危険性の高い行為に及んだという悪質な犯行であって、同種事案の中でも軽い方に位置づけられるような事案とはいえない。	
なし（未遂）。 なし。	検察官は、被害者が被告人の重い処罰を求めている点を量刑上重視すべきであると主張している。しかしながら、被害者の意思は法律に従った処罰を求めているに過ぎず、また、被害者の感情に流されて刑を重くするのも相当でないから、この点、量刑上特別に考慮を要するとはいえない。	事後強盗罪から発展した強盗致傷罪であり、凶器を使用し、傷害結果が加療約2週間以内の犯罪類型に当たるところ、これと同種の過去の裁判例で示された量刑幅を参考にするのが相当。	No161と共犯。

No	判決日 裁判所 認定罪名	判決	求刑 V意見 弁意見	争点と認定	犯罪類型 凶器 傷害の程度
109	H22.3.26 長野 強盗致傷①②	6年	8年 3年・執行猶予4年		呼び出し強盗 ①火の点いたたばこ ②なし ①約4週間 ②約2週間
110	H22.4.22 東京 強盗致傷	6年	7年 3年		自動車の強盗 自動車（被害品） 約90日間
111	H22.6.18 福岡 強盗致傷、建造物侵入、銃刀法違反	6年	8年 4年	自首の成否⇒否定	侵入強盗（コンビニ強盗） 折り畳み式果物ナイフ 約4週間
112	H22.6.24 千葉 強盗致傷、強盗	6年	9年 		路上強盗 スタンガン 約7日間

被害金額 示談等	量刑事情	量刑傾向	特徴など
①現金１万800円、物品約5000円相当。 ②現金3000円、物品約１万円相当。 ①300万円分割払いで許す旨の刑事和解。 ②示談。	共犯少年らは、少年法の適用を受け、家庭裁判所での審判の結果、本件各犯行内容だけではなく各少年の性格、家庭環境その他諸々の事情を考慮されて刑事処分ではなく少年院送致や保護観察という保護処分が相当と判断されたのであって、成人と少年は20歳という年齢によって明確に線引きされている以上、本件各犯行が被告人の成人後間もない犯行であったとしても、成人である被告人に対しては、責任に見合った刑事処分を科するのを原則とすべきである。	犯行の件数、共犯者の有無などの要素について本件と類似する強盗致傷の事案における量刑分布も踏まえて。	
自動車（20万円相当）。 ・示談。 ・宥恕あり。 ・弁償200万円。	被告人は、酩酊下で反社会的な行動に出る傾向があることがうかがわれ、被告人自身、自らの上記傾向を自覚していたと認められる。弁護人が指摘するように、本件において、被告人が酔って抑制力、判断力が低下した状態で偶発的に本件犯行に及んだという面があること自体は否定し難いとしても、被告人の上記のような傾向等をも考慮すると、事件当時酩酊状態にあったとの点は、格別被告人に有利な事情として斟酌すべきものではない。		
なし。	・周到に準備をしていないことや、自殺を考え、自暴自棄になっていたという事情は、量刑を考えるにあたって大きく考慮すべきではない。 ・財産的被害が生じていない。 ・反省の態度はそれなりに真摯。		
なし（未遂）。 ・示談。 ・宥恕あり。	本件のように、通行人等を無差別的に襲う犯行は、安心して外を歩けなくするもので、社会一般に与える不安感が大きく、模倣性も高いことを考慮すれば、厳しく処罰する必要がある。	強盗致傷罪（「（共犯関係等：共犯）、（犯行態様：路上強盗）、（凶器等：あり）」）に関するこれまでの量刑傾向も参考にした上で。	No75と共犯。

No	判決日 裁判所 認定罪名	判決	求刑 V意見 弁意見	争点と認定	犯罪類型 凶器 傷害の程度
113	H22.7.2 名古屋 強盗致傷、強盗（2件）	6年	8年	共犯者間での被告人の役割は支配的だったか⇒一線を画した地位	路上強盗（援交狩り） 棒（見せつけたのみ） 約9日間
114	H22.7.2 大阪 強盗致傷	6年	不明	・窃盗の故意、暴行行為及び暴行の故意の有無⇒いずれも認定 ・被告人の責任能力⇒完全責任能力	事後強盗 カッターナイフ 約2週間
115	H22.7.8 鳥取 強盗致傷	6年	7年 3年		事後強盗 自動車 約2か月間
116	H22.7.9 旭川 強盗致傷、常習特殊窃盗、銃刀法違反、道路交通法違反	6年	10年		コンビニ強盗 カッターナイフ 約16日間

被害金額 示談等	量刑事情	量刑傾向	特徴など
・現金約5万3000円。 ・キャッシュカード等時価合計2万8000円。 強盗致傷と強盗1件の被害者と示談成立。	犯行態様が悪質。複雑な家庭環境のため、精神的に未成熟なまま成人。		共犯者は全て少年。量刑理由について、最後にまとめて判示。
販売価格合計5930円相当。	不自然で特異な説明状況にかんがみれば、被告人は自己保身のために本件犯行の中核部分について記憶にない旨の供述を行ったと見るのが相当であって、十分に反省しているとはいえない。		公判前整理手続において、裁判所が精神鑑定実施。被告人は精神障害2級。
DVD2枚（時価合計1万2000円相当）。 元妻が被害店舗に1万2000円、被害者に5万円の被害弁償（被害者への労災給付もあるが、被告人が出えんしているわけではないので有利な事情として評価するには限度があると判示）。	・被告人には何度も繰り返し改善更生の機会が与えられてきたのに、保護観察付執行猶予判決の言渡しから8か月余りで本件に及んでおり、法を守ろうとする意識が乏しい。 ・前回裁判の情状証人である元妻の監督に従うことなく連絡不能となるなど、更生への努力を尽くしてきていたとはとても言えない。 ・元妻が被告人に献身していること、被告人が出頭するまでの約6か月間、元妻、子らと同居して平穏な生活を営んできたことは、更生の希望となる。		万引きに入った店の店員が被告人の車のボンネットにしがみついたところ、急発進、急停止、急ハンドルなどをして振り落とした事件。
なし（未遂）。 なし。		服役の中で更に反省を深めた上で、社会復帰後の更生に資することへの期待を込め、考えられる量刑の幅の中でその下限に近い懲役6年に処するのが相当。	

No	判決日 裁判所 認定罪名	判決	求刑 V意見 弁意見	争点と認定	犯罪類型 凶器 傷害の程度
117	H22.7.9	6年	8年		コンビニ強盗
	長野松本				鉄パイプ
	強盗致傷、占有離脱物横領（3件）、建造物侵入、窃盗（2件）、銃刀法違反				約1週間
118	H22.9.30	A・Bともに6年	A・Bともに8年		路上強盗
	神戸				ズボンのベルト、被害者の傘
	強盗致傷①②、恐喝、傷害				①②とも約2週間
119	H22.12.3	6年	8年	強盗の故意⇒認定	路上強盗(引ったくり)
	大阪				
	強盗致傷				約8日間

被害金額 示談等	量刑事情	量刑傾向	特徴など
・現金約2万7400円。 ・物品1336円相当。 示談。		類似事案の量刑傾向、検察官の量刑意見等をふまえ。	
①現金5000円、時価1000円相当カードケース1個。 ②現金5万5000円、時価6000円相当財布1個。 強盗致傷①と恐喝・傷害事件について示談成立。	・被告人らは、強盗致傷①と恐喝・傷害事件につき、各々33万円を支払い、示談が成立。 ・被告人両名の個別の事情に若干差があることは否定できないが、被告人らの本件における役割に差がないことから、その刑期に差を設けるまでのことはない。		被告人両名による強盗致傷事件2件、恐喝・傷害事件1件。恐喝・傷害事件の被害者の傷害が最も重い（加療約3か月間）。
なし。	犯行現場が大阪地方検察庁近くの路上であることなどに照らせば、場当たり的な犯行。別件交通事案で保釈された4日後に本件犯行に及んでおり、社会のルールを守ろうという意識・姿勢が欠落している。謝罪文は書いているが不自然な弁解を繰り返すばかりで真摯に反省しているとはいえない。		起訴後の勾留については、その後、別件の交通事案の保釈が取り消され、交通犯罪の裁判における本刑算入の判断において検討の対象とされているとして、本件の関係では算入すべきものはないとされた（交通事案は上告中）。

No	判決日 裁判所 認定罪名	判決	求刑 V意見 弁意見	争点と認定	犯罪類型 凶器 傷害の程度
120	H23.3.25 東京 強盗致傷、強盗、傷害（包括一罪）	6年	8年	強盗の故意・共謀の有無⇒共にありと認めたが、暴行を開始した当初から強盗の故意・共謀があったとは認定できず、強盗の故意が生じた後の暴行により傷害が生じたとは認定できないとして、強盗と傷害の混合包括一罪を認めた	 包丁のみね 約1か月間
121	H23.5.17 さいたま 建造物侵入、強盗致傷、住居侵入（6件）、窃盗（3件）、窃盗未遂（3件）、器物損壊、住居侵入未遂	6年	8年		事後強盗 ビール瓶、バール 約10日間
122	H23.6.28 名古屋 強盗致傷、窃盗（2件）	6年	8年	（自動車で）被害者を引きずったまま加速したことを認識していたか⇒認定	路上強盗 自動車 約1か月間

被害金額 示談等	量刑事情	量刑傾向	特徴など
・現金約140万円。 ・金品約30万円相当。 一部弁償。		参考となる事案のこれまでの量刑傾向等も含めて検討した結果。	
現金3万円。 一部弁償。	・強盗致傷の犯行態様が執ようかつ危険であること、窃盗等を含めた被害結果が軽くはないこと、侵入盗の常習性が顕著であること ⇒法定刑の下限である6年をやや上回る刑を科するのが相当とも考えられる。 ・しかし、強盗致傷は計画的ではない、不十分とはいえ被害者全員に被害弁償金・見舞金を支払い、犯行を素直に認め反省の態度を示し、信仰心に目覚め更生の意欲を強めている。姉の元夫が更生への助力を誓約 ⇒法定刑の下限である懲役6年が相当。		
現金4559円。 窃盗についてあり。	犯行態様が危険で悪質。不合理な弁解をしており反省の態度が伺えない。		ガソリンスタンドで給油代金を免れようとした事件。窃盗の被害額はいずれも数十万円に上っている。

No	判決日 裁判所 認定罪名	判決	求刑 V意見 弁意見	争点と認定	犯罪類型 凶器 傷害の程度
123	H22.5.14 神戸 強盗致傷	A：5年10月 B：4年6月	A：7年 B：6年 B：3年・執行猶予5年	Bにつき、Aがハンマーを持っているのをいつ知ったか⇒少なくともAが使用した時点で知っていた	路上強盗 ハンマー 約21日間
124	H22.7.9 千葉 強盗致傷、窃盗（3件）、公務執行妨害、傷害	5年8月	8年 4年		路上強盗(ひったくり) なし（自動車を使ったひったくり） 約3か月間

被害金額 示談等	量刑事情	量刑傾向	特徴など
・現金約5万円。 ・財布1個（時価4000円相当）。 ・A：5万円の一部被害弁償。 ・B：150万円弁償。示談成立。 ・Bにつき、被害者が重い処分を望まないと述べている。	・共通：通り魔的な事件であり、地域住民の生活を脅かす。 ・A：逮捕後、自らハンマー様のものを使用したことや共犯者の名前を積極的に供述するなど、当初より深い反省の念を有していた。 ・B：凶器を使用していない。家族が仕事を用意してBの帰りを待っている。		
なし（未遂）。 なし。		路上における強盗致傷の共犯事件で、実行犯として犯行に及び、被害者に加療期間等1か月以内から6か月以内の傷害を負わせた事案の量刑傾向をみると、懲役5年をピークとして、その周辺に分布している。 本件は、その犯行態様の危険性や被害結果の深刻さ等を考慮すると、前記強盗致傷の類型の中でも比較的重い事案である。 （中略）法定刑の最下限である6年程度の期間は服役すべきとも考えられるが、被告人の更生を支える社会的資源があり、内省を深め、更生に努めることが期待できることを考慮すると、酌量減軽の上、5年8月の懲役に処するのが相当である。	No79と共犯。

No	判決日 裁判所 認定罪名	判決	求刑 V意見 弁意見	争点と認定	犯罪類型 凶器 傷害の程度
125	H21.10.29 京都 強盗致傷、窃盗	5年6月	6年6月		路上強盗 約2週間
126	H22.1.21 長野 強盗致傷、大麻取締法違反	5年6月	8年 3年6月		路上強盗 一升瓶 約2か月間
127	H22.1.28 山口 強盗致傷	5年6月	8年	軽微な傷害であるから240条の負傷に当たらないといえるか⇒いえない（強盗致傷成立）	事後強盗 1週間以内

被害金額 示談等	量刑事情	量刑傾向	特徴など
・現金約４万8000円。 ・物品（時価29万8000円相当）。 50万円を支払い示談成立。	・50万円を被害弁償し、示談成立。 ・被告人自身が直接工面したお金ではないが、金銭的損害や精神的苦痛の一部を回復したことは明らか。 ・事件後に証拠隠滅を図ったことや職務質問を振り切って逃走したことは、（悪情状として）特に考慮しない。		窃盗は、被害者から奪ったバッグに入っていたキャッシュカードにより現金を引き出したもの。量刑の理由の中で、「事件自体に関する事情を第一次的に考慮した」「続いて、犯行後の事情についてみると」「最後に一般情状についてみると」と記載。
現金6000円。 なし。		凶器の有無、被害者が負った傷害の程度、被害額、共犯者の有無などの要素について本件と類似する強盗致傷の事案における量刑分布も踏まえて。	No152と共犯。
・現金５万7930円。 ・財布等４点（1000円相当）。	・暴行が高齢の被害者に対する一方的かつ危険なもの。 ・平成16年以降、同様の窃盗を繰り返して服役しておきながら、出所から12日目に本件に及んでいる。 ・暴行の力自体は強くない。 ・現金等は被害者に戻っている。 ・当初から暴力をふるう意思はなかった。		病院で入院患者を狙っての窃盗。

No	判決日 裁判所 認定罪名	判決	求刑 V意見 弁意見	争点と認定	犯罪類型 凶器 傷害の程度
128	H22.2.4 津 強盗致傷、銃刀法違反	5年6月	8年 		侵入強盗 包丁（刃体23センチ） 約6週間
129	H22.8.5 津 強盗致傷	5年6月	7年 3年・執行猶予3年	・暴行の程度⇒反抗抑圧の程度 ・被害品の占有移転の有無⇒あり	その他（野外店舗〔ガソリンスタンド〕での事件） ハンマー 約3か月間 約10日間
130	H22.9.10 宇都宮 強盗致傷	5年6月	8年 		店舗強盗 カッターナイフ 約1週間
131	H22.9.17 熊本 強盗致傷、窃盗	5年6月	6年 3年	事前共謀の有無⇒認定	路上強盗（売人つぶし） 日本刀のようなもの、ナイフ、スタンガン ・約1か月間。 ・後遺症のようなもの。

被害金額 示談等	量刑事情	量刑傾向	特徴など
現金32万3235円。 ・被害者は弁償拒否。 ・治療費を立て替えた被害店舗経営者に20万円の被害弁償。	・未熟で精神的にもろいことは本件犯行を正当化するものではない。 ・最初から包丁で積極的に被害者に危害を加える意図はなく、傷害の結果は、被害者の抵抗を排除しようとした際に生じたもの。		
現金104万2000円在中のかご1個。 被害者に対して見舞金として55万円支払い。	・被害者が厳重処罰を希望。 ・現金全額還付。		ガソリンスタンドの店員が同僚を襲った事件。
現金約10万円。 なし。			No26と共犯。
・現金約19万円。 ・自動車1台（15万円相当）。	・計画的で悪質な犯行。 ・被告人は共犯者らと自宅を出た後計画を打ち明けられ加担する決断を迫られた経緯は酌むべき。 ・被害者への暴行はしていない。 ・凶器の準備、凶器を使用しての脅迫もしていない。		被告人と共犯者は暴力団員。暴力団ではない覚せい剤の密売人から金品を強奪し、さらにみかじめ料をとろうと奪ったキャッシュカードで現金を引き落とした事件。

No	判決日 裁判所 認定罪名	判決	求刑 V意見 弁意見	争点と認定	犯罪類型 凶器 傷害の程度
132	H22.10.8 福井 強盗致傷、窃盗	5年6月	8年		侵入強盗 刺身包丁 約6週間
133	H22.12.3 東京 強盗傷人	5年6月	6年 3年・執行猶予		車両強盗 催涙スプレー V1：約3か月間 V2：約11日間
134	H23.1.28 大津 強盗致傷	5年6月	7年		コンビニ強盗 果物ナイフ 約1か月間

被害金額 示談等	量刑事情	量刑傾向	特徴など
現金約9000円。 強盗致傷につき、一部弁償。	窃盗につき被害者と示談成立、宥恕。		酌量減軽。
なし（未遂）。 なし。	弁護人は、共犯者（内縁の夫）に対する愛情から犯行に協力したと主張するが、そもそも、そうした事情は本件犯行を正当化できるものとはいえず、その動機に酌むべき点はない。	傷害の程度や財産的被害がない点を考慮した同種事案の量刑傾向が概ね4年から7年の幅に収まっていることからすると、この幅の中でやや重めの懲役6年とすることも考えられる。しかし、被告人に前科がないこと等の被告人に有利な事情を十分に考慮すると、6年は若干重く、5年6月に処するのが相当。	
財産的被害はなし。	・1時間15分後の自首は、量刑上ある程度考慮するのが相当であるが、主たる理由が遅かれ早かれ警察から逃げられないであろうし所持金もつきかけてもはや自力で生きていけないという理由であったことを考えると、おのずから限界がある。 ・被告人自身が被害回復に積極的な努力をする姿勢を見せたことはうかがわれず、提供された金額は被害の程度に照らして十分なものとは解されず、被害者がこのような一方的な申し出に応じないのも理由があるから過大に評価できない。		

No	判決日 裁判所 認定罪名	判決	求刑 V意見 弁意見	争点と認定	犯罪類型 凶器 傷害の程度
135	H21.9.11 さいたま 強盗致傷①②	5年	6年		路上強盗 なし ①約1か月間 ②約10日間
136	H21.10.8 東京 強盗致傷、出入国管理及び難民認定法違反	5年	7年 3年6月		コンビニ強盗 金づち 約2週間
137	H21.10.29 大津 強盗致傷	A：3年 B：5年	A：6年 B：7年 A：執行猶予	・A：フェンスを越えて被害者に近づいたか⇒近づいた ・B：被害者を蹴ったか⇒蹴った	侵入強盗 鉄パイプ 約23日間
138	H21.10.29 松江 強盗致傷、銃刀法違反	5年	6年 執行猶予		侵入強盗（公務員宿舎） レジャーナイフ 約7日間

被害金額 示談等	量刑事情	量刑傾向	特徴など
・現金約3万円、物品(約5万5100円相当)。 ・現金約7000円、物品(約3550円相当)。 なし。	多感な年齢で突如日本に呼び寄せられて、十分に日本語を理解することができず、悩みを相談するなどして心を打ち解け合うことができる相手を見つけられなかったことが同国籍のメンバーで構成された本件犯行グループに加入する一因となった点は、生い立ちにおいて多少なりとも酌むべき事情と認められる。		
なし(未遂)。 なし。	不法残留事件について、残留期間の長さが被告人の刑を重くすべき事情となることは検察官の主張のとおりであるが、本件の中心をなす強盗致傷事件との関連でみると、被告人がその後約7年間罪を犯すことなく仕事をしてきたことは、強盗致傷事件が被告人の深い犯罪性に根ざすものではなく、一過性のものであることを示す面があり、これによって刑を有意的に重くすることにはならない。	同種事案における量刑傾向も斟酌した上で判断する。	
なし(強盗は未遂)。 ・示談成立。 ・被害者から執行猶予望む嘆願書。	A:社会的弱者だからといって凶悪な犯行に加担することを正当化できない。金7万5000円を被害者に支払い、示談成立。その後、追加して金1万円支払い。被害者から執行猶予を望む嘆願書。執行猶予に付されても本国に帰ると実質的に不処罰に近い状態になる。 B:計画段階からリーダーと下見、道具購入をしている。被害者に直接暴行を加えたとまでは証拠上認められない。		外国籍の6名がパチンコ店から金を奪おうとした事件。
なし。	・被害者の家族に与えた影響は大きいと推察。 ・地域住民にも不安感。 ・これまで犯罪とは無縁の生活を送っていた。 ・年齢が66歳。		

No	判決日 裁判所 認定罪名	判決	求刑 V意見 弁意見	争点と認定	犯罪類型 凶器 傷害の程度
139	H21.11.13 広島 強盗致傷	5年	6年 3年	・被告人がV1に対して行った暴行の内容⇒V1証言どおり ・被告人と共犯者Cの間で強盗の共謀があったか⇒認定	路上強盗(ひったくり) V1：約1週間 V2：4週間
140	H21.12.3 仙台 強盗致傷	5年	6年 できるだけ長い刑 3年6月程度	被告人が被害者をバールで殴ったか⇒肯定	路上強盗（店舗の鍵狙い） バール 約10日間

被害金額 示談等	量刑事情	量刑傾向	特徴など
なし。 	・被害結果が大きい。 ・法廷において真実を語ろうとしておらず、反省の態度がうかがえない。 ・被告人と母と母の知人が更生のためにより良い環境を作ることが期待できる。		
なし（未遂）。 なし。	・被告人がバールで殴っているという点は、バールで殴ったのが1回にとどまっており、それ以外はげんこつや足げりで暴行がされていることから、これまでの量刑の傾向を参照する際には、特に重視しなかった。 ・弁護人は、更生可能性の根拠として、若年で、内妻や1歳の子がいることを挙げるが、被告人はそのような状況のもと、執行猶予付きの有罪判決を受けたにもかかわらず、本件犯行に及んでいることからすれば、これを考慮することはできない。	本件のように共犯者が存在し、計画的な犯行で、被害者に約2週間以内の傷害を負わせたものの、強盗自体が未遂になったケースにおいては、これまでの量刑がおよそ懲役3年ないし8年に分布しているところ、裁判所も、被告人の刑については、その範囲内で検討するのが相当と考えた。 特に、前回の執行猶予付き判決直後の犯行であること、本件犯行の計画性が高いこと、被害者の精神的被害が大きいことを考慮すれば、検察官の求刑も十分にうなずけるものがあるものの、被告人について他の実行犯と量刑上差を設けるべきでないことを考慮すれば、懲役5年が相当。	No59、203と共犯。

No	判決日 裁判所 認定罪名	判決	求刑 V意見 弁意見	争点と認定	犯罪類型 凶器 傷害の程度
141	H22.2.1 さいたま 強盗致傷	5年	6年 執行猶予		路上強盗 なし 約4週間
142	H22.2.26 名古屋岡崎 強盗致傷	5年	6年 執行猶予	共犯者が持っていたバールを被害者Aの体にあてたか⇒認定できない	侵入強盗 バール 約3週間
143	H22.3.19 旭川 強盗致傷、強制わいせつ致傷（観念的競合）、住居侵入窃盗（2件）	5年	7年	被告人が被害者の両目を手でふさぎ、顔をげんこつで殴ったか⇒被告人の主張を認め、ふさいでも殴ってもいないと認定	路上強盗 なし 約5日間
144	H22.4.28 大津 強盗致傷、建造物侵入	5年	7年		その他（駐車場で待ち伏せ⇒その後店舗内に連れて行く） 包丁 10日間

被害金額 示談等	量刑事情	量刑傾向	特徴など
・現金約2万円。 ・物品約6万9650円相当。 なし。	・被告人が現実にお金に困っていたことや酔余の犯行であることは、特段酌量すべき事由とはいえない。 ・犯情の悪さ等に鑑みて、本件は執行猶予の事案とは解しない。		
指輪1個他24点（販売価格合計79万6600円相当）。 26万円の被害弁償。	共犯者の方が罪が重いが、安易に追従した被告人も相当悪く、役割という面で大幅に軽くする理由はない。		
・現金5000円。 ・物品（約2万4200円相当）。	動機・経緯についてみると、旭川に帰ってくるまでに財布や通帳などを盗まれたり、就職活動をしていた点などの事情はあるものの、むしろ、金銭を盗まれる被害者の痛みを理解すべきであるともいえるし、これまでに借金をしては自己破産までした経験を生かすことができずに、手持ちの金銭を女性との遊興費などに使ってしまってはお金に困り、窃盗事件に及んだ挙げ句に、強盗致傷事件を決意したなどというのは、身勝手で自己中心的といえ、酌むべき事情はない。		
現金117万5100円。	・周到な準備。 ・勤労意欲の乏しさは厳しい非難に値する。 ・本件犯行後約8年経過後も被害者が厳罰希望。 ・共犯者（実行犯）との役割は同等。 ・別件の犯行は別に行われた被害者も異なる犯行であることや、被告人が前回の裁判当時に本件を隠していたことなどを考慮すると、併合の利益を大きく考慮することは一般の市民感情から見て妥当とはいえない。		平成13年に当時の夫とともに夫の元勤務先で起こした事件。平成14年に別件の強盗未遂等事件で懲役2年6月の判決を受けていた。

No	判決日 裁判所 認定罪名	判決	求刑 V意見 弁意見	争点と認定	犯罪類型 凶器 傷害の程度
145	H22.6.10 名古屋 強盗致傷	5年	7年	被害者2名に手首をつかまれた後の暴行の有無⇒認定	事後強盗 折りたたみ式ナイフ V1：約1週間 V2：約15日間
146	H22.6.18 大阪 強盗致傷	5年	7年	被害者の口の中にわざとナイフを入れたか⇒わざとではない	路上強盗（スーパー駐車場で買い物客を襲ったもの） スパナ、ナイフ 約10日間
147	H22.6.25 仙台 強盗致傷	5年	7年 3年・執行猶予5年		コンビニ強盗 バール 約10日間

被害金額 示談等	量刑事情	量刑傾向	特徴など
缶ビール6缶パック等25点（販売価格合計8565円）。 	・被害品の還付は、量刑を軽くする事情にならない。 ・生い立ち・経緯に同情の余地がある。		
なし（強盗は未遂）。 なし。	・被害者の身体的被害が比較的軽く、財産的被害が生じていないこと自体は被告人にとって有利な事情として考慮できる。 ・近い将来過払い金の返還を受ける見込みであり、被害弁償に当てたいとの意向は、有利な事情としてある程度考慮できる。		
現金3万7000円。 ・経営者には被害弁償、宥恕。 ・被害者にも示談解決金20万円を支払うことを約束してうち10万円を支払ったが未だ許してはいない。	・模倣性の高い、市民生活を脅かす犯行であることは他の犯罪行為についてもいえるのであり、考慮できない。 ・借金を抱えているのに雇用主から車を購入したことは通勤のために車が必要であったことを考えると何ら責められるべきものではない。 ・更生可能性については、雇用主による監督にも若干の不安が残る以上、有利な事情としては考慮できない。 ・被害者は示談をしたものの被告人を未だ許していないのでこの点を有利に考えることができず、経営者が宥恕している点もそれほど有利には考慮できない。 ・前科前歴がない点は、本件の重大性を考慮すれば有利な事情にはならない。 ・27歳で未熟であるという主張は未成年者であればともかく全く理解できない。		

No	判決日 裁判所 認定罪名	判決	求刑 V意見 弁意見	争点と認定	犯罪類型 凶器 傷害の程度
148	H22.6.30 横浜 強盗致傷、恐喝、傷害、窃盗（2件）	5年	8年 執行猶予		路上強盗 なし 約9日間
149	H22.7.1 富山 強盗致傷	5年	7年 執行猶予		路上強盗 約1か月間
150	H22.9.7 東京 強盗致傷、窃盗（2件）	5年	8年	暴行及びその認識の有無⇒いずれも肯定	路上強盗(ひったくり) なし（バイクを利用したひったくり） 約1か月間
151	H22.9.30 東京 強盗致傷	5年	6年	負傷原因⇒特殊警棒での殴打と認定	事務所強盗 特殊警棒 約2か月間
152	H22.9.30 長野 強盗致傷	5年	8年		路上強盗 一升瓶 約2か月間

被害金額 示談等	量刑事情	量刑傾向	特徴など
・現金約1万円。 ・時価合計2万4000円相当。 ・示談。 ・宥恕あり。	弁護人は、被告人の生い立ちに酌むべき事情があるとして、これを量刑上考慮すべきであると主張する。確かに、被告人の生い立ちには同情すべき点が認められるが、被告人が既に成人に達していること（事件当時31歳）や、前述のとおり、本件各犯行の経緯や動機に酌むべき事情がないことを考慮すると、上記の点を本件の量刑上考慮に入れるのは適当でない。		
・現金約6万円。 ・時価6000円相当の財布。 共犯者から被害弁償。	・犯行の手口が悪質。 ・被告人は主導的立場にない。		
・現金約3000円。 ・物品（約7万7000円相当）。 弁償。		同種事案の量刑動向も参考にした上で。	
現金約7万円。 なし。	・被害者の傷害は、強盗の手段としての暴行によって生じたものではなく、被告人が取り押さえられようとした矢先のとっさの暴行から生じたものであり、また、たまたま指先の骨折が生じたために加療期間が長期にわたった可能性が高い。 ・被告人は、被害会社従業員らによって、殺されるのではないかとの恐怖を感じるほど苛烈な反撃行為を受け、実際に、頭部左側に11針も縫うような大怪我を負い、ほか頭部右側に4か所の切り傷、腰や背中等に多数の打撲傷を負って、救急車で病院に搬送されたのであり、既に相応の制裁を受けているとも評価できる。		
現金6000円。 一部供託。			No126と共犯。

No	判決日 裁判所 認定罪名	判決	求刑 V意見 弁意見	争点と認定	犯罪類型 凶器 傷害の程度
153	H22.10.7 東京 強盗致傷、窃盗、銃刀法違反	5年	7年 3年・執行猶予	被告人が被害者に体当たりして床に倒した事実の有無⇒検察官主張は認められず	コンビニ強盗 包丁 約2週間
154	H22.12.10 横浜 強盗致傷、逮捕監禁、窃盗	5年	8年		監禁強盗 木製棒様のもの 約2週間
155	H23.3.3 釧路 強盗致傷、常習累犯窃盗	5年	6年 3年		侵入強盗（事後強盗） いすの脚 約6週間
156	H23.3.11 千葉 強盗致傷、強盗未遂	5年	8年		コンビニ強盗 カッターナイフ 約1週間
157	H23.7.29 福岡 強盗致傷	5年	6年 3年		事後強盗 約2週間

被害金額 示談等	量刑事情	量刑傾向	特徴など
なし（未遂）。 なし。		強盗致傷罪の量刑傾向も参考にし。	
・現金約318万円。 ・キャッシュカード（71万7000円引出）。 ・自動車（約600万円相当）。 なし。	被害者はもともと被告人らと同じ暴力団組織に所属していたものであり、本件は、仲間内の金銭トラブルに端を発した犯行という面がある上、落ち度とまではいえないものの、借金の返済を滞らせた点等については、被害者の側にも問題があったことは否定できない。また、当初の暴行以外には、被害者に対してさしたる暴行は加えられていないし、監禁中、被害者の求めに応じて病院にも連れて行っている。これらの点は、被告人らのために考慮すべき事情である。	強盗致傷（共犯）の事犯に関する量刑の傾向なども考え合わせた結果、被告人の更生への期待を込めて5年。	
現金6000円。 なし。	被告人が知的障害を有していることの影響により被告人の責任能力が著しく低い状態にある疑いが払拭できないことは刑を下げる事情といえる。		心神耗弱につき争いなし。
現金４万2000円。 なし。		従前の同種事案に対する量刑の傾向も参考にして。	
現金890円。 なし。	・極めて安易に被害者の顔面を殴打するという手段を選択しており、経緯・動機に酌量の余地なし。 ・前科６犯。 ・前刑執行終了後約２年３か月後の犯行。 ・計画的な犯行とまではいえない。 ・被告人なりに反省の態度を示している。	単独犯、事後強盗、凶器不使用、傷害の程度が２週間以内、被害額が１万円以内、被告人に前科ありに着目して量刑の傾向を見ると、相当期間の実刑とした判決が多数存在しているが、その多くは酌量減軽している。	コンビニエンスストアで万引きをしたのを経営者に見つかり、暴行した事案。

No	判決日 裁判所 認定罪名	判決	求刑 V意見 弁意見	争点と認定	犯罪類型 凶器 傷害の程度
158	H23.8.3 大津 強盗致傷	5年			事後強盗 催涙スプレー、植木鉢 約1週間
159	H23.9.13 東京 強盗致傷	5年	6年	被告人らが仰向けに倒れた被害者の腹部付近に馬乗りになったか否か（犯罪の成否には無関係）⇒腹部付近に「またがった」と認定	路上強盗 なし 約4週間
160	H22.2.3 大阪堺 強盗致傷	4年6月	6年		事後強盗 パイプレンチ 約2週間
161	H22.2.12 千葉 強盗致傷	4年6月	6年	・窃盗についての共謀の有無⇒あり ・暴行の有無⇒あり ・暴行脅迫についての共謀の有無⇒あり	事後強盗 なし 約4日間
162	H22.2.18 横浜小田原 強盗致傷	4年6月	6年 3年		コンビニ強盗 カッターナイフ 約3週間

被害金額	示談等	量刑事情	量刑傾向	特徴など
現金5356円。	なし。	・事務所に連行後も偽名を使ったり、被害品の一部を隠匿したりして刑事責任を免れようと腐心しており、犯行後の情状もよくない。 ・犯行に計画性はなく、比較的軽微な事案。 ・現在68歳と比較的高齢。		・窃盗多数を含む前科20犯。 ・累犯前科3件。 ・前刑終了後約2週間後の犯行。
・現金約2万3000円。 ・物品約71万2000円相当。	なし。			
なし（未遂）。	・示談成立し、100万円支払い。 ・被害者が執行猶予付判決を求める嘆願書作成。	・傷害を負った被害者が被告人側の情状証人として出廷し、社会内で更生してほしい旨述べている。 ・執行猶予期間後2か月足らずの犯行で、法律を守ろうとする意識が乏しい。		
なし（未遂）。	なし。		同種事案についての従前の量刑の傾向を参考とした上で。	No109と共犯。
物品1870円相当。	なし。			自首。

No	判決日 裁判所 認定罪名	判決	求刑 V意見 弁意見	争点と認定	犯罪類型 凶器 傷害の程度
163	H22.3.26 青森 強盗傷人	4年6月	7年 執行猶予	被告人が被害者の顔を蹴ったか⇒1回蹴ったことは間違いない	路上強盗 なし 約1か月間
164	H22.3.26 千葉 強盗致傷①②	4年6月	7年 4年		路上強盗 なし ①約2週間 ②約2週間
165	H22.4.15 山形 強盗致傷①②	4年6月	7年 執行猶予		①室内強盗（デリヘル嬢） ②路上強盗 なし ①約10日間 ②約1週間

被害金額 示談等	量刑事情	量刑傾向	特徴など
・現金約3万5000円。 ・物品約2000円相当。 ・示談。 ・厳しい処罰までは望まず。	・被告人と同じような境遇で育った者が皆このような事件を起こすわけではない。 ・弁護人が被告人のために指摘した事情もある程度評価できるが、それらを考慮してもやはり被告人の責任は重く、被告人の立ち直りのためには、自らが犯した罪をしっかり償うことによりその責任を自覚し、けじめを付けた上で、新しい気持ちで周囲の協力を得ながら社会復帰することが相当であると考え、執行猶予は付さないこととした。		
・現金約5000円。 物品約4万5000円。 ・なし（未遂）。 なし。	本件犯行は、態様が悪質であり、被害者に多大な苦痛を与えるものであるから、その刑事責任は重大というほかなく、実刑は免れないが、他方で、被告人が反省、悔悟の弁を述べ、更生の意思を示していること、一応の監督体制があること、被告人の年齢等からすると、さほど長期間施設に収容しなくとも、今後、矯正教育を受ける中で、本件犯行の原因や被害者の苦痛にさらに思いを至らせ、反省を深めることも期待し得る。	・強盗致傷の事案において、凶器を使用しない路上強盗で、被害金額が10万円未満、被害者の負った傷害が加療期間等2週間以内の事件の従前の量刑傾向は、懲役3年から9年に分布するところ、酌量減軽して懲役6年を下回る事案も相当数認められる。 ・前記量刑分布及び弁護人の量刑意見を前提として。	
①サービス料金の支払を免れた。 ②物品約2300円相当。 ・示談。 ・被害弁償。		同種事案の量刑の傾向も合わせ考え。	No100、221と共犯。

No	判決日 裁判所 認定罪名	判決	求刑 V意見 弁意見	争点と認定	犯罪類型 凶器 傷害の程度
166	H22.4.16 松山 強盗致傷、建造物侵入、窃盗	4年6月	7年 3年・執行猶予4年		侵入強盗 ガムテープ 約2週間
167	H22.4.21 名古屋岡崎 強盗致傷	4年6月	6年	被告人の暴行の内容⇒検察官主張の一部は認められない	事後強盗 自動車 V1：約4週間 V2：約2週間
168	H22.7.7 千葉 強盗致傷	4年6月	7年		無銭飲食強盗 自動車 約1週間
169	H22.9.2 東京 強盗致傷	4年6月	6年 3年6月		路上強盗 けん銃様のもの（殴るのに使用）、あいくち様の刃物 約2週間
170	H22.11.19 山口 強盗致傷、窃盗、住居侵入	4年6月	7年 3年・執行猶予4年	・果物ナイフを被害者に突き付けたか⇒認定 ・電気コードで被害者の首を絞めようとしたか⇒首とは断定できない（強盗致傷罪の成否⇒成立）	侵入強盗 果物ナイフ、電気コード 約15日間
171	H22.12.16 さいたま 強盗致傷	4年6月	7年 執行猶予	木刀で殴打した部位が頭部か左肩か⇒公訴事実どおり頭部と認定	路上強盗（店舗の売上金狙い） 木刀 約2週間

被害金額 示談等	量刑事情	量刑傾向	特徴など
現金24万円。 被害弁償（被害金額上回る）。	・高齢で小柄な女性を引き倒し、その脇腹を力一杯殴るなど、計画性が非常に高い。 ・一人暮らしの高齢者が多い地域で付近住民に不安を与えた。 ・勤務先を懲戒解雇、離婚して長女とも別居するなど不利益を受けている。 ・窃盗については自首。		
缶ビール3パック等25点（販売価格合計1万7628円）。 被害者らと示談成立。	・自動車を使用した犯行態様は危険で悪質。 ・傷害結果が重大。		
飲食代金1万4000円。 なし。			
なし（未遂）。 ・示談。 ・減刑希望。		最近の同種事案の量刑傾向等を考慮すると。	
合計6万円相当（商品券17枚、ネックレス等5点）。	・立て続けに3件の事件。 ・本当のことを言っていないと考えられる部分があり、十分な反省があるか疑問。 ・夫が多額の借金を残して死亡し、ヤミ金や知人への返済に追われて切羽詰まっていた。		
・現金113万9847円。 ・物品約8万9600円相当。 ・示談。 ・宥恕あり。	被告人には他人に同調して行動する安易な側面があり、これが共犯者の誘いに乗って本件犯行を敢行した遠因となっていると理解できる。このような被告人の精神的な未熟さは、被告人がいまだ若年で前科がないことを併せ考えると、今後被告人の周囲の環境等によっては立ち直りが期待できる事情として評価することも可能である。	量刑傾向等を踏まえ、有利な事情等を総合考慮 ⇒酌量減軽して4年6月。	

No	判決日 裁判所 認定罪名	判決	求刑 V意見 弁意見	争点と認定	犯罪類型 凶器 傷害の程度
172	H23.4.28 福井 強盗傷人	4年6月	7年		タクシー強盗（タクシー1台を強盗しようとした） ツールナイフ（刃体約7.6センチメートル） 12日間
173	H23.6.3 福岡 強盗致傷、銃刀法違反	4年6月	6年 3年・執行猶予5年	暴行・脅迫が強盗致傷成立に必要な程度のものか⇒認定	タクシー強盗 折りたたみ式ナイフ 約10日間
174	H23.6.6 大阪 強盗致傷	4年6月	7年	・被害者に暴行を加えた際、飲食代金の支払いを免れる目的を有していたか⇒認定 ・被害者を路上に投げ倒し、首を両手で絞めたか⇒認定せず	利益強盗（食い逃げ後の強盗） 約1週間
175	H21.11.13 大阪 強盗致傷	4年	6年	被告人の最初の暴行は足蹴りか両手での突き飛ばしか⇒足蹴り	路上強盗 約2週間

被害金額	示談等	量刑事情	量刑傾向	特徴など
なし。	・病院代7万円及び見舞金2万円の交付（一定程度の被害弁償）。 ・被害者には療養補償給付3万6258円が支払われている。	実母が実父と離婚して家族臨床心理の専門家の支援を受けながら被告人の指導監督に当たっていくことを決意しており、同専門家も支援していくと述べている。		医療少年院で広汎性発達障害の疑い及び軽度精神遅滞との診断。平成21年10月、第2種知的障害者の療育手帳取得。起訴前鑑定で、発達障害（程度は重くない）と鑑定意見。
セカンドバッグ1個（3万7700円相当）及び乗車料金6150円の利得。	タクシー代金及び被害品の弁償。	・左頚部付近にナイフを突きつける態様は悪質。 ・ナイフの殺傷能力が高いとはいえない。	刃物を用いたタクシー強盗という点に着目して従前の量刑の傾向をみると、多数の実刑判決が存在しており、少数ながら執行猶予判決も存在している。	
現金5439円（飲食代金）。	被害弁償と謝罪の申し出のみ。	柔道経験者でありながら、一方的な暴行。逮捕後、Cに偽証を求めるかのような手紙を書き、不自然不合理な弁解に終始しており真摯な反省は認め難い。犯行は偶発的。公判請求は初めて。		無銭飲食後に、飲食代金の支払いを求めに追いかけてきた被害者に暴行を加えた事案。
・現金2万1000円。 ・物品時価18万9600円。		・本件犯行を主導したのは共犯者B。 ・被害者転倒後の暴力は非常に強力というほどではなく、怪我の程度も比較的軽い。		

No	判決日 裁判所 認定罪名	判決	求刑 V意見 弁意見	争点と認定	犯罪類型 凶器 傷害の程度
176	H22.1.22 津 強盗致傷、器物損壊、窃盗（2件）	4年	6年	・被告人は右腕を被害者に右にまきつけて首を絞めたか⇒否定 ・被告人は「騒ぐなよ」と言ったか⇒認定	路上強盗 十徳ナイフ 約1週間
177	H22.1.29 東京 強盗致傷、逮捕監禁	4年	7年	・現金奪取が強盗に当たるか（現金奪取に向けられた暴行の有無）⇒当たる ・現金奪取につき共謀があったか⇒共謀なし	監禁強盗 錐 約2週間
178	H22.1.29 大阪 強盗致傷	4年	7年		路上強盗 約20日間
179	H22.2.25 津 強盗致傷、窃盗（2件）	4年	7年	被害者の頭部打撲挫創は、被告人がスプレー缶で殴ったことにより生じたものか⇒疑問あり（強盗の機会に生じたことは認定）	事後強盗 催涙スプレー 約10日間
180	H22.5.14 山口 強盗致傷	4年	6年	・暴行の故意の有無⇒あり ・事件当時の責任能力（クレプトマニアとして心神耗弱を主張）⇒完全責任能力	事後強盗 軽自動車 約1週間

被害金額 示談等	量刑事情	量刑傾向	特徴など
・現金1万9438円。 ・カバン1個（時価合計約5万900円）。 被害者3名に合計2万円の支払いを申し入れ、うち2名に合計1万500円支払っている（窃盗被害者）。	・被害者の鞄を強取した後被害者に十徳ナイフを示しており、悪い。 ・カバンを奪う手段としてナイフを使用しておらず、ナイフを示した際の被害者との距離も比較的離れていて危険性が低い。		窃盗は車上狙い（自動車のドアなどを壊した上で財物を奪う）。
・現金3000円。 ・物品5000円相当。 できる限りで被害弁償。	・被告人らが本件犯行に及んだことについては、被害者の側にも原因があった。 ・被告人は、基本的に事実を認めて、反省の言葉を述べている。 被告人には前科はない。		No222と共犯。
現金9万6000円。	・一見して明らかな高齢の女性に狙いをつけ、道を尋ねる振りをして被害者が油断した際に腹付近を2回も殴った態様は卑劣であり、危険かつ悪質であって、刑の重さを決めるに当たって最も重視すべき。 ・場当たり的。 ・今まで仕事はまじめにしている。		
カーナビ（5万円相当）。 強盗致傷の被害者に被害弁償として5万円送付。	・催涙スプレー缶で頭部を殴るのは危険な行為。 ・窃盗と強盗の財産的被害が多額。		
本4冊（販売価格合計2902円）。 ・被害店に対して：事件対応費用等4万4616円支払。 ・被害者に対して：慰謝料として16万360円支払。	・十分な反省に疑問が残る。 ・窃盗の執行猶予中の犯行であり、万引きについての抵抗感に乏しい。		

No	判決日 裁判所 認定罪名	判決	求刑 V意見 弁意見	争点と認定	犯罪類型 凶器 傷害の程度
181	H22.7.1 前橋 住居侵入、強盗致傷	4年	6年		事後強盗 なし 約1週間
182	H22.7.8 津 強盗致傷、窃盗	4年	6年	知人に操られての犯行か⇒否定	路上強盗 催涙スプレー 約1週間
183	H22.9.10 東京立川 強盗傷人	4年	6年		路上強盗？（パチンコ店のトイレ） 特殊警棒 約10日間
184	H23.2.10 広島 強盗致傷	4年	6年 執行猶予		路上強盗（ヒッチハイカーに対する犯行） カッターナイフ 加療約5日間

被害金額 示談等	量刑事情	量刑傾向	特徴など
現金2000円。 なし。	・被告人は、当公判廷において、被害者に対する謝罪の弁を述べているものの、社会復帰後に二度と犯罪を繰り返さないとの決意を述べておらず、十分な反省の情は酌み取れず、被告人の前科関係や、窃盗について職業的なものであること等を考慮すると、再犯可能性が高いことは否定し難く、被告人に真摯な反省を求めるためにも厳しい処罰が必要である。 ・被告人の年齢（69歳）や粗暴犯の前科がないことは、被告人のためにそれほど有利に考慮できる事情とはいえない。	本件は、強盗致傷の事案の中でも軽微な部類に属するものであり、酌量減軽すべき事案といえる。	
時価合計3万7800円相当のビジネスバッグ1個。	・被害弁償20万円を分割払いする契約の成立。 ・被害者の傷害が加療約1週間にとどまっている。		No5の共犯者の事件。本件の約2か月前に執行猶予付き判決あり。
なし（未遂）。 ・治療費2万3000円・損害賠償金10万円支払。 ・被害者は許し、寛大な判決を希望。			
現金9500円。 被害の一部返還。	・ガソリン代のみならず当面の小遣いも手に入れようと犯行に及んだと推認でき、動機が短絡的。 ・財産的被害の一部（8000円）を返還。 ・社会復帰後に50万円の弁償に努める旨述べている。		弁護人の主張を排斥し、動機について被告人の供述や事件当時の行動から推認している。

No	判決日 裁判所 認定罪名	判決	求刑 V意見 弁意見	争点と認定	犯罪類型 凶器 傷害の程度
185	H23.7.8 釧路 強盗致傷、銃刀法違反	4年	7年 執行猶予		コンビニ強盗 包丁 約2週間
186	H23.9.5 広島 強盗致傷	4年	6年 3年		路上強盗 ライター 約6日間
187	H21.12.10 名古屋 強盗致傷	3年6月	5年 執行猶予		路上強盗 金属バット 約1週間

被害金額 示談等	量刑事情	量刑傾向	特徴など
なし（未遂）。 なし。	・被告人は、生活費に困っていたところ、やりくりができたにもかかわらず、パチンコで所持金を増やそうとして失敗し、使い果たした挙げ句、簡単に現金が手に入ると考えて安易に強盗を行っているが、強盗する以外にも方法があったのであるから、経緯や動機は同情できない。 ・いわゆるコンビニ強盗が重い罪であることを社会に知ってもらう必要もある。		
キャッシュカード1枚。 被害弁償の申し出を断られ、被害者の示唆により震災の義捐金として5万円を寄付。	・卑劣で悪質な犯行。 ・被害者は被告人を許していない。 ・被告人の役割はBやCより大きい。 ・社会復帰後の雇用を申し出る知人がいる。 ・罰金前科の他の前科がない。		最後に、共犯者Bと刑事責任の重さがさほど変わらないとした上で、Bと被告人との共犯で起こした事件（確定）と本件で併せて懲役6年となっていることから、被告人については、併せて6年間を相応に下回る量刑にするよう配慮すべきとされている（過去の確定判決は懲役1年6月）。
スポーツバッグ等時価合計約2万円相当。 示談成立。	・自首成立。 ・被告人の幼稚な思考や経済感覚のなさが招いたもの。 ・社会に与えた影響は必要以上に考慮すべきでない。		

No	判決日 裁判所 認定罪名	判決	求刑 V意見 弁意見	争点と認定	犯罪類型 凶器 傷害の程度
188	H22.2.26 東京 強盗致傷	3年6月	6年 	・暴行が反抗抑圧程度にあたるか⇒あたる ・強盗の故意があったか⇒故意あり	路上強盗 なし 約2週間
189	H22.5.21 名古屋 強盗致傷幇助、覚取法違反	3年6月	8年 執行猶予	共謀共同正犯か従犯か⇒従犯	路上強盗(売人つぶし) 果物ナイフ 約3週間
190	H22.10.15 東京 強盗致傷	3年6月	5年 3年・執行猶予		侵入強盗 特殊警棒 約2か月間
191	H23.5.27 鹿児島 強盗致傷①②	A･Bともに3年6月	A･Bともに6年 A･Bともに執行猶予		路上強盗(ひったくり) ①約1週間 ②約3週間
192	H23.6.15 広島 強盗致傷	3年6月	5年 1年6月	・暴行脅迫の程度は恐喝の範囲内か⇒強盗成立程度 ・共謀の範囲⇒強盗	路上強盗 ライター 6日間
193	H23.7.1 東京 住居侵入、強盗致傷幇助、電磁的公正証書原本不実記録、同供用	3年6月	6年 執行猶予	強盗傷人の共謀共同正犯の成否⇒被告人の役割は相対的に低く、共犯者らが被害者を傷付けることまでの認識があったとは認められないとして、強盗致傷の幇助犯を認定	侵入強盗 刃物 V1：約70日間 V2：約10日間

被害金額 示談等	量刑事情	量刑傾向	特徴など
・現金447円。 ・物品約23万2000円相当。 ・なし。 ・被害品は還付。	被告人の刑を重くする事情に加えて、被告人の現時点での生活状況等も考慮すると、本件において刑の執行を猶予することは相当でなく、実刑を科することはやむを得ない。	同じ類型の事件における従来の量刑分布をも参考にして。	
・現金約55万円。 ・時価約25万円相当の自動車。 示談成立し、被害者の宥恕もある。	示談成立し、被害者の宥恕もあるが、社会に不安を与えるような重大事案であることから、大きく考慮できない。被害者が違法薬物の密売人だからといって、強盗という犯罪の対象とすることが許されるものではない。		
現金約7万円。 ・示談。 ・宥恕あり。			No55と共犯。
①現金134円(物品時価合計1万100円)。 ②なし。 ①の被害者との間で示談成立(A・Bとも)。	強盗の目的が強いものでなかったことは刑を軽くする事情といえる。犯罪傾向の深まりは見出せない。		鬱憤晴らしで、10分の間に連続して起こした事件。
キャッシュカード1枚。	共犯者Aがリードしており刑事責任はAより軽いが、関与が従属的とはいえない。		平成22年3月1日に併合罪関係に立つ事件につき確定判決あり(執行猶予付き判決)。
・現金8万2500円、1万6000ウォン。 ・物品12万5000円相当。 なし。			

No	判決日 裁判所 認定罪名	判決	求刑 V意見 弁意見	争点と認定	犯罪類型 凶器 傷害の程度
194	H22.2.18 東京 強盗致傷、強盗	3年	4年 3年・執行猶予4年	責任能力（耗弱主張）⇒心神耗弱	タクシー強盗 果物ナイフ 約1週間
195	H22.6.3 前橋 強盗致傷	3年	5年	・窃盗の犯意発生時期⇒弁護人主張どおり窃取の直前 ・代金精算の意思の有無⇒検察官主張どおり無し ・故意に車を急発進させたか⇒弁護人主張どおり故意ではないことは否定できない	事後強盗 自動車 約3週間
196	H22.6.16 東京 強盗致傷	3年	6年 執行猶予		店舗強盗 なし 約2週間

被害金額 示談等	量刑事情	量刑傾向	特徴など
なし（未遂）。 ・示談。 ・寛大な処分を願う。	・犯罪の悪質性からすると、示談が成立しているからといって、刑を大幅に軽くする事情にはならない。 ・再犯の可能性を考える上では、不確定な要素がいろいろある。再犯の可能性が確実に低いという前提で、刑をかなり軽くすることは適当でない。 ・犯行自体に関する事情を踏まえると、被告人の更生への期待を抱きつつ、被告人が心神耗弱であることが刑をかなり軽くする事情であることや、その他被告人のために酌むべき事情を考慮しても、執行猶予に付するのは相当ではない。		
物品396円相当。 ・保険金により被害賠償見込み。 ・母から謝罪金100万円。	被告人に有利な事情も少なからず認められ、被告人に対する刑の執行を猶予し、直ちに社会内更生の機会を与えるのが相当か否か種々検討を重ねたが、本件の犯行態様が危険かつ悪質で、被害者に与えた傷害の結果も軽視できず、被害者の処罰感情が強いのも理解でき、犯行の動機や犯行後の行動が自己保身を図った身勝手なものであることを考慮すると、被告人の刑事責任は重く、本件が事後強盗を前提とする強盗致傷の事案であるとはいえ、刑の執行を猶予するに足る情状があるとは認められず、被告人に贖罪を果たさせけじめをつけさせるためには実刑判決はやむを得ない。		
・現金約5000円。 ・物品約15万100円相当。 なし（会社とは和解）。	被告人は、本件店舗を経営する会社との間では和解契約を結び、和解金を支払っているが、この契約は被害者本人とは無関係になされたものであるから、このことを過大に被告人にとって有利に評価することはできない。		

No	判決日 裁判所 認定罪名	判決	求刑 V意見 弁意見	争点と認定	犯罪類型 凶器 傷害の程度
197	H22.8.9 大阪 強盗致傷	3年	6年 執行猶予		その他（元交際相手とのトラブル） 約3週間
198	H23.5.27 大津 強盗致傷	3年	6年 執行猶予		売上金狙い 鉄パイプ 約23日間
199	H21.10.1 千葉 強盗致傷	3年・執行猶予5年・保護観察付	4年	暴行が反抗抑圧程度にあたるか⇒あたる	事後強盗 なし 約5日間

被害金額 示談等	量刑事情	量刑傾向	特徴など
・現金約1000円。 ・物品時価合計3万1400円相当。 示談成立。	・強盗の計画性はそれほど高くない。 ・金40万円を支払い示談成立。 ・真に深まっているかについては疑問があるが、被告人なりに反省の念を深めつつある。		
なし。 ・被害弁償20万円を払うことで示談成立。 ・嘆願書作成（その後検察官に受けるべき刑を受けて欲しいと述べている）。	・組織的計画的な犯行であり、計画内容も粗暴で危険であって、強盗事件の中でも相当に悪質。 ・犯行態様は、卑劣かつ凶暴。 ・他の共犯者に比べて関与の程度が低い。		他の共犯者との刑の均衡について言及。
物品約3000円相当。 ・示談。 ・被告人の反省等を前提に許す。	・現実の結果は全治約5日間の傷害であり、自動車に巻き込まれてもいないのであるから、暴行の危険性を殊更に強調するのは相当でない。 ・被害者に謝罪すること自体は人として当然のことで、被告人が真に反省しているか疑問があり、物事を金で解決しようとする態度も垣間見られるものの、被告人の給料のほぼ1年分に相当する現金を被害弁償に充てて、十分な損害の補填がなされていることは事実であり、評価すべきである。 ・安全な市民生活を送るためには、被告人が二度と同様の犯罪を繰り返さないように社会が監視し、更生させることが重要であるとの認識に達し、被告人が、今後断酒して精神科医の専門治療を受けて性的な欲望をコントロールすると決意しており、証人医師の協力も得られる状況を考慮すると、社会内で更生させることが相当であるとの結論に達した。	・事後強盗罪から発展した強盗致傷罪であり、単独犯、傷害結果が加療約2週間以内、財産的被害額が1万円以下の犯罪類型に当たる。 ・自動車を使用した強盗事案であるが、本件が自動車を被害者にぶつけたり、被害者を引きずったりするような形態ではなく、逃走手段として自動車を用いたという点を重視して、「凶器を使用しない犯罪類型」に準じたものと評価するのが相当。 ・本件事案の内容に照らして、このような犯罪類型に対する過去の裁判例で示された量刑幅を参考にするのが相当。	

No	判決日 裁判所 認定罪名	判決	求刑 V意見 弁意見	争点と認定	犯罪類型 凶器 傷害の程度
200	H21.10.22 横浜小田原 強盗致傷、窃盗(2件)、傷害	3年・執行猶予5年・保護観察付	6年 3年・執行猶予・保護観察付		事後強盗 なし 約2週間
201	H21.11.19 さいたま 強盗致傷	3年・執行猶予5年・保護観察付	5年 執行猶予		事後強盗(万引き) なし 約20日間

被害金額 示談等	量刑事情	量刑傾向	特徴など
物品12万2709円相当。 ・示談。 ・被害弁償。	被告人は、21歳と若年で、刑事裁判を受けるのは今回が初めてであること、父親が出廷して、社会復帰後の監督を誓約し、さらに、以前の雇主が被告人の再雇用を申し出ていること、そして何より、当法廷において、被告人が、真摯な表情で反省の言葉を述べ、今度こそ更生したいとの強い意欲を示していることなど、被告人に有利な事情がある。		
なし（未遂）。 一部弁償。	・被告人はこれまで約半年間、身柄を拘束され、懲役刑に服したのと同視はできないものの、その間、社会から隔離されたことにより、事件直後にはなかった反省の気持ちが芽生えてきている。 ・本件と同様の事例においては、窃盗から発展することが往々にしてあることとの関係で、窃盗等の財産犯に関する常習性も考慮しなければならない事情であるが、被告人にはもとより前科はなく、本件の常習性を強く基礎付けるような前歴もない。本件に至るまでの万引きの回数や期間（本件前日に1回、1週間前に1回）、万引きした物の数等に照らせば、未だ本件の発端となった万引きが刑を重くする程度に常習的な犯行であったと評価するには足りない。	本件と同様に、窃盗に着手した者が、逃走等の目的で被害者1名に対し凶器を用いずに暴行等を加えて傷害を負わせた場合に関し、近年の例では、①懲役3年で執行猶予、②5年超6年以下が特に多く、重いものでも7年程度。これは、本件と同様の事例においては、当初から暴力を振るうことまで予定していたわけではなく、往々にしてより軽い窃盗事件から逃走等の過程で発展してしまいがちな事件であること、凶器が用いられる場合に比して危険性が低く、傷害結果が比較的重くはないことが多いことなどから、強盗致傷罪が想定する事件類型の中では軽い類型ということができるからであると思われ、本件もこのような量刑の幅の中に位置づけられること自体は肯定できる。	

No	判決日 裁判所 認定罪名	判決	求刑 V意見 弁意見	争点と認定	犯罪類型 凶器 傷害の程度
202	H21.12.10 名古屋岡崎 強盗致傷	3年・執行猶予5年・保護観察付	6年		侵入強盗（コンビニ強盗） 料理用包丁 約1週間
203	H21.12.16 仙台 強盗致傷、建造物侵入（5件）、窃盗（5件）	3年・執行猶予5年・保護観察付	6年 3年・執行猶予5年・保護観察付		路上強盗（店舗の鍵狙い） バール 約10日間
204	H22.1.15 大阪 強盗致傷	3年・執行猶予5年・保護観察付	5年 執行猶予・保護観察付		侵入強盗 約24日間

被害金額 示談等	量刑事情	量刑傾向	特徴など
なし。 被害者が被告人と示談し、被告人の処罰を望んでいない。	・犯行が危険で計画的。 ・動機や経緯に同情できない。		
なし（未遂）。 約106万円支払。		本件のように共犯者が存在し、計画的な犯行で、被害者に約2週間以内の傷害を負わせたものの、強盗自体が未遂になった強盗致傷事件のケースにおいては、これまでの量刑はおよそ懲役3年ないし8年の実刑に分布している。 特に、被告人の犯罪傾向が進んでいないこと、被告人の強盗致傷事件における責任が実行犯のうち一番低いと評価すべきこと、その更生環境が整っていることを考慮すると、上記分布内で量刑するのではなく、被告人を最下限の刑に処し、その執行を保護観察付きで猶予するのが相当と判断した。	No59、140と共犯。
販売価格3280円相当。 ・被害店舗と示談成立。 ・両親が被害者に30万円を慰謝料として支払い。 ・被害店員の被害感情一定程度緩和。	・手口が常習的で手慣れている。 ・被害店員はかなりの怪我を負っている。 ・単なる遊ぶ金欲しさの犯行とは認めがたい。 ・被害店員の治療費・休業損害は、労災給付により補填。		換金目的で書店で人気コミックを万引きしたところ店員に見つかり暴行を加えたもの。教護院時代の指導教官が、被告人を元来まじめな性格などと証言。

No	判決日 裁判所 認定罪名	判決	求刑 V意見 弁意見	争点と認定	犯罪類型 凶器 傷害の程度
205	H22.2.5 さいたま 強盗致傷	3年・執行猶予5年・保護観察付	5年 		路上強盗 なし 約1か月間
206	H22.2.19 東京 強盗致傷	3年・執行猶予5年・保護観察付	5年 執行猶予		路上強盗 なし 約3週間
207	H22.3.18 大阪 強盗致傷、窃盗	3年・執行猶予5年・保護観察付	5年 		路上強盗（援交狩り） 約3週間
208	H22.3.19 広島 強盗致傷	3年・執行猶予5年	5年 執行猶予	・被告人の暴行の順序⇒被害者の証言通りに認定 ・暴行により被害者のろっ骨が折れたか⇒認定 ・被告人の暴行は被害者の反抗を抑圧する程度のものか⇒認定	事後強盗 約1か月間

被害金額 示談等	量刑事情	量刑傾向	特徴など
・現金5万円。 ・物品約3万円相当。 ・示談。 ・厳罰望まない。	被告人が、遠く故国を離れて、慣れない日本において幾多の困難に遭いながら生活してきたという不遇な境遇を有することは否定しないが、こうした事情を、特に被告人に有利な事情と見ることはできない。		
現金6000円。 ・示談。 ・30万円支払。 ・寛大な処分を求める。	被告人が5か月近い身柄拘束を受けるなどの中で、今回の行動について反省し、その原因となっている自分の考え方や行動の仕方についても目を向けるようになっており、今後の生活についても具体的な目標をもって努力していると認められる。以上のほか、被告人がいまだ20歳と若年であることなどを考慮すると、被告人に対しては、酌量減軽をした上で、直ちに実刑に処するのではなく、社会内での更生を期待したい。		
強盗致傷の被害は財布等時価合計3万8050円。その後の同一被害者に対する窃盗で現金69万円。 ・共犯者とともに70万円支払い示談成立(被告人は35万円負担)。 ・被害者が被告人につき、実刑を望まない旨述べている。	・約1か月「援助交際撲滅運動」と称して本件と同様の事件を繰り返しており、当時、法を守る意識が身についていたとはいえない。 ・平成19年夏ころに道路交通法違反の犯行に及んでいることから、考え方も身勝手で自己中心的であったといえる。		平成19年に共犯者3名と起こした事件。被告人は事件当時19歳。
ヘアトリートメント4本(販売価格合計3112円)。	・被告人が加えた一連の暴行はとても強い。 ・傷害の結果は軽くない。 ・犯行には計画性がない。 ・10万円を用意し、弁償の努力を行い、今後も弁償を続けることを約束している。 ・9か月の身体拘束で既に一定の制裁を受けている。 ・本国に病気の母親がいる。 ・内縁の夫の監督が期待できる。 ・被告人の反省には疑問があるが刑を決するにあたっては付随的に考慮するにとどまった。		

No	判決日 裁判所 認定罪名	判決	求刑 V意見 弁意見	争点と認定	犯罪類型 凶器 傷害の程度
209	H22.5.24 横浜 強盗致傷、窃盗	A・Bともに3年・執行猶予5年・保護観察付	A・Bともに5年 A・Bともに執行猶予		路上強盗 なし 約25日間
210	H22.5.28 大阪 強盗致傷、窃盗	3年・執行猶予5年・保護観察付	5年 3年・執行猶予4年		路上強盗（援交狩り） 約3週間
211	H22.6.10 神戸 強盗致傷	A・Bともに3年・執行猶予5年・保護観察付	A・Bともに6年 A・Bともに執行猶予		路上強盗（駐車場） 木製バット V1：約2週間 V2・V3：約7日間
212	H22.7.15 津 強盗致傷、窃盗	3年・執行猶予5年・保護観察付	6年		路上強盗 催涙スプレー 約1週間

被害金額 示談等	量刑事情	量刑傾向	特徴など
・現金8万6544円。 ・物品約9000円相当。 ・被害品還付。 ・弁償90万円。 ・示談。 ・宥恕あり。	A（21歳）・B（20歳）いずれも若年であり、更生のための環境が整いつつあることなどからすると、被告人らを今すぐ服役させるよりも、周囲の親族の監督の下、真面目に就業することなどを通じ、社会内で更生をはかる機会を与えることが適切である。	同種事犯についての量刑傾向もしん酌した上で。	
物品時価3万8050円。 ・示談成立。 ・被害弁償金支払い。 ・被害者は、被告人につき執行猶予判決を希望。	・計画性が高く方法が狡猾。 ・被告人は共犯者の指示に従って動いただけで、暴行を一切加えていない。 ・犯罪傾向がそれほど進んでいない。 ・流されやすい性格から被告人の意思のみで社会内で更生できるか不安な面も残る。		共犯者らと主に援助交際を装って被害者を呼び出し、暴行を加えて財布や携帯電話を奪った後、コンビニエンスストアのATM機で被害品のクレジットカードを用いて現金を引き出した。
V1、V3から7000円ずつ。 示談成立（合計168万円）。支払い済み。	重さ1キロ以上のバットを用いての暴行は、生命・身体に対し重大な危険を及ぼす悪質な犯行。		
時価合計3万7800円相当のビジネスバッグ1個。 示談成立。	・役割が従属的。 ・被害者の傷害が加療約1週間にとどまる。		

No	判決日 裁判所 認定罪名	判決	求刑 V意見 弁意見	争点と認定	犯罪類型 凶器 傷害の程度
213	H22.7.22 千葉 強盗致傷、銃刀法違反	3年・執行猶予5年・保護観察付	5年 執行猶予		店舗強盗 果物ナイフ 約1週間
214	H22.8.4 佐賀 強盗致傷	3年・執行猶予5年・保護観察付	6年 執行猶予	・被害者に暴行を加えた際窃盗は既遂になっていたか⇒肯定。 ・被告人の脅迫行為の内容⇒被害者供述どおりに認定。 ・暴行の程度⇒反抗抑圧に足りる。	事後強盗 ラチェットレンチ V1：約7日間
215	H22.8.20 富山 強盗致傷	3年・執行猶予5年・保護観察付		強盗の共謀の成立時期⇒共犯者Aの暴行開始時	路上強盗 約1か月間

被害金額 示談等	量刑事情	量刑傾向	特徴など
なし（未遂）。 ・一部弁償。 ・分割支払合意。 ・厳重な処罰を望まない。	・被告人は、被害者に怪我をさせてまで現金を奪うつもりはなく、現に果物ナイフを持った左手を被害者につかまれたりすると、すぐに手を離して逃走したものであり、怪我を負わせることを前提とした犯行と比較すると、特に悪質であるとまではいえない。 ・被告人が、自らの罪を認め、反省の言葉を述べるとともに、更生への意欲を示していることに加え、これまで親しく連絡をとっていなかった被告人の長兄及びその妻の両親が、被告人の生活状況や前歴、本件犯行等を具体的に理解した上でなお、当公判廷において、被告人の社会復帰後の仕事をみつけ、住居を提供するなどの支援をする旨誓約していることを考慮すると、被告人の更生を支えていく環境が整っており、被告人には、これらの者の存在を支えとして、社会内においても更生に励むことが期待できる。	・店舗を狙い、凶器として刃物類を使用した強盗致傷事件において、金銭的被害がなく、被害者に加療期間等2週間以内の傷害を負わせた事案における量刑分布は、大多数が懲役3年から9年に分布し、懲役3年の場合には執行猶予を付した事案も認められ、被告人を実刑に処するべきか、執行猶予を付するべきかが問題となる。 ・本件は、特に犯行態様や被害結果の点において、前記類型の強盗致傷の中では比較的責任の軽い事案というべきである。	
現金約1700円。 ・V1、V2との間で示談成立。 ・示談金支払い済み。 ・宥恕あり。	・犯行態様は、粗暴・危険かつ執よう。 ・特段の計画性はない。 ・Cが更生支援を誓約。	本件と同種の事案で近年言い渡された刑を見ると概ね懲役3年（執行猶予付を含む）から6年の間で分布しており、懲役3年が多い。	賽銭泥棒をした後逮捕を免れようとした。
現金約6万円。財布1個（時価合計6000円相当）。 示談成立。	・被告人の役割が相対的に一番小さい。 ・勤務態度真面目。		公判2日前に保釈許可（5回目の保釈請求。過去4回はすべて準抗告もあり）。

No	判決日 裁判所 認定罪名	判決	求刑 V意見 弁意見	争点と認定	犯罪類型 凶器 傷害の程度
216	H22.9.22 さいたま 強盗致傷	3年・執行猶予5年・保護観察付	4年		事後強盗 なし 1か月間
217	H22.10.4 岡山 強盗致傷、住居侵入、建造物侵入、窃盗	3年・執行猶予5年・保護観察付	6年 3年・執行猶予4年・保護観察付		侵入強盗 約1か月間
218	H23.2.4 鹿児島 強盗傷人	3年・執行猶予5年・保護観察付	5年		その他 約2か月間
219	H22.1.20 千葉 強盗致傷	3年・執行猶予5年	5年	被告人が被害者を自動車にわざと押しつけたのか、被告人が被害者の胸ぐらをつかんで押し倒したか⇒刑の重さに影響しないので判断しない	事後強盗 なし 約2週間

被害金額 示談等	量刑事情	量刑傾向	特徴など
・現金4577円。 ・物品約2000円相当。 ・示談。 ・特別に重くという希望はない。	情状鑑定の結果をふまえて「本件犯行前には、知的障害を有する被告人に対する指導、助言が適切にされていなかったのであり、それが本件犯行に影響していることは否定できないところであるから、この点は被告人に有利に斟酌されるべきである」。		
強盗致傷：インスタントラーメン3袋等7点(時価合計約400円相当)。 なし。	・最初は、自分が以前勤めており内部の様子をよく知る無人の倉庫に侵入したが、その後、内部の様子がよく分からない被害者方に侵入しており、客観的に見ると手口をエスカレートさせている。 ・被害者らに謝罪、時間をかけてでも被害弁償する意思、反省の態度、若年。 ・被告人の元雇用主が再び雇用を申し出ている。		
不明（閉鎖病棟の鍵）。 100万円の被害弁償。	・病院の対応が十分でなかったことが犯行を誘発した面も否定できない。 ・被告人の暴行がエスカレートして強いものになったのは、広汎性発達障害の行動特性が影響している。 ・父が立て替えて100万円を被害弁償の一部として支払い。		精神科の閉鎖病棟に任意入院していた被告人が、病院から出るために鍵を奪おうと起こした事件（強盗は未遂）。
物品1万6590円相当。 ・示談。 ・寛大な処分を求める。	・被告人の反省はいまだ不十分。 ・被告人が大学を自主退学した事実は認められるが、このこと自体又はこれによって被告人が強い社会的制裁を受けたとは評価できないので、この事実を被告人に有利な事情として評価することはできない。 ・特に、暴行がもっぱら保安員の手をふりこどこうとして行ったものであって、同人に積極的に傷害を負わせようとして行われたものではないこと、各被害者との間で示談が成立しており、最も重い被害を被った保安員が被告人を宥恕して寛大な処分を求めていることを重視して、本件は執行猶予が相当な事案であるとの結論に達した。	本件が、事後強盗の事案であること、傷害結果が全治約2週間であること、被告人に前科前歴がないことを踏まえ、同種事案についての従前の量刑の傾向を参考にすれば、本件は、実刑か執行猶予かが問題となる事案である。	No220と共犯。

No	判決日 裁判所 認定罪名	判決	求刑 V意見 弁意見	争点と認定	犯罪類型 凶器 傷害の程度
220	H22.2.3 千葉 強盗致傷	3年・執行猶予5年			事後強盗 なし 約2週間
221	H22.2.25 山形 強盗致傷	3年・執行猶予5年	5年 3年・執行猶予4年		路上強盗 なし 約1週間
222	H22.3.8 東京 強盗致傷、逮捕監禁	3年・執行猶予5年	5年	・現金奪取が強盗に当たるか（奪取に向けられた暴行の有無）⇒当たる ・携帯奪取につき共謀があったか⇒共謀なし	監禁強盗 錐 約2週間

被害金額 示談等	量刑事情	量刑傾向	特徴など
物品1万6590円相当。 ・示談。 ・寛大な処分を求める。	特に、本件暴行の態様等、各被害者との間で示談が成立しており、最も重い被害を被った保安員が被告人を宥恕して寛大な処分を求めていること、被告人の社会内での更生が一定程度期待できることを重視して、本件は執行猶予が相当な事案であるとの結論に達した。	本件が、事後強盗の事案であること、傷害結果が全治約2週間であること、被告人に前科前歴がないことを踏まえ、同種事案についての従前の量刑の傾向を参考にすれば、本件は、実刑か執行猶予かが問題となる事案である。	No219と共犯。
物品約2300円相当。 ・示談。 ・処罰をそれほど強く求めない言葉。	・今回の事件は地域社会にも大きな影響を与えたと考えられるから、その影響も、被告人の刑を決めるに当たって軽視することはできない。 ・社会内で更生してくれることを期待して、弁護人が求める執行猶予付きの判決が相当であると判断した。	主導的立場でない共謀者として強盗致傷を行い、傷害の程度が1か月以内で、被害額が10万円以下という条件で、量刑資料を検索すると、懲役3年から8年に分布しており、全23件中、懲役3年が8件と最多であった。執行猶予がついた事案も6件存在した。このような量刑分布を参考に。	No100、165と共犯。
現金3000円。 ・示談。 ・宥恕あり。	・被告人らが本件犯行に及んだことについては、被害者の側にも原因があった。 ・被告人は、基本的に事実を認めて、反省の態度を示している。 ・被告人には前科はない。 ・職場の上司が今後は被告人を雇用し更生に協力すると述べている。 ・母親も、今後は被告人と積極的に関わると述べ、更生を願う気持ちを示している。		No177と共犯。

No	判決日 裁判所 認定罪名	判決	求刑 V意見 弁意見	争点と認定	犯罪類型 凶器 傷害の程度
223	H22.7.16 東京 強盗致傷	3年・執行猶予5年	5年 執行猶予		路上強盗 なし 約1か月間
224	H22.9.6 大分 強盗致傷	A・Bともに3年・執行猶予5年・保護観察付	A・Bともに7年	被害者の頭部を殴るつもりで特殊警棒を振り下ろしたのか⇒認定	事後強盗 特殊警棒 V1：全治約2週間 V2：全治約1週間
225	H22.11.22 横浜 強盗致傷	3年・執行猶予5年	5年 厳正な処罰 3年・執行猶予5年	逮捕監禁致傷罪・強盗致傷罪の成否（暴行脅迫について財物奪取・逮捕監禁目的の有無、反抗抑圧程度か否か、被害品の一部の占有取得について不法領得意思の有無）⇒逮捕監禁致傷罪は否定、強盗致傷罪は認定	監禁強盗 なし 約1週間
226	H23.9.12 福岡 強盗致傷	3年・執行猶予5年	4年 無罪	被告人の責任能力（心神耗弱か、心神喪失か）⇒心神耗弱	路上強盗 酢酸 約1週間

被害金額 示談等	量刑事情	量刑傾向	特徴など
現金約2600円。 ・示談。 ・宥恕あり。	肉体的精神的な苦痛を受けた被害者自身が、捜査段階とは異なり、現時点で被告人に対して執行猶予付きの寛大な判決がされることを望んでいることは、被告人の刑を軽くする事情として重視すべきである。		
なし。 V1、V2に対して約10万円の弁償を供託。	・暴行は偶発的。 ・被害者らの怪我の程度は重いとはいえない。		パチンコ店でゴトをしようとして見つかった事件（ゴト師グループの犯罪ではない）。
・現金1万6000円。 ・物品約8万7100円相当。 弁償。	本件犯行は、（債権回収について）被害者が、不誠実な対応をとり続けていたことが原因となっており、犯行を招いた側面を否定できず、被害者にも大きな落ち度があったものといわざるを得ない。しかし、本件の債権債務は、会社間のものであって、被害者に対する直接の請求権はない上、法治国家である以上、実力行使によって債権を回収することは厳しく禁じられており、上記のような経緯があるとしても、被告人らの犯行は決して許されるものではない。弁護人は上記のような動機や経緯を酌量すべきであると主張するが、採用できない。		No229と共犯。
物品時価合計1万2700円相当。 50万円の被害弁償。	・被害者が転居、現在も生活に様々な困難をきたしており、処罰感情が厳しい。 ・公判において真摯な反省。 ・精神障害がほぼ回復し、カウンセリング等を通じて障害に適切に対処することを誓約。		

No	判決日 裁判所 認定罪名	判決	求刑 V意見 弁意見	争点と認定	犯罪類型 凶器 傷害の程度
227	H22.2.25 さいたま 強盗致傷	3年・執行猶予4年・保護観察付	6年	・暴行の故意の有無⇒故意あり ・暴行が反抗抑圧程度にあたるか⇒あたる	事後強盗 自動車 約1週間
228	H23.6.20 名古屋 強盗致傷幇助、逮捕監禁幇助、営利生命身体加害略取幇助	3年・執行猶予4年	3年 有罪ならば1年6月・執行猶予3年	幇助該当性⇒認定(但し、検察官主張の幇助行為のうち2つは認定されず)	侵入強盗 包丁 約10日間
229	H22.8.6 横浜 強盗致傷	3年・執行猶予3年	3年		監禁強盗 なし 約1週間

被害金額 示談等	量刑事情	量刑傾向	特徴など
物品2980万円相当。 ・示談。 ・弁償50万円。	本件犯行の犯情は悪質であるが、本件犯行後の態度、被告人の若さと更生の意欲及び周囲の人々の援護監督を斟酌して、今回に限り専門家の援護の下で、社会内で自力更生する最後の機会を付与することを相当と判断した。		
・現金6000円。 ・財布１個100円相当。 ・示談あり。 ・処罰を求めない嘆願書あり。	・被告人が果たした役割は小さくない。 ・気が進まないまま手助けしており、積極的に加担していない。		幇助で起訴。被告人には軽度精神遅滞あり。
・現金１万6000円。 ・物品約８万7100円相当。 ・示談。 ・厳重処罰望まず。	・本件犯行は、（債権回収について）このように被害者が、不誠実な対応をとり続けていたことが原因となっており、本件犯行を招いた側面を否定できず、被害者にも大きな落ち度があったものといわざるを得ない。もっとも、法治国家である以上、実力行使による債権回収をすることは厳しく禁じられており、上記のような経緯があるとしても、被告人らの犯行は決して許されるものではない。弁護人はこのような動機や経緯を酌量すべきであると主張するが、採用できない。 ・本件犯行は、債権回収として決して許されるべき犯行ではないものの、被告人の果たした役割や被害が回復されている事情などを考慮すると、同種事案の中では責任の軽い部類に位置するものと評価できる。		No225と共犯。

No	判決日 裁判所 認定罪名	判決	求刑 V意見 弁意見	争点と認定	犯罪類型 凶器 傷害の程度
230	H22.12.7 津 強盗致傷幇助	1年8月・執行猶予3年	3年 1年6月・執行猶予		路上強盗（被告人は正犯二人を車で送迎） 催涙スプレー 約1週間
231	H23.6.30 東京 住居侵入、強盗致傷	家裁移送	4年以上6年以下	犯行態様（被害者の顔面を殴ったり体を押したりしたか）⇒公訴事実（＝被害者供述）どおり認定	事後強盗 なし 約2週間

被害金額 示談等	量刑事情	量刑傾向	特徴など
物品時価合計3万7800円相当。 示談成立。	確定裁判を受けた罪と同時審判を受けた場合の量刑との均衡及び正犯との刑の均衡も考慮して、幇助犯による必要的減軽に加え、酌量減軽。		窃盗罪につき執行猶予判決が平成21年11月5日に確定。
物品約12万円相当。 弁償、示談。	・事後強盗であり当初から強盗自体を計画していたものではない、被告人自身の暴行態様が積極的に被害者を傷害させることを目的としたものではない、被害者の怪我が治療行為を要しなかったという点で軽症、被害品は直後に被害者の手元に戻っている、被害弁償がなされ示談が成立している⇒保護処分が社会的に許容されないとはいえないので保護処分の有効性について検討。 ・本件の背景には、被告人の未成熟さと環境の不備があり、この問題点を解決するためには、被告人が年長少年であることを考慮しても、刑罰ではなく教育によるのが相当。 ・家裁の検察官送致時点では強く否認していたが、送致後は認めて反省するに至っていること等から教育的指導になじむ状況に変化したと認められる。		

5　放火

(1)　量刑事情についての事実認定

a　反省状況

○和歌山地裁平成22年１月27日（既遂No45、現住建造物等放火）

両親と同居する自宅に放火し、一部を焼損した事案（懲役２年６月／求刑５年）

「被告人は、本件犯行を素直に認め、本件犯行状況や本件前後の経緯につき、概ね素直に供述していると認められるし、当裁判において、今後は嘘をつかないようになる、などと多くの言葉を並べている。しかしながら、被告人は、現在に至っても、放火行為そのものや、これに至る要因となった自分自身の生活状況等に対する受け止めは甚だ不十分であって、被告人の反省は表面的で深まりがなく、その考えの甘さは全く改まっていないと認める。」

○高松地裁平成21年９月17日（既遂No14、現住建造物等放火・傷害・窃盗）

元妻への未練から元妻宅に放火した事案（懲役６年／求刑７年）

「被告人が今回の事件を機に自己の弱さに目を向け、本件各犯行及びこれを招いた自己の問題点について反省の態度を示していること、元妻との離婚に応じるなど、元妻の恐怖心をやわらげるべく努力したものとも評価しうること、(盗んだ)軽油については、被害弁償を済ませたこと、今後母親との関係が改善する可能性もあり、これまで刑務所での立ち直りの機会を与えられた経験はなく、社会復帰後の被告人の更生に希望がないわけではないことなどの事情も考慮する必要がある。当裁判所は、これらの事情をも考慮し、被告人に対し、しっかりとした真の意味での『大人』になって、立ち直って欲しいという期待をも込めて、被告人を懲役６年に処するのが相当と判断した。」

○千葉地裁平成22年１月15日（既遂No26、現住建造物等放火）

被告人が居住していた共同住宅の自室に放火し、一部を焼損した事案（懲役４年６月／求刑６年）

「弁護人は、被告人が良き父親であり、勤労意欲を持ち、家族を支えたい気持ちを持っている人物であると指摘しているが、本件以前から、酒を飲んで物に当たり、居室に火を点けようとしたことも３回あることに照らすと、そのような被告人の姿は十分に伝わってこない。口べたであるとの事情はあっても、法廷での供述態度や、不合理な弁解をしていることからすると、自己の行ったことに対し正面から向き合っていないように思われる。」

○大阪地裁平成22年８月９日（既遂No３、現住建造物等放火）

うっぷん晴らし・災害見舞金取得目的で、居住するアパートに放火し大部分を焼損した事案（懲役11年／求刑12年）

「被告人は、災害見舞金等を得る目的があったことを否定するとともに、亡くなった居住者がいることが分かっていれば放火しなかったなどと少しでも罪を軽くするための言い訳を繰り返している。自分の今後を案じる態度が目につき、心から反省しているのか疑問を感じる。もっとも、見栄っ張りな被告人が恥も外聞もなく減刑を懇願するのは、事案の重大性を理解していることの表れとみることもできよう。当然のことではあるが、謝罪の手紙を書いたり、毎日死亡した被害者の冥福を祈るなど、自分ができる範囲では精一杯のことをやっているようである。被告人なりに後悔し、とりわけ予想外に人を死亡させてしまったことを悔やんでいることは間違いがないものと思われる。」

⑵　量刑の基準（量刑の考え方）

a 「行為責任を基礎とした量刑」を明示した判決例

○宮崎地裁平成21年11月19日（既遂No19、現住建造物等放火）

被告人が居住するアパート自室に放火し、一部を焼損した事案（懲役５年／求刑６年）

「弁護人は、懲役４年程度が相当であると主張するものの、（中略）とりわけ犯行態様の危険性を重視すると、法定刑の下限である懲役５年を下回る刑に処することは相当でない。」

○さいたま地裁平成21年12月18日（既遂No59、現住建造物等放火）

話し合いに応じない夫に腹を立て、自宅に放火した事案（懲役３年・執行猶予５年／求刑３年）

自ら消火行為を実施した点につき、「幸いにして、床から燃え上がる炎が自身の胸元程度の高さになったのを見た被告人が、死の恐怖で我に返るとともに近隣住民の被るであろう被害に思い至り、速やかにフライパンで水を数回かけたことにより、火はすぐに消え、焼損面積が約0.2870平方メートルに留まったことからすれば、本件居宅内や周囲の人間に対する現実的な危険はほとんど生じなかったといえる。この点は、弁護人の指摘するとおり、行為に相応する被告人の刑事責任を考慮するに当たって重視すべき事情である。」

○東京地裁立川支部平成22年２月４日（既遂No35、現住建造物等放火）

被告人の父親経営の会社（被告人の勤務先）と共同住宅が一体となった建物に放火した事案（懲役３年６月／求刑６年）

「本件犯行態様の危険性・悪質性、結果の重大性等に鑑みると、やはり被告人の責任は重大であり、犯行に至る経緯・動機の点、さらには、後記の犯行後の諸事情を考慮しても、被告人に対しては、実刑で臨むのが相当である。」

○東京地裁平成22年11月19日（既遂No43、現住建造物等放火）

特定不能のパーソナリティー障害である被告人がアパートの自室に放火し、一部を焼損した事案（懲役３年／求刑６年）

「当裁判所は、被告人に対しては酌量減軽をした上で実刑に処するのが相当であると考えた。その理由は、行為に応じた責任を科すという見地からは、被害結果と公共に対する危険、とりわけ多大な被害結果が第三者に対して現実に生じたという点はやはり重視されるべきだからである。被告人の更生可能性という見地から、被告人にとって必要かつ適切なサポート態勢を整えた弁護人及び関係者の尽力には敬意を表するものであり、当裁判所も、被告人の更生、再犯の防止という観点から、社会内での受け入れ態勢や被告人の更生への意欲等についても慎重に検討し、執行猶予を付すことがおよそ考えられない事案ではないといえるものの、やはり前記の本件事案の重大性からみて実刑に処すのが相当と判断し、刑期については酌量減軽をした上で主文の量刑とした。」

b 「行為責任を基礎とした量刑」に基づく具体的な量刑判断に至る過程が示された判決例

○名古屋地裁岡崎支部平成22年９月９日（既遂No53、現住建造物等放火）

被告人の居住アパートの自室に放火し、一部を焼損した事案（懲役３年・執行猶予５年・保護観察付／求刑４年６月）

「本件犯行が危険で悪質であることからすると、被告人の責任は重大であり、その刑事責任は決して軽くみることはできないと考えた。もっとも、先に述べた被告人にとって有利な事情、とりわけ被告人の父親によって被害弁償がされ、14名の被害者のうち13名が被告人を許し、うち７名が執行猶予付きの判決を希望していることをより重視すべきであると考え、被告人に社会内での更生の機会を与えるのが相当であると判断した。」

○福岡地裁平成23年２月14日（既遂No55、現住建造物等放火）

被告人の居住マンションの自宅に放火し、一部を焼損した事案（懲役３年・執行猶予５年・保護観察付／求刑５年）

「本件放火により問われるべき刑事責任は、相当程度重く、被告人を実刑に処することも十分検討すべきである。しかし、現実の被害規模が前記の程度にとどまったことや精神障害の犯行への影響を考慮すれば、なお執行猶予も選択する余地がある。これに加えて、被害弁償その他刑事罰の必要性や被告人の反省状況、被告人を取り巻く治療及び監督体制などの更生可能性について有利に考慮すべき事情も併せ考えれば、酌量減軽した上で、今回に限って社会内での更生の機会を与えるのが相当である。」

○高松地裁平成23年３月18日（未遂No９、承諾殺人未遂・現住建造物等放火未遂）

心中目的で元妻宅に放火した事案（懲役２年／求刑４年）

「未遂減軽あるいは更に酌量減軽の上、被告人を懲役２年から懲役４年に処するのが適切であり、被告人が十分に反省し、かつ、社会内で更生する環境が十分整っていると認められれば、その刑の執行を猶予することもあり得なくはないと判断した。」とした上で、反省が十分でないこと、生活環境が十分整っていないことを指摘し、「刑の執行を猶予することは相当ではなく、実刑に処するべきである」が「具体的な刑期としては、被告人が刑務所において本件の重大性をきちんと認識し、自己の問題性を見つめ直して反省を深め、娘らとの話し合いを継続して家族の再生を図れば、社会復帰後、二度とこのような犯罪を行うことなく平穏な生活を再構築できる可能性があることを重視し、更に被告人や被害者の年齢も併せ考えて、未遂減軽に加えて酌量減軽の上、既に判断した被告人に科すべき刑の範囲、つまり懲役２年から懲役４年の刑の中で、最も短い懲役２年に処するのが相当であると判断したものである。」

c　量刑傾向への言及に関し、特徴的な説示をした判決例

○さいたま地裁平成21年12月18日（既遂No59、現住建造物等放火）

話し合いに応じない夫に腹を立て、自宅に放火した事案（懲役３年・執行猶予５年／求刑３年）

「本件と同様に、住宅密集地で建造物１棟を一部焼損した現住建造物等放火の事例（中略）に関し、近年の例では有期懲役刑が選択された上で、その刑期については、２年より長く３年以下の懲役が科された事例が突出して多く、３年より長く４年以下の懲役刑、４年より長く５年以下の懲役刑が科された事例がこれに次ぎ、これより長い刑期や、２年以下の刑期の懲役刑が科された事例は極端に少なくなる傾向が顕著に認められ、懲役３年が科された事例では、刑の執行を猶予した例が多くを占めている傾向が認められる。このような傾向は、元々現住建造物等放火罪に重い刑罰が法律で定められている理由が、人が現に住んでいる現住建造物等に放火すると、火が燃え広がる過程で、建造物の住人はおろか、周囲にいる不特定多数の人の生命、身体、財産にまで取り返しの付かない害を及ぼす危険が生じるためであるのに対し、本件と同様の事例においては、住宅密集地であるとはいえ、建造物等に延焼することもなかったため、現住建造物等放火罪の想定する事件類型の中では、生じた危険が低いからであるといえる。そうすると、本件もこのような量刑の幅の中に位置づけて考えるのが相当である。」とした上で、「被告人の行為は極めて危険であるものの、被告人自らの速やかな消火活動の結果、幸いにして焼損面積は小さく、本件居宅の住人や近隣住民らの生命、身体に対する現実的な危険は生じなかったことからすれば、前に見たとおりの本件と同様の事例の中でも、本件は刑事責任の軽い部類ということができる」とし、さらに「社会内で更生することを期待できる環境がある程度整っていることなどを考慮すれば、被告人に対しては、今回に限り、社会内での立ち直りの機会を与えることが相当である。」とした。

○福岡地裁小倉支部平成22年５月13日（既遂No15、現住建造物等放火）

交際女性との交際を自然に終わらせるために同人の自宅に放火し、全焼させた事案（懲役６年／求刑８年）

「本件犯行は、(中略) 単独で、住宅密集地に所在する建物１棟を、燃料を使用して全焼させた犯罪類型に該当する。そして、裁判員量刑検索システムに登録された量刑データによると、上記犯罪類型の量刑は、懲役３年から懲役12年までに分布している。」とし、酌量減軽をする理由はないとした上で、「懲役５年以上の刑期で具体的刑期を検討するに、上記事情を考慮すれば、法定刑の下限に近い刑期では軽すぎるといえる。一方、上記量刑分布の上限に近い事案は死傷者が複数でた事案であり、本件とは事案を異にする」とした。

○福島地裁郡山支部平成22年５月21日 (既遂No49、現住建造物等放火)

被告人が両親と居住する自宅に放火し、一部を焼損した事案 (懲役３年・執行猶予５年・保護観察付／求刑５年)

「住宅密集地の住居において、家族関係又は自殺目的により、放火をし、その一部焼損にとどまった事案の量刑分布を見ると、弁護人が指摘するとおり、概ね懲役３年程度から５年程度に分布しており、酌量減軽がされている事案が多く、事案によっては執行猶予に付されているものもある。」

(3) 量刑事情の範囲

a 退去強制が予定されていることを有利に評価できないとしたもの

○千葉地裁平成22年２月25日 (既遂No21、現住建造物等放火・承諾殺人)

内妻との心中目的でアパートの自室に放火し、内妻を承諾のもと火傷死させた事案 (懲役５年／求刑７年)

「弁護人は、被告人が実刑判決を受ければ、服役後韓国へ退去強制されることによって、過度な不利益を受ける可能性が高いことなどを、被告人に執行猶予付きの判決をすべき理由として主張している。しかし、被告人に対して科すべき刑の重さは、主としてその行為に対する責任の大きさによって決せられるべきであり、退去強制になるかどうかという行政上の判断とは別問題であることや、被告人の国籍や在留資格によって量刑が大きく変わることは公平性を欠くというのは検察官の主張どおりである。」

b　被害者の落ち度が犯情に影響しないとしたもの

○大津地裁平成22年７月23日（既遂No２、現住建造物等放火）

会社への恨みから会社建物に放火し１階部分を全焼させ、１名に全身熱傷の傷害を負わせた事案（懲役16年／求刑18年）

被害者の落ち度が争われている点について、「量刑では被告人の行為に対する非難の程度が重視されるべきであるから、同社に責められるべき点があるか否かは、犯情に直接的な影響をもたらす事情ではなく、被告人が本件犯行を引き起こしたことについて動機や経緯に酌むべき事情があったかを端的に判断すれば足る」とした。

c　燃料を使っていないことを有利に評価できないとしたもの

放火にあたって、燃料が使用されていない事案でも、特段、そのことが有利に斟酌されている事案は見当たらない。

○大阪地裁平成22年８月９日（既遂No３、現住建造物等放火）

友人と共謀の上、友人の両親が居住する住居に放火し、一部を焼損させた事案（懲役11年／求刑12年）

弁護人が灯油等の燃料を使っていない点を有利に考慮すべきであると主張した点について、「被告人は、アパートが古く、火が出れば燃えることを認識していた。放火場所を５号室にした理由の一つには、同部屋が倉庫代わりに使われ、燃えやすい物が置かれていることがあった。しかも、被告人は、燃えやすい新聞紙に火をつけ、押入れの柱に燃え移るのを確認した上で逃げ去っている。灯油等を使わなくても大きな火事になることが明らかな危険な態様である。弁護人指摘の点が有利な事情になるとは考えがたい。」とした。

d　今後の監督者についての評価を示したもの

現住建造物等放火既遂事件において執行猶予となった事案のうち、監督者がいる事案は、全体の約78％である。危険犯としての性質から、監督者の存在はそれなりに重視されているのではないかと考えられる。しかし、他方で、以下のように有利に評価できないとした事案もある。

(i)　有利に評価できるとしたもの

○千葉地裁平成22年２月25日（既遂No11、現住建造物等放火）

被告人が窃盗をした建物に証拠隠滅のために放火をした事案（懲役６年６月／求刑８年）

「身体が不自由な母親が実効的な監督することは困難も予想されるが、被告人は、母親がいること自体を心の支えとして、更生の励みとすることが期待し得るところである。」

○東京地裁平成22年６月15日（未遂No16、現住建造物等放火未遂・建造物侵入・放火予備・器物損壊）

薬物依存症治療施設を抜け出して戻った実家から受け入れを拒否され、両親のいる自宅に放火したが未遂にとどまった事案（懲役３年・執行猶予４年・保護観察付／求刑５年）

「評議において最も問題となったのは、被告人の更生可能性である。」とし、薬物依存症治療施設（ダルク）で生活をすると述べる被告人につき「本当にそこで社会生活を営めるようになるまで集団生活を続けていくことができるかについては疑問の声があった。被告人を更生させるためには、ダルクよりもむしろ刑務所という公的な機関において生活をさせた方が、被告人にとってもより良い方法ではないか、という意見もあった。しかし、ダルクは被告人の母が苦しみぬいた末にようやく探し当てた施設であり、他に考えられる施設がないこと、ダルクの責任者が出頭し、被告人を受け入れる旨述べていること（中略）保護観察に付することによって、公的な機関からも被告人に対するサポートが得られることなどを考慮した結果、当裁判所としては、被告人を保護観察付き執行猶予に付し、被告人の社会内における更生を期待することとした。」

ⅱ　有利に評価できないとしたもの

○松江地裁平成23年１月21日（既遂No64、現住建造物等放火）

双極性障害の被告人が夫や義父母と共に住む自宅に放火し、全焼させた事案（懲役３年・執行猶予４年・保護観察付／求刑４年）

「弁護人は、④被告人の家族が監督を誓うなどしていることをとらえて、被告人の刑を決める上で重要な事情として指摘するものの、これは今後の被告人の環境に関する事情であるから被告人の刑を軽くする事情として考慮するのは相当ではない。」

○徳島地裁平成22年10月21日（既遂No44、現住建造物等放火）

保険金目的で妻と居住する自宅に放火し、全焼させた事案（懲役２年８月／求刑６年）

妻が出廷し、被告人と話し合いながら今後も暮らしていきたいと述べている点につき、「被告人の刑の重さは妻の思いとは別の視点から考慮されるべきものである」とした。

e　長期の身体拘束を有利に評価できないとしたもの

○佐賀地裁平成22年５月31日（未遂No15、現住建造物等放火未遂）

店員の態度への不満から店舗に放火したものの、壁の一部をくん焼させるにとどまった事案（懲役３年・執行猶予４年・保護観察付／求刑３年）

「弁護人は、被告人が長期にわたって身体の拘束を受け、事実上の制裁を受けている旨主張するけれども、同拘束は刑罰ではないのであるから、当裁判所は、この点は被告人に有利な事情に考慮すべき情状ではないと考える。」

f　精神の障害に関する評価を示したもの

現住建造物等放火既遂事件において、被告人が精神の障害を有している確率は約35％と明らかに他の犯罪類型と比べて高いことが分かる。そして、被告人に何らかの精神の障害がある場合の執行猶予割合は、そのうちの約60％

である（完全責任能力であることに争いのない事案及び完全責任能力であると認定された事案も含む。）。これは、そのような精神障害が犯行の動機や犯行に至る経緯と密接に絡んでいる場合が多く、その点を有利な方向で斟酌されやすいためと考えられる。

(i) **有利に評価できるとしたもの**

○東京地裁平成22年11月19日（既遂No43、現住建造物等放火）

特定不能のパーソナリティー障害である被告人がアパートの自室に放火し一部を焼損させた事案（懲役３年／求刑６年）

「被告人は特定不能のパーソナリティー障害(境界性ないし依存性パーソナリティー障害の傾向がみられる。）であるとされている。被告人が身勝手にも本件犯行に及んだことは、そのような人格的な偏りが影響しているものと考えられ、同障害がなければ本件犯行は起きなかったといえよう」とした上で、「生い立ちが、パーソナリティー障害の一因となっているのではないかと考えられるところである。そうすると、被告人に責任を帰すことができないような事情も本件の遠因となっていることを否定できず、そのような観点からは被告人を強く非難することは躊躇される。」とした。

○佐賀地裁平成22年５月31日（未遂No15、現住建造物等放火未遂）

店員の態度への不満から店舗に放火したものの、壁の一部をくん焼させるにとどまった事案（懲役３年・執行猶予４年・保護観察付／求刑３年）

「被告人は、本件犯行当時、中等度精神遅滞と適応障害の状態にあり、両者によって、心神耗弱の程度には至らないが、責任能力にある程度の影響を受けた状態にあった」と指摘し、この点を「特に重視」するとした。

(ii) **有利に評価できないとしたもの**

○大阪地裁平成23年５月20日（既遂No８、現住建造物等放火等）

うっ憤を晴らすため実家の隣家や親せき宅等を放火した事案（懲役９年／求刑10年）

「弁護人は、被告人が境界性人格障害、うつ病に罹患していることが本件各犯行に及んだ一因となっているとして、このことを被告人に有利に考慮すべきと主張する。確かに、被告人は、境界性人格障害、うつ病の診断を受けており、これが被告人の苛立ちを募らせるとともに、その解消を困難にしたことはうかがわれる。しかし、被告人のような障害・疾病を有する者のほとんどが犯罪に及ぶことなく生活していることからしても、苛立ちを解消するために放火という手段を選択したことまでが上記障害・疾病によるものとは思われず、特に有利な情状とは評価できない。」

(4) 量刑事情の位置づけ、重み

a 公共の危険についての評価

○さいたま地裁平成21年10月５日（既遂No６、現住建造物等放火）

パチンコ店に恨みを抱き、トラックで突入した上、火炎瓶を投げて炎上させた事案（懲役９年／求刑10年）

弁護人が従前の量刑傾向に照らして懲役４年が相当であると主張したことにつき、「確かに、弁護人指摘のような量刑傾向のあることが認められる」としながら、「本件は、単なる放火事案ではない。本件犯行がもたらした公共の危険は、一般の放火事案のそれを上回るものがあり、実際に生じた被害が甚大であることからも、弁護人の主張は、採用することはできない」とした。

b 動機についての評価

動機は、約半数が自殺又は心中目的、残り半数がそれ以外（うっ憤を晴らす、恨み等）である。

(i) 自殺目的であることを有利に評価したもの

○名古屋地裁平成22年５月20日（既遂No66、現住建造物等放火）

自殺目的で、アパートの自室に放火した事案（懲役３年・執行猶予３年・保護観察付／求刑４年）

「放火の動機は、自殺目的であって、保険金目的での放火や他者を傷つける目的での放火に比べて刑を軽くすべきである。」

○千葉地裁平成23年３月1日（既遂No62、現住建造物等放火）

自殺目的で自宅に放火した事案（懲役３年・執行猶予５年／求刑５年）

「いきなり死ぬことを考え、周囲への影響等をよく考えずに危険な方法を取ったことは、短絡的というほかなく、相応の非難を免れない。しかしながら、被告人が長男のことを一心に思うあまり、精神的に追い詰められて自殺を決意した経緯には、同情すべき点も大きい。」

(ii)　自殺目的であることを有利に評価できないとしたもの

自殺・心中目的であったとしても、それだけでただちに同情すべきとはされていない。

○松江地裁平成22年１月29日（既遂No18、現住建造物等放火）

自殺目的で自宅居間に放火し、自室及び隣人方を全焼させた事案（懲役５年６月／求刑６年）

「被告人は、自殺に当たって室内の物品等を燃やそうとして、当然長屋も燃えると認識しながら犯行に及んでおり、その動機は身勝手であるし、被告人が金に困って自殺等を考え、犯行に至った経緯も、結局は大人としての自覚に欠けるその怠惰な生活態度に起因するものであるから、同情の余地は乏しい。」

○前橋地裁平成22年10月22日（既遂No32、現住建造物等放火）

自殺目的で知人方に間借りしている自室に放火し、自室及び隣人方を全焼させた事案（懲役４年／求刑６年）

「犯行の動機について、被告人は、パチンコにのめり込んで借金を重ねるなどしたため、妻子と別れることとなったが、その寂しさなどを紛らわそうとして更にパチンコにふけり、借金を膨らませた挙げ句、その現状を悲観し、自殺を決意して犯行に及んだものである。これは、もともと自己の意志の弱さが招いた事態であり、自殺を決意した経緯に同情の余地は乏しい。」

○東京地裁平成22年11月19日（既遂No43、現住建造物等放火）

特定不能のパーソナリティー障害である被告人がアパートの自室に放火し、一部を焼損した事案（懲役３年／求刑６年）

「本件犯行の動機について、被告人は自殺を図ったものであると供述するが、被告人の精神鑑定を実施した医師によれば、被告人は、同居の交際相手に見捨てられるのではないかとの不安から自分に注意を向けさせようとして犯行に及んだものと分析されている。いずれにしても、被告人は近隣住民に与える被害を省みることなく本件犯行に及んだものと認められ、その動機は身勝手かつ短絡的との評価を免れない。」

○福島地裁平成21年10月9日（既遂No９、現住建造物等放火）

被告人の居住アパートの自室に放火し、アパートを全焼させた事案（懲役８年／求刑８年）

「弁護人は、会社を解雇されると考えた被告人が、絶望し、冷静な判断力を失って行った犯行であると主張するが、被告人が、周囲に相談したり、勤労先を探すなど自らできる努力を尽くしていないことからすると、本件がやむを得ない犯行であったということはできない。」

c　被害弁償（特に火災保険による弁償）についての評価

弁償に関しては、「自力」での弁償（またはその姿勢）の有無が大きなメルクマールとなっているのではないかと考えられる。

特に、保険による支払のみでは、大きく有利には斟酌できないとする判決が複数見られる。保険により支払がなされていることが有利に斟酌されている事案についても、そのことを大きく有利に斟酌されている事案は見当たらない。

(i)　保険による弁償を被告人に有利に考慮できないとしたもの

○千葉地裁平成22年２月25日（既遂No11、現住建造物等放火）

被告人が窃盗をした建物に証拠隠滅のために放火をした事案（懲役６年６月／求刑８年）

「弁護人は、各被害建物の財産上の損害の全部又は一部が火災保険金により填補済みであると主張するが、被告人が自ら負担したことにより損害が回復されたものではなく、この点を被告人に有利に考慮することはできない。」

(ii) 大きく有利に評価できないとしたもの

○宮崎地裁平成21年11月19日（既遂No19、現住建造物等放火）

被告人が居住するアパートの自室に放火し、一部を焼損した事案（懲役５年／求刑６年）

「アパート所有者に保険金が支払われたことによって被害の一部が回復しているものの、これは、同人が負担していた保険から支払われたものであって、被告人からは何らの被害弁償がされていないことからすれば、上記事情を被告人にとって有利な事情として大きく酌むことはできない。」

○千葉地裁平成22年１月15日（既遂No26、現住建造物等放火）

被告人の居住していた共同住宅の自室に放火し、一部を焼損した事案（懲役４年６月／求刑６年）

「所有者は、約2200万円の火災保険金を受け取っているが、自己の負担で保険加入していたからにほかならず、被告人の努力によって填補されたものではないから、この点を大きく見るのは相当でない。」

その他、広島地裁平成22年12月３日（既遂No４、現住建造物等放火未遂等、懲役11年／求刑15年）、福島地裁郡山支部平成22年９月８日（既遂No37、現住建造物等放火、懲役３年／求刑５年）等も同様の指摘をしている。

なお、徳島地裁平成22年10月21日（既遂No44、現住建造物等放火、懲役２年８月／求刑６年）は、居宅が全焼し火災保険金が支払われた点について、「被告人による賠償の見込みが乏しいことを考慮すると、実質的な被害者は保険会社（ひいては同会社の一般の保険加入者）と認められる」と指摘している。

(iii) 保険会社からの求償に応じることを考慮したもの

他方で、金額が少なくても、自力で支払う姿勢がある事案（自力による被害弁償及び、保険会社からの求償への対応等）は有利に斟酌されているものがある。

○さいたま地裁平成22年９月13日（既遂No57、現住建造物等放火）

実母と同居する自宅に放火し、全焼させた事案（懲役３年・執行猶予５年・保護観察付／求刑５年）

延焼を免れたものの約180万円の財産的被害が生じた隣人につき、「隣人らに対しては、保険会社から火災保険金が支払われているところ、被告人は同保険会社からの求償に応ずる準備を進めている。」

○東京地裁立川支部平成22年２月４日（既遂No35、現住建造物等放火）

被告人の父親経営の会社（被告人の勤務先）と共同住宅が一体となった建物に放火した事案（懲役３年６月／求刑６年）

「所有者に保険金を支払った保険会社に対しても求償金500万円を支払っていること（中略）などを考慮すると、被告人に対しては、酌量減軽をした上、その刑期の範囲で処遇するのが相当である。」

d　前科がないことの評価

前科がないことについては、被告人に有利に考慮した例がほとんどであるが、他方で、前科を有しないことは通常であるとの理由により有利に考慮できないと判示するものも２件ある。

○和歌山地裁平成22年１月27日（既遂No45、現住建造物等放火）

両親と居住する自宅に放火し一部を焼損した事案（懲役２年６月／求刑５年）

「被告人に前科がない点は、前科を有しないことはむしろ通常のことであって、この点をあえて被告人に有利に考慮すべき事情とは考えなかった。」

○山形地裁平成22年７月22日（既遂No60、現住建造物等放火）

自殺目的で居住アパートの自室に放火し、一部を焼損した事案（懲役３年・執行猶予５年／求刑５年）

「弁護人は、被告人が退学処分を受けたこと、もともと真面目な性格で前科もないことを、被告人の刑を軽くする事情と主張するが、このような点は、一般市民として当然のことであって、刑を軽くする事情ということはできない。」

e　死傷者が出なかったことの評価

(i)　重視するとしたもの

○広島地裁平成22年12月３日（既遂No４、現住建造物等放火等）

他人の居宅に侵入して放火し、一部を焼損させるなどした事案（懲役11年／求刑15年）

「被告人に対しては相当長期間の懲役刑を科す必要があるが、他方で、幸いにも本件犯行による死傷者が出ていないことを特に重視し、被告人の再犯防止に向けた更生の誓いに期待を込めて、主文の刑を定めるに至ったものである。」

○大阪地裁平成23年５月20日（既遂No８、現住建造物等放火等）

うっ憤を晴らすため実家の隣家や親せき宅等を放火した事案（懲役９年／求刑10年）

「被告人に有利な事情として、死傷者がいないことを重視して、主文の刑を科すのが相当であると判断した。」

(ii)　重視できないとしたもの

○松江地裁平成22年１月29日（既遂No18、現住建造物等放火）

自殺目的で知人方に間借りしている自室に放火し、自室及び隣人方を全焼させた事案（懲役５年６月／求刑６年）

「住人らは、いずれも当時、たまたま不在にしていたため、死傷者こそ出ていないものの、そのことは偶然にすぎない。」

f　焼損範囲が狭かったことの評価

○仙台地裁平成22年５月21日（既遂No12、現住建造物等放火）

被告人の居住アパートの自室に放火し、一部を焼損した事案（懲役６

放火罪量刑分布表

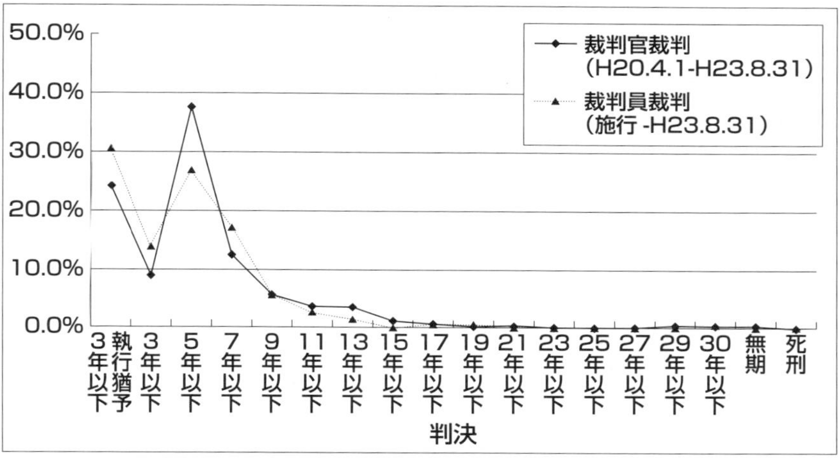

（裁判員制度の運用等に関する有識者懇談会〔第13回配付資料〕より）

年６月／求刑７年）

「焼損床面積が約９平方メートルに止まるという点は、消防士であった隣室の住人が早期に火災を発見し適切な消火活動を行ったという偶然の結果にすぎず、他人の助けによるものである。正に不幸中の幸いであり、被告人の刑を軽くする事情にはならない。」

⑸　量刑の変化

a　最高裁有識者懇談会配付資料の検討

最高裁資料（既遂・未遂両方を含む。）によれば、裁判員裁判では、従来の実刑のピーク（３年を超え５年以下）が10ポイント近く減り、３年以下の実刑と３年以下の執行猶予付き判決がそれぞれ５ポイント近く増えている。同資料によれば、刑が軽くなっているといえる。

以下では、①特に焼損面積が大きい事案で執行猶予付き判決となった事案の特徴及び②焼損面積が小さいにも関わらず実刑とされた事案の特徴について検討した。

b　焼損面積は大きいものの執行猶予判決が付された事案

名古屋地裁岡崎支部平成22年９月９日（既遂No53）は、居住マンションの自室に放火し、自室を全焼させた上で隣室にも炎による影響を与えた事案である。被告人の父が保険会社及び被害者と示談をし、居住者14名のうち13名が許し、７名は執行猶予を望んだ結果、懲役３年・執行猶予５年・保護観察付の判決となっている（求刑４年６月）。

さいたま地裁平成22年９月13日（既遂No57）は、住宅密集地の木造家屋（自宅）を全焼させた事案であるが、最も現実的な被害を被ったと思われる被害者の実母が被告人を許し、かつ、監督を誓約していること、被告人の精神障害について医師らも治療・監督を誓っていること、近隣住民にも保険金（延焼はないが被害あり）が支払われ処罰感情は強くないこと等の事情から、懲役３年・執行猶予５年・保護観察付の判決となっている（求刑５年）。

福岡地裁平成23年１月21日（既遂No54）は、住宅密集地の自宅を全焼させた事案であるが、統合失調症により行動制御能力が著しく障害されていた（心神耗弱）ことを重視した結果、懲役３年・執行猶予５年・保護観察付の判決となっている（求刑５年）。

東京地裁平成23年５月27日（既遂No56）は、住宅密集地のアパートの自室を全焼させた事案であるが、自殺目的であること、アパート住民や所有者に対して、火災保険及び被告人の母により損害が填補され、それらの者が執行猶予を望んでいること等の事情から懲役３年・執行猶予５年・保護観察付の判決となっている（求刑５年）。

c　焼損面積が小さいが実刑となった事案

名古屋地裁岡崎支部平成22年７月１日（既遂No47）は、住宅密集地の木造アパートの自室の床の一部（0.25㎡）を焼損した事案であるが、延焼可能性、多大な被害の可能性のある危険な行為で行為責任の重さに照らし執行猶予をつけられないとして、懲役２年６月の実刑となっている（被害弁償もなされていない事案。求刑５年）。

和歌山地裁平成22年１月27日（既遂No45）は、住宅地で、自宅の一部

（0.21㎡）を燃焼させた事案であるが、反省が不十分で更生に不安がある等の理由で懲役２年６月の実刑判決となった（求刑５年）。

d　検討

bに記載した事案は、住宅密集地において、自室ないし木造家屋等が全焼しており、被害結果は大きく、延焼の危険性も高かったと思われる事案であるが、いずれも執行猶予付き判決となっている。

これらの事案の特徴は、①被害弁償がなされた上、被害者が厳罰を望まず、むしろ執行猶予を望んでいること及び②精神疾患による影響が大きいこと等である。

死傷結果が生じていない放火事案については、抽象的な「危険」の大きさが決定的要素とはされておらず、被害弁償が重視されていることからすれば、財産的被害の側面が重視される傾向があるとも考えられる。

他方、cに記載したとおり、焼損面積が小さく財産的被害が比較的軽微と思われる事案で実刑が選択されることもある。行為責任を重視、弁償等の措置がとられていない点及び本人の反省が不十分で更生への不安がある等と判断された場合には、焼損面積が小さくとも実刑が選択される傾向があるように思われる。

（久保有希子）

■現住建造物等放火既遂一覧

No	判決日 裁判所 認定罪名	判決	求刑 V意見 弁意見	争点と認定
1	H23.3.17 徳島 現住建造物等放火、殺人、殺人未遂	23年	無期懲役 5年	殺意⇒認定
2	H22.7.23 大津 現住建造物等放火、殺人未遂	16年	18年	殺意⇒認定
3	H22.8.9 大阪 現住建造物等放火	11年	12年 8年	・自白の任意性⇒任意性肯定 ・動機⇒災害見舞金、生活保護費を受ける目的肯定
4	H22.12.3 広島 現住建造物等放火、現住建造物等放火未遂、器物損壊、建造物等以外放火	11年	15年 7年	
5	H22.9.17 千葉 現住建造物等放火、非現住建造物等放火	10年	12年	延焼可能性の認識（故意）⇒認定

量刑事情	量刑傾向	特徴など
・結果（家族3人の死亡、全焼）が重大。 ・犯行態様の危険性。 ・殺意が未必的。 ・自殺目的には家族関係が影響。	殺人事案につき、被害者の数、動機や殺意の強弱などが量刑に与える影響などについて確認、検討した。	
・ガソリンの爆発的な燃焼力からあまりに危険（勤務先建物の1階部分をほぼ全焼〔124.64㎡〕）。 ・被害者は全身火だるま。 ・前科12犯（累犯前科2つ）であり、今後の矯正は著しく困難。 ・動機に同情の余地なし。 ・被害弁償なし。 ・殺意が確定的でなかった。		勤務先への恨みからの犯行である点について、「量刑では被告人の行為に対する非難の程度が重視されるべきであるから、同社に責められるべき点があるか否かは、犯情に直接的な影響をもたらす事情ではなく、被告人が本件犯行を引き起こしたことについて動機や経緯に酌むべき事情があったかを端的に判断すれば足る」とした。
・動機（うっ憤を晴らすと共に、災害見舞金を期待）は身勝手。 ・居住者1名が死亡（アパートの居室部分等焼損〔316.53㎡〕、大半が焼け、焼けていない部分も人の住めない状態）。 ・被告人なりに反省。	同種事案の量刑の傾向も参考にする。	
・本件各犯行の危険性（居宅の一部焼損〔44.85㎡〕）。 ・常習性、結果の重大性。 ・動機の身勝手さ（自殺を図ろうとした〔被告人の主張〕）。 ・幸いにも死傷者が出ていない（特に重視）。		
・別れた女性への嫌がらせという動機は重視。 ・行為の危険性（居住家屋の一部焼損、勤務先の全焼）。 ・父母が被害者のもとに赴き謝罪、借金をして弁償金を準備。		

No	判決日 裁判所 認定罪名	判決	求刑 V意見 弁意見	争点と認定
6	H21.10.5 さいたま 現住建造物等放火、建造物損壊	9年	10年 4年	
7	H22.11.12 東京 現住建造物等放火、殺人未遂	9年	13年	故意⇒結論不明
8	H23.5.20 大阪 現住建造物等放火、現住建造物等放火未遂、建造物損壊、器物損壊	9年	10年	

量刑事情	量刑傾向	特徴など
・極めて危険かつ凶暴な犯行（パチンコ店への恨み）。 ・5億6000万円の損害、逸失利益7800万円。 ・一時のホームレス生活から立ち直り地道に生活。 ・同業者が情状証人として更生に協力すると証言。	弁護人が従前の量刑傾向に照らし懲役5年以上は重すぎるのであり、懲役4年が相当だと主張している点について「確かに弁護人指摘のような量刑傾向のあることが認められる」としつつ「本件は単なる放火事案ではない」として、公共の危険は一般の放火事案を上回るとして弁護人の主張を排斥。	
・深夜の放火という危険性の高い行為が複数回（重視）。 ・被害者らの精神的負担は極めて大きい。 ・財産的損害（129万円）も少額とはいえない。 ・4件は未遂、既遂も焼損面積が大きいとはいえない。 ・反省。 ・死傷者がいない（重視）。		・境界性人格障害、うつ病であることが一因であるとの主張につき、「被告人のような障害・疾病を有する者のほとんどが犯罪に及ぶことなく生活していることからしても、苛立ちを解消するために放火という手段を選択したことまでが上記障害・疾病によるものとは思われず、特に有利な情状とは評価できない」と判断。 ・再犯の可能性について「逮捕・勾留されて刑事裁判を受けるに至り、反省の態度を示していることからすれば、再犯のおそれが高いと一概に決め付けることはできない」。 ・「前科・前歴がないことは、本件のような重大な事案においては、量刑に当たって、特に有利な情状とは評価できない」。

No	判決日 裁判所 認定罪名	判決	求刑 V意見 弁意見	争点と認定
9	H21.10.9 福島 現住建造物等放火	8年	8年 	
10	H22.8.26 さいたま 現住建造物等放火、建造物侵入、傷害	7年	10年 	
11	H22.2.25 千葉 現住建造物等放火、窃盗、銃刀法違反、建造物侵入	6年6月	8年 5年	
12	H22.5.21 仙台 現住建造物等放火	6年6月	7年 3年	

量刑事情	量刑傾向	特徴など
・アパートは全焼し、周囲の建物も延焼などの被害。 ・関係者の多くが厳罰を希望。 ・動機（会社を解雇されると思い、刑務所に入る手段として放火）は身勝手かつ自己中心的。 ・謝罪文、自首。		
・犯行態様が悪質（被害者の経営する会社の事務所建物。会社内に代表者がいることを確認して催涙スプレーを吹き付けてから放火。）。 ・動機（実母や被害者が、被告人の知らないうちに自分にも相続分がある土地を知人に所有権移転し、何らの説明もないことへの憤り）は酌量の余地は乏しい。 ・暴行による加療4週間の傷害、放火による加療2週間の傷害（2階、3階焼損〔122.76㎡〕）。 ・4000万円の財産的被害。 ・事実を認めて反省。 ・見舞金として50万円を支払うことを申し入れ（受領は拒絶）。 ・勤務先を懲戒解雇されるなど社会的制裁。		
・場合によっては人が死傷する可能性が十分あった行為（近隣に住宅が建ち並び倉庫や民家とも隣接）。 ・隣接する民家等も含め約5764万円余の財産上の被害。 ・動機（窃盗の証拠隠滅）は身勝手。 ・被害者らが厳罰を希望。 ・自首。		
・犯行が、アパートを全焼し、住民の生命や財産を奪う大惨事に発展する危険性の極めて高いものであったことを最も重視（木造アパート〔23名が居住、17名が現住〕）。 ・動機（被告人と別れたいと考えていた交際女性に居留守を使われたことに逆上）は自己中心的。 ・謝罪の手紙を書き、公判廷で謝罪の言葉を述べた。		「被告人が、自分の言葉で反省を語っていると感じることはできず、我々の心に響いてこなかった」と指摘。

No	判決日 裁判所 認定罪名	判決	求刑 V意見 弁意見	争点と認定
13	H23.5.27 福井 現住建造物等放火、有印私文書偽造、同行使、詐欺、免状不実記載、同行使、道路交通法違反、窃盗	6年4月	7年 6年	
14	H21.9.17 高松 現住建造物等放火、傷害、窃盗	6年	7年 執行猶予・保護観察付	
15	H22.5.13 福岡小倉 現住建造物等放火	6年	8年	自白の信用性⇒信用性認定
16	H22.9.1 神戸 現住建造物等放火、殺人未遂	6年	10年 無罪	犯人性（失火か第三者）⇒認定
17	H23.7.13 鹿児島 現住建造物等放火	6年	7年 3年	

量刑事情	量刑傾向	特徴など
・延焼の危険性大。 ・結果の重大性。 ・動機（嫌がらせ〔検察官の主張は火災保険金取得目的〕）は非難されるべき。 ・役割の重大性（共犯）。 ・従属的。		
・態様は悪質かつ非常に危険。 ・動機（復縁に応じない元妻への当てつけ）は自己中心的。 ・元妻の傷害の結果も軽いものではない。 ・元妻との離婚に応じるなど元妻の恐怖心をやわらげる努力。 ・本件を機に自己の弱さに目を向け反省の態度を示している。		法定刑の下限を下回る判決が可能かどうかについて詳細に言及。
・本件放火により発生した生命、身体に対する危険大（住宅密集地）。 ・動機（警察沙汰を起こせば、交際相手と別れられる）は自分勝手で幼稚。 ・幸い死傷者が出るという結果は発生していない。	量刑データによると、単独で住宅密集地に所在する建物１棟を燃料を使用して全焼させた犯罪類型は、懲役3年から懲役12年までに分布。上限に近い分布は死傷者が複数でた事案であり事案を異にする。	
・生命や公共の安全の危険（住宅密集地の自宅）。 ・被害結果が相当重大（一部焼損〔42.5㎡〕）。 ・動機（妻や職場に不満を抱いていた被告人が妻から問い詰められたことをきっかけに犯行）には同情の余地なし。 ・反省なし。 ・けが人なし。 ・突発的。		
・危険性大。 ・640万8000円の被害。 ・適応障害の診断を受けており、事件の背景にそういう素質や精神的未熟さがあった（動機は元交際相手への未練）。 ・計画性なし。 ・若年で前科なし。		

No	判決日 裁判所 認定罪名	判決	求刑 V意見 弁意見	争点と認定
18	H22.1.29 松江 現住建造物等放火	5年6月	6年 3年・執行猶予5年・保護観察付	責任能力⇒完全責任能力
19	H21.11.19 宮崎 現住建造物等放火	5年	6年 4年	
20	H22.2.17 静岡沼津 現住建造物等放火	5年	6年	責任能力（心神耗弱）⇒完全責任能力
21	H22.2.25 千葉 現住建造物等放火、承諾殺人	5年	7年 執行猶予	
22	H22.6.10 千葉 現住建造物等放火	5年	8年 3年・執行猶予5年	

量刑事情	量刑傾向	特徴など
・財産的・精神的被害は甚大（長屋の自室、隣人方を全焼）。 ・動機（お金がないことを苦にした自殺、借金の申し込みに応じなかった同居人への腹いせ）に同情の余地なし。 ・うつ病の影響が否定できない。 ・直後に自首。 ・反省。	同種事案における量刑傾向を踏まえて検討しても、執行猶予を付すべき事案ではない。	
・犯行態様は危険性が高い。 ・犯意には強いものがある。 ・動機（将来への不安と会社に対するうっ憤）は身勝手。 ・被害面積が狭い（壁、天井、柱等一部焼損〔10.2㎡〕）。 ・保険金の支払いにより被害の一部が回復。		
・燃え広がる危険性の高い態様。 ・動機は逆恨みで身勝手。 ・被害弁償なし。 ・焼損面積自体は結果として小さい。 ・うつ病。		
・アパート1棟全焼にとどまらず近隣家屋や樹木への延焼可能性。 ・所有者が厳罰希望。 ・心中目的であることは自己中心的。 ・内妻（死亡）主導。 ・内妻の遺族は許すと言っている。 ・自ら助けを求めて更なる被害拡大を防止。	過去の同種事案の量刑傾向を参考にしつつ判断。	
・犯行が非常に危険（住宅密集地）。 ○最も重視 ・犯行による結果が重大（一部焼損）。 ○次に重視 ・保険金が支払われても精神的損害を回復するには足りない。 ・犯行後に両隣の居室の住人に火事を知らせ、被害の拡大を防ぐのに一定の寄与。		「被害者の中には、被告人に対し極めて重い刑を求める者もみられるが、これをそのまま刑の量定に反映することはできず、（中略）参考にするにとどめるのが相当」と指摘。

No	判決日 裁判所 認定罪名	判決	求刑 V意見 弁意見	争点と認定
23	H22.7.6 大阪 現住建造物等放火	5年	7年 	犯人性⇒認定
24	H23.2.7 さいたま 現住建造物等放火	5年	6年 執行猶予	責任能力（心神耗弱）⇒完全責任能力
25	H23.2.10 横浜 現住建造物等放火	5年	6年 4年	
26	H22.1.15 千葉 現住建造物等放火	4年6月	6年 	
27	H23.2.10 山口 現住建造物等放火、器物損壊、道路交通法違反、住居侵入、窃盗	4年6月	7年 	

量刑事情	量刑傾向	特徴など
・延焼可能性のある危険な犯行（集合住宅、周辺には他の集合住宅や中学校が隣接）。 ・被害者らは厳罰希望。 ・自首（ただし公判廷では否認しており評価の限界がある）。 ・妄想性障害の影響で、社長の夫から命を狙われていると思い、困らせようと思った。		
・犯行の危険性（一部焼損〔39.67㎡／238.48㎡〕、住宅密集地にある木造2階建てアパート）。 ・結果の重大性（アパート大家や巨額の損失、転居を余儀なくされた住人の損害）。 ・アルコール依存症に罹患した被告人の衝動的犯行（元妻のもとにいる子供に会えない寂しさ、義父に面倒を見てもらっているふがいなさから自暴自棄）。 ・自ら119番通報。		
・危険な態様（180名が居住するマンション）。 ・被害500万円以上。 ・住民の恐怖感・不安感。 ・自殺を決意した経緯としてかつての雇い主の脅迫等があった。 ・反省の態度を深めつつある。	自殺等を動機とする同種事案の量刑傾向からみると。	
・動機（知人から携帯を貸してもらえなかったことに立腹）は身勝手。 ・延焼の恐れの大きさ、放火によって損害、被害者の処罰感情等。 ・消火を試みている（アパートの一部を焼損）。	単独犯で燃料を使用し、住宅密集地に所在する現住建造物1棟を半焼させた犯罪類型に該当するので、今回の事件では、これと同種の過去の裁判例で示された量刑幅を参考にする。	
・延焼可能性大。 ・財産的損害は大きい（倉庫の全焼、隣接する建物の1階一部焼損〔3㎡〕）。 ・結果的に誰もけががなかった。 ・500万で示談成立。		

No	判決日 裁判所 認定罪名	判決	求刑 V意見 弁意見	争点と認定
28	H22.2.26 岡山 現住建造物等放火	4年	6年	
29	H22.7.16 福井 現住建造物等放火	4年	5年	犯行の動機及び故意⇒自殺目的だけではない、故意ありと認定
30	H22.10.7 宮崎 現住建造物等放火	4年	6年 2年6月～3年6月	
31	H22.10.8 長野 現住建造物等放火、殺人未遂	4年	6年 執行猶予	・放火の故意及び殺意は未必⇒確定的故意ありと認定 ・中止未遂⇒成立しない
32	H22.10.22 前橋 現住建造物等放火	4年	6年	

量刑事情	量刑傾向	特徴など
・動機（両親に対するうっ憤、保険金目的）は身勝手。 ・近隣の住宅や鉄道等にも危険が及ぶ可能性。 ・計画的。 ・本心から反省しているといえない（他罰的発言）。 ・前科なし。 ・妻子がいる。		
・極めて危険な行為（2階部分焼損〔28.78㎡〕、自宅木造家屋）。 ・被害者は処罰を求めていない。 ・適応障害（自殺目的）。		
・行為態様は危険性が高い（居宅の一部〔81.39㎡／194.39㎡〕、住宅や商店が建ち並ぶ商店街）。 ・隣家や隣家の自動車も焼損し、財産的被害・精神的被害は重大。 ・不慮の事故により聴覚に障害を負ったことや仕事がなかなか見つからないことによるストレスがあり、被告人にはいかんともしがたい面も否定できず、酌むべきものがある（実弟に対して募らせていたうっ憤を晴らす目的）。		
・動機（将来を悲観し、長男を殺して自分も死のうとした）は身勝手。 ・殺人が未遂。 ・情緒不安定性パーソナリティー障害に罹患しており、家庭の経済的困窮や長男の不登校に苦慮していた。 ・火災保険金の支払。 ・夫と長男が許し、近隣住民からも嘆願書の提出。		
・動機（借金を膨らませて自殺を企図）は短絡的で身勝手。 ・極めて危険な犯行（全焼、住宅密集地ではないが、南北及び西隣に3軒の隣家があり、延焼の危険）。 ・自首。 ・建物の所有者が寛大な処罰を求める。	「過去の量刑なども踏まえて」。	

No	判決日 裁判所 認定罪名	判決	求刑 V意見 弁意見	争点と認定
33	H23.3.3 那覇 現住建造物等放火	4年	6年 	
34	H23.6.3 広島 現住建造物等放火	4年	5年 3年を下回る刑（執行猶予も含む）	
35	H22.2.4 東京立川 現住建造物等放火	3年6月	6年 	
36	H22.2.19 山口 現住建造物等放火	3年6月	5年 3年・執行猶予5年・保護観察付	責任能力（心神耗弱）⇒完全責任能力
37	H22.11.19 秋田 現住建造物等放火	3年6月	5年 3年・執行猶予3年・保護観察付	
38	H22.12.22 金沢 現住建造物等放火	3年6月	6年 	

量刑事情	量刑傾向	特徴など
・動機（アルコール依存症等により仕事がままならず、知人との口論等をきっかけに怒りを爆発させ自殺企図）は身勝手。 ・結果は極めて重大（自宅全焼）。 ・更生には一定の期待（生活環境の変化や支援施設）。	「近時の量刑傾向も参考に」。	
・動機（金銭的困窮、大家への悪感情）は身勝手。 ・被害者らの処罰感情が強い。 ・被害弁償なし（居室全焼、一部焼損〔24㎡／503㎡〕）。 ・反省。 ・自首。		自首減軽。
・延焼の危険が高かった上（幹線道路に面した商店街）、時間帯も在室の可能性が高く、道路は渋滞の可能性もある時間帯。 ・結果（１階はほぼ全焼、２階も一部焼損〔62㎡〕）は重大。 ・自殺目的である点に同情の余地。 ・保険会社に求償金500万円の支払。		
・結果（自宅全焼）は重大。 ・動機（親の監視を逃れるために刑務所に入る目的）は身勝手。 ・アスペルガー症候群の影響。 ・前刑の執行猶予が取消し。		
・結果（自宅全焼、隣家に200万円の損害）は重大。 ・動機（酒に酔って衣類等を直ちに片づけるかということで憤激）は身勝手。 ・自宅を燃やそうという積極的な意図まではなく、アルコール依存症からの回復施設に入所するつもりである。		
・強い意思を持って危険な行為。 ・結果（全焼）は重大。 ・動機（母親が家を出たことへの不満、自殺目的）が短絡的。 ・家庭環境に問題あり（評価には限度）。 ・反省の態度。 ・家庭環境に同情の余地。 ・母親が許している。		

No	判決日 裁判所 認定罪名	判決	求刑 V意見 弁意見	争点と認定
39	H23.6.13 東京 現住建造物等放火	3年6月	6年 無罪	・犯人性⇒認定 ・責任能力（心神喪失）⇒心神耗弱
40	H22.8.26 福島 現住建造物等放火	3年2月	4年	
41	H22.2.8 さいたま 現住建造物等放火	3年	5年	
42	H22.9.8 福島郡山 現住建造物等放火	3年	5年 3年・執行猶予4年	
43	H22.11.19 東京 現住建造物等放火	3年	6年 執行猶予・保護観察付	

量刑事情	量刑傾向	特徴など
		心神耗弱減軽。
・動機（夫との生活を断ち切る）は身勝手。 ・家族、市営住宅の入居者への危険。 ・被告人の110番通報。 ・夫からの暴力に耐えかねて思いつめた経緯には同情の余地。		
・犯行の危険性と被害結果の重さ（居室の一部を焼損）。 ・動機（借金等のことを夫に知られたくないので、一緒に死のうと企図）は身勝手。 ・反省。 ・幸いけが人はいない。		
・犯行態様の危険性、結果の重大性を重視（全焼）。 ・長男家族に謝罪をする気は毛頭ないと述べるなど最後まで反省の態度はない（長男家族との関係が悪化する中で長男家族に対する恨みを募らせ、晴らそうとした。）。 ・長女が今後も世話。 ・末期ガンに罹患して、余命わずか。		
・アパート1階、2階部分を焼損（35㎡）。 ・被告人に責任を帰すことができないような事情（パーソナリティ障害）も本件の遠因となっていることを否定できず、そのような観点からは被告人を強く非難することは躊躇される。 ・動機（自殺〔被告人の供述〕、同居の交際相手に捨てられるという不安から注意を向けさせる〔精神科医の分析〕）は身勝手。 ・被告人を支援する具体的な方策について証言し、被告人の父親もこれに協力する旨供述。	同種事案における量刑傾向も考慮した結果、酌量減軽をした上で実刑に処するのが相当。被害結果と公共に対する危険、とりわけ多大な被害結果が第三者に対して現実に生じたという点はやはり重視されるべき。	「被告人にとって必要かつ適切なサポート態勢を整えた弁護人及び関係者の尽力には敬意を表する」と指摘。

No	判決日 裁判所 認定罪名	判決	求刑 V意見 弁意見	争点と認定
44	H22.10.21 徳島 現住建造物等放火	2年8月	6年 執行猶予	
45	H22.1.27 和歌山 現住建造物等放火	2年6月	5年 3年・執行猶予5年	
46	H22.3.26 仙台 現住建造物等放火	2年6月	5年 執行猶予	
47	H22.7.1 名古屋岡崎 現住建造物等放火	2年6月	5年 3年・執行猶予・保護観察付	
48	H21.10.8 横浜 建造物等以外放火	3年・執行猶予5年・保護観察付	4年 	火を付けた際、どこまで燃え移ると認識していたか⇒家屋に燃え移るかもしれないとの認識を有していたとの証拠はない

量刑事情	量刑傾向	特徴など
・保険金目的という悪質かつ身勝手な動機で、近隣住民に危険を感じさせた被告人には、実刑をもって処罰。 ・本件犯行により本件居宅以外に大きな被害が生じなかったことや厳罰を求める被害者がいないこと、被告人の病気・年齢を考慮。		近隣住民や居宅の所有者が厳罰に処す必要はないと述べていることは余り大きく評価できないと述べるとともに、実質的な被害者は保険会社（ひいては同会社の一般の保険加入者）であると言及。
・動機は借金のことを両親に知られないため、明細等を家ごと燃やそうとしたこと。 ・危険性を十分に有する。 ・焼損面積は小さく被害額は比較的少額（一部焼損〔0.2111㎡〕）。		
・多くの住民に大きな恐怖。 ・修繕費用は237万円（共同住宅、木製の壁などを焼損〔6㎡〕）。 ・動機（母の目を向けたい、自殺）は放火に及ぶ理由にならず同情できない。 ・不安神経症は同情の余地。 ・自ら119番。		
・延焼可能性、多大な被害の可能性のある危険なもの（住宅密集地の木造アパート）。 ・動機（刑事施設に入るため）は身勝手。 ・被害弁償なし。 ・焼損面積自体はわずかで死傷者なし（床一部焼損〔0.25㎡〕）。	「これまでの量刑傾向も参考にしつつ」。	
・会社の人間を脅かす等のため。 ・延焼可能性があり危険。 ・被害は211万円。 ・保険によって填補されなかった損害につき81万円を支払う内容で示談成立。 ・21歳と若年で十分な可塑性が認められる。 ・併合罪関係にある別罪で懲役2年、執行猶予3年の判決、執行猶予中。		現住建造物等放火で起訴⇒建造物等以外放火に認定落ち。

No	判決日 裁判所 認定罪名	判決	求刑 V意見 弁意見	争点と認定
49	H22.5.21 福島郡山 現住建造物等放火	3年・執行猶予5年・保護観察付	5年 執行猶予	
50	H22.5.27 東京 現住建造物等放火	3年・執行猶予5年・保護観察付	5年	
51	H22.7.30 東京 現住建造物等放火	3年・執行猶予5年・保護観察付	5年 執行猶予	
52	H22.9.3 東京 現住建造物等放火	3年・執行猶予5年・保護観察付	5年	責任能力（心神耗弱）⇒完全責任能力
53	H22.9.9 名古屋岡崎 現住建造物等放火	3年・執行猶予5年・保護観察付	4年6月	

量刑事情	量刑傾向	特徴など
・建物が全焼する危険も大きく、近隣に延焼して住民の生命等に対する危険は大きかった（自宅。木造住宅の密集する地域に存在）。 ・動機（自殺目的、両親へのあてつけ）は大いに同情できるとはいえない。 ・弁護人等の尽力により、被告人の事情を理解して生活を援助する機関での受け入れ態勢が組まれている。 ・建物の所有者が被告人の家族が一日も早く普通の生活に戻ることを望んでいることは重視すべき。 ・背景に妄想性障害があった。	「住宅密集地の住居において、家族関係又は自殺目的により、放火をし、その一部焼損にとどまった事案の量刑分布をみると、弁護人が指摘するとおり、おおむね懲役3年程度から5年程度に分布しており、酌量減軽がされている事案が多く、事案によっては執行猶予に付されているものもある」。「このような量刑分布を参考にし」さらに、他の事情を検討して執行猶予に付すかどうかを判断。	執行猶予に付すことにした理由を詳細に検討。
・犯行の危険性（自宅。住宅密集地）。◯最も重視 ・放火の意思の強さ（次に重視）。 ・動機（両親に対するうっ憤を晴らすため）は身勝手。 ・自宅の所有者である両親は、被告人を許している（２階部分23㎡焼損）。		被告人と両親との間での感情面での行き違いに端を発しており、本件を機に、被告人も両親もカウンセリングを受けるなどし、保釈後もカウンセリングや内観法の研修等を受けるなどしていることを評価。
・心中目的の動機は身勝手。 ・財産的被害は2000万円以上。 ・共犯者が主導的役割（被告人は依存性パーソナリティ障害であり従属的立場）。 ・反省。 ・2室焼損（20.8㎡）。		No52と共犯。
・危険性の高い行為。 ・2200万円の被害。 ・心気症に基づく抑うつ状態。		No51と共犯。 役割について異なる判断がなされている。
・延焼可能性は十分あり、危険な行為（床、壁等焼損〔19.87㎡〕）。 ・2121万円の財産的損害。 ・動機（借金の返済に困り自殺企図）は身勝手。 ・父親が保険会社に900万円、被害者に合計112万1200円を支払い、14名の被害者のうち13名が許し、７名が執行猶予判決を希望。		

No	判決日 裁判所 認定罪名	判決	求刑 V意見 弁意見	争点と認定
54	H23.1.21 福岡 現住建造物等放火	3年・執行猶予5年・保護観察付	5年 2年6月・執行猶予5年	
55	H23.2.14 福岡 現住建造物等放火	3年・執行猶予5年・保護観察付	5年 執行猶予	責任能力（心神耗弱）⇒完全責任能力
56	H23.5.27 東京 現住建造物等放火	3年・執行猶予5年・保護観察付	5年 3年・執行猶予5年	
57	H22.9.13 さいたま 現住建造物等放火	3年・執行猶予5年・保護観察付	5年	・故意の程度⇒未必の故意と認定 ・責任能力⇒完全責任能力
58	H23.2.14 福岡 現住建造物等放火	3年・執行猶予5年・保護観察付	5年	責任能力（心神耗弱）⇒結論不明
59	H21.12.18 さいたま 現住建造物等放火	3年・執行猶予5年	3年 猶予	

量刑事情	量刑傾向	特徴など
・結果（実母の居住住宅が全焼）は重大。 ・動機（自身の統合失調症、妻との離婚に将来を悲観、自分を理解しない実母を困らせたい）は身勝手。 ・統合失調症の影響（心神耗弱）。 ・自首。 ・反省、謝罪。		心神耗弱、自首の成立に争いなし。
・延焼の現実的可能性は低かった。 ・計画性なし。 ・放火の規模は小さかった。 ・行動制御能力が相当程度低下（軽度精神遅滞、急性ストレス障害、衝動制御障害）。 ・火災保険の適用、父親による被害弁償（113万円）。 ・経緯には酌量の余地。	「このような事案の内容を踏まえて裁判例の大まかな傾向を参照すると、実刑が多いものの、被害結果や示談等の結果、減軽事由の存在等によっては執行猶予の事案も一定数存在している」。	「行動制御能力の低下はあるものの少なくとも著しいものではなかった」と判断。
・延焼の危険大。 ・火災保険や母により損害補てん⇒被害者は猶予判決希望。 ・自殺目的（自己利益・他害目的ではない）。 ・自首。		
・行為の危険性。 ・結果の重大性（全焼と隣家2件で180万円の被害）。 ・動機（実母に対する怒りから同人が大切にしていたテレビを壊すため）は身勝手。 ・精神障害（気分変調性障害、アルコール依存症）の影響。 ・主治医が更生や治療に協力する旨述べている。 ・実母が許し、同居して支えていくと誓約。		
・経緯（話し合いに応じない夫に立腹）は理解できるが短絡的。 ・延焼の危険性（アパートの一部を焼損〔0.2870㎡〕）。 ・居宅内には被告人以外いなかった。 ・消火行為。	量刑の幅の中に位置づけて考えるのが相当。	量刑データを比較的詳細に検討。

No	判決日 裁判所 認定罪名	判決	求刑 V意見 弁意見	争点と認定
60	H22.7.22 山形 現住建造物等放火	3年・執行猶予5年	5年 執行猶予	
61	H22.10.7 前橋 現住建造物等放火	3年・執行猶予5年	5年 2年6月・執行猶予	
62	H23.3.1 千葉 現住建造物等放火	3年・執行猶予5年	5年 3年・執行猶予4年	
63	H23.8.22 横浜 現住建造物等放火	3年・執行猶予5年	5年	・故意⇒ありと認定 ・責任能力（心神耗弱）⇒完全責任能力
64	H23.1.21 松江 現住建造物等放火	3年・執行猶予4年・保護観察付	4年 3年・執行猶予4年	

量刑事情	量刑傾向	特徴など
・結果（484万円の財産的被害、壁、天井等焼損〔4.70㎡〕）は重大。 ・自殺の方法として放火を選ぶのは自己中心的。 ・自ら119番通報。	過去の量刑資料（現住建造物等放火、単独犯1件、全焼0棟、一部焼損1棟、動機が自殺又は心中）も参考として評議。	
・動機（前勤務先への不満や日頃のうっ憤を晴らす）は同情できない。 ・犯行は計画的。 ・全体に燃え広がる可能性のある危険な行為（店舗天井等一部焼損〔1.63㎡〕）。 ・父親が112万円を弁償。 ・建物全体を燃やそうという意思まではない。		
・建物を全て燃やそうとの強い意欲。 ・通報が遅れれば隣接した建物への延焼可能性も否定できない（一部焼損〔79.6㎡／119.19㎡〕）。 ・近隣住民は嘆願書を提出。 ・躁うつ病の影響で長男から攻撃的な言動を繰り返し受け、追い詰められた経緯には同情すべき点は大きい。		
・結果（アパート居室全焼、1300万円の被害）は重大。 ・行為が身勝手で短絡的。 ・人的被害が生じなかった。 ・100万円をアパート所有者に弁償して示談成立・宥恕。 ・背景や動機（統合失調症に起因する育児不安）に同情できる。 ・判断能力が一定限度で低下（酩酊）。		責任能力について、心神耗弱との判断をした鑑定を排斥（犯行と直前までの行動との間に断絶があることを前提としているので、前提に誤りがあると判断）。
・火災の規模は重大で（全焼）、家族に与えた衝撃も大きい。 ・心神耗弱状態（双極性障害）で、動機等に著しい影響（養父母の介護やその葬儀を自宅で行うことなどに伴う不安解消）。 ・近隣への被害なし。		・心神耗弱については争いなし（双極性障害）。 ・動機については、精神障害の影響によって形成された動機なので重くする事情と評価するのは妥当でないと判断。 ・家族が監督を誓っていることは、今後の被告人の環境に関する事情なので、刑を軽くする事情として考慮するのは相当でないと判断。

No	判決日 裁判所 認定罪名	判決	求刑 V意見 弁意見	争点と認定
65	H21.12.3 山形 現住建造物等放火	3年・執行猶予4年	5年 	
66	H22.5.20 名古屋 現住建造物等放火	3年・執行猶予3年・保護観察付	4年 執行猶予	
67	H22.10.22 東京 現住建造物等放火	2年8月・執行猶予4年	3年 2年・執行猶予4年	

量刑事情	量刑傾向	特徴など
・自宅全焼。 ・家族の生命を奪う危険性（無理心中目的）。 ・近隣住民の多くや、長女も厳罰を望んでいない。 ・抑うつ状態について治療を受ける予定。		
・共同住宅の所有者は約85万円の被害。 ・被告人の部屋の床を約0.57平方メートル焼いたにとどまっている点は、相当に重要な事情。 ・被告人は、水をかけるなど消火の努力、119番通報、自首などの放火後の行動も重要。		放火の目的は、保険金目的等に比べて刑を軽くすべきと指摘。

■現住建造物等放火未遂一覧

No	判決日 裁判所 認定罪名	判決	求刑 V意見 弁意見	争点と認定
1	H22.11.19 山形 現住建造物等放火未遂、暴行	5年4月	8年	・故意⇒認定 ・責任能力⇒完全責任能力 ・既遂か未遂か⇒未遂
2	H22.7.29 高松 現住建造物等放火未遂、詐欺、住居侵入	4年10月	6年 執行猶予	住人が寝起きしていた棟に火を燃え移らせる意図があったか否か⇒あったと認定
3	H22.10.7 宇都宮 現住建造物等放火未遂	4年	5年	
4	H22.2.26 東京 現住建造物等放火未遂	3年6月	6年	
5	H22.3.11 仙台 現住建造物等放火未遂、建造物損壊、脅迫	3年	6年 執行猶予	・脅迫の故意⇒認定 ・脅迫の実行行為性⇒認定
6	H23.9.1 松山 現住建造物等放火未遂	2年10月	4年 2年	

量刑事情	量刑傾向	特徴など
・被害額が3110万円に及び当日営業できなくなるなど重大な被害結果（住宅が建ち並ぶ中心街）。 ・保険金が支払われたことは評価できない。 ・家族、知人、友人が嘆願書合計61通を作成していることから、被告人の更生の支えにもなる。	現住建造物放火未遂罪（燃料使用）の量刑分布がおおむね懲役2年から懲役8年の間に分布しており、本件犯行が悪質である上、悪質な暴行の犯行も行っていることに照らすと、主文の刑が適切。	既遂か未遂かにつき、建造物の一部と認められる状況に至ったとはいえず、未遂にとどまると認定。
・非常に危険な犯行。 ・動機（詐欺が発覚しそうになり金策のための時間稼ぎ）は自己中心的。 ・近隣住人にも大きな不安感を与えた。 ・未遂となった。		放火の量刑においては、犯行の危険性の度合いが重要な考慮要素となる、と指摘。
・動機（姉との口論等からきた衝動的犯行）は短絡的かつ自己中心的。 ・深夜の時間帯に多数の宿泊客がいるホテルの室内（宿泊先ホテル）、態様は危険（畳等の一部を焼損）。 ・年金を貯めて50万円をホテルに支払。		
・本件アパートだけでなく周辺住宅等も焼損させ（住宅密集地、木造アパート）、居住者らに重大な危険を及ぼす可能性。 ・動機（刑務所入所目的）は身勝手。 ・場当たり的な犯行で未遂。 ・発生した結果が財産的にも危険性でも大きいと言えない（自室の畳、長座布団のうち一部）。		隣人の消火により未遂にとどまった点について「比較的簡易な消火方法で鎮火していることからすれば（中略）危険性は、結果としてそれほど高いものであったとはいえない」と指摘。
・放火行為は多数の人々を焼死させ、建物を消失させる危険性（人がいる木造建物、隣接した建物にも多数の人）。 ・未遂（引き戸を焼損〔約2.4㎡〕）。 ・反省や被害回復に向けた努力。		
・行為の危険性（屋根に近接する波板の一部を焼損、住宅密集地）。 ・経緯（元妻への恨み）に同情の余地がないといえないが手段は酌量の余地なし。 ・居住者である元妻等は厳罰希望。 ・未遂。 ・示談成立。		

No	判決日 裁判所 認定罪名	判決	求刑 V意見 弁意見	争点と認定
7	H22.10.18 金沢 現住建造物等放火未遂	2年8月	5年 執行猶予	・実行行為性⇒認定 ・故意⇒認定
8	H23.2.25 千葉 現住建造物等放火未遂	2年6月	5年 執行猶予	責任能力（心神耗弱）⇒完全責任能力
9	H23.3.18 高松 現住建造物等放火未遂、承諾殺人未遂	2年	4年 執行猶予	・実行の着手の有無⇒認定 ・承諾殺につき承諾の有無⇒排斥
10	H23.6.1 さいたま 現住建造物等放火未遂	2年	4年	
11	H22.5.20 青森 現住建造物等放火未遂	3年・執行猶予5年・保護観察付	3年	
12	H22.10.22 福井 現住建造物等放火未遂、住居侵入	3年・執行猶予5年・保護観察付	4年	
13	H23.1.18 さいたま 現住建造物等放火未遂	3年・執行猶予5年・保護観察付	4年 執行猶予	

量刑事情	量刑傾向	特徴など
・動機（母親が被告人の携帯電話の使用停止、居室解約の手続きをとったことから自暴自棄）は身勝手。 ・執行猶予の前科の猶予期間満了直後。 ・反省が十分でない。 ・結果が軽微（アパートの居室、布団の一部を焼損）。 ・母親が監督を約束。		
・近隣の民家への延焼可能性や死傷者が出る可能性高かった（住宅密集地、アパート自室）。 ・200万円超の財産的損害。 ・統合失調症の影響で経済的に困窮しており同情の余地（動機は今後の生活への不安）。	同種事案に関する過去の量刑傾向も参考にした。	
・動機（長女や孫からの冷たい言動に悲観）は全く同情できない。 ・木造自宅。 ・ガソリンがまかれただけ（焼損なし）。		
・放火の同種前科多数。 ・精神遅滞が動機（刑務所志願）に影響（心神耗弱）。 ・全額弁償し、被害者も許している、再度受け入れる意思（多数の知的障害者が入所している寮）。		
・極めて危険（住宅密集地、7名が居住するアパート）。 ・統合失調症のため心神耗弱の状態、動機（うっ憤を晴らす）に強く影響。 ・幸い未遂（布団等を焼損）。		
・動機（保管していた通帳を町内会長に提出することを免れるため町内会長宅に放火）は、浅はかで身勝手。 ・極めて危険で悪質。 ・自然鎮火し、未遂にとどまった（ストーブと畳の一部を焼損）。 ・示談成立、嘆願書。		
・動機（将来の生活への不安、同僚や会社への不満）は自己中心的・短絡的。 ・既遂になる危険性は大きかった（壁等をくん焼させた。従業員34人の住んでいた建物の自室）。 ・生活保護手続きなど更生環境が整いつつある。	従来の量刑傾向も踏まえた。	

No	判決日 裁判所 認定罪名	判決	求刑 V意見 弁意見	争点と認定
14	H23.1.18 宇都宮 現住建造物等放火未遂	3年・執行猶予5年・保護観察付	3年6月 	
15	H22.5.31 佐賀 現住建造物等放火未遂	3年・執行猶予4年・保護観察付	3年 2年6月・執行猶予3年・保護観察付	責任能力⇒完全責任能力
16	H22.6.15 東京 現住建造物等放火未遂、建造物侵入、放火予備、器物損壊	3年・執行猶予4年・保護観察付	5年 	責任能力⇒完全責任能力
17	H22.7.26 大阪 現住建造物等放火未遂	3年・執行猶予4年	4年 執行猶予	
18	H21.10.9 秋田 現住建造物等放火未遂	3年・執行猶予3年・保護観察付	4年 	
19	H22.2.10 仙台 現住建造物等放火未遂	3年・執行猶予3年・保護観察付	3年 執行猶予	

量刑事情	量刑傾向	特徴など
・動機（離婚問題と両親からの援助がないことで追い詰められ、両親が居住する建物に放火）は安易で自己中心的（酌むべき事情もある）。 ・離婚問題は解決し再犯の可能性は低い。 ・両親も更生に協力する意向。		
・被害店舗を燃焼させる危険のあった犯行（商業地域、店内には11名がいた）。 ・動機が店への恨み（出入り禁止にされた）であることを不利に考慮。 ・被害の程度が軽微（外壁の一部をくん焼）。 ・中等度精神遅滞と適応障害の影響を受けた状態。	同種の事案は、これまで概ね懲役2年6月（執行猶予付きを含む）から懲役3年の範囲で量刑がなされてきたところであり、執行猶予が付された事例が多い。	
・放火それ自体が人の生命、財産に対する危険性が高い行為。 ・動機（ダルクを抜け出し、実家に帰りたいという要求を拒絶され、センターでホームレス支援施設に入りたいという要求を拒絶されたことで、実家やセンターがなくなれば自分と同じ気持ちを理解できるだろうと考えた）は幼稚で身勝手。 ・すだれと網戸の焼損にとどまっている。		ダルクか刑務所かどちらが適切かを検討。
・犯行は計画的で危険な態様。 ・両親と被告人との親子関係が影響しており同情の余地あり（将来を悲観、自殺目的）。 ・大きな被害もない（物干し等の焼損）。 ・社会復帰後はカウンセリングを受けたいと述べるなど精神的弱さに向き合う。		被告人の更生を支援する環境が整っていることから保護観察に付すまでの必要はないと指摘。
・他の部屋には子どもを含む居住者が在室（住宅街。14名が居住するアパートの自己の居室）。 ・自殺のためであり、積極的に他人を害する意図はなく、経緯に同情すべき点もある。 ・保険による財産的被害の回復。		
・家族3人を巻き添えにして家を消失させる危険性（自殺目的）。 ・再犯のおそれなし（反省、姉が同居を約束、前職社長が再雇用を約束）。 ・自らの意思で消火（6畳間の木造床の一部を焦がした）。		

6　性犯罪

(1)　量刑事情についての事実認定

a　反省状況

○福島地裁平成22年３月12日（No11、強姦致傷）

動機について、刑務所に入りたかったと述べた事案（懲役12年／求刑12年）

「被告人は公判廷において、刑務所に入りたかったから本件犯行を行ったなどと供述している上、その他の供述内容や態度などからは、被害者や両親らの心情を真に理解しているのか疑問があるといわざるを得ず、十分な反省の気持ちや真摯な更生意欲を見出すことは困難である。したがって、この点を量刑上特に評価することは相当ではない。」

(2)　量刑の基準（量刑の考え方）

a　犯行態様の悪質性等が重視されているもの

○広島地裁平成23年１月28日（No39、強姦致傷等）

執行猶予中の被告人が、路上を歩いていた被害者を姦淫しようとしたが、姦淫自体は未遂であった事案（懲役７年／求刑８年）

「被告人に科すべき刑について評議を進めたところ、被告人の行為に見合った刑を科するという観点から、特に強姦致傷及び強盗の犯行の悪質性や結果の重大性を重視すると、強姦致傷罪の法定刑の下限を下回る刑は適切でないという判断に至った。その上で、強姦致傷罪の犯行において姦淫に至っていない点を考慮し、さらに、自業自得とはいえ、前回の懲役刑の執行猶予が取り消されて本件の刑と併せて服役すると見込まれることなどの事情も踏まえ、被告人が性犯罪の重大さを理解し、自らが犯罪を繰り返す原因について考えを深めることによって真に更生するために必要な期間という観点も加味して検討した」

○大阪地裁堺支部平成22年７月14日（No31・32・35、監禁・集団強姦致傷等）

共犯者３人で、女性を姦淫しようと考え、路上を歩いていた被害者を自動車に引きずり込み、姦淫しようとしたが、女性が嘔吐や嗚咽するふりをしたため姦淫に至らなかった事案（A・Bにつき懲役７年６月／求刑10年、Cにつき懲役７年／求刑９年）

「本件犯行の態様が特に悪質であること及び被害者に重大な心の傷を与えたことからすると、刑事責任は非常に重いといえ、姦淫が未遂に終わっていることや、一応の反省の態度を示していること、その他の酌むべき事情を考慮しても、本件は執行猶予が可能な量刑はもちろん、法定刑の下限に近い量刑をすることも相当な事案ではない。他方、被害者が機転を利かせたことによるところが大きいとはいえ、被告人らが最終的には自分たちの意思で姦淫をやめたことは被告人らの有利に考慮すべきであり、10年に近い量刑にするのはやや酷であると考えられる。」

○松山地裁平成22年12月10日（No49、強姦致傷）

顔見知りの被害者を路上で暴行・姦淫し、２週間の傷害を負わせた事案（懲役６年／求刑７年）

「被告人の行った行為の危険性・悪質性、被害結果の重大性を考えると、本件については、法定刑の最下限である５年を下回ることが相当な事案とは認められない。」

○名古屋地裁平成22年９月２日（No54、強姦致傷）

路上で被害者に対し、暴行して姦淫しようとしたが、姦淫は未遂となった事案（懲役５年／求刑６年）

「犯行態様の執拗さや結果の重大性等の事情からすれば、被告人の責任は重く、執行猶予を付するのは相当ではない。」

○福岡地裁平成22年３月17日（No56、強姦致傷）

被害者宅に侵入し、姦淫しようとしたが、被害者に抵抗され、第三者がかけつけたために姦淫が未遂となった事案（懲役４年／求刑５年）

「凶器を用いた暴行を手段としておらず、強姦が未遂に終わっていることなどを考慮すると、従来の例では概ね３年から７年くらいの懲役刑が多い傾向にある。その傾向を参考に考えても、暴行脅迫行為の程度、わいせつ行為にも及んでいないことに照らせば、懲役５年を超える刑は重すぎるといえる。しかし深夜、寝込みを襲われて怪我をした被害者の苦痛など、犯行の結果を考えれば懲役３年の刑は軽すぎるといえる。」

○福岡地裁平成22年９月24日（No29、強盗強姦等）

金員窃取目的で住居に侵入したところ、金員を発見できなかったため、就寝中の被害者に暴行し、金員を強取しようとしたが、被害者が金員を持っていなかったため、被害者を姦淫した事案（懲役８年／求刑10年）

「本件のような事案においては、犯行に至る経緯、動機、犯行の手段や態様、犯行の結果等の犯情（特に処断刑の基となる強盗強姦の犯行のそれ）をまず検討し、その責任に基づく量刑の大枠を定めた上で、その他の情状事実として重視すべき事情等も加味して最終的な被告人の刑を量定することになる。」

b 「再犯可能性」を重視したもの

性犯罪においては、他の犯罪類型に比して、「再犯可能性」が着目されている。

(i) 前科が重視された事案

○さいたま地裁平成22年５月19日（No６、強制わいせつ致傷）

帰宅途中の被害者を、路上で倒してわいせつな行為を行い、全治約８日間の傷害を負わせた事案（懲役８年／求刑７年）

「被告人には、上記の累犯前科を含め、平成９年以降、強制わいせつ罪、強制わいせつ未遂罪といった同種前科が４件あり、いずれも服役している。（中略）（本件）以外に相当数の同種類似事案があるという。（中略）本件は被告人の独特の性的嗜好に基づくものであり、その常習性は顕著である。（中略）本件犯情の悪さ及び被告人の再犯可能性の高さなどに照らし、主文の刑を量定するのが相当と判断した。」

○東京地裁平成22年６月24日（No９、強姦致傷等）

通行中の被害者を暴行姦淫するなどした強姦致傷罪と強制わいせつ４件、強制わいせつ未遂１件、迷惑防止条例１件、強姦１件が併合された事案（懲役15年／求刑18年）

「前刑の服役経験が全く生かされていないことや、被告人自身が、性犯罪に及ぶ理由として、悪いと分かっているがやめられない、タバコのようなものだなどと述べていることなどからすれば」弁護人の主張をふまえても「被告人には再犯可能性が認められるというべきであるから、その点でも十分な反省の期間を与える必要がある。」

○仙台地裁平成21年11月20日（No17、強姦致傷）

路上で自転車走行中の被害者を倒してカッターナイフで脅迫し、強いて姦淫し、全治５週間の骨折をさせた事案（懲役９年10月／求刑10年）

「被告人が今回と同種の犯罪を犯して刑罰を受けたにもかかわらず、再び今回の事件に及んだことを考えると、その再犯可能性があると言わざるを得ません。」

○福島地裁平成22年３月12日（No11、強姦致傷等）

被告人が女子中高生を強いて姦淫する目的で店のトイレに侵入し、暴行を加え姦淫しようとしたが目的を遂げず、被害者に加療１週間の左手背部擦過傷の傷害を負わせた事案（懲役12年／求刑12年）

「被告人は平成14年９月には、性的な動機に基づく、女子高校生３名に対する傷害事件により懲役２年６月の実刑判決を受け、さらに平成19年１月には、女子高生に対するわいせつ略取未遂、傷害事件により、懲役２年８月の実刑判決を受けるなどして、２度にわたる矯正教育を受けた。それにもかかわらず、被告人は上記の性的嗜好を改善しようと努力せず、更生に努める意識の乏しいまま、前刑終了からわずか３か月足らずのうちにまたもや本件犯行に及んでいる。これらの経緯からすると、被告人の再犯のおそれは高いと評価するほかな」い。

○東京地裁平成22年10月28日（No15、強姦致傷等）

自己の経営する飲食店のアルバイト店員を強姦しようと考え、被告人方で被害者に暴行した上強いて姦淫し、被害者に加療２週間の頸部・胸部皮下出血等の傷害を負わせた強姦致傷と、トイレ内で被害者にわいせつ行為をして加療15日間の傷害を負わせた強制わいせつ致傷とが併合審理された事案（懲役10年／求刑10年）

「しかも、被告人は、公務執行妨害による執行猶予付き懲役前科及び傷害による罰金前科を有しながら再び本件各犯行に及んだものであり、法を守る意識が乏しい上、これらの前科及び本件各犯行はいずれも飲酒の上でのものであって、酒を飲んで粗暴な行為に及ぶ傾向もうかがわれる。これらの事情に照らせば、再犯の可能性も否定しがたい。」

＊なお、前科については以下のとおり「犯情」として評価された判決もある。

○秋田地裁平成22年８月27日（No36、強姦致傷）

通行中の被害者の首を絞めて脅迫した上姦淫し、その後約10年間逃走していた事案（懲役７年／求刑８年）

「被告人は、前記のとおり、本件以外にも住居侵入、強姦致傷事件を起こし、その裁判で反省の態度を示したことなどを考慮されて、平成７年９月20日に懲役３年、４年間執行猶予の判決を宣告されたにもかかわらず、本件犯行に及んだのであるから、見ず知らずの男に暴行・脅迫を加えられ、意に反する性行為をされ（又はされそうにな）る女性の心痛を考え、自らの性癖を抑制するという真の意味での反省ができていなかったといわざるを得ず、被告人が同種の犯行を繰り返したという点において、本件犯行は一層悪質である。」

(ii)　併合審理された事案が重視された事案

○名古屋地裁平成22年７月30日（No１、強制わいせつ致傷等）

被害者をビルの中で暴行し、わいせつな行為を行った強制わいせつ致

傷の事案に加え、強盗、強盗致傷が併合審理された事案（懲役13年／求刑15年）

「前刑終了後２年間も経過しないうちに、短期間で各犯行を繰り返している。（中略）その犯罪内容をみても（中略）被告人の犯罪傾向が進んでいることが伺われる（中略）反省が深まっていないことを考えあわせると、被告人が再び重大な犯罪を行う可能性は否定できない。」

○東京地裁立川支部平成22年２月10日（No16、強盗強姦等）

被害者宅に侵入し、粘着テープ等を利用して暴行脅迫後、財布を奪い、被害者を姦淫した住居侵入、強盗強姦に加え、住居侵入、強盗強姦未遂が併合審理された事案（懲役13年／求刑15年）

「ゆがんだ性的欲望をさらにエスカレートさせて、わずか半年の間に、続けて、計画的かつ悪質な本件犯行に及んでいる。（中略）自らの刑事責任を軽くするような不合理な弁解を述べたりしてもおり、このような重大犯罪を犯すに至った経緯や原因に真剣に向き合い、心の底から反省しているとは考えられない。（中略）これらの事情によれば、被告人が再び同種の犯行に及ぶおそれが認められ、再犯防止の観点からも、相当期間、被告人を刑務所に収容することが必要である。」

(iii)　同種犯行を長年繰り返していたことが重視された事案

○大津地裁平成22年６月25日（No43、強姦致傷）

通行中の被害者を路上に転倒させ、暴行・姦淫し、全治約７日間の傷害を負わせた事案（懲役６年６月／求刑９年）

「被告人が同種犯行を長年繰り返し、犯行を次第にエスカレートさせている点などに照らすと、被告人には、本件のような犯行についての常習性が認められ、被告人が犯行当時19歳で現在20歳の発展途上の若者であり、」被告人の反省や両親・友人の協力への期待を踏まえても「自己の性格や規範意識等の問題点を短期間で改善することは困難で、被告人の更生には多大な努力が必要と考えられる。そうすると、被告人の再犯可能性は否定することはでき」ない。

＊同時審理が可能であった強制わいせつ２件について懲役２年の判決

が既に言い渡されていた。

(iv) 不合理な弁解が再犯可能性を基礎付ける一つの事情とされた事案

○東京地裁立川支部平成22年２月18日（No11、強盗強姦等）

被害者宅前路上で被害者をカッターナイフで脅迫して被害者宅に侵入し、被害者からキャッシュカードを奪い、姦淫した上キャッシュカードを用いて現金約26万円を盗み、再度被害者宅を訪れ、脅迫・姦淫した事案（懲役15年／求刑18年）

「自らの刑事責任を軽くするためと見るしかない不合理な弁解を行っていることをあわせて考えると、再犯の可能性があると言わざるを得ない。」

(v) 再犯可能性について前科の類型との相違が考慮された事案

○福岡地裁平成22年９月24日（No29、強盗強姦等）

金員窃取目的で住居に侵入したところ、金品を発見できなかったため、就寝中の被害者に暴行し、金品を強取しようとしたが、被害者が金員を持っていなかったため、被害者を姦淫した事案（懲役８年／求刑10年）

「被告人は、少年時代に窃盗罪等により中等少年院に２度入所した前歴や暴行罪により事件の約半年前に罰金刑に処せられた前科がある。被告人はこれまで立ち直る機会を幾度も与えられながら、それを活かすことができないまま、今回窃盗にとどまらず、強盗強姦という重い犯罪を犯している。検察官は、この点をとらえ、被告人の犯罪傾向は進んでおり、今後の再犯可能性が否定できない旨主張する。他方、弁護人らは、とりわけ強盗強姦の犯行態様や被告人の反省状況、交際中の女性による監督に加え、被告人の前科前歴に強盗強姦に類するものがないことを挙げて、被告人には再犯に及ぶ可能性はない旨主張する。

そこで検討すると、まず、窃盗の犯罪に関し被告人が再犯に及ぶおそれは、前記の事情に照らして否定できないと言わざるを得ない。そしてその際に本件と同様の状況に至った被告人が強盗や強姦のような種類の犯罪に及ぶおそれが全くないとは言い切れない。しかし、弁護人らが指摘する点を踏まえれば、強盗や強姦のような種類の犯罪に及ぶおそれは、窃盗の犯罪に及ぶおそれに比べれば相当程度低いものと考えられる。要するに、再犯のおそれという点は、前記犯罪類型とともに、これがないとはいえないものの、類型ごとにそこにはおのずと濃淡があるというのが相当である。」

○東京地裁平成22年10月21日（No60、強姦致傷等）

被害者を姦淫しようとして、被害者を待ち伏せ、スタンガンをみせながら脅迫し、建物に連れ込み姦淫しようとしたが目的を遂げなかったものの、被害者に全治２週間を要する傷害を負わせた強姦致傷に加え、同被害者の私物についての窃盗が併合審理された事案（懲役４年／求刑６年）

「検察官は、被告人が屈折した性欲を有していることなどから、同種の再犯のおそれがある旨を述べているが、一連の盗撮や下着盗の対象は被害女性に限られており、被告人には同種の性犯罪関連の犯罪歴もないことからすると、検察官の主張をそのまま認めて刑を加重する理由とすることはできない。」

(3)　量刑事情の範囲

a　被害者及び「家族」らの被害感情

(i)　被害者の被害感情

被害者の被害感情・処罰感情については、大きく、犯行結果等として犯情として考慮されている場合と、一般情状として考慮されている場合、そして、犯情、一般情状とは区別していない判決とにおおまかに分析される。

(ア)　犯情として考慮されている判決

○松山地裁平成22年12月10日（No49、強姦致傷）

顔見知りの被害者を路上で暴行・姦淫し、加療２週間の傷害を負わせた事案（懲役６年／求刑７年）

「１　犯行態様は非常に悪質である」

「２　被害結果は重大である」

「肉体的苦痛もさることながら（中略）被害者の恐怖と絶望感は非常に大きく、犯行後も、無力感・絶望感にさいなまれている。（中略）被害者が被告人に対して厳しい処罰を求めているのも当然である。」

「３　犯行の経緯や動機に酌むべきものは乏しい」

「４　その他の事情について」

「被告人は事実を認めて反省」

「被害者に10万円の被害弁償をしている。」

(イ)　一般情状として考慮されている判決

○福岡地裁平成22年９月24日（No29、強盗強姦等）

被害者にはさみをつきつけて金銭を要求した上、強姦しようとして車に連れ込み山中まで連行したが、姦淫は未遂に終わった強盗強姦未遂に加え、強制わいせつ、監禁、強姦未遂事件が併合審理された事案（懲役８年／求刑10年）

「(1)　犯情について」

「ア　犯行に至る経緯、動機について」

「イ　犯行の手段、態様について」

「ウ　犯行の結果について」

「容易には回復できない重大な傷を肉体的にも、精神的にも被ったものである。」

「被害結果は誠に重大である。」

「(2)　その他の情状事実について」

「ア　被害者は身体的・精神的苦痛を受けた上、日常生活にも重大な支障を来している。被害者は『私の人生を狂わせたことを絶対に一生忘れずに、罪を背負って生きてもらいたいです。』などと述べてその悲痛な心情を吐露している。」

(ii)　「家族」らの被害感情

○千葉地裁平成23年２月21日（No２・３、集団強姦致傷等）

被告人Ａ・Ｂが、夜間通行中の女性を狙い、連続的に集団強姦致傷、集団強姦、集団強姦未遂２件、強制わいせつ未遂、Aが単独で強制わいせつ未遂２件、窃盗、Bが単独で強制わいせつ、窃盗を行った事案。なお、わいせつ被害者は13歳～30歳（A・Bともに懲役24年／A・Bともに求刑30年）

被害者の苦痛への言及に加え、「被害者らの家族も、迎えに行かなかったとして自らを責めたり、被害者らに対してどのように接したらよいかも分からないというやるせない心情を訴えたりして、被害者本人らと同様に苦しい思いをしている。被害者及び家族らの被害感情が峻烈なのもまことに当然である。これらの感情は適切に量刑に反映させるべきである。」

○函館地裁平成23年１月20日（No31、強制わいせつ致傷）

被害者（当時９歳）に無理矢理わいせつな行為を行った事案（懲役２年６月／求刑４年）

「傷害結果自体（加療８日間）は、強制わいせつ致傷罪として考え得る事案の中では特に重いものとまではいえないが（中略）被害者とその両親が受けた精神的苦痛や被害者の将来への悪影響は極めて大きいものといえ、本件犯行により生じた結果は重大である。」

○前橋地裁平成23年２月３日（No48、強制わいせつ致傷）

店内で13歳未満の被害者に強いてわいせつな行為を行い、傷害を負わせた事案（懲役３年・執行猶予４年・保護観察付／求刑５年）

「親としての心情は十分に理解できるが、被告人に対する量刑は、犯行態様、犯行結果などの犯情事実に基づき、行為責任の見地から、罪刑の均衡を考慮して決すべきものであり、これによれば、被害者側の処罰感情を軽視することはできないものの、逆に過度に考慮することも相当ではない。」

b　逃走期間中の生活

○秋田地裁平成22年８月27日（No36、強姦致傷）

通行中の被害者の首を絞めて脅迫した上姦淫し、その後約10年間逃

走していた事案（懲役７年／求刑８年）

「弁護人は、本件犯行後本件で身柄拘束されるまでの約10年間、被告人が不十分ながらも更生の道を歩んできたと主張するが、被害者が犯人検挙に至らず苦しい思いを抱えたまま過ごしたこの期間、一方の被告人が、いつ捕まるのではないかと思いながらも、罪を償わずに普通に仕事をするなどの常識的な生活を送っていたことを更生の過程と評価することはできない」

c　生育歴

(i)　斟酌すべきとされた例

○静岡地裁平成22年１月29日（No18、強姦致傷等）

被害者を強姦しようとして被害者宅に侵入し、工具をつきつけ暴行・脅迫した上で姦淫して全治１～２日間を要する両前腕皮膚剥離の傷害を負わせた強姦致傷事件に、強要が併合審理された事案（懲役９年／求刑12年）

「被害者の心情を慮ることのできない被告人の人格態度は非難に値するが、その元凶には、被告人の不幸な成育歴など、被告人自身では如何ともしがたい要因が影響していることは否定し得ないこと、そして、本件に至って初めてその元凶と自分を見つめ直し、内省を深めて更生しようとする被告人の姿勢は一定程度評価すべきであ」る。

(ii)　有利な事情とはされなかった例

○横浜地裁平成22年７月23日（No９、強盗強姦等）

通行中の被害者を脅迫し、金品強取後に姦淫した強盗強姦に、逮捕監禁、強姦未遂、強盗と強姦致傷が併合審理された事案（懲役16年／求刑18年）

「被告人の生育歴の不遇についても、これが被告人の人格形成に影響を与えたことは否定できないとしても、被告人の現在の環境、本件の動機等に照らすと、刑を減軽する事情とはいえない。」

d　アルコール・薬物摂取、パーソナリティ障害

○東京地裁平成22年９月13日（No18、強盗強姦未遂等）

待機中のデリヘル嬢から金員を奪い、強姦しようと考え、包丁をつきつけ脅したが、同僚が帰宅したためいずれも目的を達することができなかったが、被害者に全治３日間の傷害を負わせた強盗強姦未遂と、強盗致傷、銃刀法違反、住居侵入、窃盗、道交法違反が併合審理された事案（懲役13年／求刑13年）

「被告人は自らがアルコールや薬物を摂取すると粗暴犯や性犯罪に及ぶ危険があることを知っており、実際に事件を複数回起こしていながら、あえて大量のアルコールや薬物を摂取したものと認められること、パーソナリティ障害は治療の対象とされるべきものであるものの、あくまでも性格上、人格上の問題であると認められることからすると、これを被告人に量刑上有利な事情として考慮することはできない。」

e　その他の判決において排斥された被告人・弁護人の主張

被告人・弁護人の主張が判決文により明らかに排斥されている判決が多く見られる。注目すべき判決文を下記に記載する。

○福岡地裁平成23年５月13日（No7、強盗強姦等）

帰宅途中の女性の後をつけ、エントランスホールで女性を暴行し、姦淫して加療１週間の傷害を負わせた後、金品計約27万円相当を強取した事案に加え、強制わいせつ等が併合審理された事例（懲役18年／求刑20年）

「弁護人が主張するように、被告人が当初から強姦を意図しておらず、陰茎を深く挿入していなかったとしても、被害、態様の悪さを考えるとこれらを大きく刑を下げる要素とみることはできない。」

「被告人が犯行に及ぶ背景事情として、被告人の境遇、交際相手から受けた精神的ダメージがあったとしても、本件が身勝手な行動であることに変わりなく、これらを大きく刑を下げる要素とみることはできない。」

○さいたま地裁平成22年12月16日（No８、強姦致傷等）

通行中の女性を背後から押し倒し、顔面をアスファルトにたたきつけるなどして暴行し、全治４週間の傷害を負わせた強姦致傷に加え、強姦致傷、強姦２件、強姦未遂、強盗致傷２件、窃盗等が併合審理された事案（懲役18年／求刑20年）

「被告人が述べ、弁護人が主張するような小学校から高校にかけて受けた女子からのいじめがその背景にあったとしても、その動機、経緯・目的は、被告人が受けたといういじめと全く無関係な本件各被害者との関係では、酌量の余地が全くないばかりか、極めて悪質である。」

○仙台地裁平成21年11月20日（No17、強姦致傷）

路上で自転車走行中の被害者を倒してカッターナイフで脅迫し、強いて姦淫し、全治５週間の骨折をさせた事案（懲役９年10月／求刑10年）

「弁護人が、犯行の悪質性が高いとはいえないと主張している事情のうち、住居侵入等を伴っていないこと、口封じに及んでいないこと、強姦の回数が１回であること、避妊具を使用したことは、いずれも、事実はそのとおりですが、被告人に有利に考えることはできません。」

○大阪地裁平成22年３月17日（No25、強姦致傷）

被害者宅に侵入して強姦し、全治２週間を要する右大腿部打撲傷等の傷害を負わせた住居侵入、強姦致傷の事案（懲役８年／求刑10年）

「なお、弁護人は、被害者の希望を受けてコンドームをつけるなど、被告人なりに被害者に配慮していたと主張するが、結局、被害者の心情を無視して強姦行為に及んでいることなどからすると、この点は被告人に特に有利に考慮すべき事情とは認められない。」

○大津地裁平成22年６月25日（No43、強姦致傷）

通行中の被害者を路上に転倒させ、暴行・姦淫し、全治約７日間の傷害を負わせた事案（懲役６年６月／求刑９年）

「なお、弁護人は、姦淫行為自体は短時間で終わっていると主張しているが、被害者にしてみれば、長い苦痛の時間であったと推察され、そのような理由で被害の程度を軽くみることは許されない。」

○千葉地裁平成22年４月23日（No47、強姦致傷等）

被害者宅に侵入し、暴行を加えて姦淫しようとしたが目的を遂げず、被害者に全治２週間の頸椎・両肩関節捻挫の傷害を負わせた事案（懲役６年／求刑８年）

「弁護人は、被害女性が自室内で下着等を身に付けていない状態であったことをあたかも同女の落ち度であるかのように主張するが、このような主張にはもとより賛成することはできない。」

○名古屋地裁平成22年10月13日（No62、強姦致傷）

別れ話を切り出していた被害者を強姦しようと企て、駐車場で姦淫しようとしたが目的を遂げず、加療１週間を要する背腰部挫創等の傷害を負わせた事案（懲役３年６月／求刑６年）

「弁護人は、本件は、見ず知らずの他人を狙った事案ではないことから、そのような事案に比して被告人の刑を軽くすべきと主張する。しかしながら、被害者と面識があるか否かによって直ちに被告人の刑が左右されるとは考え難く、弁護人の主張は採用できない。」

○名古屋地裁平成21年12月４日（No63・64、強姦致傷等）

少年である被告人が、４回にわたり女性を無差別に襲って強姦し、そのうち２人に傷害を負わせ、他の２人については強姦目的でカッターナイフをつきつけて自動車に監禁し、うち１人に対してはさらに強盗をした事案（懲役５年以上10年以下／求刑５年以上10年以下）

「弁護人は、１つの事件については、偶然被害者を見かけて劣情を催し、その感情を抑えられずに犯したものであり、そうしたことは少年にはよくあることであるなどとして、酌量の余地があるとする。しかし、被告人は当時既に17歳で仕事も有する社会人であり」「犯行に計画性がなかったとしても、そのことが刑を軽くすべき事情にあたるとまではいえない。（中略）弁護人は、警察の捜査が速やかに行われていれば判示第３及び第４の各犯行は未然に防ぐことができた可能性があることを指摘する。捜査の進展についての詳細は明らかではなく、未然に防げたかどうかは分からないが、仮にそうであったとしても、被告人の刑事責任の軽重に影響を及ぼすことはない。」

○千葉地裁平成22年３月18日（No12、強盗強姦未遂等）

被告人が帰宅中の女性及び子どもに対し、ナイフで脅すなどして暴行し、女性及び子どもに傷害を負わせた強盗致傷事件と強盗強姦未遂事件が併合審理された事案（懲役15年／求刑15年）

「被告人は、仕事がなく収入が減ったこと等がきっかけで、本件の半年ほど前に前妻と離婚し、将来に不安を感じるなどして酒浸りになり、ストレス解消のために本件各犯行に至ったと述べているが、検察官の主張するとおり、被告人の述べる犯行動機はいたって短絡的で自己中心的なものである。弁護人は、このような経緯には同情すべき部分があり、被告人の刑を軽くする方向に考慮すべきと主張している。しかし、そのようなストレスが溜まっていたからといって、自らの欲望を満たすためだけに通り魔的に落ち度のない女性ましてやその子供まで襲うことが正当化されるべき道理はなく、弁護人の主張は筋違いといわざるを得ない。」

(4) 量刑事情の位置づけ、重み

a 姦淫未遂

○那覇地裁平成22年９月３日（No21・22、集団強姦致傷等）

被告人A・Bが路上歩行中の被害者（当時12歳）を自動車に押し込み、暴行・脅迫を加え、性交しようとしたが姦淫の目的を遂げず、全治１週間の傷害を負わせた事案（A・Bともに懲役９年／Aにつき求刑10年・Bにつき求刑12年）

「各弁護人は強姦自体は未遂であることを指摘する。」しかしながら、「強度なわいせつ行為をしていたものであり、また、実際に性交を試みているのであって、既遂に近い未遂というべきであり、この点を大きく考慮することは出来ない。（中略）全治１週間の傷害結果は重いとまではいえないが、その傷害の部位のほか、精神的被害がすさまじいものであること等に照らせば、被告人両名の刑を軽くすべき事情とはいえない。（中略）前科がなく、他に余罪がないこと」は、「事件自体の重大性等からすれば、それほど考慮することができる事情ではない。」

○神戸地裁平成21年12月18日（No41、強姦致傷）

自己の経営する会社の従業員である被害者を暴行・脅迫し、姦淫しようとしたが目的を遂げず、全治１週間の傷害を負わせた事案（懲役６年６月／求刑７年）

「暴力を加えられたため抵抗が難しい状態となった被害者に対し、長時間にわたってわいせつな行為をしつこく続けた被告人の犯行は、強姦の目的を達していないものの、強姦されたときに受けると思われるのに近い恐怖と屈辱を与えたと評価できる悪質な犯行であるといえる。」

○千葉地裁平成22年３月18日（No57、強姦致傷）

路上を自転車で通行中の被害者にぶつかり、暴行・脅迫した上姦淫しようとしたが目的を遂げず、全治約１週間の傷害を負わせた事案（懲役４年／求刑６年）

「被告人が行った脅迫の内容や被害者に行ったわいせつ行為の内容は（中略）非常に執拗で悪質なものである。（中略）また、傷害結果自体は重くはないにしても、本件犯行により被害者が受けた精神的苦痛は大きく、結果が軽微な事案とは到底言えない。姦淫が未遂に終わった理由も、陰茎が勃起しなかったという事情によるに過ぎず、前述した被告人の一連の行為からすれば、本件犯行は、既遂に匹敵すると言っても良いのであって、姦淫自体が未遂に終わっていることを、被告人に有利な事情として殊更重視することはできない。」

b　わいせつ未遂

○横浜地裁平成22年６月17日（No18、強制わいせつ致傷等）

通行中の被害者に暴行を加え、わいせつな行為をしようとしたが目的を遂げず、被害者に全治１週間の傷害を負わせた強制わいせつ致傷と、強盗、強制わいせつが併合審理された事案（懲役５年／求刑７

年）

「わいせつな行為が未遂に終わっている」点は、「被害者の姉が止めに入ったため未遂にとどまったにすぎず、被告人の刑を特に軽くする事情と考えることはできない。」

c　動機

○秋田地裁平成22年８月27日（NO36、強姦致傷）

通行中の被害者の首を絞めて脅迫した上姦淫し、その後約10年間逃走していた事案（懲役７年／求刑８年）

「被告人は平成７年に強姦致傷の犯行を行ったが、その際には姦淫は未遂に終わったことを思い出し、今度こそは姦淫を全うしたいと考えるようになり、本件犯行に及んだというのであり（中略）普通の市民感覚からは全く共感できない動機に基づく性犯罪については、それに向けられる社会の目は相当厳しいことを考慮する必要がある。」

d　被告人の年齢

○東京地裁平成22年５月20日（No42、強姦致傷）

エレベーター内で被害者を脅迫して部屋に連れ込み、暴行・脅迫した上姦淫を行い、全治３日間の処女膜裂傷の傷害を負わせた事案（懲役６年６月／求刑８年）

「強姦致傷という本件事案の性質を踏まえると、被告人が若年であるという点は更生可能性の要素として考慮されるのを超えて、そのこと自体を被告人に有利に斟酌することはできない。」

⑸　量刑の変化

a　強姦致傷罪について

(i)　最高裁公表資料に見られる特徴

最高裁資料によれば、①裁判員裁判では、執行猶予付き言渡し判決及び懲

強姦致傷罪量刑分布表

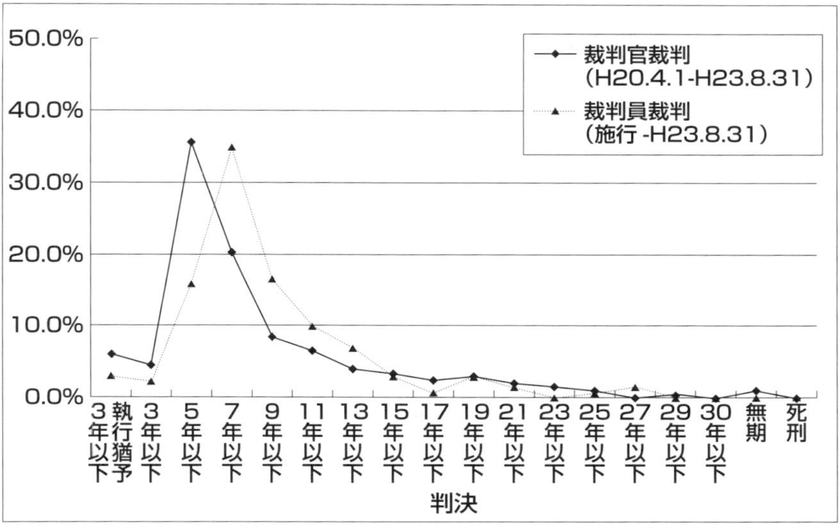

（裁判員制度の運用等に関する有識者懇談会〔第13回配付資料〕より）

役３年以下が言い渡されている判決が減少し、②実刑のピークが、裁判官裁判では３年を超え５年以下であるのに、裁判員裁判では５年を超え７年以下と１ランク重い方にシフトしている。このように、同資料からは、裁判官裁判に比べて、裁判員裁判では、量刑が重くなっているといえる。

(ii) 検討

（ア） 重罰化の傾向・示談の減少

平成16年の刑法改正以降、性犯罪に対する重罰化傾向は進んでいたが、裁判員裁判になり、さらに重罰化傾向が進んだことになる。

その要因の一つとして、示談の成立が従来以上に困難になっていることが指摘できるように思われる。

（イ） 行為責任の重視・法定刑との関係

裁判員裁判では、従来以上に行為責任が重視される傾向にある。そして、強姦致傷のうち姦淫既遂の事例は、犯行態様は悪質で結果が重大だとされ、行為責任にみあった刑として、法定刑最下限の「懲役５年」は選択できないとされる場合が増加したのはないかと考えられる。

例えば、「法定刑の最下限を下回る刑を言い渡すために酌量減刑することは相当でない」と述べられた判決（鹿児島地裁平成21年12月17日、No44、懲役６年／求刑７年）や、「法律上の下限である５年で足りるということはできない」(神戸姫路支部平成22年２月５日、No45、懲役６年／求刑７年)、「法定刑の最下限である５年を下回ることが相当な事案とは認められない」とされたもの（松山地裁平成22年12月10日、No49、懲役６年／求刑７年）といった判示に、こうした判断が示されているといえるように思われる。

（ウ） 姦淫未遂でも精神的被害が重大な事案についての評価

裁判員裁判では、姦淫未遂の事案で、行為態様の悪質さから「既遂に匹敵」すると評価された事例（No57）など、被害の重大さを実質的に判断し、その結果、未遂であることが量刑事情として重視されなかったと考えられる判決例がある。

b 強制わいせつ致傷について

(i) 最高裁公表資料に見られる特徴

最高裁資料によれば、裁判官裁判に比べて、裁判員裁判では量刑が重くなっていると思われる。同資料を検討すると、①執行猶予付きの判決及び懲役３年以下が言い渡されている判決が減少し、②実刑のピークが裁判官裁判では３年以下であるのに、裁判員裁判では５年以下となり、重い方にシフトしている。

(ii) 検討

（ア） 重罰化の傾向・示談の困難化

強姦致傷罪の場合と同様、性犯罪に対する重罰化傾向が否定できない。

性犯罪であり、強制わいせつ致傷罪に関する示談も容易ではない。

ただし、強姦致傷罪の事案と比べると、行為態様の悪質性や被害感情等には幅があり、事案によっては示談の可能性は十分にあるものと思われる。

そして、執行猶予判決には示談が成立した事案が多く見受けられるところであり、示談の成立は判決にも十分な影響を与えるものと考えられる。

（イ） 再犯可能性についての厳しい見方

強制わいせつ致傷罪量刑分布表

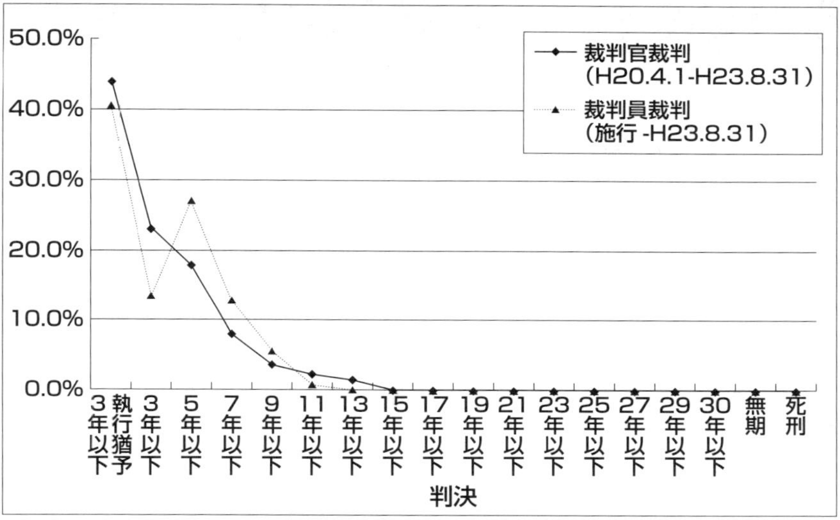

(裁判員制度の運用等に関する有識者懇談会〔第13回配付資料〕より)

裁判員裁判では、同種前科や併合事案・余罪について裁判官よりも重視しているのではないかと考えられる。

同種前科がある場合、同種の犯罪が併合されたり、余罪がある場合には、被告人の常習性や再犯可能性があるとされ、量刑が重くなっているのではないかと思われる。

他方、前科がないことだけでは有利な量刑事情として評価されていない。前科はなく、また他に犯罪を行っていないのが通常であることが明示された事例がある(「被告人には前科がなく(中略)事件前は普通の一般市民であったことが認められるが、特別なことではないから、刑を軽くすべき事情とはいえない」(千葉地裁平成22年7月5日、No 8、強制わいせつ致傷、強姦、懲役8年／求刑8年)。

(前田　領)

■強盗強姦一覧

No	判決日 裁判所 認定罪名	判決	求刑 V意見 弁意見	争点と認定
1	H22.11.19 旭川 住居侵入、強盗強姦、強盗強姦未遂、強制わいせつ、強盗、強姦	無期懲役	無期懲役 	
2	H23.2.25 甲府 強盗強姦未遂、強盗殺人、銃刀法違反	無期懲役	無期懲役 	・強盗強姦未遂・強盗殺人ともに犯人性否認⇒認定 ・強盗・強姦の故意否認、犯行態様否認⇒認定
3	H22.6.15 大阪 住居侵入、強盗強姦、強盗強姦未遂、窃盗	30年	無期懲役 	
4	H23.2.8 金沢 住居侵入、強盗強姦、強姦、強姦未遂、強姦致傷等	29年	30年 23年	・強姦未遂事件についての暴行態様⇒被告人供述を前提 ・強姦致傷事件についての暴行態様⇒被告人主張排斥 ・因果関係⇒暴行行為が不明であり、鼓膜損傷との因果関係認定できない ・強盗強姦事件についての暴行態様⇒被告人主張排斥
5	H21.10.29 鳥取 住居侵入、強盗強姦、強殺未遂、窃盗未遂	21年	22年 10年	殺意の発生時期⇒首をしめた時
6	H23.6.16 福岡 住居侵入、強盗強姦、強盗強姦未遂等	19年	20年 	

量刑事情	量刑傾向	特徴など
・犯行態様は鬼畜の所業。 ・醜悪で極めて残虐かつ悪質な犯行。 ・被害者らに対し、何ら経済的な慰藉の措置をとっていない。 ・前科前歴なし。 ・25歳と若年。 ・本件により、懲戒免職される。	被告人がこれまで重ねてきた数々の犯行は、あまりにも悪質なものであり、弁護人主張の事実があるからといって、その責任を軽減させる事情になるとも思われない。	
・公判段階で不合理な弁解を述べて本件犯行を否認しており、反省の態度は認められない。 ・被告人が119番通報して、被害者が救命措置を受ける機会を作った。		
・この種の犯罪に対する常習性が認められるところであり、本件犯行に表れる性的傾向が改善されなければ、今後の再犯可能性も危惧される。 ・ことさらに被害者を傷つけるような攻撃をしていない。 ・逮捕直後から犯行を認め逮捕事実以外についても自ら自供し事件全体の解明に寄与。		
背景事情として被告人の成育歴や前妻に裏切られた経験を有することなどをあげるが、弁護人の指摘する事情は、刑を定めるにあたって特に考慮すべき事情とは解されない。	「本件に対しては法律の許す最も長期の有期懲役刑を科することも十分考えられるところではあるが、前科前歴が無く、反省の態度を示していることなど被告人のために酌むべき事情も踏まえて総合考慮。」	
・被害者は低酸素性脳症後遺症を伴う18日間の入院加療。 ・前科なし。	強盗殺人未遂や強盗強姦の量刑傾向をふまえても、それぞれで特に軽いとはいえない(弁護人の指摘する犯罪類型は本件と余りにも内容を異にする)。	
・今後同様の再犯に及ぶ可能性は否定できない。 ・更生することも期待できないではない。 ・強姦行為自体は未遂にとどまっているが、機転を利かせた被害者の言辞によって被告人が逃走したためであり、この点を被告人に特段有利な事情として考慮することは相当でない。	各犯行に至る経緯・動機、犯行の手段や態様、結果の重大性等のいわゆる犯情に関する事情を検討した上で、一般情状事実等も加味して最終的な刑を量定することとする。	

No	判決日 裁判所 認定罪名	判決	求刑 V意見 弁意見	争点と認定
7	H23.5.13 福岡 強盗強姦、住居侵入、強制わいせつ、窃盗、強制わいせつ致傷、準強制わいせつ、公然わいせつ	18年	20年	
8	H22.4.30 名古屋 わいせつ略取、監禁、強盗強姦、窃盗	16年	23年	
9	H22.7.23 横浜 強盗強姦、逮捕監禁、強姦致傷等	16年	18年	
10	H21.9.4 青森 住居侵入、強盗強姦、窃盗、窃盗未遂	15年	15年	
11	H22.2.18 東京立川 住居侵入、強盗強姦、窃盗、強姦	15年	18年	暴行行為の態様、脅迫の有無、姦淫の有無⇒被害者供述で認定

量刑事情	量刑傾向	特徴など
・弁護人が主張するように、被告人が当初から強姦を意図しておらず、陰茎を深く挿入していなかったとしても、被害、態様の悪さを考えるとこれらを大きく刑を下げる要素とみることはできない。 ・強姦致傷罪で服役したのに、再び9か月の間、性犯罪に繰り返し及んだのでありわいせつ事犯の常習性は顕著である。 ・犯行に及ぶ背景事情として、被告人の境遇、交際相手から受けた精神的ダメージがあったとしても、本件が身勝手な行動であることに変わりなく、これらを大きく刑を下げる要素とみることはできない。		
・第1の被害者は性経験なし18歳、第2の被害者は数か月後に結婚を控えていた。 ・弁護人は、自営する溶接業の営業不振により精神的に追いつめられた結果であるなどと主張するが、強姦の理由の説明には全くならない上、被告人は入手した金を遊ぶ金として使っており、営業不振は金を奪う理由の説明にもならず、弁護人の上記主張には到底納得できない。		No14と共犯。
・中止未遂が成立する点については、法律上の減軽をする以上に更に減軽する事情とならない。 ・生育歴の不遇について、人格形成に影響を与えたことは否定できなくても刑を減軽する事情ではない。 ・逮捕監禁、強姦未遂、強盗の被害者に250万円を支払って示談が成立。その金額がこの種事犯の示談金としては少なくないことを考えると、量刑上一定の評価をするのが相当である。		
窃盗及び条例違反の前科。	強盗強姦1回及び強姦1回が処断刑に含まれる他の事案が概ね懲役13年ないし18年の間に分布しており、その中では比較的重大な事案とまで言えない。	

No	判決日 裁判所 認定罪名	判決	求刑 V意見 弁意見	争点と認定
12	H22.3.18 千葉 強盗強姦未遂、強盗致傷	15年	15年 	強姦犯意発生時期⇒検察官主張どおり
13	H23.3.17 広島 強盗強姦、監禁、窃盗	15年	20年 	
14	H22.4.30 名古屋 わいせつ略取、監禁、強盗強姦、常習窃盗	14年	20年 	
15	H22.1.21 静岡沼津 住居侵入、強盗強姦、強姦、強姦未遂	13年	16年 8年	
16	H22.2.10 東京立川 住居侵入、強盗強姦、強盗強姦未遂	13年	15年 9年	強姦及び金を取る意思が生じた時期⇒被告人の主張排斥
17	H22.7.21 東京立川 住居侵入、強盗強姦未遂、窃盗、強姦	13年	15年 	・「殺すぞ」と言ったか⇒認定 ・強盗強姦未遂事件において中止未遂の成立⇒認められない ・強姦事件においての挿入回数⇒2回
18	H22.9.13 東京 強盗強姦未遂、強盗致傷、窃盗、道交法違反	13年	13年 	心神喪失もしくは耗弱⇒完全責任能力

量刑事情	量刑傾向	特徴など
・凶器を用いることが一般的とまではいえない。 ・8000円は比較的低額と主張するが刑を軽くする事情とするのは不適切。 ・犯行経緯や動機についての弁護人の主張は筋違いと言わざるを得ない。		
・被告人犯行時22歳。共犯者らの中で主導的。姦淫は被告人のみ。 ・２件の強盗強姦、監禁。 ・被告人の非行歴については性犯罪ではなく、前科もない。性犯罪のおそれが高いとまではいえない。	本件各強盗強姦・監禁の態様が極めて悪質であり、被害者に与えた被害の結果が余りに重大であることに照らせば、被告人に対しては相当に厳しい刑をもって臨む必要がある。	強盗強姦、強盗致傷、監禁で起訴⇒強盗強姦、監禁の認定。
窃盗等累犯前科３件、出所後3、４か月で本件犯行。		No８と共犯。
・弁護人が主張する職場環境等による被告人のストレスはいささかも犯行を正当化できるものではない。 ・強姦未遂につき中止未遂成立。 ・２人の被害者と示談成立。		
・本件犯行以前から、女性に対する盗撮、下着盗などを繰り返し、ゆがんだ性的欲望をさらにエスカレートさせて、わずか半年の間に、続けて本件犯行。27歳、前科前歴なし。 ・１人に190万円を支払い、もう１人にも130万円を支払う申出をしている。	犯行態様の悪質性と結果の重大性を量刑上最も重視すべき。	
・強姦事件の被害者は18歳の未成年であり、その影響は深刻である。	凶器を用いて脅したり、殴る蹴るなどの強度な暴行をしたケースではないものの、強姦等の事案としては、かなり重い部類の犯行。	
・累犯前科（H15年強制わいせつ致傷懲役3年、H19 強制わいせつ懲役２年）。 ・アルコールや薬物の効果、パーソナリティ障害は量刑上有利ではない。 ・性犯罪の犯罪傾向、再犯のおそれが否定できない。		心神喪失又は心神耗弱主張の理由は、飲酒・服薬の影響によるもの。

No	判決日 裁判所 認定罪名	判決	求刑 V意見 弁意見	争点と認定
19	H22.2.18 長野松本 住居侵入、強盗強姦、銃刀法違反	12年	15年	
20	H22.7.16 甲府 強盗強姦未遂、強盗強姦、監禁、銃刀法違反、窃盗	12年	13年	
21	H23.7.28 鹿児島 住居侵入、強盗強姦、わいせつ略取、逮捕監禁、覚取法違反	12年	15年	
22	H22.12.10 広島 住居侵入、強盗強姦	11年	13年 法定刑の許す限り長期	・強盗の故意⇒認定 ・強姦意思発生時期⇒被告人主張どおり
23	H22.2.24 東京立川 住居侵入、強盗強姦未遂	10年	12年	強姦意思、行為態様⇒被害者供述で認定

量刑事情	量刑傾向	特徴など
・犯行態様も犯行後の事情も悪質。 ・被告人に犯罪歴なし。	・無期懲役ではないとの判断⇒有期の範囲内でどのような刑を科すか判断。 ・検察官の求刑15年は重すぎるものの、弁護人が指摘する諸点を最大限考慮しても10年を下回ることは適切ではなく、結局12年。	
・被告人には多数の前科があり、4回服役している。 ・わずかでも被害弁償を試みた。		
・窃盗や強盗致傷等の前科前歴を有している。 ・被告人の前科前歴や今回の犯行の内容からうかがえる被告人の犯罪傾向の根深さにかんがみると、更正には相当の困難が見込まれる。	強盗強姦に係る犯罪類型の中でも特に悪質というべき。	
・事件は平成15年。 ・被告人は職業的に空き巣を繰り返す中で性的欲望も満たしたくなり本件犯行に及んだ。 ・過去に強盗致傷、強盗強姦、同未遂などの罪により懲役9年の判決を受けて服役。出所後2か月で空き巣を行うようになった。 ・不自然・不合理な弁解をしており、被告人の反省や謝罪の言葉は本件の量刑上考慮するに値しない。	・平成19年住居侵入、窃盗で懲役1年6月に処せられた刑が確定。 ・確定判決に係る罪と本件が同時に審判された場合と比べて刑の均衡を失しないように配慮。	検察官の起訴は「住居侵入、強盗強姦、強盗致傷」であったが、傷害結果発生の場合には強盗強姦のみが成立と判断（論告直前に予備的訴因変更あり）。
・本件犯行の悪質性や被告人に反省の態度が見られないといった点は、特に被告人の刑を重くすべき事情。 ・強盗強姦未遂事件の中でもかなり悪質な部類。 ・犯行前の生活態度などを考えあわせると、性格的にも問題があると考えられ、短期間での更生は困難と思われる。		

No	判決日 裁判所 認定罪名	判決	求刑 V意見 弁意見	争点と認定
24	H22.2.26 大阪 住居侵入、強盗強姦未遂	10年	12年 6年以下	行為態様⇒被害者供述で認定
25	H22.6.17 津 住居侵入、強盗強姦、窃盗	9年	10年	
26	H22.6.18 福岡小倉 監禁、強盗強姦未遂、強制わいせつ、強姦未遂、監禁、強姦未遂、銃刀法違反	9年	12年	・強盗の故意、強盗の着手⇒認定 ・中止未遂⇒成立しない（被害者の足が股間にあたり激痛）
27	H22.6.23 高松 住居侵入、強盗強姦	9年	12年	
28	H22.10.12 前橋 強盗強姦、有印私文書偽造、同行使、詐欺	8年6月	10年	共犯者と共謀して強姦したか⇒認定
29	H22.9.24 福岡 強盗強姦、住居侵入、窃盗	8年	10年 6年	
30	H23.7.29 前橋 住居侵入、強盗強姦	8年	8年	・犯行態様⇒被告人の主張も考慮 ・言葉⇒被害者の供述により認定「聞き違いや記憶違いがあったと疑う合理的理由はなく」

量刑事情	量刑傾向	特徴など
・犯行態様悪質。 ・昭和62年と平成元年に強姦致傷罪またはこれを含む罪で懲役刑の有罪判決。 ・平成20年9月仮釈放後10か月で本件犯行。		弁護人は、被告人が性依存症である可能性を指摘するが、当を得ているということはできない。
・少年当時、同種のものを含め多数の前歴があり、少年院に入所していた。 ・窃盗被害者それぞれに9万円、1万円被害弁償、強盗強姦被害者に100万円支払い。		
・結果として姦淫が未遂におわったか否かにかかわらず、被害者らの性的自由は大きく侵害。 ・平成19年から21年の犯行、常習的。 ・監禁・強姦未遂被害者と70万円、監禁・強盗強姦未遂被害者と120万円、強制わいせつ被害者と100万円で示談成立。	本件において、併合罪加重の基礎となる事件は、被告人が単独で、刃物類の凶器を使用した犯行であり、加療2週間以内の結果が発生した強盗強姦未遂事案である。その量刑は懲役4年6月から20年までに分布している。本件の量刑を検討するにあたり、上記分布を参考にし、2件の強姦未遂等と1件の強制わいせつが併合されていることを考慮した。	
・25年近く前に強盗致傷、強姦致傷を含む罪により長期間懲役。 ・難病を患う妻と子どもがいる。		
		被害者はデリバリーヘルス店に勤務していたが、落ち度と評価できない。
性的虐待の体験について、動機形成に至る被告人の発想がいかなるものであろうと自己中心的。	・犯情をまず検討し、責任に基づく量刑の大枠を定めた上で、情状事実を加味して量定する。 ・再犯のおそれという点は犯罪類型ごとにおのずと濃淡がある。	
・被害者及びその父親は被告人に対して厳しい処罰感情を有している。 ・100万円を被害弁償金の一部として支払っている。もっとも引っ越し費用等多額の出費を余儀なくされたことからすると明らかに不十分。	特に犯行の悪質さと被害者の受けた精神的被害の大きさにかんがみれば、被告人に対しては求刑どおりの刑を科すのが相当である。	

No	判決日 裁判所 認定罪名	判決	求刑 V意見 弁意見	争点と認定
31	H22.3.25 大阪 強盗強姦、銃刀法違反	7年6月	13年 5年を超えない	挿入の有無、行為態様⇒被害者供述で認定（態様につき一部、被告人供述認定有り）
32	H22.3.5 大阪 住居侵入、強盗強姦未遂	7年	7年	
33	H23.6.17 東京 住居侵入、強盗強姦未遂、窃盗	7年	10年 5年	住居侵入時に強盗・強姦意思があったか⇒強盗目的は認定、強姦目的は排斥
34	H22.10.21 千葉 強盗強姦未遂	6年6月	10年	
35	H22.3.19 名古屋 強盗強姦	5年以上10年以下	5年以上10年以下 少年院	
36	H23.7.7 さいたま 強盗強姦、窃盗、強盗致傷、強盗、わいせつ略取、監禁、集団強姦、強盗強姦、公務執行妨害、傷害、道交法違反、器物損壊	5～10年	求刑不明 少年院	・犯罪事実7の強盗致傷についての犯行態様⇒被告人主張どおり ・犯罪事実8の強盗致傷についての犯行態様⇒被告人主張排斥

量刑事情	量刑傾向	特徴など
・平成18年に強盗致傷により保護観察処分。 ・36万円あまりで示談成立。		
・被害者が17歳処女。 ・被告人に性犯罪の前科はないが、平成14年同種目的で侵入前科あり、執行猶予後4年で本件。	この種犯罪に対する量刑傾向については昨今の法改正の状況や漸次的重罰化の傾向を踏まえてもやや軽きに過ぎたのではないかと指摘せざるを得ない。	
・強姦自体は未遂にとどまったとはいえ、犯情としてはほぼ既遂といってもおかしくない。	一切の事情を考慮し、さらに同種事案の量刑傾向を踏まえた上、刑を決めた。	
・子どものミルク代に事欠き強盗決意には同情の余地あり。 ・被害者にけがなし。前科前歴なし。		
過去3回家裁送致、1件は鑑別後保護処分。	・被告人が犯した罪の重大さに照らせば刑罰という手段によって自己の刑事責任の重さを自覚させることが更生に資する。 ・無期懲役は選択しないものの、被告人の刑を軽くする要素を最大限考慮しても被告人に対する有期懲役として法律上定められた最も重い刑とすることはやむを得ない。	
・集団強姦、強盗強姦の被害者の心の傷は深い、強盗等の手口が習熟。 ・犯行時17歳、現在18歳。	検察官は、量刑について成人であれば無期懲役刑に処すべき事案であると主張する。しかし、量刑傾向との均衡を考えると無期懲役に処すべき事案であるとはいえない。	

■強姦致傷一覧

No	判決日 裁判所 認定罪名	判決	求刑 V意見 弁意見	争点と認定
1	H22.10.19 宇都宮 強姦致傷（3件。うち2件姦淫既遂、1件未遂）、強盗致傷1件、強盗3件、窃盗、強姦未遂、住居侵入、窃盗	25年	27年	・行為態様、被害品⇒被害者の供述どおり認定 ・強盗か窃盗か⇒窃盗成立
2	H23.2.21 千葉 集団強姦致傷（姦淫既遂）、集団強姦2件、集団強姦未遂2件、強制わいせつ未遂、強制わいせつ未遂2件、窃盗	24年	30年	
3	H23.2.21 千葉 集団強姦致傷（姦淫既遂）、集団強姦2件、集団強姦未遂2件、強制わいせつ未遂、強制わいせつ2件、窃盗2件	24年	30年	
4	H23.3.11 金沢 強姦致傷（姦淫既遂）、住居侵入、強制わいせつ致傷（未遂）、住居侵入、強姦致傷2件（うち1件既遂）	20年	28年 12年ないし13年	自首の成否⇒成立
5	H23.3.11 さいたま 強姦致傷（既遂）、強姦未遂	19年	25年	

量刑事情	量刑傾向	特徴など
・1人の被害者は207日加療の骨折。 ・前科なし。 ・4名の被害者と示談成立、1人には被害の一部弁償、以上5名に計125万円支払。		
・暴行は口をふさいだり、身体を捕まえたりするにとどまり、殴る、蹴るという行為をしたり、凶器を使用したりすることはなく、被害者らの生命、身体に重篤な危険が生じたとまではいえない。 ・1年3か月もの間に犯行。 ・被告人両名は成人になったばかり。 ・被害者及び家族らの被害感情が峻烈なのもまことに当然である。これらの感情は適切に量刑に反映させるべきである。		No3と共犯。
・暴行は口をふさいだり、身体を捕まえたりするにとどまり、殴る、蹴るという行為をしたり、凶器を使用したりすることはなく、被害者らの生命、身体に重篤な危険が生じたとまではいえない。 ・1年3か月もの間に犯行。 ・被告人両名は成人になったばかり。 ・被害者及び家族らの被害感情が峻烈なのもまことに当然である。これらの感情は適切に量刑に反映させるべきである。		No2と共犯。
・コンビネーションハンマーで頭部を殴打、頸部をタオルやストッキングで絞めつけるなど態様は非常に危険。 ・前科なし。 ・500万円を用意。強制わいせつ致傷の被害者には50万円、1人には150万円を支払。		
・被害弁償として父親が700万円支払い、うち3名とは示談が成立。 ・被告人に前科なし。	他の同様の事件の量刑も参考にして、本件の量刑を考えると、強姦致傷の被害者が3名以上の事件の量刑が参考になるが、10名に近いような多数の被害者がいる事件とは区別されるべきであり、被害者方に侵入して強姦を繰り返したような事案や、暴行内容が凶器を使うなどの凶悪で傷害の結果が本件より重い事案と同じように考えることも出来ない。	

No	判決日 裁判所 認定罪名	判決	求刑 V意見 弁意見	争点と認定
6	H22.2.19 函館 住居侵入、わいせつ略取、強姦致傷（既遂）、強姦致傷2件（うち1件既遂）	18年	20年 12年	計画性、犯行動機、未遂の理由、犯行後の行為⇒被告人主張排斥
7	H22.8.30 千葉 住居侵入、強姦致傷（既遂）、強制わいせつ1件、強姦2件、強姦未遂2件、強姦致傷（既遂）、（すべてにつき住居侵入）	18年	25年	
8	H22.12.16 さいたま 強姦致傷（未遂）、強姦、強盗、強姦未遂、強盗致傷、窃盗	18年	20年	
9	H22.6.24 東京 強姦致傷（既遂）、強制わいせつ4件、強制わいせつ未遂、迷惑防止条例、強姦	15年	18年	
10	H22.1.25 前橋 住居侵入、強姦致傷（既遂）、住居侵入、強制わいせつ、強姦未遂	12年	13年	

量刑事情	量刑傾向	特徴など
・第1、第2の被害者は未成年の高校生。 ・被告人に前科前歴なく、これまでに矯正教育を受けたことがないことからすると、その効果に期待できないわけではなく、再犯可能性が高いとまで言えない。		
・短期間のうちに同種犯行を繰り返したものであって、手口は徐々にエスカレートしている。 ・被告人及び両親が5名の被害者に530万円を支払って示談成立。他の被害者へも尽力約束。 ・友人等から多数の減刑嘆願書が提出されている。	同種犯罪の裁判で過去にどのような量刑がされてきたかを参考とし、過去の事案との公平を考慮した上で主文のとおり量定した。	
・被告人は犯行当時19歳。 ・強姦致傷1件、強姦2件、強姦未遂1件、強盗致傷3件、窃盗1件。 ・被告人の実母の努力。 ・3名に200万円、17万5000円、51万1550円を支払っている。		
・平成11年に本件と同様強姦、ないし強姦未遂行為で7年の実刑、出所後わずか2年4か月で犯行。 ・前刑の服役経験がまったくいかされていない、悪いと思っているがやめられないタバコのようなものと述べており、十分な反省の期間を与える必要がある。	犯した罪に対する責任を問うという意味において、相当長期の懲役刑を科する必要があり、特に、被害者が受けた肉体的苦痛、精神的苦痛の重大性にかんがみると、これまでの同種事案における量刑傾向はやや軽いとみるべきである。	
少年時に何度も性犯罪を起こし特別少年院に入った。少年院を出てからも性犯罪を起こし刑務所で服役（事件当時25歳）。		

No	判決日 裁判所 認定罪名	判決	求刑 V意見 弁意見	争点と認定
11	H22.3.12 福島 建造物侵入、強姦致傷（未遂）	12年	12年 5年	
12	H21.12.4 熊本 強姦致傷（既遂）、住居侵入、強制わいせつ、建造物侵入、強制わいせつ、強制わいせつ致傷	10年	10年 5年	
13	H22.2.18 徳島 住居侵入、強姦致傷（未遂）、暴行、住居侵入、強姦未遂2件	10年	12年 6年	自首⇒不成立
14	H22.10.19 さいたま 強姦致傷（未遂）	10年	12年	責任能力⇒完全責任能力

量刑事情	量刑傾向	特徴など
・被害者は当時14歳。 ・平成14年には性的目的で女子高生3名に対する傷害で2年6月の実刑判決、平成19年には女子高生に対するわいせつ略取未遂、傷害で2年8月実刑判決、前刑終了後3か月足らずのうちに犯行。	犯行態様が特異な性的嗜好及び強固な意思に基づく極めて悪質なものであること、被害結果とりわけ被害者がいまだ低年齢であって甚大な精神的苦痛を被っており全く癒えていないこと、被告人が同種再犯に及ぶおそれは高いなどの事情に加え、性的犯罪に対する社会意識がより厳しいものへと変化しつつあり性的な動機に基づく犯罪を繰り返している者についてより厳しく処罰することによって同種の犯罪を抑止していく必要があると考えられることからすると被告人については同種性的犯罪の中でも厳しく処罰するべき。	
・4か月の間の犯行、常習性あり。 ・同種の性犯罪を防止して市民の安全を守る必要もある。 ・被害者4名全員との間で、計550万円を支払い示談成立。		
自身の性格傾向や性癖と向き合い、更生を果たすには相当長い期間が必要と思われる。	従前の裁判例を参照したところ、強姦未遂事件についてはおおむね懲役3年前後で分布しており、強姦の点が未遂にとどまり、傷害の程度も比較的軽微な強姦致傷事件については懲役4年ないし5年の範囲に分布していることを確認したが、これらの量刑分布は被害者となる女性の立場等を考えるとやや軽すぎると思われ、見直しの必要があると考えられる。	
・精神的に不安定な状態となり、これらが本件犯行に影響したことは否定できない。 ・被告人の元妻は許す旨述べているが元妻は被害者ではないので有利な事情ではない（被害者は実の娘）。		特定不能の人格障害と診断されている。

No	判決日 裁判所 認定罪名	判決	求刑 V意見 弁意見	争点と認定
15	H22.10.28 東京 強姦致傷（既遂）、強制わいせつ致傷	10年	10年	強制わいせつ致傷につき暴行を否認、強姦致傷につき被害者の同意があったとして無罪主張⇒有罪
16	H23.1.21 宮崎 住居侵入、強姦致傷（既遂）2件	10年	14年	
17	H21.11.20 仙台 強姦致傷（既遂）	9年10月	10年	行為態様⇒具体的事実は被告人の主張どおり
18	H22.1.29 静岡 強姦致傷、強要	9年	12年	・因果関係⇒被告人の主張認める ・傷害結果、強要罪の成否⇒被告人の主張排斥
19	H22.2.26 名古屋 わいせつ略取、逮捕監禁、強姦致傷（未遂）、建造物侵入、窃盗	9年	10年	強姦の故意⇒認定
20	H22.4.16 大阪 住居侵入、強姦致傷（未遂）、覚取法違反	9年	10年	犯行態様⇒概ね被害者の供述どおり

量刑事情	量刑傾向	特徴など
公務執行妨害による執行猶予付き前科、傷害の罰金前科。	本件の犯情は同種事犯の中でも悪質であり、被告人の刑事責任は重大であって、検察官の求刑である懲役10年を上回る刑も考えられるところではある。	
10万円支払われていることや被告人に前科前歴のないことは本件被害の重大性、態様の悪質性に照らせば量刑に影響を与えるものとまで評価することはできない。		
・行為態様が悪質。被害者は15歳、初体験。全治5週間。 ・同種犯罪で刑罰を受けたのに犯行に及んでおり、再犯可能性がある。 ・「住居侵入でない」「口封じしていない」「回数1回」「避妊具使用」は有利な事情ではない。	求刑は十分納得できるものであり、刑の量定にあたっては、これを基準として考えるのが妥当。	
・傷害結果は非常に軽微な部類。 ・強要時に新たな暴行脅迫を加えていない。 ・過去の同種犯罪で服役し反省の機会、仮釈放中の犯行。 ・被告人の人格態度の元凶には被告人の不幸な生育歴の影響が否定できない。 ・本件に至って初めて元凶と自分をみつめなおした。 ・些少ながらも自身の全財産を贖罪寄付にあてている。		
被害者は17歳の高校生で男性経験もない。	刑を定めるに当たっては、過去の類似の裁判例も参考にしたが、そのような裁判例の刑が国民の一般感情からすると軽いと見られることも考慮した。	
・平成10年にシンナーで執行猶予、猶予中に強姦致傷で2年6月実刑判決。 ・無施錠窓は被害者の落ち度ではない。		

No	判決日 裁判所 認定罪名	判決	求刑 V意見 弁意見	争点と認定
21	H22.9.3 那覇 わいせつ略取、集団強姦致傷（未遂）	9年	10年	
22	H22.9.3 那覇 わいせつ略取、集団強姦致傷（未遂）、有印私文書変造、同行使等	9年	12年	
23	H23.1.27 名古屋 強姦致傷（既遂）、強姦	9年	10年	
24	H22.7.16 仙台 強姦致傷（既遂）、器物損壊、傷害	8年6月	10年	行為自体の否認、被害者の同意⇒被告人の主張排斥
25	H22.3.17 大阪 住居侵入、強姦致傷（既遂）	8年	10年	

量刑事情	量刑傾向	特徴など
・被害者は女子中学生（当時12歳）。 ・レイプ願望があり、共犯者を誘い込み。 ・弁護人は強姦自体が未遂であることを指摘する。しかし、強度なわいせつ行為をしていたのであり、実際に性交を試みているのであって、既遂に近い未遂というべきであり、この点を大きく考慮することは出来ない。 ・全治1週間の傷害結果は重いとまでは言えないが傷害の部位の他精神的被害がすさまじいものであること等に照らせば、刑を軽くすべき事情とはいえない。 ・前科がなく、他に余罪がないことは、事件自体の重大性等からすれば、それほど考慮できる事情ではない。		No22と共犯。
・誘われたとしても重要な役割を果たし、わいせつ行為を行っている。 ・横領の被害額は830万円にものぼる。		No21と共犯。
・2か月足らずの間に敢行。ナイフを準備。 ・被害者はともに性体験のない中学生。 ・反省、母親出廷、前科前歴なし。 ・再犯可能性について、交際相手との交流等を通じて考え方を改めつつあり、再犯のおそれが大きいとまでいえない。	犯行態様の悪質性、被害結果の重大性にかんがみれば、被告人の刑事責任は重く、相当長期間の懲役刑は免れない。 以上の刑をその重みに従って考慮し、主文の刑が相当と判断した。	
・携帯電話損壊、行為後手にタバコの火を押しつけた。 ・被告人の再犯可能性については犯行内容、前科前歴ないことをみれば、あるともないともいえない。 ・被告人が4年被害者と交際した事実は被告人に有利な事情としない。		
・住居侵入、強姦、強姦致傷による前刑から仮釈放後1年しか経過していない、1か月余りのうちに本件含め多くの同種行為に及んでいる。 ・過度に激しい暴力まではふるっていない、意図的にけがをさせたわけではない。 ・コンドームを付けることは被告人に有利な事情ではない。		

No	判決日 裁判所 認定罪名	判決	求刑 V意見 弁意見	争点と認定
26	H22.5.21 奈良 わいせつ略取、強姦致傷（既遂）、監禁	8年	9年 法律上可能な限り重い処罰 	
27	H22.7.7 福岡 住居侵入、強姦致傷（未遂）、住居侵入、窃盗	8年	9年 4年	
28	H22.8.20 大阪 住居侵入、強姦致傷（既遂）、住居侵入、窃盗（別被害者）、強要未遂、住居侵入	8年	12年 3年	
29	H22.10.8 那覇 強姦致傷（既遂）	8年	9年 	暴行脅迫の有無、暴行と傷害結果との因果関係の有無、性行為への同意または誤信の有無⇒被告人主張排斥
30	H22.6.23 佐賀 強姦致傷（未遂）、強姦	7年6月	10年 5年ないし6年	犯行態様⇒概ね被害者の供述で認定。但し、一部の供述についてはそのまま信用することはできない

量刑事情	量刑傾向	特徴など
・相当激しい暴行・脅迫。 ・被告人の前科なし。 ・被害者は当時16歳で男性経験なし。 ・100万円を用意し弁護人に預けている。 ・簡易鑑定：解離性健忘症の可能性指摘。結局被告人は自分の所行の酷たらしさと向き合っているとはいえない。		
・被告人には強姦未遂を含む罪で懲役4年に処せられた前科があり、刑の執行を終えて3か月足らずで本件犯行。 ・刃物を使っていないとか、殴る蹴るまでの暴力まではふるっていないことを過大に評価できない。	・酌量減軽の措置を講じるのは相当ではない。 ・単独犯による強姦致傷のうち、主な罪名が無関係の被害者を襲った強姦致傷1件では、概ね9年程度までの量刑傾向であることを参考に本件で被告人に対して科すべき刑を検討した。	
・本件で逮捕されていなければ同種の犯罪を繰り返していた可能性高い。 ・通り魔的犯行、前科前歴なし。 ・長期間の施設収容は社会復帰困難となり更生に影響。 ・鍵を窃盗された被害者と10万円で示談。両親が200万円を供託。 ・被害者が公判に出廷。 ・被告人に臨床心理士が心理査定。 ・被告人は性犯罪被害者の書籍を読むなどしている。		
・PTSD発症。 ・被告人の応訴態度により、被害者は証人として出廷を余儀なくされ、辛い記憶を嗚咽しながら証言せざるをえなかったのであり、被害者が被告人の処罰を求める必死の思いは深く受け止めるべきものである。 ・被告人は何らの反省の態度を示していない。		
・弁護人差入のワークブックを利用。 ・前科なし、23歳と若年、内縁の妻と子どもが帰りを待つ。 ・幼少期に性的被害体験。	・強姦致傷と同種の事案（面識・落ち度のない女性に対する、凶器なし、姦淫未遂、加療2週間以内、単独、処断刑以外が1件またはないもの）について近年言い渡された刑をみると概ね3年（猶予付きを含む）から7年の間で分布。 ・態様が極めて悪質、被害者がいずれも高校生、被害結果が大きいことを重視。	

No	判決日 裁判所 認定罪名	判決	求刑 V意見 弁意見	争点と認定
31	H22.7.14 大阪堺 わいせつ略取、監禁、集団強姦致傷（未遂）	7年6月	10年	・犯行をやめた理由⇒被告人の主張を排斥 ・主従⇒No35が若干役割小さい
32	H22.7.14 大阪堺 わいせつ略取、監禁、集団強姦致傷（未遂）	7年6月	10年	・犯行をやめた理由⇒被告人の主張を排斥 ・主従⇒No35が若干役割小さい
33	H22.4.22 東京 強姦致傷（既遂）、強姦	7年	10年	本件で5年を超える刑が宣告できるか⇒できる
34	H22.6.23 高知 強姦致傷（未遂）	7年	7年 3年6月	
35	H22.7.14 大阪堺 わいせつ略取、監禁、集団強姦致傷（未遂）	7年	9年	・犯行をやめた理由⇒被告人の主張を排斥 ・主従⇒No35が若干役割小さい
36	H22.8.27 秋田 強姦致傷（既遂）	7年	8年	
37	H23.1.21 福岡 強姦致傷（既遂）	7年	7年	共謀発生時期⇒事前

量刑事情	量刑傾向	特徴など
・加療29日を要する傷害。 ・前科なし。 ・被害弁償として300万円の支払いを申し出。	(行為態様、結果から) 本件は執行猶予が可能な量刑はもちろん、法定刑の下限に近い量刑をすることも相当な事案ではない。 他方、(未遂であり) 10年に近い量刑にするのはやや酷。	No32、35と共犯。
・加療29日を要する傷害。 ・前科なし。 ・妻と離婚、勤務先自主退職。 ・被害弁償として200万円の支払いを申し出。		No31、35と共犯。
・強姦未遂2件の余罪を自認するが、これらの事情から直ちに常習性を有していると断じるまではできない。 ・(平成21年12月4日強盗殺人未遂等で懲役25年判決が確定しているが) 被告人の責任に応じた刑を宣告すべき要請も強い。		
・第1の事件から8年後、第2の事件の被害者は全治不能の歯冠破折。 ・第1の事件後、強盗致傷罪で裁判を受け服役、執行終了後3年6月余りで第2の事件。	平成16年に法律改正され強姦致傷罪の法定刑が変更されていること、第1の事件については確定裁判があること、第2の事件については前科があることをも考慮。	併合された強姦致傷(未遂)につき懲役4年 (検察官求刑5年、弁護人求刑1年6月)。
・加療29日を要する傷害。 ・前科なし。 ・勤務先が再雇用を約束。	他の2名よりは若干軽くすべきではあるものの、1年の差をつけるほどの違いまではない。	No31、32と共犯。
・平成7年に強姦致傷 (未遂) で4年の執行猶予。 ・被害弁償として100万円を支払った。 ・犯行後10年間、弁護人は不十分ながらも更生の道を歩んできたとするが、評価できない。	普通の市民感覚からは全く共感できない動機に基づく性犯罪については、それに向けられる社会の目は相当厳しいことを考慮。	
・事件は平成14年に発生。 ・2時間で各自3度の姦淫。 ・妊娠中の妻が帰りを待っている。 ・本件が確定判決の余罪 (平成15年3月に監禁、強姦致傷等で懲役4年8月)。 ・150万円の弁償。	犯行態様の悪質性、被害結果の重大性から、被告人の刑事責任は相当重い。	No38と共犯。

No	判決日 裁判所 認定罪名	判決	求刑 V意見 弁意見	争点と認定
38	H23.1.21 福岡 強姦致傷（既遂）	7年	7年 	わいせつ行為の態様⇒被告人の主張認定
39	H23.1.28 広島 強姦致傷（未遂）、強盗、窃盗	7年	8年 4年	強姦目的⇒認定
40	H23.4.21 広島 強姦致傷（既遂）	7年	8年 	
41	H21.12.18 神戸 強姦致傷（未遂）	6年6月	7年 執行猶予	
42	H22.5.20 東京 強姦致傷（既遂）	6年6月	8年 10年 4年	
43	H22.6.25 大津 強姦致傷（既遂）	6年6月	9年 	

量刑事情	量刑傾向	特徴など
・2時間で各自3度の姦淫。 ・母親が帰りを待っている。 ・本件が確定判決の余罪（平成16年4月に監禁、強姦致傷等で懲役7年）。		No37と共犯。
・加療3週間の肋骨骨折。 ・前刑で執行猶予中。 ・被告人の共犯者が別件窃盗の被害者に被害弁償をしたことは、被告人自身が支払った場合と同等に評価できない。	被告人の行為に見合った刑を科するという観点から強姦致傷罪の法定刑の下限を下回る刑は適切ではない。姦淫に至っていない点、前回の懲役刑の執行猶予が取り消されて本件の刑と併せて服役などの事情を考慮。	
・被害者は18歳。 ・左足擦過傷、右足打撲傷全治3日。 ・計画的でない、暴行の態様軽い、傷害結果、反省について被告人に有利には判断しない。		
・20年以上前であるが同じ強姦致傷で服役。 ・犯行後の情状も悪質。 ・翌日交番に出頭。 ・父からの200万円を弁護人に預けている。 ・強姦されたときに受けると思われるのに近い恐怖と屈辱を与えた。 ・強姦の目的を達していない強姦致傷の中で極めて悪質な類型。		
・被害者は16歳、処女。 ・犯行当時被告人は19歳。 ・被告人の生育歴不遇（但し本件犯行に影響なし）。 ・犯行を否認し4か月逃走。 ・その間同様の手口で金員を強取しようとした。 ・義父が、被害弁償金として150万円の支払いを申し出。 ・強姦致傷という事案の性質を踏まえると被告人が若年であるという点は更生可能性の要素として考慮されるのを超えて、そのこと自体を被告人に有利に斟酌することはできない。		
・被告人は同種犯行を繰り返し、犯行を次第にエスカレートさせているなど、常習性あり。 ・犯行当時19歳、現在20歳の若年。 ・社会的制裁は自業自得。 ・自身の問題や規範意識の問題点を短期間で改善することは困難。		同時審理が可能であった強制わいせつ2件につき懲役2年の判決が言い渡されている。

No	判決日 裁判所 認定罪名	判決	求刑 V意見 弁意見	争点と認定
44	H21.12.17 鹿児島 強姦致傷（既遂）	6年	7年	
45	H22.2.5 神戸姫路 強姦致傷（既遂）	6年	7年	暴行を加えた目的、性交に応じた理由⇒被告人主張排斥
46	H22.3.12 東京 強姦致傷（既遂）	6年		
47	H22.4.23 千葉 住居侵入、強姦致傷（未遂）	6年	8年 執行猶予	
48	H22.11.26 長崎 強姦致傷（未遂）	6年	7年	
49	H22.12.10 松山 強姦致傷（既遂）	6年	7年 4年6月	
50	H23.6.1 さいたま 強姦致傷（未遂）	6年	7年	脅迫行為の存否⇒認定

量刑事情	量刑傾向	特徴など
前科多数、累犯前科含め服役経験複数。	法定刑の最下限を下回る刑を言い渡すために酌量減軽することは相当でない。	
事件以前からの被害者の被告人に対する言動が被告人の誤解を招いたり、怒りを誘発したりしている側面は否定出来ない。	同じような事件の中でも軽い方ということはできず、法律上の下限である5年で足りるということはできない。	
被害者が自室で下着を身につけていないことは落ち度ではない。	同種事案の中でも悪質な部類に属する。	
・未遂は被害者の必死な抵抗によるもの、結果は重大。執行猶予中。再犯に及ぶ可能性は高い。 ・両親が被害者に5万円支払ったという慰謝の措置は不十分。 ・同種事案の量刑傾向や本件判決によって前刑の執行猶予が取り消される見込みであることを考慮。 ・計画性がなく、凶器を使用していない点は、重視すべき事情であるとは考えなかった。		
	被告人の行為の危険性・悪質性、被害結果の重大性を考えると、法定刑の最下限である5年を下回ることが相当な事案とは認められない。	
累犯前科あり（強姦致傷罪により懲役3年6月）。		

No	判決日 裁判所 認定罪名	判決	求刑 V意見 弁意見	争点と認定
51	H22.6.9 大阪 強姦致傷（未遂）	5年6月	9年	傷害の程度、強姦致傷罪の成否⇒被告人主張排斥
52	H22.2.19 さいたま 強姦致傷（未遂）	5年	6年 執行猶予・保護観察付	・強姦意思の発生時期⇒最初から ・犯行態様⇒被害者供述で認定 ・未遂の理由⇒被告人主張排斥
53	H22.6.14 大津 強姦致傷（未遂）、強盗	5年	8年 執行猶予	・強姦時の犯行態様⇒被告人の供述で認定 ・因果関係、強盗の犯行態様⇒被告人主張を排斥
54	H22.9.2 名古屋 強姦致傷（未遂）	5年	6年	被告人の行為態様、強姦の意図⇒被告人の主張排斥
55	H23.2.25 函館 強姦致傷（未遂）、器物損壊	5年	6年	犯行態様、強姦意思⇒認定
56	H22.3.17 福岡 強姦致傷（既遂）、住居侵入	4年	5年	暴行脅迫行為、強姦意思⇒被告人主張排斥

量刑事情	量刑傾向	特徴など
	被害女性に重大な心の傷を与えた被告人の刑事責任は相当重いといえ、被告人の年齢や被告人なりの反省、被告人に相当以前の前科しかないことなどを考慮しても本件は執行猶予ができるような軽い刑にすることは全く考えられないし、法定刑の下限を下回るような量刑にすることも相当ではない。	
・被告人の責めに帰すことの出来ない幼少期に受けた性的虐待など不遇な生育歴に端を発すると思われる認知の歪みなど心理的な問題を抱えている。 ・精神科医、精神保健福祉士、弁護士らで構成されるチームが既に用意されている。	犯情の悪質さに照らし酌量減軽すべき事案ではないと判断するが、被告人の更生に向けられた環境調整及び被告人の今後の更生意欲を考慮し、量刑は法定刑の再下限に止めるのが相当である。	臨床心理士の証言の信用性を排斥。
・被害者は当時18歳、交際経験なし。 ・前科前歴なし。 ・被害者が明確な拒絶の意思を示さなかったことは落ち度と評するものではない。 ・暴行・脅迫の程度がさほど強度なものではない。	強姦致傷罪及び強盗罪について定められた刑の最下限である5年とするのが相当。	
・一般の社会生活を営んでいた女性が通勤途中に街頭犯罪の被害、社会が抱く不安は大きい。 ・初犯。	犯行態様の執拗さや結果の重大性からすれば、被告人の責任は重く、執行猶予を付するのは相当ではない。	
	被害者が激しく抵抗した結果であり、そのことを過度に評価することはもちろんできないが、強姦自体は未遂におわったこと、被害者の傷害結果は強姦致傷罪を含む事案の中では重いものとまではいえないことからすると、重い類型にあたるとまではいえない。	
・加療21日間。 ・凶器を用いたり、いきなり暴力をふるうなどしていない。 ・直接的なわいせつ行為はしていない。 ・同種事案で有罪判決を受けて服役、但し出所後13年あまりは前科がない。	（凶器なし、強姦が未遂の事案の）従来の例では概ね3年から7年くらいの懲役刑が多い傾向にある。その傾向を参考に考えても、暴行脅迫行為の程度、わいせつ行為にも及んでいないことから懲役5年は重い。しかし被害者の苦痛など懲役3年は軽い。	

No	判決日 裁判所 認定罪名	判決	求刑 V意見 弁意見	争点と認定
57	H22.3.18 千葉 強姦致傷（未遂）	4年	6年 執行猶予	犯意発生時期、犯行態様⇒被告人主張排斥
58	H22.9.17 那覇 住居侵入、強姦致傷（未遂）	4年	6年	強姦目的⇒認定
59	H22.10.1 大阪 強姦致傷（未遂）	4年	6年 執行猶予・保護観察付	わいせつ行為場所、強姦決意時⇒被告人供述に則って判断
60	H22.10.21 東京 強姦致傷（未遂）、窃盗	4年	6年 執行猶予	強姦の故意⇒認定
61	H22.5.19 大阪 強姦致傷（未遂）	3年6月	6年	強姦の意思、強姦の実行の着手、傷害結果⇒すべて認定
62	H22.10.13 名古屋 強姦致傷（未遂）	3年6月	6年	行為態様⇒被告人の供述で認定
63	H21.12.4 名古屋 強姦致傷（既遂）	5年以上10年以下		

量刑事情	量刑傾向	特徴など
・一連の行為からすれば既遂に匹敵する。 ・前科なし。 ・200万円を支払い示談成立。 ・傷害の結果自体重くないとしても精神的苦痛大きい。	量刑にあたっては、犯行態様の悪質さと結果の重大性及び被害者の処罰感情を重視すべき。	
	本件犯行が強固な意思に基づく卑劣、悪質な犯行であり、その結果も重大であることからすれば、被告人の刑事責任は重く、実刑は免れない。	
・けがは比較的軽度。 ・被害女性にやや無防備と思われる点もないではない。 ・家族が200万円を準備。	犯罪事実そのものに関する事情を基本とし、法律が強姦致傷罪について下限を5年とする重い懲役刑を定めていることに着目した上、同種事犯の量刑傾向も考慮すると執行猶予をもって臨むことはおよそ妥当とは言い難い。	
・かなりの計画性、スタンガンを使用し悪質。 ・姦淫行為に向けた直接の行為も開始されていない。 ・前科なし。 ・強姦の意思としてはかなり弱い。	強姦致傷の犯行自体について指摘できる諸点ないし被害女性の受けた精神的衝撃の大きさなどに照らすと、被告人の刑事責任を軽くみることは許されない。	
・被害者は当時未成年。 ・犯行に凶器を用いたり、殴る蹴るなどの行為に及んでいない、結果的に具体的なわいせつ行為に至っていない。 ・傷害の程度にかかわらず、女性の人格の尊厳を無視した悪質な犯罪類型であることに留意。	本件犯行の基本的評価から本件では実刑が相当。 検察官が求める懲役6年や法定刑の下限である懲役5年は重いと考えられる。	
・別れ話を切り出されていた交際相手（不倫）に対しての行為。 ・本件被害にあうほどの落ち度ない。 ・被害者と面識の有無で直ちに刑が左右されるとは考えがたい。		
・被害者は4人、傷害結果はやや軽い。 ・恐喝で保護観察中の犯行。	同種事例をふまえて検討すると無期懲役を科することは相当とはいえない。	少年、No64と共犯。

No	判決日 裁判所 認定罪名	判決	求刑 V意見 弁意見	争点と認定
64	H21.12.4 名古屋 強姦致傷（既遂）	5年以上10年以下		
65	H21.11.30 奈良 集団強姦致傷（未遂）	3年		
66	H21.11.30 奈良 集団強姦致傷（未遂）	3年・執行猶予5年		
67	H21.11.30 奈良 集団強姦致傷（未遂）	3年・執行猶予5年		
68	H21.11.30 奈良 集団強姦致傷（未遂）	3年・執行猶予5年		

量刑事情	量刑傾向	特徴など
	同種事例をふまえて検討すると無期懲役を科することは相当とはいえない。	少年、No63と共犯。
・犯行時間が短い。 ・犯行の発案、準備、実行に関与、中心的役割担う。 ・被告人ら4名で500万円示談。		No66、67、68と共犯。
・犯行時間が短い。 ・被告人ら4名で500万円示談。		No65、67、68と共犯。
・犯行時間が短い。 ・被告人ら4名で500万円示談。		No65、66、68と共犯。
・犯行時間が短い。 ・被告人ら4名で500万円示談。		No65、66、67と共犯。

■強制わいせつ致傷一覧

No	判決日 裁判所 認定罪名	判決	求刑 V意見 弁意見	争点と認定
1	H22.7.30 名古屋 強制わいせつ致傷、強盗致傷	13年	15年 5年	暴行、わいせつ行為⇒被告人の主張排斥
2	H22.12.28 名古屋 強制わいせつ致傷、住居侵入、強制わいせつ、強制わいせつ未遂、強制わいせつ	9年	18年 6年	・強姦の意思⇒強姦の意思はなく、強制わいせつの意思のみ ・犯行態様⇒被告人の主張排斥
3	H23.6.16 徳島 強制わいせつ致傷、住居侵入、強制わいせつ未遂、傷害	9年	8年	
4	H23.7.13 岡山 強制わいせつ致傷、公然わいせつ、強制わいせつ、強制わいせつ未遂	9年	13年 6年	
5	H22.2.10 さいたま 強制わいせつ致傷、強制わいせつ、強姦未遂	8年6月	10年	
6	H22.5.19 さいたま 強制わいせつ致傷	8年	7年	

量刑事情	量刑傾向	特徴など
・性的被害２人。 ・累犯前科（H７年強盗致死、強盗致傷。H18年建造物侵入、窃盗、銃刀法）。 ・計画的、暴行悪質、わいせつ行為悪質。 ・前刑終了後短期間で犯行。 ・犯罪内容も弱者を狙った犯行に性犯罪が加わっており、犯罪傾向が進んでいる。		被告人には知的能力の低さ、反社会性人格障害が認められる。
・計画的かつ常習的で強い執着性に基づく犯行。 ・１年２か月の間に連続して行われている。 ・暴行態様「死を意識させる極めて凶暴な行為」。 ・前科がない、社会的制裁を受けている、母親が監督、謝罪文作成。 ・被害弁償の一部として200万円を準備。		強姦未遂で起訴された事件につき、強制わいせつと認定。
・強制わいせつ被害については強姦被害にも匹敵するものである。 ・真摯に反省しているとは認められない。 ・同種事案で懲役7年の実刑を受け、6年服役し、受刑中14回にわたり性犯罪のカウンセリングを受けていた。同種前科を有し、仮出所して7か月後に性犯罪を行った。	量刑判断の基礎となる犯罪行為の動機、態様及び結果並びに被告人の更生可能性等に関する事実について検討。	
・公然わいせつ２件、強制わいせつ未遂４件、強制わいせつ致傷３件、強制わいせつ６件の計15件。 ・けがの程度は幸い比較的軽い。 ・再犯のおそれも否定できない。 ・前科前歴がない。 ・余罪についても進んで供述している。 ・９名の被害者に被害弁償の一部として290万円支払い、そのうち数名については、処罰感情が若干なりとも和らいでいる様子もうかがえる。	被告人にとって相当程度有利に考慮できる前記諸事情があることや近時の同種事犯の量刑傾向も考慮。	
・２か月中に5人の女性に対して立て続けに犯行。明確な常習性が認められる。 ・実父が300万円を準備。		
・同種前科4件あり、いずれも服役、本件も前刑社会復帰後11か月で犯行。常習性は顕著。 ・弁護人は性依存症を主張するも認定できない。	本件犯情の悪さ及び被告人の再犯可能性の高さなどに照らし、主文の刑を量定するのが相当と判断した。	

No	判決日 裁判所 認定罪名	判決	求刑 V意見 弁意見	争点と認定
7	H22.6.15 広島 住居侵入、強制わいせつ致傷、強制わいせつ未遂	8年	10年 できるだけ重い刑 3年以下	・暴行の内容⇒被害者供述で認定 ・強姦の意思⇒わいせつ行為の意思のみ ・傷害結果⇒認定 ・責任能力⇒完全責任能力
8	H22.7.5 千葉 強制わいせつ致傷、強姦	8年	8年	暴行・脅迫時点において被告人に姦淫意思があったか⇒意思を有していたことが常識に照らして間違いないとまではいえない
9	H22.3.19 名古屋 強制わいせつ致傷、住居侵入、窃盗	7年	8年 3年	行為態様⇒被害者供述のとおり
10	H22.3.26 東京 強制わいせつ致傷、強盗	6年6月	8年 執行猶予・保護観察付	
11	H22.5.13 神戸姫路 強盗致傷、建造物侵入、強制わいせつ致傷、銃刀法違反	6年6月	8年 3年	
12	H22.3.26 広島 強制わいせつ致傷	6年	6年	性的意図⇒認定

量刑事情	量刑傾向	特徴など
・平成12年に住居侵入、強制わいせつの罪で2年の実刑。 ・傷害結果：全治期間不明の心的外傷後ストレス傷害（医師証言）。 ・わいせつ未遂についてはそれを前提として起訴されているので考慮するに値しない。	・検察官求刑は強姦致傷を前提に、弁護人意見は住居侵入、暴行を前提にしており、参考にできない。 ・同種類型の事案における裁判例などを参考にしつつ検討した。	強姦致傷罪で起訴。
	・単独犯で凶器を使用し姦淫ないしわいせつ行為を行った既遂の裁判例（累犯前科、同種前科あるものをのぞく）をそれぞれ参照した。 ・強盗罪より軽い点は不条理であると感じつつ、それを前提としても性的被害を受けた女性の被害実態に照らすと性犯罪の悪辣さに対するこれまでの評価は十分でなく、性欲を動機として女性の人格を傷つける性犯罪に対してはより厳しい立場で臨み、今後同様の被害に遭う女性を少なくすべきである。	強姦致傷罪で起訴。
・約2年間にわたり被害者にストーカー的行為を繰り返した。 ・5時間に及ぶ行為。		
相当量の飲酒については酌量しない。	厳しく刑事責任を問われるべき事案であり、酌量減軽しない。	
「今回を最後のチャンスとして更正したい。」という被告人の言葉も踏まえて判断。	同種事案の量刑傾向を踏まえて判断すると検察官の量刑はやや重すぎる。	
・放火、強制わいせつ、条例違反などの累犯前科あり。 ・刑務所から出た直後に犯行。 ・過去にも保護カードを捨てた。 ・酒の影響があったことを刑を軽くする方向で考慮することはできない。		

No	判決日 裁判所 認定罪名	判決	求刑 V意見 弁意見	争点と認定
13	H22.5.28 広島 強制わいせつ致傷（2件）	6年	7年 	行為態様⇒被害者供述のとおり
14	H22.6.2 大阪 強制わいせつ致傷、住居侵入、強盗致傷	6年	7年 	
15	H23.2.14 大阪 強制わいせつ致傷、窃盗	6年	6年 	・犯行態様⇒被告人の主張で認定 ・傷害結果⇒検察官の主張で認定
16	H23.6.17 さいたま 強制わいせつ致傷	5年6月	7年 4年	

量刑事情	量刑傾向	特徴など
	同種類型の裁判例データに照らしても検察官懲役7年求刑は重すぎて不当とまではいえない。	
・わいせつ行為自体も未遂。 ・父の援助も受け、170万円の被害弁償済み。但し、被害女性は被害弁償を受けた後も厳重処罰を希望している。 ・被告人の帰りを待つ父親が高齢。	被告人の刑事責任は相当重く、法定刑の下限を下回る量刑は相当ではない。	
	2つに分けて審理され、別々の判決を受けることに伴い、不利益を受けることがないよう配慮する必要がある。 そこで、まず、双方の刑の併せた上限を画するため、同種事案の量刑傾向も参考にして、本件及び先に判決のあった件を併せた全体について、どの程度の刑にするのが相当かの検討を行った。	被告人と各被害者の供述には食い違う部分もある。評議の結果、その多くはたとえ被告人が述べるとおりであったとしても、概ね各被害者が述べるとおりのわいせつ行為を行い、また被害者が負傷して当然の行為に及んで負傷させている以上、被告人にとって有利な事情とすることはできず、重要とはいえないという結論になった。
・強制わいせつ致傷罪等により懲役3年8月に処せられた累犯前科あり、出所後わずか2年4月か足らずで本件犯行に及んでいる。 ・性依存症プログラムを受けるなどして自己の問題点を改善したい旨述べて、更生の意欲を示している。 ・5万円の被害弁償を行っている。 ・当初は厳罰を求めていた被害者が被告人の再犯防止こそを一番に望むとの心境の変化を吐露。		

No	判決日 裁判所 認定罪名	判決	求刑 V意見 弁意見	争点と認定
17	H22.3.19 旭川 強制わいせつ致傷、住居侵入、窃盗、強盗致傷	5年	7年 執行猶予	犯行態様⇒被告人の主張で認定
18	H22.6.17 横浜 強制わいせつ致傷、強盗、強制わいせつ	5年	7年 3年	
19	H22.8.6 金沢 強制わいせつ致傷、監禁	5年	6年 執行猶予・保護観察付	・監禁行為⇒あったと認定 ・暴行態様⇒被害者供述により認定 ・わいせつ態様⇒被害者供述により認定 ・強制わいせつの故意⇒認定 ・責任能力⇒完全責任能力 ・自首の成否⇒被告人の主張排斥
20	H23.3.29 広島 強制わいせつ致傷、わいせつ誘拐	5年	6年 執行猶予	誘拐の成否⇒認定（被害者を事実上支配下においた）
21	H22.6.9 長崎 住居侵入、強制わいせつ致傷、強制わいせつ	4年6月	6年 執行猶予	

量刑事情	量刑傾向	特徴など
窃盗の被害者には弁償金10万円を支払い、示談を成立させている。		
・被害者の姉が止めたためわいせつが未遂になったのであり刑を軽くする事情でない。 ・異常な性癖がうかがえ、性犯罪のおそれがあることも否定できない。		
被害者及びその保護者の処罰感情は今なお極めて厳しいことは量刑にあたって考慮すべき。		被告人には生来性の軽度精神遅滞が認められる。大うつ病エピソードに罹患しているが拘禁反応によるもの。
・計画的とまで断定できない。 ・同種前科や懲役前科がない。 ・20万円が送付されている。		
・少年時における保護観察や少年院での矯正教育を受けても、少年時代からの犯行をやめることはできなかったばかりか、やり方をエスカレートさせて本件各犯行に至っている。逮捕されるまで、のぞき、盗撮、わいせつ行為等を100件くらい繰り返した。 ・10歳のわいせつ被害者の母親との間で120万円を支払い示談成立。わいせつ致傷被害者（当時13歳）に150万円の支払いを申し出。 ・7日間の鼻出血、左足背擦過創の傷害結果はけがの程度は重いとはいえないが精神的苦痛の大きさにかんがみるとこれをもって結果が重大でないとはいえない。 ・高卒後仕事をしていたことや性癖の根深さにより被告人の23歳という年齢は有利な事情と考えない。		

No	判決日 裁判所 認定罪名	判決	求刑 V意見 弁意見	争点と認定
22	H22.2.12 東京立川 強制わいせつ致傷、強盗	4年	6年 	
23	H22.7.1 名古屋 強制わいせつ致傷、強制わいせつ	4年	5年 3年・執行猶予5年	行為態様⇒被害者供述により認定
24	H23.1.14 千葉 強制わいせつ致傷、強制わいせつ	4年	5年 執行猶予	
25	H22.6.17 青森 強制わいせつ致傷、強姦未遂	3年6月	5年 執行猶予	
26	H22.12.2 那覇 強制わいせつ致傷、住居侵入	3年6月	5年 2年2月	
27	H23.1.19 名古屋 強制わいせつ致傷	3年6月	6年 	

量刑事情	量刑傾向	特徴など
	強制わいせつ致傷としては比較的軽いが強盗が加わるため刑事責任は相応に重い。	
・被害者は15歳（わいせつ）、18歳（致傷）。 ・首を締め付けるなどの強度の暴行、膣内に指を入れるなど悪質なわいせつ行為。 ・無理矢理セックスされるかもしれない強い恐怖を感じた。 ・わいせつ被害者には50万円、致傷被害者には100万円の被害弁償済み。但し、許していない。 ・被告人の反省や謝罪の意思を伺うこともできない。	悪質さ、重大性にかんがみると下限である3年は軽すぎ、同種事件の量刑傾向から5年は重すぎる。	
・強制わいせつ逮捕後、強制わいせつ致傷につき自首成立。 ・大学を自ら退学。 ・犯行当時未成年。 ・強制わいせつ致傷の被害者に120万円支払い、但し、宥恕なし。 ・強制わいせつ被害者に80万円を支払い示談が成立し、嘆願書まで作成。	犯行態様の悪質性は、本件の量刑上特に重くみるべきである。量刑上の諸要素に対する評価を前提とし、同種事案における過去の量刑傾向を参考としつつ、被告人に科すべき刑を検討したところ、各犯行の態様、同種の犯行を2回繰り返していることなどに照らすと、1人が許していても、実刑に処するのが相当。	
・事件のいきさつに多少酌むべき事情もある。 ・身内に用意してもらった損害賠償金100万円を支払っている。		
・前科はみあたらない。 ・被害弁償の一部として8万431円（米価1000ドル相当）を支払っている。		
・全治10日間。 ・カッターナイフや口止めのための撮影機器をあらかじめ準備。本件の前後を問わず、同種事犯を繰り返している。 ・前科なし。内妻と子どもが被告人の帰りを待つ。 ・長文の謝罪文、反省文。	本件が計画的かつ常習的犯行であり、犯行態様も悪質であること、結果も軽くないことからすれば、執行猶予はもとより、法定刑の最下限である懲役3年を下回る刑に処することが妥当な事案ともいえない。	

No	判決日 裁判所 認定罪名	判決	求刑 V意見 弁意見	争点と認定
28	H22.5.13 長崎 強制わいせつ致傷、強制わいせつ、暴行	3年	5年 執行猶予	
29	H21.10.23 福岡 強制わいせつ致傷	2年6月	4年 1年6月・執行猶予	行為態様⇒被害者供述のとおり
30	H22.7.15 広島 強制わいせつ致傷	2年6月	4年 執行猶予	
31	H23.1.20 函館 強制わいせつ致傷	2年6月	4年 執行猶予	
32	H22.3.18 長崎 強制わいせつ致傷	2年	4年 2年6月・執行猶予	
33	H22.5.28 盛岡 強制わいせつ致傷	3年・執行猶予5年・保護観察付	3年 	
34	H21.10.22 東京 強制わいせつ致傷	3年・執行猶予5年・保護観察付	3年 3年・執行猶予	

量刑事情	量刑傾向	特徴など
・早朝、又は朝の時間帯に手当たり次第に襲った、連続無差別の犯行。 ・自立支援施設や少年院での教育を経て仮退院後1か月で本件各犯行に至っている。 ・飲酒は関係ない。 ・更生環境が整っていない。		
20万円の被害弁償済み。	実刑及び猶予判決双方の裁判例が存在し、暴行、脅迫、負傷の程度、わいせつ行為の具体的内容ほか被害者への慰藉の措置等考慮して、量定されてきた傾向にあったことがうかがわれる。	
・9件の前科（うち6件服役）。 ・出所後6年半経過。 ・示談が成立し、被害者は寛大な処分を希望。	刑事責任は重く執行猶予が相当ではない。	
・傷害結果自体（加療8日間）は、強制わいせつ致傷罪として考え得る事案の中では特に重いものとまではいえないが、被害者とその両親が受けた精神的苦痛や被害者の将来への悪影響は極めて大きいものといえ、本件犯行により生じた結果は重大である。 ・保釈後、犯行現場周辺付近で犬の散歩をさせた。		
再犯可能性を詳細に検討（17年以上前の窃盗、詐欺や別女性へのストーカーは再犯可能性と関係しない）。		
・わいせつ行為は執ようなものとはいえない。 ・被告人に前科前歴はない。		
・260万円を支払い示談成立。 ・被害者の宥恕あり。		

No	判決日 裁判所 認定罪名	判決	求刑 V意見 弁意見	争点と認定
35	H22.1.22 大阪 強制わいせつ致傷、窃盗	3年・執行猶予5年・保護観察付	4年 執行猶予	
36	H22.1.21 高知 強制わいせつ致傷	3年・執行猶予5年・保護観察付	4年 執行猶予	
37	H21.12.4 広島 強制わいせつ致傷、器物損壊	3年・執行猶予5年・保護観察付	求刑不明 執行猶予	
38	H22.2.12 広島 強制わいせつ致傷	3年・執行猶予5年・保護観察付	求刑不明 保護観察なし執行猶予	
39	H22.1.22 千葉 強制わいせつ致傷	3年・執行猶予5年・保護観察付	3年 執行猶予	被害者が妊婦であることの認識⇒認定
40	H22.6.25 横浜 強制わいせつ致傷、迷惑防止条例違反	3年・執行猶予5年・保護観察付	3年6月	
41	H23.1.20 津 強制わいせつ致傷	3年・執行猶予5年・保護観察付	3年6月	

量刑事情	量刑傾向	特徴など
・強制わいせつ致傷につき、精神遅滞により心神耗弱。 ・被害者に25万円を支払い、示談成立。		
・H11年及び18年に執行猶予付き判決を受けた前科あり。 ・被害者は寛大な判決に異議がない。30万円支払い済み。		
50万円の示談が成立。		
・飲酒の影響は関係ない。 ・一切の解決金として350万円支払い。		
自己の持てる全財産を提供して被害弁償を試みるなどしている。	従前の裁判例の量刑傾向をみると実刑と執行猶予が相半ば。従前の裁判例の量刑傾向の中でも重い部類ではない。	
10万円の被害弁償金を支払っている。	犯情が同種事案の中で特に重いとはいえない。	
・被害者は16歳。 ・被告人に前科はないものの少年時代に同種前科があり、少年院での矯正教育を受けている。 ・簡易鑑定の結果、性衝動を抑制する力が弱いとの判断がされている。しかし、31年間再犯に及ぶことなく生活。 ・被害弁償として10万円を支払っている。	本件犯行の際、凶器を用いておらず、脅迫を加えたり、殴る蹴るといった積極的な暴行を加えたりしていない。わいせつの内容も着衣の上から胸を揉んだというものであり、同種事案と比較しても特に悪質とまでは評価できない。	

No	判決日 裁判所 認定罪名	判決	求刑 V意見 弁意見	争点と認定
42	H23.3.22 大阪 強制わいせつ致傷	3年・執行猶予5年・保護観察付	4年	
43	H21.12.11 千葉 強制わいせつ致傷	3年・執行猶予5年	4年	
44	H22.1.28 東京 強制わいせつ致傷	3年・執行猶予5年	3年 執行猶予	
45	H23.3.28 神戸 建造物侵入、強制わいせつ	3年・執行猶予5年	4年	傷害の原因となる行為の有無⇒検察官調書は信用できない
46	H21.11.20 長崎 強制わいせつ致傷、強制わいせつ未遂	3年・執行猶予4年・保護観察付	4年	
47	H22.1.21 東京立川 強制わいせつ致傷	3年・執行猶予4年・保護観察付	3年6月	
48	H23.2.3 前橋 強制わいせつ致傷	3年・執行猶予4年・保護観察付	5年 5年以上	

量刑事情	量刑傾向	特徴など
・交通罰金前科を除いて前科なし。 ・100万円の支払い義務を認め、10万円が既に支払われている。以後、釈放後毎月3万円の分割払い。但し、分割金についての担保なし。 ・凶器を用いたり、殴る蹴るなどの暴行を加えていない点や、より深刻なわいせつ行為には至っていないことは、強制わいせつ致傷事案全体の中での本件位置づけを考える場合には考慮されるべき事情。		
・飲酒の影響は関係ない。 ・400万円を支払い示談が成立。		
被害者に310万円を支払うなどして示談成立。		
・10か月もの間身体拘束。 ・仕事を失い、離婚して家族を失い、2人の子どもとも会えなくなるなどかなりの制裁を受けている。 ・1人の被害者に100万円を支払い示談が成立。		認定落ち（検察官調書につき「検察官の想定する方向に誘導した可能性が高い」と判示）。
・ともにわいせつ未遂。 ・わいせつの余罪あるが幼稚。		
・わいせつの余罪あり。 ・100万円の示談が成立し、支払い済み。	被告人を実刑にするほど刑事責任が重い事案とはいえず。	
・大学時代に窃盗の前科あり。 ・見舞金10万円を支払い、示談金として50万円を提示。 ・被害者の両親の心情は十分に理解できるが、被告人に対する量刑は、犯行態様、犯行結果などの犯情事実に基づき、行為責任の見地から、罪刑の均衡を考慮して決すべきものであり、これによれば、被害者側の処罰感情を軽視することはできないものの、逆に過度に考慮することも相当ではない。		更生環境で不足する部分については、保護観察機関における性犯罪者処遇プログラムによって補完することも可能。

No	判決日 裁判所 認定罪名	判決	求刑 Ｖ意見 弁意見	争点と認定
49	H21.12.9 東京 強制わいせつ致傷	３年・執行猶予４年	 	行為態様⇒被害者供述のとおり 傷害結果はわいせつ行為に随伴
50	H22.6.10 津 強制わいせつ致傷	３年・執行猶予４年	３年 	
51	H22.4.22 静岡浜松 強制わいせつ致傷	３年・執行猶予３年	４年 	
52	H23.4.28 福岡 強制わいせつ致傷	２年６月・執行猶予４年	４年 	

量刑事情	量刑傾向	特徴など
・200万円を支払い、示談成立。被告人を許す旨の記載あり。 ・（被害者が許すという事情は）個人の性的な自由等を守るためにあるこの種の犯罪においては、被告人に対する責任を軽くする方向の事情。	犯した罪について責任を問うという意味では相当刑期の懲役刑を避けられない事案だが、（個別事情）、他の強制わいせつ致傷の事案における量刑傾向も踏まえる。	
170万円示談成立。		
特に悪質さが強調されるべき事案ではない。		
父親が230万円の賠償金を支払い、被告人を許す旨の示談が成立。		

7　覚せい剤営利目的輸入

(1)　量刑事情についての事実認定

a　心の底から犯行を悔いて反省していると認定された事例

○大阪地裁平成21年11月11日（No54、覚せい剤取締法違反等）

約2988gの覚せい剤を運び屋として密輸しようとした事案（懲役８年／求刑11年）

「被告人は、本件犯行を逮捕当初から一貫して認め、弁解じみたことを一切言わず、心の底から本件犯行を悔いて反省している。この点は特に評価されるべきである。」

b　更生に向けた強い意欲が認定された事例

○千葉地裁平成23年１月14日（No78、覚せい剤取締法違反等）

約2000gの覚せい剤を運び屋として密輸しようとした事案（懲役７年／求刑12年）

「被告人が犯行に加わった背景には、未成年で出産、結婚、離婚を経験し、家族や我が子と絶縁して、キャバクラで稼いだ金で派手な生活をするなどの経歴や通常の社会経験の乏しさがあると考えられるが、被告人は、身体拘束されている間、日記をつけ、弁護人が差し入れた書籍を読むなどして更生に向けた強い意欲を示している。」

c　被告人の精神遅滞の影響が認められた事例

○札幌地裁平成21年12月３日（No84、覚せい剤取締法違反等）

約6712gの覚せい剤を運び屋として密輸しようとした事案（懲役７

年／求刑11年）

「被告人は、知的水準が低く、軽度の精神発達遅滞も疑われるところ、本件では、共犯者らから、その知的水準の低さにつけ込まれ、巧みに利用されたという側面がある。」

「同種事案の中でも、比較的短期間の懲役刑及び相当少額の罰金刑を科すことが相応しい事案である。」

(2) 量刑の基準（量刑の考え方）

a 持ち込んだ覚せい剤の量を量刑上重視すべきとする事例

○千葉地裁平成22年10月14日（No53、覚せい剤取締法違反等）

約1748gの覚せい剤を運び屋として密輸しようとした事案（懲役8年／求刑11年）

「被告人が、共犯者と共謀の上、約1748グラムもの多量の覚せい剤をわが国に持ち込み、覚せい剤の害悪をわが国に拡散させようとした点を量刑上最も重視すべきであり、同種犯罪を防ぐためにも被告人を厳しく処罰する必要がある。」

b 同種犯罪抑制の必要性と覚せい剤の量から量刑の大枠が決まるとする事例

○東京地裁平成22年３月４日（No７、覚せい剤取締法違反等）

1966gの覚せい剤を運び屋として密輸しようとした事案（懲役12年／求刑不明）

「金儲けのために人や社会に深刻な害悪を及ぼす薬物を密輸入するという犯罪に対しては、厳しい処罰をしてそのような犯罪の発生を抑制する必要がある。本件で密輸入した覚せい剤は大量であり、これが日本国内に拡散した場合の害悪は極めて大きい。この２点により、量刑の大枠は決まるものと考えた。」

c　過去の量刑傾向に対する評価を示した事例

(i)　これまでの量刑傾向よりもやや重く処罰すべきとする事例

○千葉地裁平成21年11月20日（No16、覚せい剤取締法違反等）

約1201gの覚せい剤を運び屋として密輸しようとした事案（懲役10年／求刑12年）

「従前の営利目的覚せい剤輸入事件の裁判例を見ると、懲役刑の刑期を決める上で輸入する覚せい剤の量が重視されており、今回の事件のように１キログラムを超えるような事件、すなわち１キログラムないし２キログラムの量の覚せい剤を営利目的で輸入した事案については、概ね７年から11年、ピークは８年から９年の懲役刑が言い渡されている。覚せい剤という害悪を日本の社会に撒き散らすことに覚せい剤密輸事件の問題性の根本があることからすれば、輸入した量を最も重視して刑を決めるというこれまでの考え方は適切である。ただし、既に述べたような覚せい剤密輸事件の問題性の大きさに照らせば、覚せい剤の密輸行為を将来にわたり押さえ込んでいくという強い意思を示すためにも、これまでの量刑傾向を参考にしつつ、これまでの傾向よりもやや重く処罰することを考えるべきである。」

(ii)　従前の量刑幅を維持すべきとする事例

○千葉地裁平成22年２月24日（No70、覚せい剤取締法違反等）

約927gの覚せい剤を運び屋として密輸しようとした事案（懲役８年／求刑９年）

「本件と同種の過去の裁判例（累犯前科及び同種前科のあるものを除く）で示された量刑の幅を維持するのが相当かを検討した。（中略）評議の結果、『運び屋』が、組織の利益と比較すると少ない報酬約束で、詳細を知らされずに犯罪組織に利用された側面があることを考慮しても、報酬を得る目的で、密輸の実行犯として重要・不可欠な役割を果たしているのであって、この種犯罪に対しては厳しい量刑で臨むべきであり、従前の量刑幅を維持するべきであるとの結論に至った。」

(3) 量刑事情の範囲

a 家族等の近親者が存在することに対する評価

(i) 家族の存在を有利な方向に斟酌した事例

○千葉地裁平成22年３月11日（No62、覚せい剤取締法違反等）

約1495gの覚せい剤を運び屋として密輸しようとした事案（懲役８年／求刑12年）

「被告人は、妻と結婚し、同居していた間は平穏な生活を送っていたことがうかがわれるから、被告人への助力の意向を表している妻の存在は被告人の更生にとって重要と考えられるので、被告人の更生可能性を示す事情としてある程度は考慮すべきである。」

(ii) 家族の存在を有利な方向に斟酌しなかった事例

○千葉地裁平成22年１月21日（No56、覚せい剤取締法違反等）

約800gの覚せい剤を運び屋として密輸しようとした事案（懲役８年／求刑10年）

「被告人に妻子のあること、前科のないことなどは、本件の犯行の内容や被告人の果たした役割に照らして、特に刑を減じるような事情ということはできない。」

b 共犯者の持ち込んだ覚せい剤の量に対する評価

(i) 被告人の持ち込んだ量だけが量刑判断の基礎になるとした事例

○大阪地裁平成21年９月９日（No92、覚せい剤取締法違反等）

共犯者と合わせて約1800gの覚せい剤を運び屋として密輸しようとした事案（懲役５年／求刑10年）

「本件において主犯であるのは共犯者であり、被告人は、本件輸入の全体像についてはほとんど知らされず、その輸入に伴う利益についても実際上与ることのないまま、ほぼ共犯者の指示に従って、機械的に運び役を務めたにすぎないことを考えると、被告人に約1800g全量を基礎として量刑責任を問うことは酷であり、被告人に対しては、自ら日本に持ち込もうとした約990gの覚せい剤を基礎にその量刑責任を考えるのが相当である。」

(ii) **共犯者の持ち込んだ量も量刑判断の基礎になるとした事例**

○千葉地裁平成22年３月11日（No42、覚せい剤取締法違反等）

共犯者と合わせて約2857gの覚せい剤を運び屋として密輸しようとした事案（懲役９年／求刑12年）

「被告人と、Cや氏名不詳者らとの間で本件について共謀が成立すること自体は被告人及び弁護人ともに争っていない。さらに、被告人とCは、いずれもDなる人物の指示の下、同時に覚せい剤の入った菓子袋を受け取って日本に持ち込んでいるばかりか、被告人によれば、飛行機搭乗の際のチェックイン等を両者が別々に行っているのも、全てDの指示によるというのである。そうすると、本件は、被告人やCや氏名不詳者らがまさにひとつのチームとして行った犯罪というべきであるから、社会常識に照らしても、被告人の刑を決める際には、被告人とCの両名が持ち込んだ覚せい剤の量全体を基礎とすべきである。」

c　共犯者に関する情報を捜査機関に申告したことの評価

○千葉地裁平成22年１月29日（No75、覚せい剤取締法違反等）

約800gの覚せい剤を運び屋として密輸しようとした事案（懲役７年／求刑10年）

「被告人は、税関検査時から共犯者らの氏名、容ぼう等を取調官に供述し、その結果、被告人に本件輸入の話を持ちかけた共犯者の逮捕に貢献している。被告人が本件事案の解明に貢献したことを、その量刑上、有利に考慮すべきことは弁護人の主張するとおりである。」

(4)　量刑事情の位置づけ・重み

a　報酬を得ようとした理由に対する評価

(i) 報酬を得ようとした理由を有利な事情として考慮した事例

○千葉地裁平成22年12月14日（No87、覚せい剤取締法違反等）

約1985gの覚せい剤を運び屋として密輸しようとした事案（懲役6年／求刑12年）

「被告人は、息子の治療費等のために高額の借金を負って経済的に困窮し、3回目の手術を施して息子の命を救うためには他の手段がないとの思いから、切羽詰まった状況下で本件犯行に及んだものと認められ、当時の被告人の心情には、相当同情できる面があるといえる。確かに、被告人が、息子の手術代等を工面するために手段を尽くしてきたとは必ずしもいえない上、息子の手術代のためなら、犯罪に手を染め、日本国内に覚せい剤が拡散しても構わないという態度は到底容認できるものではなく、また、この種の犯罪については一般予防の見地から厳しい態度をもって臨む必要があることからしても、上記のような被告人の心情を量刑上考慮するにはおのずから限界があるというべきであるが、こうした一定の範囲内においては、被告人に有利な事情として、量刑に適切に反映させるべきである。」

○千葉地裁平成23年2月18日（No68、覚せい剤取締法違反等）

約3969gの覚せい剤を運び屋として密輸しようとした事案（懲役8年／求刑12年）

「被告人は、医師から、重病の可能性があり、検査結果によっては高額の治療費を要する旨告げられ、金策の当てもなく途方に暮れていたところ、密輸組織の人間に治療費の支払等を約束されて犯行に加わったと述べている。まだ病気が確定診断に至ったわけではなく、本件のような重大な犯行に加わったのは安易であると言わざるを得ないが、このような被告人の心情には同情し得る面もあり、この点は、被告人に有利な事情として一定程度考慮した。」

○千葉地裁平成23年2月25日（No46、覚せい剤取締法違反等）

約3969gの覚せい剤を運び屋として密輸しようとした事案（懲役9年／求刑13年）

「被告人は、本件当時、無職のまま３人の子どもを養育しなければならない経済的に苦しい状況下にあり、高額の報酬約束の提示には抗い難い心理が働いたであろうとうかがわれることからすると、被告人が本件に及んだ動機や経緯には同情の余地がある。」

(ii) 報酬を得ようとした理由を有利な事情として考慮しなかった事例

○千葉地裁平成22年８月19日（No31、覚せい剤取締法違反等）

約2403gの覚せい剤を運び屋として密輸しようとした事案（懲役９年／求刑12年）

「本件犯行の当時、被告人は、経営する会社が不景気のあおりを受けて資金繰りに窮しており、会社の継続のために懸命の努力を尽くしていたことは認められる。しかし、そのような事情があったにせよ、本件犯行がもたらす害悪の重大性を直視しようとせず、報酬目的で重大犯罪に加担したという動機は、なお非難されなければならない。」

○千葉地裁平成22年11月16日（No66、覚せい剤取締法違反等）

約1992gの覚せい剤を運び屋として密輸しようとした事案（懲役８年／求刑12年）

「弁護人は、（中略）被告人は、借金の返済、娘の養育費やプレゼント代、母の扶養のために報酬を得ようとしたものであり、酌むべき点があると主張するが、被告人が、母の扶養費用や娘の養育費、プレゼント代にどの程度窮していたかは必ずしも明らかではなく、被告人が多額の借金を抱えるに至った経緯等にかんがみても、特に被告人に同情すべき事情があるとはいいがたい。」

b 判断力の未熟さ等から組織の手足として利用されたことの評価

○大阪地裁平成23年７月８日（No93、覚せい剤取締法違反等）

共犯者と合わせて3825gの覚せい剤を運び屋として密輸しようとした事案（懲役２年６月／求刑５年）

「被告人は、最初に友人男性から何の問題もない旅行会社のモニターとして外国に渡航すれば報酬を得ることができると勧誘され、その後、連絡をとった者から、それが高額の小切手を日本に持ち込む仕事であると言われて、違法なことに従事するとの認識は生じたものの、大量の覚せい剤を密輸入するということは知らされないまま、自分が誘った友人女性（共犯者）とともに外国に渡航した。被告人は、帰国直前に、渡航先での密輸入の手引きをしている者がスーツケース２個に犬よけスプレーをふり掛けているのを見て疑問に思い、その中身について質問し、初めて自分のしようとしていることが覚せい剤等の薬物の密輸入であることを聞かされたのである。外国旅行の経験もなかった被告人が、その者から大丈夫であると矢継ぎ早に告げられる一方で、もし中止したときは渡航費用等を返さなければいけないとほのめかされ、断れば確実に帰国することができるかどうかも分からないとの不安も増大する中で、犯行を拒むことは実際には難しいところがあったともいえる。このような経過からすれば、被告人は、判断力の未熟さや社会経験の不足につけ込まれ、覚せい剤密輸入の全貌を知らされないまま、都合よく組織の手足として利用され、外国でそれと知ったときには、引っ込みがつきにくい状態で犯行へと突き進んでしまったということができる。こうした点を考えると、被告人に対し、同規模の覚せい剤密輸入の運搬役を担った者と同じような重い刑事責任を問うのは相当ではない。」

c　覚せい剤を隠匿した態様に対する評価

(i)　隠匿態様を不利な事情として重視していない事例

○千葉地裁平成22年３月18日（No76、覚せい剤取締法違反等）

約988gの覚せい剤を運び屋として密輸しようとした事案（懲役７年／求刑11年）

「本件覚せい剤は、被告人の両足に２包ずつ巻き付け、サポーターで固定した上で密輸されており、外見上は容易に発見できない方法である。（中略）このような密輸方法を考えたのは被告人ではなく共犯者であるから、被告人の刑を決めるに当たって、犯行の手口はそれほど考慮すべきではない。」

覚せい剤取締法違反罪（営利目的輸入）量刑分布表

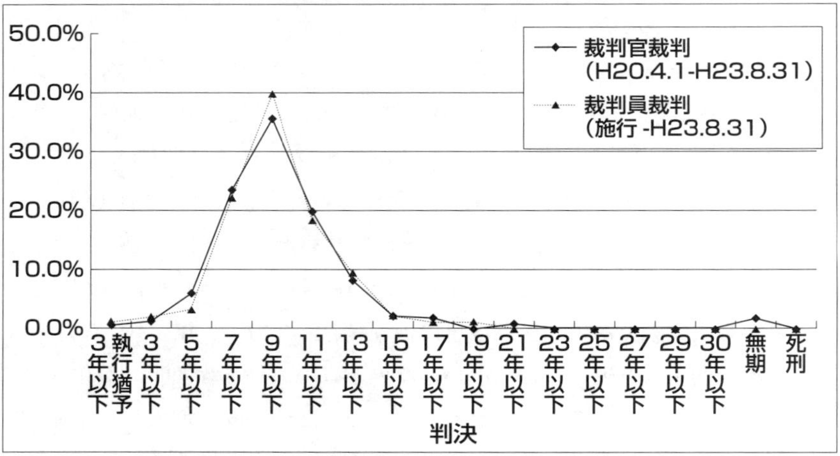

（裁判員制度の運用等に関する有識者懇談会〔第13回配付資料〕より）

(ii) 隠匿態様を不利な事情として相応に考慮している事例

○千葉地裁平成22年７月29日（No64、覚せい剤取締法違反等）

約405gの覚せい剤を運び屋として密輸しようとした事案（懲役８年／求刑８年）

「本件覚せい剤は、コーヒーの紙箱に隠匿された上で再び包装され、あたかも土産物のコーヒーであるかのように装って持ち込まれており、その態様は巧妙といえ、この点も量刑上相応に考慮されるべきである。」

(5) 量刑の変化

a 最高裁資料から読み取れる変化

最高裁資料によれば、裁判官裁判と裁判員裁判のいずれにおいても、覚せい剤の営利目的輸入における量刑のピークは、懲役７年を超えて９年以下の範囲である。また、その他の点からしても、裁判官裁判と裁判員裁判を比べて、量刑の軽重に大きな変化は見られない。

一方、最高裁資料によれば、量刑のピーク（懲役７年を超えて９年以下の範囲）に含まれる判決の割合が、裁判員裁判では、裁判官裁判よりも増加している。したがって、裁判員裁判では、裁判官裁判よりも、同程度の量刑が科される事例の割合が増加しているといえる。

以上の点から、覚せい剤営利目的輸入を対象とする裁判員裁判においては、裁判官裁判と比べて、量刑の軽重という面では変化はないが、科される量刑の幅が狭まっていると評価し得る。

b　考えられる変化の理由

上記aで述べたような変化の理由は、以下のような点にあるのではないかと推論される。

すなわち、覚せい剤の営利目的輸入の事例（特に、その中でも、運び屋の事例）では、持ち込んだ覚せい剤の量を基準とする量刑判断が行われている。この点は、裁判官裁判と裁判員裁判とで変わりはない。ただし、裁判員裁判においては、量刑データベースの導入により、過去の裁判例で覚せい剤の持込量に応じてどの程度の刑が科されてきたかという点が（例えば、1000g以下の運び屋の密輸の場合には、懲役何年から何年の間という形で）、明確に示され得る。その影響で、裁判員裁判では、過去の裁判例における量刑傾向の範囲内で量刑判断を行う事例が増加したのではないかと考えられる。

現に、運び屋による覚せい剤営利目的輸入の裁判員裁判では、判決文において、当該事案における覚せい剤輸入量を前提として、従前の裁判例における量刑の下限と上限がそれぞれ懲役何年であったかという点や、量刑のピークがどの範囲にあるかという点を指摘する事例が散見される（以下に抜粋するのは、その典型例である。）。そして、ほとんどの事例においては、指摘されたピークの範囲内で量刑が決められており、従前の量刑傾向を逸脱しない判断がされている。

○千葉地裁平成22年１月20日（No81、覚せい剤取締法違反等）
約543gの覚せい剤を運び屋として密輸しようとした事案（懲役７年／求刑９年）

「従前の覚せい剤営利目的輸入事案の量刑をみると、覚せい剤の輸入量が１グラムから1000グラムで、役割が運び屋である場合、その刑は懲役４年から懲役10年の幅で分布し、ピークは懲役６年４月から懲役７年となっている。そして、刑の公平の観点や、検察官が指摘する覚せい剤の輸入事案の悪質性も考慮した上で、このような従前の量刑傾向を参考にし、当事者の意見も踏まえながら、被告人に科す具体的な刑について検討する。」

○千葉地裁平成22年２月９日（No19、覚せい剤取締法違反等）

約3322gの覚せい剤を運び屋として密輸しようとした事案（懲役10年／求刑13年）

「１キログラム以上10キログラム以下の覚せい剤を日本に輸入した運び役に対し、過去の裁判でどのような刑が科されてきたかという傾向をみると、その量刑傾向は、おおむね懲役８年ないし10年をピークとする懲役５年ないし15年の範囲に分布している。覚せい剤は危険な薬物であり、その害悪から我が国の社会や子ども達を守るためには、覚せい剤密輸事犯に対して厳しい態度をもって臨む必要があるから、上記量刑傾向を参考とした上で、被告人に対する刑を決めることとする。」

c　従前の量刑傾向と異なる判断の出現

ここまで述べたように、覚せい剤営利目的輸入の裁判員裁判においては、裁判官裁判と比べて、科される量刑の幅が狭まっていると評価し得る。ただし、一方で、従前の量刑傾向とは異なる判断をした事例も徐々に現れてきている。

１つの事例が、前記⑷a(i)で引用した千葉地裁平成22年12月14日（No87）である。持ち込んだ覚せい剤の量が約２kgであり、従前の量刑傾向からすれば量刑のピークが懲役８年～10年となるところ、密輸に至った経緯を重視して懲役６年の刑が科されている。

より特徴的な事例が、前記⑷bで引用した大阪地裁平成23年７月８日（No93）である。共犯者と合わせて４kg近くの覚せい剤を持ち込みながら、懲役２年６月という同種事案に比べて明らかに軽い量刑となっている（なお、この事例では、検察官の求刑も懲役５年と軽い。）。

（中井淳一）

■覚せい剤営利目的輸入一覧

No	判決日 裁判所 認定罪名	判決	求刑 弁意見	争点と認定	密輸量（g） 被告人の国籍 出発地
1	H22.3.12 大阪 覚取法違反（営利目的輸入）、関税法違反（輸入禁止貨物輸入の未遂）	13年 700万円	14年 700万円 寛大な判決		4004 日本 トルコ
		7年 300万円	8年 300万円 寛大な判決		4004 日本 トルコ
2	H22.2.26 福岡 覚取法違反（営利目的輸入）、関税法違反（輸入禁止貨物輸入の未遂）	13年 600万円	15年 800万円	被告人の役割が主犯格か伝言役か（量刑上の争点）⇒主犯格	1144 日本 タイ
3	H22.12.9 千葉 覚取法違反（営利目的輸入）、関税法違反（輸入禁止貨物輸入の未遂）	13年 600万円	15年 800万円	所持していたクッキーの箱等の中に覚せい剤が入っているとの認識があったか⇒認識あり	4795 カナダ カナダ
4	H22.9.21 大阪 覚取法違反（営利目的輸入）、関税法違反（輸入禁止貨物輸入の未遂）	13年 500万円	16年 700万円	・違法薬物が入っているとの認識があったか⇒認定 ・共謀、営利目的の有無⇒認定	8367 香港（郵送）
5	H22.12.7 横浜 覚取法違反（営利目的輸入）、関税法違反（輸入禁止貨物輸入の未遂）	13年 500万円	15年 700万円	・覚せい剤が貨物内に隠されていたとの認識の有無⇒認識あり ・共謀の成立の有無⇒共謀あり	7581 台湾 台湾

量刑事情	量刑傾向	特徴など
運び役の人選を決定していたこと、報酬総額500万円のうち400万円を受け取っていたことなどから、被告人の役割は相当に重要であったとした。	「同種事案の量刑傾向をも参酌して」被告人らの具体的な刑の長さを決めている。	2名の被告人について、弁護人はそれぞれ異なるが、併合審理されている。
本件判決が確定すれば前刑の執行猶予が取り消される点につき、「一定程度は考慮すべきものの、過度に有利に斟酌すべきでない」としている。		
	輸入量、運び屋より地位が上である点から従前の量刑傾向を参照すると、懲役9年～13年の事例が多い。 ⇒役割の重要性を踏まえると、同種事案の中でも重い。	共犯者よりも重い刑事責任を負うべきとの指摘もあり、共犯者の量刑も前提にしていると考えられる。
密輸行為は運び役がいなければ成立しないとして、役割が「重大」と指摘している。	「覚せい剤営利目的輸入罪(「地位:運び屋」)に関するこれまでの量刑傾向も参考に」して判断している。	被告人が、日本に来た目的が木材の営業と供述したが、説明に具体性がなく、日本語も話せず部署を異動したばかりでそのような営業活動を託されるとは考えがたいと信用性を否定した。
「本件の輸入に係る覚せい剤は約8.3キログラムと同種事案に比べても大量であり、これが拡散した場合に日本の社会に及ぼす悪影響の著しさ等に鑑みれば、本件の覚せい剤の量は、被告人の刑責を考慮するに当たってとくに重視する事情と言える。」と指摘している。	特に言及がない。	メールを証拠として詳細な事実認定を行っている。
「輸入された覚せい剤が末端価格で3億8000万円近くに相当するというまれに見る大量に上ることを考慮しただけでも、本件犯行の違法性や反社会性は甚だしい」と指摘している。	「この種の事案の量刑傾向を参考にすると、検察官の求刑はやや重いというべき」と述べる。	被告人の供述調書の任意性が争点となり、取調べDVDが証拠として採用された。

No	判決日	裁判所	認定罪名	判決	求刑	弁意見	争点と認定	密輸量(g)	被告人の国籍	出発地
6	H23.3.4	名古屋	覚取法違反（営利目的輸入）、関税法違反（輸入禁止貨物輸入の未遂）	13年 500万円	18年 800万円	執行猶予	共同正犯か幇助犯か⇒共同正犯	6666	ボリビア	ボリビア
7	H22.3.4	東京	覚取法違反（営利目的輸入）、関税法違反（輸入禁止貨物輸入の未遂）	12年 600万円	不明		・被告人が密輸入を主導したか（量刑上の争点）⇒積極的な役割を果たした ・被告人が本件以前から密輸入に関与していたか（量刑上の争点）⇒関与していたとまでは認定できない	1966	日本	香港
8	H22.2.5	福岡	覚取法違反（営利目的輸入）、関税法違反（輸入禁止貨物輸入の未遂）	12年 400万円	14年 700万円	6年 罰金なし		1140		タイ
				9年 250万円	12年 500万円	5年 罰金なし		1140		タイ
				9年 250万円	12年 500万円	5年 罰金なし		1140		タイ
				9年 250万円	12年 500万円	5年6月 罰金なし		1140		タイ

量刑事情	量刑傾向	特徴など
勤務先の業績が悪化し、祖国にいる病身の祖父母へ満足に送金できなかったところに、首謀者から依頼されて報酬目的で受取役を引き受けたという点につき、「被告人自身、覚せい剤の密輸入に加わって積極的に利益を得ようとまで考えていたわけではないが、一方で、犯行をやめることもできたのであり、被告人のために特に酌むべき事情とはいえない。」とした。	特に言及がない。	・被告人は、運び役が日本に持ち込んだ覚せい剤を受け取るという役割だった。 ・2件の未遂罪について起訴されている。
被告人の妻の存在について、「これまで被告人が裁判を受けた際に被告人を暴力団組織から離脱させることもできたのに、それができなかったものであるから、妻ら家族があることもそれ程有利に考えることができない。」とした。	一般的な量刑傾向には言及がない。「共犯者らの量刑を踏まえ」量刑を判断している。	金儲けのための薬物の密輸入には厳しい処罰をして同種犯罪の発生を抑制する必要性、本件の密輸量が大量で、日本国内に拡散した場合の害悪が大きいこと、この2点から量刑の大枠が決まるとしている。
自分が密売するために覚せい剤を買い受ける約束だったこと、組織とのつながりが深いことから、「他の3名の被告人よりも相応に重く処罰すべき」とした。	特に言及がない。	4名の共犯者につき、同一の裁判体で併合審理した事案。首謀者以外の量刑については、異なる事情も認定しつつ、「刑に差を設けるほどの違いはない」として、同一の刑としている。
「今回が初めての服役となる。本人の意思次第で更生の余地がある。」と述べている。	輸入した量、運び屋という役割から、従前の例では概ね懲役5～15年であり、中でも7～10年が多いと指摘している。	
「出所後間もなく本件を犯した。しかし、反省の態度もみられ、今後の生活状況の改善次第では更生の余地がある。」と述べている。		
「覚せい剤使用の罪で何度も服役している。傷害致死事件で出所後間もなく本件を犯した。しかし、現在63歳であり、今回の服役を最後にしようという本人の思いもみられる。」と述べている。		

No	判決日	裁判所	認定罪名	判決	求刑	弁意見	争点と認定	密輸量(g)	被告人の国籍	出発地
9	H23.3.18	那覇	覚取法違反（営利目的輸入）、関税法違反（輸入禁止貨物輸入の未遂）	11年 800万円	13年 800万円		共謀の有無⇒認定	1979	日本	台湾
				5年 300万円	9年 400万円		営利目的の有無⇒認定	1979	日本	台湾
10	H22.3.4	千葉	覚取法違反（営利目的輸入）、関税法違反（輸入禁止貨物輸入の未遂）	11年 500万円	14年 700万円			951（二度の密輸）	日本	イラン
11	H22.11.12	千葉	覚取法違反（営利目的輸入）、麻薬特例法違反、関税法違反（輸入禁止貨物輸入の未遂）、大麻取締法違反	11年 500万円	15年 700万円		荷物の中に覚せい剤が入っているとの認識の有無⇒認識あり	1987	日本	アメリカ
12	H23.4.20	千葉	覚取法違反（営利目的輸入）、関税法違反（輸入禁止貨物輸入の未遂）	11年 500万円	14年 700万円		・スーツケースに覚せい剤等の違法薬物が隠されているとの認識の有無⇒認識あり ・共謀・営利目的の有無⇒認定	3796		
13	H23.7.4	千葉	覚取法違反（営利目的輸入）、関税法違反（輸入禁止貨物輸入の未遂）	11年 500万円	13年 700万円		スーツケース内に覚せい剤等の違法薬物が隠されていることを認識していたか⇒認識あり	1985		アラブ首長国連邦

量刑事情	量刑傾向	特徴など
薬物前科がないことについて、「有利な事情ではあるが、同人には暴力団を背景とする複数の前科があるところ、本件犯行にも組織的背景が窺われることからすれば、この点の考慮も一定限度に止まるというべきである。」とした。	「近時の量刑傾向も併せ考えると、検察官の求刑は少し重い」として、主文の刑を導いている。	
「共犯者に利用された面があり、覚せい剤に対する認識も確定的なものではなく、直接に報酬を得るなどしていたわけではない」と指摘している。	「近時の量刑傾向も併せ考えると、検察官の求刑は少し重い」として、主文の刑を導いている。	
覚せい剤の密輸の既遂（被告人は準備に協力）、未遂（被告人が運び屋）の2件が公訴事実だったが、「同量の覚せい剤を一度で密輸した場合よりも、二度にわたって密輸した場合の方が、二度にわたり法律上許されない行為をしているという意味で、より重い責任を負うべきである」と評価している。	「従前の裁判例で示された刑の量定の傾向自体は妥当なものと考えられる」としたが、本件では密輸行為が二度であるため、従前の裁判例より重い刑とすべきと指摘している。	
「裁判を受けるのは今回が初めてであり、自己のこれまでを振り返る機会になるといえる」として、被告人に有利な事情として考慮している。	「覚せい剤営利目的輸入罪（地位：『運び屋』、『元売・仲売』）に関するこれまでの量刑傾向も参考にした上で」結論を出している。	荷物等から指紋が出ていないとの弁護人の主張に対し、物に触れれば必ず付着するわけではないと排斥した。
「輸入した覚せい剤が約3795gと多量であるため、社会に与える害悪の可能性が大きかったことを、最も重視した」と指摘している。	特に言及がない。	量刑についての判示は6行だけである。
「被告人がオランダにおいて薬物運搬により服役したことがあると述べていることからすれば、被告人は、薬物犯罪に対する抵抗感が弱いと見るべきである」と指摘している。	特に言及がない。	

No	判決日 裁判所 認定罪名	判決	求刑 弁意見	争点と認定	密輸量（g） 被告人の国籍 出発地
14	H23.3.11 千葉 覚取法違反（営利目的輸入）、関税法違反（輸入禁止貨物輸入の未遂）	11年 400万円	14年 700万円	覚せい剤が入っているとの認識があったか⇒認定	3963 シンガポール 台湾
15	H22.11.2 東京 覚取法違反（営利目的輸入、所持）、関税法違反（輸入禁止貨物輸入の未遂）	10年 800万円	16年 800万円	・覚せい剤であるとの認識の有無⇒認識あり ・輸入についての認識の有無（海外からと分かっていたか）⇒認識あり	8926 中国 中国（郵送）
16	H21.11.20 千葉 覚取法違反（営利目的輸入）、関税法違反（輸入禁止貨物輸入の未遂）	10年 500万円	12年 700万円	・サンダルに覚せい剤が隠されている認識があったか⇒認識あり ・共謀及び営利目的の有無⇒いずれもあり	1201 スペイン 香港
17	H22.10.15 千葉 覚取法違反（営利目的輸入）、関税法違反（輸入禁止貨物輸入の未遂）	10年 500万円	13年 700万円	・覚せい剤を含む違法薬物との認識の有無⇒認定 ・共謀の成否⇒成立 ・営利目的の有無⇒認定	2979 日本 香港
18	H23.5.20 千葉 覚取法違反（営利目的輸入）、関税法違反（輸入禁止貨物輸入の未遂）	10年 500万円	13年 700万円	スーツケース内に違法薬物が入っていたことを認識していたか⇒認識あり	1985 ベナン

量刑事情	量刑傾向	特徴など
「車椅子を利用する身体障害者としての立場を利用する悪質な犯行」と指摘する一方、「ハンディキャップを有することによる困難が本件犯行を敢行する遠因となった可能性も否定できない」とした。	特に言及がない。	・車椅子に敷くクッションに覚せい剤が隠匿されていた事案。 ・クッションに封をするための接着剤を所持していたことが知情性認定の重要な事実になっている。
被告人のクラスメイトが覚せい剤の幻覚作用により弟を刺してしまった例を知っており、被告人自身は覚せい剤を使用していなかったにも関わらず、密輸に加担したと指摘している。	特に言及がない。	被告人の公判供述の信用性を否定する根拠として、取調べDVDでの供述内容を指摘しており、DVDが証拠採用されたと考えられる。
被告人に反省や謝罪の態度が見られない点を捉え、「覚せい剤の害悪や密輸行為の重大性の大きさを認識させるためにも、自分自身の罪を認めて反省の態度を示している事案よりも、より重く処罰する必要がある」とした。	「1～2kgの営利目的輸入の事案では、概ね7～11年、ピークが8～9年だったが、同種犯罪の抑制のために、これまでの傾向よりやや重く処罰することを考えるべき」とした。	過去の具体的な量刑傾向を前提とした量刑判断を行っている。
否認をしている点から、「反省の情が薄いとみるべきであって、再犯のおそれも否定できない」と述べている。	「同種事案における従前の量刑分布でも重い方に位置づけられる懲役10年に処するべきである」と結論づけている。	検察官の弁解録取や裁判官の勾留質問で自白したことは、弁解が虚偽であることの裏付けとはしないとしている。
「被告人は、公判廷において不自然で不合理な弁解をしており、本件を真剣に反省しているとは認められない。」と指摘している。	特に言及がない。	

No	判決日 裁判所 認定罪名	判決	求刑 弁意見	争点と認定	密輸量（g） 被告人の国籍 出発地
19	H22.2.9 千葉 覚取法違反（営利目的輸入）、関税法違反（輸入禁止貨物輸入の未遂）	10年 450万円	13年 700万円	違法薬物が隠されているとの認識の有無⇒認定	3322 カナダ
20	H22.6.10 千葉 覚取法違反（営利目的輸入）、関税法違反（輸入禁止貨物輸入の未遂）	10年 450万円	13年 700万円		1976 日本 中国
21	H23.7.8 千葉 覚取法違反（営利目的輸入）、関税法違反（輸入禁止貨物輸入の未遂）	10年 450万円	13年 700万円	スーツケースに違法薬物が隠匿されていたことの認識があったか⇒認定	2513 オーストラリア、ナイジェリア（二重国籍） ナイジェリア
22	H22.9.17 東京 覚取法違反（営利目的輸入）、関税法違反（輸入禁止貨物輸入の未遂）	10年 400万円	12年 500万円	・スーツケース内の茶袋に覚せい剤が入っているとの認識の有無⇒認識あり ・共謀の成立の有無⇒共謀あり	994 日本 中国
23	H23.7.22 千葉 覚取法違反（営利目的輸入）、関税法違反（輸入禁止貨物輸入の未遂）	10年 400万円	14年 700万円	ボストンバッグ内の覚せい剤に対する認識があったか⇒認定	3280 ハンガリー コートジボワール

量刑事情	量刑傾向	特徴など
前科がないこと、家族がいること、年齢が30歳であることについて、「今後被告人が反省し、更生する可能性を示す事情ということができるから、被告人に有利な事情として若干考慮すべきである。」とした。	運び屋、1～10kgの場合の量刑傾向を懲役8～10年をピークとする5～15年の範囲と具体的に指摘している。	「被告人の手荷物に覚せい剤が入っていることから、特別の事情がない限り、違法薬物が収納されている事実を知っていたことが強く推認される」という判断枠組みを取っている。
運び屋の手配、運び屋と密輸組織の伝達、運び屋からの覚せい剤の回収という役割は、運び屋よりも密輸組織に近い立場と指摘している。	過去の覚せい剤の密輸事案における運び屋及びそれ以外の関与者の量刑傾向、運び屋の共犯者の量刑も参考にしている。	
	特に言及がない。	
「被告人は捜査公判を通じて不合理な弁解に終始し、反省の態度は見受けられない」と指摘している。	「同種事案における近時の量刑傾向を考慮」して主文の刑を導いている。	無職で収入がなく、多額の債務を負担していた事実を、覚せい剤の認識を基礎付ける間接事実の1つとしている。
「本件において、特筆すべきは覚せい剤の量の多さである」と指摘している。	特に言及がない。	懸賞で海外旅行に当選し、日本に渡航してきたたという被告人の言い分を排斥した。

No	判決日 裁判所 認定罪名	判決	求刑 弁意見	争点と認定	密輸量（g） 被告人の国籍 出発地
24	H23.3.10 千葉 覚取法違反（営利目的輸入）、関税法違反（輸入禁止貨物輸入の未遂）	10年 350万円	13年 700万円	被告人が薬物密輸組織に脅されて密輸を引き受けざるを得なかったか（量刑上の争点）⇒報酬目的で犯行を承諾、ただし、何らかの脅迫行為があった可能性は排斥できない	5730 メキシコ ボリビア
25	H22.1.15 東京立川 覚取法違反（営利目的輸入）、関税法違反（輸入禁止貨物輸入の未遂）	10年 300万円			1985 日本
26	H22.3.25 新潟 覚取法違反（営利目的輸入）、関税法違反（輸入禁止貨物輸入の未遂）	10年 300万円	13年 500万円	覚せい剤であるとの認識の有無⇒認識あり	4736 ロシア ロシア
27	H21.12.17 東京 覚取法違反（営利目的輸入）、関税法違反（輸入禁止貨物輸入の未遂）	9年 500万円	13年 800万円		1933 香港
28	H22.7.2 千葉 覚取法違反（営利目的輸入）、関税法違反（輸入禁止貨物輸入の未遂）	9年 500万円	12年 700万円 7年 罰金なし		1985 イギリス トルコ

量刑事情	量刑傾向	特徴など
「本件覚せい剤が約5730gと同種事案と比較しても多量であることを重視しつつ、本件犯行を承諾した後とはいえ、被告人が薬物密輸組織の構成員によって脅されていること、被告人の更生が期待できることをある程度重視」して量刑を判断している。	特に言及がない。	共犯者の供述には変遷があるものの、重要な点に関するものではないとして、信用性を肯定した。
	覚せい剤の密輸に関する犯情を検討した上、同種事案を参照して、密輸については懲役8～9年との結論を一旦導いている。	密輸についての量刑の結論を出してから、余罪を加えて全体の結論を出している。
最も重視したのは、密輸に係る覚せい剤の量の多さであると明示している。	特に言及がない。	船での密輸の事案であり、船内に掃除機の段ボール箱を持ち込み、その箱をトラックに積み込んだという密輸方法であった。
「組織の者から話を持ちかけられるや、妻にその話を伝えて、本件に引き入れ、その後も同人との関係では主体的に行動している。」事情等から、被告人が「運んだだけの道具に過ぎないとはいえない。」との結論に至っている。	「運び屋の中で最も下位でない」、「運び屋の中で上位でない」といった指摘がある。	犯情から、被告人の責任が、運び屋の中で上位か下位かを判断している。
被告人が事実関係を認めていることを酌むべき事情としつつ、自白した方が有利になると言われて事実を認めた点や、共犯者との交友を続ける意向を示している点から、反省は十分でないとした。	「同種の事案における量刑傾向も参照した上」で量刑を判断している。	被告人が統合失調症に罹患している点について、弁護人の主張にも関わらず量刑上考慮しなかった。

No	判決日 裁判所 認定罪名	判決	求刑 弁意見	争点と認定	密輸量（g） 被告人の国籍 出発地
29	H22.7.12 大阪 覚取法違反（営利目的輸入）、麻薬及び向精神薬取締法違反（営利目的輸入）、関税法違反（輸入禁止貨物輸入の未遂）	9年 500万円	13年 700万円	実行犯と同じ便で来日した被告人が、密輸に関わったか否か⇒関与あり	911（その他、麻薬460錠） 日本 中国
30	H22.7.26 福岡 覚取法違反（営利目的輸入）、関税法違反（輸入禁止貨物輸入の未遂）	9年 500万円	12年 600万円	・覚せい剤を含む違法薬物との認識の有無⇒認定 ・共謀の成否⇒成立 ・営利目的の有無⇒認定	1188 シンガポール マレーシア
31	H22.8.19 千葉 覚取法違反（営利目的輸入）、関税法違反（輸入禁止貨物輸入の未遂）	9年 400万円	12年 700万円	覚せい剤との認識が確定的か、可能性を認識していたという程度か⇒確定的な認識とするには合理的疑いが残るが、多分違法薬物であろうとの認識は有していたと認定	2403 日本 マレーシア
32	H22.9.28 千葉 覚取法違反（営利目的輸入）、関税法違反（輸入禁止貨物輸入の未遂）	9年 400万円	13年 700万円	胴体に巻き付けていた隠匿物が覚せい剤などの違法薬物であるとの認識の有無⇒認識あり	1588 中国 香港
33	H22.11.11 千葉 覚取法違反（営利目的輸入）、関税法違反（輸入禁止貨物輸入の未遂）	9年 400万円	13年 700万円	スーツケース内に覚せい剤等の違法薬物が入っていることを知っていたか⇒知っていた	1979 エストニア ナイジェリア

量刑事情	量刑傾向	特徴など
被告人が犯行の準備をしていることなどから、単なる運び屋として関与した共犯者よりも責任は重いと判断した。	同種事案の量刑の傾向や共犯者に対する判決結果等も参考にして量刑を導いている。	運び役と同じ便で来日したが、被告人自身は覚せい剤を持ち込まなかったという事案である。
「被告人は本件犯行を否認し、反省の態度が見られず、再犯の可能性も否定できない。」と認定している。	「覚せい剤の営利目的輸入、既遂、麻薬特例法5条の適用なし、実行共同正犯、（薬物の量）1000～10000g、（薬物取引上の地位）運び屋」という量刑因子による量刑分布の傾向（懲役5年以下～15年以下まで）を参照している。	
資金繰りに窮した会社の継続のために懸命に努力していた点は認めつつ、報酬目的という動機はなお非難されなければならないとした。	「覚せい剤営利目的輸入罪（「地位：運び屋」）に関するこれまでの量刑傾向も参考にした上で」量刑を判断している。	被告人がスーツケースの内容物を確認していなかったことから、確定的な認識は否定した。
「被告人が持ち込んだ覚せい剤の量は、国内にまき散らされる種々の害悪の大きさを端的に示すもので、最も重視されるべき」と指摘している。	「覚せい剤営利目的輸入罪（「地位：運び屋」）に関するこれまでの量刑傾向も参考にした上で」判断している。	税関で作成される答弁調書の内容を被告人の供述の信用性を排斥する重要な根拠としている。
「被告人は、まだ28歳と若く、更生の可能性は十分にあると認められる」として、この点を量刑上考慮するとしている。	特に言及がない。	市場調査等のために来日したとの弁解に対し、資料等を所持していない点等から排斥した。

No	判決日 裁判所 認定罪名	判決	求刑 弁意見	争点と認定	密輸量（g） 被告人の国籍 出発地
34	H23.1.31 千葉 覚取法違反（営利目的輸入）、関税法違反（輸入禁止貨物輸入の未遂）	9年 400万円	13年 800万円	スーツケース内に覚せい剤が隠匿されていることを認識していたか⇒認識していた	2214 メキシコ メキシコ
35	H23.3.10 千葉 覚取法違反（営利目的輸入）、関税法違反（輸入禁止貨物輸入の未遂）	9年 400万円	13年 600万円	・キャリーバッグに覚せい剤等の違法薬物が隠されているとの認識の有無⇒認識あり ・共謀・営利目的の有無⇒認定	1629 アメリカ セネガル
36	H23.4.27 千葉 覚取法違反（営利目的輸入）、関税法違反（輸入禁止貨物輸入の未遂）	9年 400万円	13年 700万円	・ブラジャー及び生理用品の中に覚せい剤等の違法薬物が隠されているとの認識の有無⇒認識あり ・共謀・営利目的の有無⇒認定	982 台湾 台湾
37	H23.6.6 千葉 覚取法違反（営利目的輸入）、関税法違反（輸入禁止貨物輸入の未遂）	9年 400万円	14年 700万円	覚せい剤を含む違法薬物との認識か、大麻との認識か⇒覚せい剤を含む違法薬物との認識	2949 ベナン
38	H23.9.2 千葉 覚取法違反（営利目的輸入）、関税法違反（輸入禁止貨物輸入の未遂）	9年 400万円	13年 700万円	・スーツケース内に覚せい剤が入っているとの認識の有無⇒認識あり ・共謀の成立の有無⇒共謀あり ・営利目的の有無⇒認定	1944 カメルーン モザンビーク

量刑事情	量刑傾向	特徴など
	密輸量や運び屋の役割について指摘した上、「これらの事情を考慮し、過去の類似の裁判例を参考にして懲役8年から10年の量刑幅で考えることとした。」と述べている。	密輸組織に脅された実兄の身代わりとなって、日本から何かを持ち帰るよう指示されて来日したとの被告人供述の信用性を否定した。
	「覚せい剤営利目的輸入罪（「地位：運び屋」）に関するこれまでの量刑傾向も参考にした上で」量刑を判断している。	インターネットで知り合った人物に恋愛感情を抱き、その人物に会いにアフリカに渡航した際に衣類の運搬を依頼されたという被告人の弁解を排斥した。
「被告人は、約982gもの多量の覚せい剤を日本に持ち込んだものであり、その覚せい剤が拡散された場合の害悪は大きいものであったことを最も重視した」と述べている。	特に言及がない。	量刑についての判示は7行だけである。
「被告人を支える息子が本国にいることも、被告人のため酌むべきことができる事情ではあるが、被告人の反省が十分でないことを考えると、酌むべき程度は大きくない。」と指摘している。	「本件は、同種の事案（1ないし10kg程度の覚せい剤の営利目的輸入罪の実行共同正犯のうち、組織的犯行において運び屋の役割を果たしたもの）における量刑傾向の中で、比較的重く位置づけられるべき」とする。	公判では否認したが、検察官の弁解録取書（自白）を直接証拠として知情性を認定しているかのように読める。
「アメリカで介護士として社会生活を送ってきたと認められること」を有利な事情として指摘している。	「類似事案における量刑傾向をも参考にし」量刑を決めている。	

No	判決日 裁判所 認定罪名	判決	求刑 弁意見	争点と認定	密輸量（g） 被告人の国籍 出発地
39	H23.9.9 千葉 覚取法違反（営利目的輸入）、関税法違反（輸入禁止貨物輸入の未遂）	9年 400万円	13年 600万円	スーツケースに違法薬物が隠匿されていたことの認識があったか⇒認定	2979 韓国 マレーシア
40	H21.11.13 大阪 覚取法違反（営利目的輸入）、関税法違反（輸入禁止貨物輸入の未遂）	9年 350万円	12年 700万円	・輸入してはいけない貨物との認識の有無⇒認定 ・違法薬物との認識の有無⇒認定 ・営利目的の有無⇒認定	2988 ドイツ、南アフリカ（二重国籍） ドイツ
41	H21.12.16 千葉 覚取法違反（営利目的輸入）、関税法違反（輸入禁止貨物輸入の未遂）	9年 350万円	12年 700万円 7年 罰金なし		2857 シンガポール 香港
42	H22.3.11 千葉 覚取法違反（営利目的輸入）、関税法違反（輸入禁止貨物輸入の未遂）	9年 350万円	12年 700万円 6年 罰金なし	覚せい剤とはっきり認識していたか、概括的な認識に止まるか⇒はっきりと認識	2857 シンガポール 香港

量刑事情	量刑傾向	特徴など
	「この種事件の量刑傾向も考慮」して、量刑を判断している。	バイク部品を輸入したという被告人の弁解が排斥された。
「被告人が供述を度々変遷させ、公判で不合理な弁解をしているとはいえるものの、同時に、結果的に多くの人に迷惑をかけてしまったなどと述べていることからすれば、全く反省をしていないという評価をすることはできない。」と指摘している。	特に言及がない。	具体的な刑の判断に当たっては、「刑を重くする事情」と「刑を軽くする事情」を箇条書きで列挙し、特に理由づけを行わずに、「総合考慮」により結論を導いている。
ギャンブルや婚約者へのプレゼント購入のために作った借金の一括返済を強く迫られていたという事情について、「他に適法な選択肢があったにもかかわらず、自分で敢えて安易な方向に流れてしまったものというほかなく、同情すべき余地などはない。」と評価している。	「従前の同種事案の例を参考にしつつ、被告人の具体的な懲役刑の刑期を検討する」と指摘している。	
被告人や共犯者らが「まさにひとつのチームとして行った犯罪」であるとして、共犯者が持ち込んだ覚せい剤の量も合わせて量刑算定の基礎とした。	「従前の同種事案の例を参考にしつつ、被告人の具体的な懲役刑の刑期を検討する」と指摘している。	証人尋問を行った共犯者について、捜査段階の供述調書も証拠採用している（321条1項2号に基づくと思われる）。

No	判決日 裁判所 認定罪名	判決	求刑 弁意見	争点と認定	密輸量(g) 被告人の国籍 出発地
43	H23.9.5 千葉 覚取法違反(営利目的輸入)、関税法違反(輸入禁止貨物輸入の未遂)	9年 350万円	11年 500万円		1000 台湾
		7年 250万円	7年 300万円		724 台湾
		6年6月 200万円	7年 300万円		724 台湾
		5年6月 200万円	7年 300万円		275 台湾
44	H22.1.28 東京立川 覚取法違反(営利目的輸入)、関税法違反(輸入禁止貨物輸入の未遂)	9年 300万円		・覚せい剤との確定的な認識の有無⇒認定 ・役割が幇助犯的か⇒共謀共同正犯 ・報酬目的の有無⇒認定	1985 日本
45	H22.12.16 千葉 覚取法違反(営利目的輸入)、関税法違反(輸入禁止貨物輸入の未遂)	9年 300万円	13年 700万円		1264 ナイジェリア ナイジェリア

量刑事情	量刑傾向	特徴など
持ち込もうとした覚せい剤の量が一番多いこと、責任者としての役割を果たしたことから、「その責任は、他の共犯者らより一段重い」とした。	特に言及がない。	・1件4名で起訴された事案である。 ・弁護人が分離を求めたが認められなかった模様である。
持ち込もうとした覚せい剤の量は同じであるが、一方が他方を誘っていることから、「責任には差がある」とした。		
持ち込もうとした薬物の量が他の被告人らよりも少ないことから、他の被告人らよりも「軽く処罰するのが相当」とした。		
「弁護人は、事実を争わず反省し、更生の決意を示していることや年老いた母親が被告人の帰りを待っていることなどを主張しているが、被告人は、暴力団をやめるつもりはないと述べ、また、覚せい剤の認識等で不合理な弁解をしていることからすれば、検察官が指摘するように、むしろ反省していないというべきである。母親の存在も、被告人のために格別酌むべき事情とも思われない。」としている。	同種事例や共犯者の量刑を併せ考えて結論を導いている。	
「密輸途中で体内に隠匿した覚せい剤の一部が排泄されると再度飲み込んでまで隠匿していることからすると、可能な限り大量の覚せい剤を確実に輸入しようという強固な犯意に基づく犯行であると認められる。」と指摘している。	「営利の目的で、いわゆる運び屋として、1kgから10kgの覚せい剤を輸入した事案における量刑傾向は、懲役5年から懲役15年に分布し、その多くが懲役7年から懲役10年の範囲に集中する。」とした。	量刑傾向を指摘した上で、被告人の刑を決めるに当たっては覚せい剤の量を中心に据えて考えるべきであるとし、1kgから10kgという類型の中では比較的密輸量が少ないことから、「本件を重く評価するにも限度がある」とした。

No	判決日	裁判所	認定罪名	判決	求刑	弁意見	争点と認定	密輸量（g）	被告人の国籍	出発地
46	H23.2.25	千葉	覚取法違反（営利目的輸入）、関税法違反（輸入禁止貨物輸入の未遂）	9年 300万円	13年 700万円		覚せい剤の認識の有無⇒認識あり	3969		
47	H22.2.10	千葉	覚取法違反（営利目的輸入）、関税法違反（輸入禁止貨物輸入の未遂）	9年 250万円			・違法薬物との認識の程度⇒はっきり認識 ・共犯者の範囲⇒複数の氏名不詳者と共謀	993		
48	H21.12.7	大阪	覚取法違反（営利目的輸入）、関税法違反（輸入禁止貨物輸入の未遂）	8年6月 350万円	12年 700万円		覚せい剤と認識していたか、大麻と認識していたか⇒覚せい剤の可能性もある違法薬物との認識あり	2988	中国	香港
49	H21.9.30	千葉	覚取法違反（営利目的輸入）、関税法違反（輸入禁止貨物輸入の未遂）	8年 500万円	12年 700万円			1470	台湾	台湾
50	H22.5.31	大阪	覚取法違反（営利目的輸入）、関税法違反（輸入禁止貨物輸入の未遂）	8年 500万円	11年 500万円		・被告人自身が覚せい剤を運んだか⇒運んだ ・共謀の有無⇒認定	2500	日本	中国

量刑事情	量刑傾向	特徴など
「被告人は、本件当時、無職のまま3人の子供を養育しなければならない経済的に苦しい状況下にあり、高額の報酬約束の提示には抗い難い心理が働いたであろうとうかがわれることからすると、被告人が本件に及んだ動機や経緯には同情の余地がある」と指摘している。	「過去の同種事案（覚せい剤の営利目的輸入罪〔覚せい剤取締法上は既遂、麻薬特例法5条の適用なし〕の実行共同正犯〔運び屋〕、処断罪数が1件で、持ち込んだ覚せい剤の量が1000gから10000g）の量刑傾向を参考にしつつ、共犯者の判決結果も考慮して検討」して、量刑を導いている。	発覚直後、財務事務官の面前で自筆の供述書（内容は自白）が作成されており、有罪認定の証拠となった。
	「覚せい剤営利目的輸入事案の従前の量刑傾向を参考にしつつ」判断するとしている。	
「被告人が否認しているからといって、直ちに全く反省していないなどということはできない。」と述べている。	「過去の同種事例や共犯者に対する判決等も参考にする」としている。	評議で証拠物の感触、色、におい等を確認し、認定の根拠としている。
被告人が、失業中で多額の借金があり、その返済と家族の生活を支えるために犯行に及んだ点について、「このような事情を過大に考慮すべきではないものの、本件の背景に家族への思いやりもあったという限度で有利なものとして考慮すべき」と評価している。	「組織的」、「運び屋」、「1000～2000g」の犯罪類型であることを確認。⇒過去の裁判例で示された量刑幅を維持するのが相当と結論づけている。	「昭和20年代後半に、『ヒロポン』が多用されて覚せい剤が人の身体、精神を蝕んでいく様子を目の当たりにした経験」に言及している。
「運び役3人の中で唯一、税関検査を通過して、現実に約687gもの覚せい剤を社会内に持ち込んだのであるから、被告人の果たした役割が重要であることは明白である。」と指摘している。	特に言及がない。	刑訴規則122条2項に基づいて証言を命じないまま刑訴法321条1項2号前段の供述不能に該当すると判断し、証人の検察官調書を証拠採用した（弁護人から証拠排除の申し出あり）。

No	判決日 裁判所 認定罪名	判決	求刑 弁意見	争点と認定	密輸量(g) 被告人の国籍 出発地
51	H23.6.21 千葉 覚取法違反(営利目的輸入)、関税法違反(輸入禁止貨物輸入の未遂)	8年 500万円	13年 700万円	覚せい剤を含む違法薬物との認識か、医薬品のセックスドラッグとの認識か⇒覚せい剤を含む違法薬物との認識	1576 ドイツ カメルーン
52	H22.3.19 大阪 覚取法違反(営利目的輸入)、関税法違反(輸入禁止貨物輸入の未遂)	8年 450万円	12年 500万円 猶予	共犯者による脅迫行為の有無⇒被告人が脅しと受け止めた可能性はあるが、犯行をやめられなかった決定的な原因ではない	4004 日本 トルコ
53	H22.10.14 千葉 覚取法違反(営利目的輸入)、関税法違反(輸入禁止貨物輸入の未遂)	8年 400万円	11年 600万円		1748 日本 マレーシア
54	H21.11.11 大阪 覚取法違反(営利目的輸入)、関税法違反(輸入禁止貨物輸入の未遂)	8年 350万円	11年 700万円 猶予		2988 中国 香港
55	H21.12.3 東京 覚取法違反(営利目的輸入)、関税法違反(輸入禁止貨物輸入の未遂)	8年 350万円	10年 450万円 3年 猶予5年		1933 シンガポール 香港

量刑事情	量刑傾向	特徴など
「被告人は、反省の言葉を口にするものの、故意を否認し、自らの罪に向き合おうとしないのであって、反省しているとは言えない」と指摘している。	「同種の事案（1ないし10kg程度の覚せい剤の営利目的輸入罪の実行共同正犯のうち、組織的犯行において運び屋の役割を果たしたもの）における量刑傾向」を参照して量刑を決めている。	「私は罪に問われても関係ない。それが、たとえ20年でも30年でも関係ない」と被告人が税関検査で発言したことをほとんど唯一の根拠として知情性を認定している。
再就職できない時期にたまたま誘われるなど不運が重なったとの弁護人の主張について、「犯行を断る機会は何度もあったと考えられるから、弁護人らの主張は採用できない。」とした。	特に言及がない。	
捜査機関に共犯者の名前を明らかにするなど捜査に協力している点を被告人に有利な事情として挙げている。	「過去の同種事案（1kgを超える覚せい剤の営利目的輸入で、地位が運び役のもの）における量刑傾向も参考に」して量刑を判断している。	弁護人は、被告人が脅されて密輸を行った趣旨の主張をしたが、共犯者との従前の人間関係等から排斥された。
「弁解じみたことを一切言わず、心の底から本件犯行を悔いて反省している。この点は特に評価されるべき」としている。	量刑の結論を導く段階で、「過去の同種事例をも参考にする」としている。	
「被告人は、日本円で100万円以上にものぼる利益を一家にもたらすことを期待して本件に加担したもので、身勝手この上ない。」と指摘している。	特に言及がない。	

No	判決日 裁判所 認定罪名	判決	求刑 弁意見	争点と認定	密輸量（g） 被告人の国籍 出発地
56	H22.1.21 千葉 覚取法違反（営利目的輸入）、関税法違反（輸入禁止貨物輸入の未遂）	8年 350万円	10年 500万円	実行行為を行っていない被告人が実行行為者と同程度の責任を負うか（量刑上の争点）⇒負う	800 日本 マレーシア
57	H22.5.14 千葉 覚取法違反（営利目的輸入）、関税法違反（輸入禁止貨物輸入の未遂）	8年 350万円	12年 600万円	・スーツケースの中に覚せい剤が隠されていると知っていたか⇒知っていた ・共謀の有無⇒認定 ・営利目的の有無⇒認定	974 フィリピン マレーシア
58	H22.6.3 千葉 覚取法違反（営利目的輸入）、関税法違反（輸入禁止貨物輸入の未遂）	8年 350万円	11年 500万円	違法薬物（覚せい剤を含む）との認識の有無⇒認識あり	851 ボリビア メキシコ
59	H22.11.26 千葉 覚取法違反（営利目的輸入）、関税法違反（輸入禁止貨物輸入の未遂）	8年 350万円	12年 700万円 7年以下 100万円以下		3002 フランス ベナン
60	H23.7.7 千葉 覚取法違反（営利目的輸入）、関税法違反（輸入禁止貨物輸入の未遂）	4年以上 8年以下 350万円	5年以上 10年以下 400万円		4194 ベナン

量刑事情	量刑傾向	特徴など
	「従前の裁判と同様の厳しい刑事責任を問うべき」とする。	
被告人に反省の態度が見られないと指摘し、「反省している場合と比較すれば、刑を重くすべき事情があるといえる」と述べている。	「過去の同種事案における量刑傾向も参考にして量刑について検討する」としている。	覚せい剤の隠されたスーツケースを手荷物として持ち込んだこと自体からは、被告人がスーツケースの中身を知っていたとまでは言えないとした。
「覚せい剤を溶かして水溶液にした状態でテキーラ瓶に入れて持ち込む」という犯行態様について、「巧妙なもの」と評価している。	特に言及がない。	被告人公判供述の信用性を否定する根拠として、被告人が公判前整理手続終結後に主張を変更したことを指摘している(「関係証拠」に基づく認定)。
被告人には持病があり長期の服役には耐えられないから有利に考慮すべきとの弁護人の主張に対し、罪の重さに直接影響する事情ではなく、さほど考慮すべきではないと判断した。	「営利の目的で、いわゆる運び屋として、1kg～10kgの覚せい剤を輸入した事案における量刑傾向は、懲役5年～15年に分布し、8年から10年にかけて件数が多く、そのピークは8年である」と指摘している。	量刑判断の冒頭で量刑傾向を述べ、その後、犯状、一般情状の順に検討している。
「被告人が母国を離れた18歳の少年で、なお今後の本人の努力次第では更生可能性も高いことなどの事情も踏まえ」て被告人の量刑を判断するとしている。	特に言及がない。	被告人が未成年だが、量刑についての判示は非常に簡潔である。

No	判決日 裁判所 認定罪名	判決	求刑 弁意見	争点と認定	密輸量(g) 被告人の国籍 出発地
61	H22.2.18 千葉 覚取法違反（営利目的輸入）、関税法違反（輸入禁止貨物輸入の未遂）	8年 300万円		何らかの違法薬物との認識だったか、大麻であると確信していたか⇒何らかの違法薬物との認識	989
62	H22.3.11 千葉 覚取法違反（営利目的輸入）、関税法違反（輸入禁止貨物輸入の未遂）	8年 300万円	12年 700万円		1495 日本 香港
63	H22.4.28 千葉 覚取法違反（営利目的輸入）、関税法違反（輸入禁止貨物輸入の未遂）	8年 300万円			1509 台湾 台湾
64	H22.7.29 千葉 覚取法違反（営利目的輸入）、関税法違反（輸入禁止貨物輸入の未遂）	8年 300万円	8年 400万円	スーツケース内の紙箱に覚せい剤が在中しているとの認識の有無⇒認識あり	405 日本 タイ
65	H22.8.4 福岡 覚取法違反（営利目的輸入）、関税法違反（輸入禁止貨物輸入の未遂）	8年 300万円	12年 600万円		2228 シンガポール カンボジア

量刑事情	量刑傾向	特徴など
妻と同居していた間は平穏な生活を送っており、妻の存在は被告人の更生にとって重要で、被告人の更生可能性を示す事情としてある程度は考慮すべきとした。	1kg ～10kgの覚せい剤を輸入した運び屋の量刑傾向につき、「概ね懲役8年ないし10年をピークとする5年ないし15年の範囲」と具体的に指摘し、これを参考にして刑を量定している。	
運び役という役割は、報酬目的を前提としているから、量刑傾向を前提とすると、報酬目的だったことを殊更不利に考慮できないとした。	運び屋、1～10kgの場合の量刑傾向を懲役8～10年をピークとする5～15年の範囲と具体的に指摘し、この量刑傾向を維持すべきとしている。	
覚せい剤が土産物のコーヒーであるかのように装って持ち込まれた点について、「その態様は巧妙といえ、この点も量刑上相応に考慮されるべき」としている。	本件の輸入量と近似する事案（300g～500gを輸入した運び屋の事案）の量刑例を参考にしている。	裁判所が、量刑DBに明示されていない独自の量刑因子（300g～500g）を指摘している。
覚せい剤との認識は未必的であるとしつつ、この点を被告人にとって過度に有利に考慮できないとした。	「覚せい剤の営利目的輸入」「既遂」「共犯、組織的」「薬物の量・1000～10000g」「薬物取引上の地位・運び屋」「麻薬特例法5条の適用なし」という量刑因子による量刑分布の傾向（懲役4年以下～15年以下まで）を主として参照している。	犯状事実を中心に据えた上、過去の量刑傾向を参照した後、被告人に有利な一般情状を検討するという枠組みを取っている。

No	判決日 裁判所 認定罪名	判決	求刑 弁意見	争点と認定	密輸量（g） 被告人の国籍 出発地
66	H22.11.16 千葉 覚取法違反（営利目的輸入）、関税法違反（輸入禁止貨物輸入の未遂）	8年 300万円	12年 600万円		1992 スペイン アラブ首長国連邦
67	H23.2.9 千葉 覚取法違反（営利目的輸入）、関税法違反（輸入禁止貨物輸入の未遂）	8年 300万円	12年 600万円		1982 ルーマニア ベナン
68	H23.2.18 千葉 覚取法違反（営利目的輸入）、関税法違反（輸入禁止貨物輸入の未遂）	8年 300万円	12年 600万円		3969 メキシコ メキシコ
69	H23.7.28 千葉 覚取法違反（営利目的輸入）、関税法違反（輸入禁止貨物輸入の未遂）	8年 300万円	12年 500万円	スーツケースに違法薬物が隠匿されていたことの認識があったか⇒認定	981 ルーマニア ケニア

量刑事情	量刑傾向	特徴など
弁護人が、借金の返済や娘の養育費のために報酬を得ようとしたことには汲むべき点があるとしたが、被告人がどの程度経済的に窮していたか明らかでなく、多額の借金を抱えた経緯に鑑みても、同情すべき事情があるとはいいがたいと判断した。	「同種事案（覚せい剤営利目的輸入罪のうち、輸入量が1600gから2400gで、運び屋として従属的に組織的犯行に関与した事案）において過去の裁判例で示された量刑傾向を参考に」すると指摘している。	量刑傾向で示された「同種事案」は、量刑DBそのものを抜き出したものではなく、裁判所が加工したものと思われる。
被告人が、薬物密輸組織から脅されて犯行に及んだと供述した点につき、「被告人が脅迫された事実がないとまで断定することはできず、本件に巻き込まれてしまった面がある」としたが、最終的には自己の判断で犯行に加わっており、被告人の刑事責任を大きく軽減することはできないとした。	「1kg以上の覚せい剤を密輸入した運び屋に対する過去の量刑傾向を参考」にして、量刑を導いている。	
被告人が、自分の病気の治療費を得る目的だった点について、「まだ病気が確定診断に至ったわけではなく、本件の様な重大な犯行に加わったのは安易であると言わざるを得ないが、このような被告人の心情には同情し得る面もあり、この点は、被告人に有利な事情として一定程度考慮した」とする。	「この種事件の量刑傾向も考慮して」主文の刑が相当と判断したと述べている。	
10行の記載のみで、具体的事実の摘示はほとんどない。	特に言及がない。	密輸組織は、薬物を確実に運ばせるために、スーツケースの中身を被告人に告げたはずであるという検察官の主張については、「運搬役が税関検査等で不審な言動を取らないように、あえてスーツケースの中身を告げないということも十分に考えられる」とする。

No	判決日 裁判所 認定罪名	判決	求刑 弁意見	争点と認定	密輸量(g) 被告人の国籍 出発地
70	H22.2.24 千葉 覚取法違反（営利目的輸入）、関税法違反（輸入禁止貨物輸入の未遂）	8年 250万円	9年 400万円		927 台湾 香港
71	H22.2.26 千葉 覚取法違反（営利目的輸入）、関税法違反（輸入禁止貨物輸入の未遂）	7年6月 300万円	9年 400万円		1022
72	H23.7.29 大阪 覚取法違反（営利目的輸入）、関税法違反（輸入禁止貨物輸入の未遂）	7年 350万円	11年 600万円	覚せい剤を含む違法薬物との認識か、ケタミンとの認識か⇒多分ケタミンだろうとの認識に加えて、覚せい剤を含む違法薬物との認識	1500 台湾 台湾
73	H21.10.7 大阪 覚取法違反（営利目的輸入）、関税法違反（輸入禁止貨物輸入の未遂）	7年 300万円			991 ポーランド カタール
74	H21.11.12 千葉 覚取法違反（営利目的輸入）、関税法違反（輸入禁止貨物輸入の未遂）	7年 300万円	11年 500万円 執行猶予	営利目的の有無⇒認定	999 メキシコ メキシコ

量刑事情	量刑傾向	特徴など
	弁護人からの従前の量刑幅を軽い方向へ広げるべきという主張に対し、従前の量刑幅を維持すべきとの結論を取っている（具体的な数字への言及はなし。）。	犯情から量刑幅を判断しているが、具体的な幅は示されていない。
病気の母親の治療費を得るために犯行に及んだ点につき、有利な事情として考慮できないとした。	個別事情を基本に、「従前の量刑傾向を参考にしながら」量刑を判断している（量刑傾向への具体的言及はなし。）。	
共犯者に借金をし、脅迫に近いことを言われていたという点について、「被告人が反社会的組織の構成員である共犯者から多額の借金をしたことに酌むべき事情は乏しい上、キャリーバッグを運搬すればその借金を帳消しにしてもらえることもあって、犯行を引き受けた側面も大きいから、弁護人主張の経緯等を量刑上さほど考慮することはできない。」と指摘している。	特に言及がない。	
被告人が、共犯者から、犯行を行わなければ恋人を殺すなどと脅されていた事情について、「背景事情の一つとして斟酌するにとどめるのが相当」と評価している。	「同種事案に対するこれまでの量刑傾向を参照しながら」、各情状を総合考慮して判断している。	量刑の具体的な理由付けはない。
被告人が背後の組織や共犯者との関係で従属的な立場にあった点について、「過大に評価できないが、計画的かつ組織的な犯行の中心人物ではないという意味で、酌むべき事情として一定程度考慮できる。」と評価している。	「同じような事案の先例の量刑の傾向を考慮する」としている。	弁護人の主張を考慮して執行猶予の可能性を検討したことを明示している。

No	判決日 / 裁判所 / 認定罪名	判決	求刑 / 弁意見	争点と認定	密輸量（g） / 被告人の国籍 / 出発地
75	H22.1.29 千葉 覚取法違反（営利目的輸入）、関税法違反（輸入禁止貨物輸入の未遂）	7年 300万円	10年 500万円 4年 罰金なし		800 マレーシア
76	H22.3.18 千葉 覚取法違反（営利目的輸入）、関税法違反（輸入禁止貨物輸入の未遂）	7年 300万円	11年 500万円		988 台湾 台湾
77	H22.9.2 金沢 覚取法違反（営利目的輸入）、関税法違反（輸入禁止貨物輸入の未遂）	7年 300万円	10年 500万円	・覚せい剤輸入及び輸入禁制品輸入の故意の有無⇒認定 ・共謀の有無⇒認定 ・営利目的の有無⇒認定	736 日本 台湾
78	H23.1.14 千葉 覚取法違反（営利目的輸入）、関税法違反（輸入禁止貨物輸入の未遂）	7年 300万円	12年 700万円		2000 日本 マレーシア
79	H23.2.4 千葉 覚取法違反（営利目的輸入）、関税法違反（輸入禁止貨物輸入の未遂）	7年 300万円	9年 500万円		666 メキシコ メキシコ

量刑事情	量刑傾向	特徴など
「被告人は、税関検査時から共犯者らの氏名、容ぼう等を取調官に供述し、その結果、被告人に本件輸入の話を持ちかけた共犯者の逮捕に貢献している。被告人が本件事案の解明に貢献したことを、その量刑上、有利に考慮すべきことは、弁護人の主張するとおりである。」としている。	運び屋、100～1000gの量刑傾向について、「懲役4～10年の間に分布し、ピークは7年」と指摘している。	
生活苦から犯行に及んだことにつき、同情の余地があり、被告人に有利な事情としてある程度は考慮すべきとしつつ、「殊更に重視することはできない」と評価している。	1kg以下の密輸事案での運び役の量刑傾向につき、「おおむね懲役6年ないし8年をピークとする懲役4年ないし10年の範囲に分布」と指摘している。	左記量刑傾向の枠組みを具体的に参照しながら、個別事情を評価している。
「被告人は、捜査・公判を通じて覚せい剤の認識について不合理な弁解に終始しており、真摯に反省しているのか疑問が残る」と指摘している。	特に言及がない。	認定事実と当該事実の推認力を別個に検討しており、事実認定の判断枠組が分かりやすい。
「被告人が犯行に加わった背景には、未成年で出産、結婚、離婚を経験し、家族や我が子と絶縁して、キャバクラで稼いだ金で派手な生活をするなどの経歴や通常の社会経験の乏しさがあると考えられるが、被告人は、身体拘束されている間、日記をつけ、弁護人が差し入れた書籍を読むなどして更生に向けた強い意欲を示している」と指摘している。	「この種事件の量刑傾向も考慮して」主文の刑が相当と判断したと述べている。	検察官が、被告人の更生の意欲について疑問を指摘したが、「被告人なりに自己の問題点に向き合い、将来について真剣に考えていることが認められる」として、検察官の指摘を排斥した。
「本件犯行の手口は、飲み込んで密輸をするというもので、形態は原始的で巧妙とは言えないものの、何が何でも密輸をしようとする強い意思をうかがわせる。」と指摘している。	具体的事情を指摘した上、「以上を総合考慮し、これまでの類似事例の量刑傾向をも参考にした結果」、主文の刑を導くと結論づけている。	弁護人が、「被告人は母親の病気の薬代等のために本件犯行に及んだ」と主張したが、被告人が薬代のことを逮捕当初に警察官に話していなかったとして、排斥した。

No	判決日 裁判所 認定罪名	判決	求刑 弁意見	争点と認定	密輸量(g) 被告人の国籍 出発地
80	H23.9.15 福岡 覚取法違反（営利目的輸入）、関税法違反（輸入禁止貨物輸入の未遂）	7年 300万円	10年 500万円		2449 日本 中国
81	H22.1.20 千葉 覚取法違反（営利目的輸入）、関税法違反（輸入禁止貨物輸入の未遂）	7年 250万円	9年 500万円	営利目的の有無⇒認定	543 中国
82	H21.9.11 福岡 覚取法違反（営利目的輸入）、関税法違反（輸入禁止貨物輸入の未遂）	7年 200万円	9年 200万円 5年		470 日本 中国
83	H22.12.16 大阪 覚取法違反（営利目的輸入）、関税法違反（輸入禁止貨物輸入の未遂）	7年 200万円	10年 300万円	・覚せい剤との認識があったか⇒認定 ・営利目的の有無⇒共犯者の利益獲得に協力する意思の限度であり ・輸入禁制品との認識があったか⇒認定	548 日本 中国

量刑事情	量刑傾向	特徴など
「被告人は報酬目的で犯行に及んでいるところ、その経緯において、実父の負債を引き継ぐなど必ずしも被告人の責に帰すことができない事情も認められ、この点に同情の余地がないとはいえない。しかしながら、本件のような犯罪行為によって手っ取り早く金を得ようとする発想にはやはり明らかな飛躍があり、結局のところ、その犯行動機は短絡的で身勝手と言わざるを得ない。」と指摘している。	特に言及がない。	量刑事情について、比較的具体的に述べている。
「被告人が真実を話しているとは言えず、反省していると認めることはできないから、ことさら有利な事情として評価することはできない。ただ、本件を行ったことを後悔しているとは言えるので、この限度で、被告人に有利に評価する。」	1000g以下、運び屋の事案の量刑傾向について、「懲役4～10年の幅で分布し、ピークは懲役6年4月～7年」と指摘している。	輸入量が1～1000gの中間、被告人に有利な特別の事情なし ⇒量刑傾向のピークに当たる7年が相当と結論づけている。
「弁護人らは、被告人には、本件犯行当時新婚生活のための資金が必要であったという事情があり、これを被告人にとって有利に酌むべきである旨主張するが、本件の様な明らかに違法な犯行に加担する動機について評価するに当たり、このような事情を有利に酌むことは到底困難」とする。	量刑判断の冒頭で、懲役5～8年、罰金200～300万円という同種事案の量刑傾向を指摘。	結論にいたる具体的な理由は示されていない。
自らの経済的利益を図っていない点は、被告人のために酌むべき事情であると述べている。	特に言及がない。	営利目的の点について、被告人が経済的に困窮していなかったこと、共犯者との関係(元交際相手)から、被告人自身の報酬目的は否定した。

No	判決日 裁判所 認定罪名	判決	求刑 弁意見	争点と認定	密輸量(g) 被告人の国籍 出発地
84	H21.12.3 札幌 覚取法違反（営利目的輸入）、関税法違反（輸入禁止貨物輸入の未遂）	7年 100万円	11年 500万円 3年・執行猶予5年・保護観察付		6712 日本 ベトナム
85	H21.12.10 千葉 覚取法違反（営利目的輸入）、関税法違反（輸入禁止貨物輸入の未遂）	6年6月 250万円	8年 300万円		479 ブラジル マレーシア
86	H22.2.18 千葉 覚取法違反（営利目的輸入）、関税法違反（輸入禁止貨物輸入の未遂）	6年6月 250万円	8年 300万円	・違法薬物が隠されているとの認識の有無⇒認定 ・共謀の有無⇒認定 ・営利目的の有無⇒認定	485 シンガポール マレーシア
87	H22.12.14 千葉 覚取法違反（営利目的輸入）、関税法違反（輸入禁止貨物輸入の未遂）	6年 300万円	12年 700万円		1985 台湾 台湾

量刑事情	量刑傾向	特徴など
「被告人は、知的水準が低く、軽度の精神発達遅滞も疑われるところ、本件では、共犯者らから、その知的水準の低さにつけ込まれ、巧みに利用されたという側面がある。」と指摘している。	「諸事情を総合考慮し、同種事案における量刑の傾向も勘案して被告人に相応しい刑を検討する」と述べる。	量刑傾向に照らしてかなり軽い刑となっている。
「被告人が報酬を得ようと考えたのは、夫が仕事を失って生活に困り、住居も追い出されかねない状況にあったからである。そのような状況を脱するため、被告人には本件犯行を引き受ける以外に取ることができる手段もあったと考えられるものの、被告人が生活のため、上記共犯者からの依頼に飛びついてしまったことに同情の余地が全くないとまではいえない。」と評価している。	1kg以下、運び屋の事案の量刑傾向について、「おおむね懲役6年ないし8年をピークとする懲役5年ないし10年の範囲に分布」と指摘している。	量刑傾向について、明示的に言及している。
「本国にいる4名の子供を養う目的もあって密輸を引き受けた状況も窺われ、全く酌むことのできないものではない」とするが、「動機として正当化できない」とも述べている。	具体的な量刑傾向には言及していないが、「従前の裁判と同様に、厳しい処罰をもって臨むべき」と指摘している。	検察官は現金の没収を求めたが、観光客を装うための「見せ金」であったとの被告人の供述から、被告人の所有でない可能性を指摘し、第三者への公告手続もないことも踏まえ没収を否定している。
「被告人は、息子の治療費等のために高額の借金を負って経済的に困窮し、3回目の手術を施して息子の命を救うためには他の手段がないとの思いから、切羽詰まった状況下で本件犯行に及んだものと認められ、当時の被告人の心情には、相当同情できる面があるといえる。」としている。	「同種事案（覚せい剤営利目的輸入罪のうち、輸入量が1600gから2400gで、運び屋として従属的に組織的犯行に関与した事案）において過去の裁判例で示された量刑傾向を参考にしつつ」量刑を検討している。	覚せい剤の重さに比して、非常に軽い量刑となっている。

No	判決日 裁判所 認定罪名	判決	求刑 弁意見	争点と認定	密輸量(g) 被告人の国籍 出発地
88	H21.12.7 千葉 覚取法違反（営利目的輸入）、関税法違反（輸入禁止貨物輸入の未遂）	6年 250万円	8年 300万円	覚せい剤との認識があったか、「ケタミン」と認識していたか⇒種類を特定せずに違法薬物の認識を有していた	451 台湾 台湾
89	H22.8.5 千葉 覚取法違反（営利目的輸入）、関税法違反（輸入禁止貨物輸入の未遂）	6年 250万円	9年 500万円		579 シンガポール 香港
90	H22.3.19 東京 覚取法違反（営利目的輸入）、関税法違反（輸入禁止貨物輸入の未遂）	6年 150万円	8年 300万円		340 日本 タイ
91	H22.7.23 横浜 覚取法違反（営利目的輸入）、関税法違反（輸入禁止貨物輸入の未遂）	6年 100万円	8年 100万円 3年	共同正犯か幇助犯か⇒共同正犯	7581 日本 台湾（郵送）
92	H21.9.9 大阪 覚取法違反（営利目的輸入）、関税法違反（輸入禁止貨物輸入の未遂）	5年 350万円	10年 500万円		989 日本 中国

量刑事情	量刑傾向	特徴など
「被告人が作成した反省文は、しっかりとした文章で切々たる思いが伝わ」ると評価している。	運び屋、輸入量451gの同種の過去の裁判例で示された量刑の幅を参考にしている。	捜査段階で、「毒品（違法薬物一般を指す）」と述べていたことから、公判供述が不合理と認定している。
給料等の一部を贖罪の趣旨で寄付した点を良い情状として指摘している。	「同種事案の過去の量刑傾向も参考にして」量刑を判断している。	
被告人の刑を軽くする事情として、「被告人は真摯に反省し、更生への意欲を示している。すなわち、被告人は、本件により親族や友人らに対して心配や迷惑をかけたことを後悔していることがうかがわれ、本件犯行の遠因となった借金について、これを整理することにも目を向けるに至っている。」ことを認定している。	特に言及がない。	密輸は既遂に至っており、どの時点で逮捕等がされたかは不明。
「被告人は本件犯行に加担するまでは普通の市民であったとうかがわれ、そのような被告人の量刑を考えるに当たっては、前述した刑を軽くする方向にはたらく事情をもっと重視してもよいものと思われる」と述べている。	「平成21年以降に宣告された覚せい剤1000gから10000gの営利目的での輸入事案においては、概ね4年から17年の懲役刑及び100万円から800万円の罰金刑が言い渡されている」としている。	量刑傾向の最下限となっている4年の事案について、「共犯者に対するものと思われる」と指摘している（共犯者は幇助犯という認定の模様である。）。
「被告人の母親や友人が被告人の更生を期待し、その帰りを待つとともに、更生への手助けを約束している事実もあり、被告人の更生への動機付けとなることが期待できる」と指摘している。	特に言及がない。	量刑の基礎となる輸入量について、被告人の持ち込んだ量のみを考慮している（共犯者分は考慮せず）。

No	判決日 裁判所 認定罪名	判決	求刑 弁意見	争点と認定	密輸量（g） 被告人の国籍 出発地
93	H23.7.8 大阪 覚取法違反（営利目的輸入）、関税法違反（輸入禁止貨物輸入の未遂）	2年6月 130万円	5年 300万円		3825 日本 アラブ首長国連邦
94	H23.8.26 大阪 覚取法違反（営利目的輸入）、関税法違反（輸入禁止貨物輸入の未遂）の幇助	3年・執行猶予5年・保護観察付 150万円	3年6月 150万円	営利目的の有無⇒認定	3825 日本 アラブ首長国連邦

量刑事情	量刑傾向	特徴など
被告人が高額の小切手を日本に持ち込む仕事と言われて海外に渡り、渡航先で覚せい剤と知らされたが、犯行を拒めずに日本に覚せい剤を持ち込んだという経緯について、「被告人は、判断力の未熟さや社会経験の不足につけ込まれ、覚せい剤密輸入の全貌を知らされないまま、都合よく組織の手足として利用され、外国でそれと知ったときには、引っ込みがつきにくい状態で犯行へと突き進んでしまったということができる。」として、同規模の覚せい剤密輸入の運び屋と同様の刑事責任を問うのは相当でないと判断している。		結論について、「懲役刑の執行を猶予することができるほどにその行為の責任が軽いとは評価できない。」としつつ、「被告人は、前科前歴がなく、これまで犯罪とは縁のない生活をしてきたこと、反省していること、まだ若く、社会復帰後に家族の支援が期待でき、再犯のおそれが高いとは認められないこと」を指摘して、同種事案の中では非常に短い懲役刑としている。
実行犯の航空券と滞在先のホテルを手配した被告人の関与について、「関与の仕方は間接的なもので」、直接関わった共犯に比べると「その関与の程度には格段の差がある。」とする。	特に言及がない。	幇助犯で執行猶予となった事例である。

8　その他

これまでに検討したもの以外の以下の罪名に関して、集約した情報を整理した一覧表を掲載する。

①強盗殺人（未遂も含む）
②強盗致死
③危険運転致死
④逮捕監禁致死
⑤保護責任者遺棄致死
⑥通貨偽造
⑦麻薬特例法違反
⑧その他

（菅野亮、佐藤倫子、中井淳一）

■①強盗殺人（未遂も含む）一覧

No	判決日 裁判所 認定罪名	判決	求刑 V意見 弁意見	争点と認定
1	H22.11.16 横浜 覚取法違反、関税法違反、逮捕監禁、殺人、強盗殺人、死体損壊、死体遺棄、公務執行妨害、傷害	死刑	死刑 死刑 	
2	H23.3.15 東京 住居侵入、強盗殺人	死刑	死刑 死刑 無罪	①犯人性、②侵入時に金品強奪目的があったか、③殺意の有無⇒いずれも認定
3	H23.3.25 長野 強盗殺人、死体遺棄	死刑	死刑 死刑 	

量刑事情	量刑傾向	特徴など
・被害者２名死亡。 ・凶器：高速切断機。 ・1340万円（強盗の被害額）。 ・「公判の当初と比べると、被告人の内面が変化してきたことがうかがえ、この点は、被告人に更生の余地があるとの評価にもつながり」るが、上記の変化は、被告人が失っていた人間性をようやく回復したにすぎず、被害者の遺族らの精神的苦痛を和らげるものとはなっておらず、これを大きく評価することは適当ではない。	犯情から、「被告人の罪責は誠に重大であって、大きく酌量すべき事情がない限り、本件は、極刑を選択すべき事案」とした上で、「被告人の年齢、前科、犯行後の情状等の一般情状について、被告人に死刑の選択を回避すべき事情」か検討。	裁判員裁判の下においても、永山判決の判示する基準をより所として判断するのが相当と考え、永山判決が列挙する量刑因子に沿って検討。
・被害者１名死亡。 ・凶器：ステンレス製三徳包丁（刃体の長さ17.5cm）。 ・２人の生命を奪った前科がありながら、再び本件犯行に及び、人の生命を奪ったということは、刑を決めるにあたり、重視されるべき。	永山基準において示された死刑選択の際の考慮要素やそれ以降の裁判例の量刑傾向を踏まえ、諸事情を総合して、被告人に対する刑を検討した。とりわけ、殺意が強固で殺害の態様等が冷酷非情であること、その結果が極めて重大であること、２名の命を奪った前科がありながら、金品を強奪する目的で被害者の生命を奪ったことは、刑を決める上で、特に重視すべきであると考えた。	
・被害者２名死亡。 ・凶器：ロープ。 ・410万円（強盗の被害額）。	本件各犯行の罪質、動機、態様の悪質性、結果の重大性、遺族の処罰感情、社会に与えた影響、各事件における被告人の役割の重要性、犯行後の諸事情等に鑑みると、被告人の刑事責任は誠に重く、有利な事情や反省状況等を最大限考慮し、弁護人が主張するその他の事情も視野に入れ、かつ、極刑が真にやむを得ない場合にのみ科し得る究極の刑罰であることに照らしても、被告人に対しては、死刑をもって臨まざるを得ない。	

No	判決日 裁判所 認定罪名	判決	求刑 V意見 弁意見	争点と認定
4	H23.6.21 静岡沼津 殺人、死体遺棄、窃盗、有印私文書偽造、同行使、詐欺	死刑	死刑 	
5	H23.6.30 千葉 住居侵入、強盗強姦未遂、強盗致傷、強盗強姦、監禁、窃盗未遂、強盗殺人、建造物侵入、現住建造物放火、死体損壊	死刑	死刑 死刑 死刑は重すぎる	殺意⇒認定

量刑事情	量刑傾向	特徴など
・被害者２名死亡。 ・990万円の債務の支払いを免れ、被害者の預貯金合計2358万円を引き出した。 ・凶器：革製ベルト（二人目の被害者の殺害）。 ・突発的犯行で計画性はないが、強固な殺意に基づき頚部を両手で圧迫し続けるという態様等に照らして、「両事件が突発的犯行であることを強調するのは相当でない」。 ・更生の可能性がないとまでは言い切れないが、刑事責任の重大性に鑑みると、これが被告人に格別有利な事情であるとまではいい難い。		
・被害者１名死亡。 ・凶器：包丁。	殺害された被害者の数は、死刑か無期懲役刑かという量刑判断をする際の重要な要素の一つであり、本件でその人数が１名であるということは十分考慮されるべき点といえる。また、同様に、殺害行為の計画性の有無も、責任非難の大きさに重要な影響を与える要素である。しかし、被告人は、短期間に、強盗殺人事件以外にも、強盗致傷や強盗強姦といった重大事件を複数回犯し、それら被害者らの中には死亡していてもおかしくないほどの重篤な傷害や、深刻な性的被害を受けた者がいる。また、被告人は、脅すための道具としてではあるが、ツールナイフや包丁といった刃物を使用して、一連の強盗事件を敢行しており、被告人の粗暴な性格傾向の著しさにもかんがみると、被害者の対応いかんなどによってはその生命身体に重篤な危害が及ぶ危険性がどの事件でも十分にあったと言わざるを得ない。これら本件に特有の事情を考慮すると、殺害された被害者が１名であることや、殺害行為自体に計画性があったと認められないことは、それぞれ重要な事情ではあるものの、被告人に対しては極刑を回避すべき決定的事情とまではならない。	

No	判決日 裁判所 認定罪名	判決	求刑 V意見 弁意見	争点と認定
6	H21.9.16 和歌山 住居侵入、強盗殺人	無期懲役	無期懲役 死刑 25年	
7	H22.2.26 佐賀 強盗殺人	無期懲役	無期懲役 死刑 15年以下	殺害時に現金を奪う意思があったか⇒認定
8	H22.3.2 鳥取 強盗殺人、死体遺棄、窃盗、有印私文書偽造、同行使、詐欺	無期懲役	無期懲役 死刑	殺害時に金品を奪いとるつもりなし⇒認定

量刑事情	量刑傾向	特徴など
・被害者1名死亡。 ・凶器：タオル、電気コード。 ・ネックレス等16点（29万円相当）。	被告人は、当初は空き巣ねらいの目的であったもので、この点において当初から強盗ないし強盗殺人の目的で犯行を敢行した事案に比較すれば犯情は軽いほか、本件被害品を換金した金銭のうち、被告人が逮捕当時所持していた約7万円については、既に遺族に弁償がなされている。これらの事情を総合考慮したとき、本件が強盗殺人の事案であり、その法定刑は死刑又は無期と定められているが、酌量減軽により有期懲役刑を選択することも可能であることを前提としても、被告人に対しては、無期懲役刑をもって臨むのが相当。	
・被害者1名死亡。 ・凶器：ハンマー（全長37.2cm、重さ1.7Kg）。 ・14万円及び運転免許証1通ほか19点在中の財布1個。	・本件と同種の事案（単独犯による凶器を用いた計画的な強盗殺人の事案で被害者が1名のもの）は、これまで極少数有期懲役の事案はあるものの大半の事案において無期懲役の量刑がされてきたところである。 ・被告人に反省の心がないわけではないこと、自殺を図ったこと、前科がないこと等に照らし、被告人の改善・更生可能性がないとは言えないこと等を考慮すると、究極の刑罰であってその適用は慎重になされるべき死刑に処するのが誠にやむを得ない事案であるとは言えない。	
・被害者2名死亡。 ・利欲的犯行とは性質を異にする。 ・凶器：ウォーターポンププライヤ、電気コード、ネクタイ。 ・〔強盗殺人の機会〕7万円、預金通帳1冊及びキャッシュカード1枚他3点。 ・〔強盗殺人後〕1200万円、財産的被害は大きいが、Vの理不尽な態度で自分のものにした蓄財から入手し、Vのためにひっ迫していた会社の資金繰り等に使っているので、財産的被害の結果を重視することはできない。	・1人を殺害したら死刑にならず、2名を殺害したら死刑になるというような単純な判断がされてきたものではない。死刑に処するか否かが問題となって無期懲役刑とされた裁判例においても、殺害の計画性の有無やその程度・内容等の事情のほか、被害者の落ち度や被告人の犯罪傾向等、強盗殺人罪においては金銭を必要とした理由や金銭目的以外の動機の内容等の事情がそれぞれ考慮されるなどしている。 ・経緯には同情の余地が大きく、その他の被告人のために酌むべき前記の諸事情を考慮すると、本件は被告人がその命をもって罪を償わなければならない事案であるとまでは言い難い。 ・同情すべき点は、死刑を選択しないという限度にとどまるべきものであり、2人もの命を奪った責任は極めて重大であり、有期懲役刑に減軽することは考えられない。	

No	判決日 裁判所 認定罪名	判決	求刑 V意見 弁意見	争点と認定
9	H22.3.18 長野 窃盗、死体遺棄、強盗殺人、銃刀法違反	無期懲役	無期懲役 無期あるいは有期懲役	
10	H22.6.18 名古屋 強盗殺人、死体遺棄	無期懲役	無期懲役 25年	腕時計については強盗殺人罪は成立しない⇒認定
11	H22.7.2 東京 強盗殺人、窃盗、窃盗	無期懲役	無期懲役	
12	H22.7.16 福岡小倉 強盗殺人	無期懲役	無期懲役 酌量減軽	犯意の発生時期⇒事件の2日前（弁護人は直前と主張）
13	H22.8.4 甲府 強盗殺人	無期懲役	無期懲役 無罪	犯人性⇒認定

量刑事情	量刑傾向	特徴など
・被害者１名死亡。 ・凶器：クロスボウ、折りたたみナイフ（刃体の長さ9.36cm）。 ・〔強盗殺人〕指輪等29点（16万円相当）。 ・〔窃盗〕1105万円。	その量刑については死刑も含めて検討すべきである。しかしながら、強盗殺人の被害者の数、共犯者の有無などの要素について本件と共通する事案における量刑分布も踏まえて、強盗殺人の被害者の数が１名にとどまっていること、前科がないこと等からすると、死刑が真にやむを得ないと認めることには躊躇を覚える。	被告人の刑事責任が極めて重く、その反省も十分とはいえないことからすれば、被告人に対する仮釈放の運用にあたっては、相当慎重な配慮を要する。
・被害者１名死亡。 ・凶器：ネクタイ。 ・24万円及び腕時計（10万円相当）。		
・被害者１名死亡。 ・凶器：フルーツナイフ、サイドテーブル（7.5kg）。 ・14万円及び財布１個。	計画性のなさ等の有利な諸事情は、刑事責任の重さにかんがみると、被告人に対する量刑を検討するにあたってそれ程重きをおくべき事柄とはいえず、酌量減軽は相当でない。	
・被害者１名死亡。 ・公判に至るまで、遺族に謝罪の手紙すら書いていない上、法廷で遺族が傍聴しているにもかかわらず、被害者には申し訳ないとは思うが、「妹さんは被害者と別居しており、本人との関係が薄いから謝る必要はない」などと述べており、十分な反省をしているとは認めがたく、酌量減軽すべき事案ではないという意見で一致した。 ・凶器：包丁。 ・158万円（強盗の被害額）。		評議の過程においては、被告人の従前の生活態度等からすると再犯の可能性も否定できず、被告人を極刑に処すべきとの意見も出た。
・被害者１名死亡。 ・凶器：ビニール紐。 ・57万円（強盗の被害額）。		

No	判決日 裁判所 認定罪名	判決	求刑 V意見 弁意見	争点と認定
14	H22.8.27 仙台 ①殺人、②営利誘拐、逮捕監禁、強盗殺人	①15年 ②無期懲役	①15年 ②無期懲役 ②死刑 	自首の成立⇒認定
15	H22.11.22 千葉 強盗殺人、強盗殺人未遂	無期懲役	無期懲役 有期懲役	
16	H22.12.24 甲府 強盗殺人、詐欺、有印私文書偽造、同行使、免状不実記載、道路交通法違反、死体遺棄	無期懲役	無期懲役 死刑 	犯行態様、金銭を奪う目的なし、殺意、不法原因給付だから強盗は成立しない⇒いずれも認定
17	H23.2.25 甲府 強盗強姦未遂、強盗殺人、銃刀法	無期懲役	無期懲役 	①犯人性、②強盗・強姦の故意がない、③犯行態様が異なる⇒いずれも認定
18	H23.5.30 さいたま 強盗殺人、窃盗	無期懲役	無期懲役 死刑 20年ないし25年	殺意⇒認定

量刑事情	量刑傾向	特徴など
・殺人について自首。 ・被害者2名死亡。 ・凶器：ロープ、バール。 ・5000万円、預金通帳数冊。	「自らの犯した罪に向き合い、反省の意味を模索していると評価できる面があり、被告人に更生の余地がないとまではいえない。そうすると、被告人に対し、究極の刑罰である死刑を選択することには躊躇せざるを得」ない。	「処罰感情は、本件犯行の態様や結果を反映したものであり、これらは既に量刑上重視しているから、刑を決める上で重視することは相当でない」。
・被害者1名死亡、もう1名は重症（加療約59日間を要する出血性ショック、胸腹部刺創、外傷性左肺挫傷、外傷性脾臓破裂、小腸穿孔）。 ・法廷における被告人の「挑発的」で「場を弁えない不穏当な言動」に対して「哀れすら感じる」。 ・凶器：出刃包丁（刃体の長さ13.5cm）。 ・11万円、預金通帳等14点在中のリュックサック。	被告人が述べる両親に対して憎しみを抱いた理由は到底納得できるものではない。もっとも、動機・経緯の点で、利欲的目的だけを理由にして犯行に及ぶ典型的な強盗殺人とは相当程度様相を異にしており、弁護人が主張するとおり、非難の程度も自ずと異なってくる。	被告人が法廷で「また強盗殺人をやる」などと述べた事案。
・被害者1名死亡。 ・凶器：鈍器、ひも様の物。 ・168万円（強盗の被害額）。		
・被害者1名死亡。 ・凶器：ペティナイフ（刃体の長さ9.1cm）。		
・被害者1名死亡。 ・凶器：包丁。		

No	判決日 裁判所 認定罪名	判決	求刑 V意見 弁意見	争点と認定
19	H23.5.30 さいたま 強盗殺人、窃盗	無期懲役	無期懲役 死刑 20〜25年	殺意⇒認定
20	H23.2.25 津 銃刀法違反（けん銃、実包所持、発射）、強盗殺人未遂	25年	25年 無罪	犯人性⇒認定
21	H21.10.29 鳥取 住居侵入、強盗強姦、強盗殺人未遂、窃盗未遂	21年	22年 無期懲役	殺意の発生時期⇒被害者が痙攣した際（検察官は、侵入する際、弁護人は、首を絞める際と主張）
22	H22.9.7 千葉 強盗、強盗	有罪（部分判決）		犯行態様、強盗罪の成否⇒認定
	H22.9.17 千葉 強盗殺人未遂、強盗①、②	17年	不明	殺意の有無⇒認定

量刑事情	量刑傾向	特徴など
・被害者１名死亡。 ・凶器：包丁（刃体の長さ20cm）。 ・幼時に虐待されたことやこれに基づき犯行時にパニックになった結果からもたらされたものとは到底認定できないし、被告人が躁うつ病に罹患していることと本件各犯行との因果関係は認められないので、被告人の犯情は相当に悪質というほかない。	・これまでの同種事案の量刑との均衡（処罰の公平性）などを勘案すると、死刑ではなく無期懲役刑を選択することが妥当。 ・社会的影響、被害の深刻さ、遺族の悲嘆の感情、慰謝の措置が取られていないこと等の諸事情を考慮すると、無期懲役刑をさらに酌量減軽する余地はない。	
・凶器：拳銃。 ・298万円（強盗の被害額）。 ・入院加療36日間を要する背部銃創、開放性骨盤骨折。		
・凶器：電気ドライヤーのコード。 ・低酸素脳症後遺症（半盲、下肢筋力低下）の後遺障害を伴う入院加療18日間を要する頚部圧挫損傷、右手掌部外傷、舌咬傷、一過性意識消失等。 ・財布１個。 ・有利な事情のうち、父親による弁済や妹の存在等は、被告人自身の力によるものではない。	本件は、被害女性方に侵入した強盗犯人が被害女性を殺害しようとした上で、強姦までした事件であって、強盗殺人未遂事件の量刑傾向や強盗強姦事件の量刑傾向を踏まえても、それぞれの中で特に軽い事案とみることはできない（弁護人が指摘する強盗強姦事件の犯罪類型は、本件と余りに事案を異にする。）。	
情状に関する事実として、犯行態様・計画性・犯意の強さ・動機・経緯・結果・被害者の落ち度の有無・処罰感情・共犯者との主従に関する事実を認定。		区分審理。
・凶器：果物ナイフ。 ・181万100円相当、8290円の乗車代金。 ・全治約41日間を要する腹部刺創、肋間動静脈損傷、肋軟骨損傷、大膜損傷、下顎部切創、肝臓損傷。 ・前科がないことを重視して量刑を軽くすべきとはいえない。	刃物等の凶器を用いた類型における強盗殺人未遂罪の過去の裁判例で示された量刑幅を参考にし、他のタクシー強盗に関する事情も加味するのが相当。	

No	判決日 裁判所 認定罪名	判決	求刑 V意見 弁意見	争点と認定
23	H22.10.27 仙台 強盗致死（起訴罪名は強盗殺人）、営利誘拐、逮捕監禁	15年	無期懲役	①Bと被害者を殺害する話合いをしたか、②殺害行為をしたか、③自首が成立するか⇒①話合いはなされず、②実行行為もしていない、③否定
24	H22.4.28 大阪 強盗殺人未遂	13年	18年	殺意の有無⇒認定

量刑事情	量刑傾向	特徴など
・被害者1名死亡。 ・凶器：ロープ、バール。 ・5000万円（強盗の被害額）。	・被告人を、検察官が求刑するとおり無期懲役刑に処するか否かを検討すると、被告人が報酬を得られると考えて強盗致死という被害者の命を奪う犯行に関与した責任は重いというべきであるが、他方で、被告人に有利な事情、特に被告人が殺害行為自体には一切関与していないこと等に照らすと、被害者殺害について主導的な役割を果たし、実際に殺害行為を行ったAと同じ無期懲役刑という厳罰に処することには抵抗がある。したがって、上記の被告人に有利な事情を最大限考慮し、酌量減軽をした上で、被告人を有期懲役刑に処するのが相当である。 ・もっとも、上記に述べた被告人に有利な事情は、酌量減軽の際に既に考慮し尽くされており、更に被告人に有利に考えるべき事情は見あたらないこと、逆に、被告人が強盗致死罪のみならず、営利誘拐、逮捕監禁罪も犯していることや被害者の死体を埋めるのを手伝っていることなどに照らせば、当時の有期懲役刑の上限である懲役15年から更に被告人の刑を引き下げる事情はない。	
・未遂減刑。 ・凶器：金属製の棒（長さ54cm、重さ1375g）。 ・全治約1か月間を要する頭部挫創、頭蓋骨骨折、左頬骨弓骨折、左上肢打撲擦過傷。 ・11万円及び預金通帳等在中の鞄。	殺意の程度（強いものではなかった）や計画性の不存在、被告人に前科がないことを考慮すると、検察官の求刑（懲役18年）はいささか重きに過ぎる。	

No	判決日 裁判所 認定罪名	判決	求刑 V意見 弁意見	争点と認定
25	H23.3.14 名古屋 強盗殺人未遂	12年	15年 5年	殺意⇒認定
26	H22.7.12 徳島 窃盗、強盗殺人未遂、銃刀法違反	11年6月	13年 	殺意の有無⇒認定
27	H22.6.4 福岡 強盗殺人未遂	9年	12年 5年	殺意の程度（死んでしまって仕方がない）⇒殺そうと思っていたことは明らか
28	H22.6.17 盛岡 建造物侵入、強盗殺人未遂	9年	12年 	

量刑事情	量刑傾向	特徴など
・凶器：包丁（刃の長さ17cm）。 ・全治113日を要する胸背部裂傷等。 ・19万円（強盗の被害額）。	被害者を殺害する明確な意図や意欲があったわけではなく、検察官が本件は強盗殺人未遂の事案として、極めて重い類型でも、軽い類型でもないとして懲役15年を求刑しているのは納得できるところである。しかしながら、本件は、窃盗後に取り押さえられそうになったことに端を発した突発的な犯行であり、現金を盗んだ際に包丁を用いる考えはなかった。また、被告人は、平成15年に、児童福祉法違反の罪により保護観察を付した執行猶予判決を受け、同じ頃、大麻取締法違反等の罪による執行猶予判決も受け、公的監督の下、社会内で更生する機会を与えられ、その後は同種の犯罪に及ぶことなく、生活を改めており、更生の途を歩んだともいえる。この事情は、被告人の今後の更生を考える上で、一定程度、考慮することができる。	
・未遂減刑。 ・凶器：牛刀（刃体の長さ20.5cm）。 ・全治約4週間を要する頚部刺切創、左大腿部刺創等。	検察官の懲役13年という求刑意見は、具体的刑期についての説明はないものの、量刑判断の基礎となる事実については、概ね裁判所が認定した内容と一致する。	
・未遂減刑。 ・凶器：牛刀（刃体の長さ20.5cm）、ヒツ鉈（刃体の長さ13cm）。 ・全治約15日間を要する頸椎捻挫及び胸椎打撲傷。 ・未成年者である共犯者の将来も顧みず、自己の犯罪に巻き込んで手足として利用したもので、強く非難されるべき。	強盗殺人罪は、財産を得るために人を殺める犯罪であるがゆえに重く処罰されるところ、本件はそのような典型的事案とは異なること、犯行は未遂にとどまり被害者の傷害結果も重大なものではないことからすると、検察官が求刑する懲役12年は重きにすぎる。そこで懲役9年が相当であると判断した。	
・中止未遂（被害者の抵抗や必死の命乞いがあったためとはいえ、被告人が自ら首を絞める行為を中止）。 ・凶器：文化包丁（刃体の長さ17cm）。 ・3万8400円（強盗の被害額）。 ・全治1か月を要する左第8肋骨骨折、全治約1週間を要する頚部皮下出血等。		

No	判決日 裁判所 認定罪名	判決	求刑 V意見 弁意見	争点と認定
29	H22.3.19 さいたま 強盗殺人未遂、強盗傷人	8年6月	12年 	殺意の有無⇒2件の強盗殺人未遂うち、1件は殺意を認定、1件は否定
30	H23.12.10 鹿児島 無罪	無罪	死刑 無罪	強盗殺人・住居侵入の犯人性⇒否定

量刑事情	量刑傾向	特徴など
・心神耗弱に争いない（本件各犯行は、被告人が、従前うつ症状を呈し、医師の処方した抗うつ薬を、概ね医師の指示通りに服用していたところ、その副作用としてアクチベーション症候群と呼ばれる軽そう状態に陥り、その影響で、自分の行為が悪いことと判断できるものの、その行為を抑制することが著しく困難な状況下で行われたものである。このことを過大に評価することはできないものの、被告人のみ厳しく非難できない側面があることは否定できない）。 ・凶器：包丁（刃体の長さ15.8 cm）。 ・入院19日間及び加療約1か月間を要する左胸部、左下腹部、左腰部及び左大腿部の各刺創、出血性ショック。 ・14万3000円（強盗の被害額）。	当裁判所が、量刑に当たって特に重視した事情は、犯行の危険性、被害結果の重さ、被害者らの処罰感情の強さである。	

■②強盗致死一覧

No	判決日 裁判所 認定罪名	判決	求刑 V意見 弁意見	争点と認定
1	H22.10.15 千葉 強盗致死、逮捕監禁	無期懲役	無期懲役 	①強盗の故意・共謀の有無、②暴行と死亡との因果関係⇒いずれも認定
2	H22.3.3 静岡沼津 強盗致死、死体遺棄	28年	無期懲役 	
3	H22.7.22 東京 強盗致死、営利略取、監禁、覚取法違反、窃盗	28年	無期懲役 死刑 	①覚せい剤注射・置き去り行為と死亡との因果関係、②強盗の機会⇒いずれも認定
4	H22.11.15 千葉 強盗致死、逮捕監禁	28年	無期懲役 20年を下回る刑	①強盗の故意・共謀、②暴行の有無、③暴行と死亡との因果関係⇒いずれも認定
5	H22.8.27 千葉 強盗致死、逮捕監禁	25年	30年 	
6	H21.11.26 静岡沼津 強盗致死、死体遺棄	24年	25年 7年	

量刑事情	量刑傾向	特徴など
・監禁・暴行は実行していないが首謀者。 ・135万円（強盗の被害額）。		
・強盗致死の事案で被告人は首謀者ではなく、実行役の中心でもない。 ・被害者の頚部を圧迫した行為には、自ら招いたとはいえ、被害者に左手親指をかまれた状態で急遽及んだという偶発的な側面があること。		
・甲（共犯者）の影響力は無視し得ない。 ・横紋筋融解症で死亡した経過及び結果は予想外。	「本件共犯者との刑の均衡や、強盗致死の事案における量刑傾向、とりわけ無期懲役に処せられた事案との対比も行いつつ、本件の量刑を慎重に検討した結果、被告人に対しては、強盗致死罪の所定刑中無期懲役刑を選択した上、酌量減軽をした刑期の範囲内で、主文の刑に処するのが相当と判断した。」	
・監禁・暴行を加えた実行犯。 ・共犯者らの中では序列が一番低い。 ・135万円（強盗の被害額）。		
・監禁・被害者宅に侵入して窃盗の実行犯。 ・135万円（強盗の被害額）。		
・暴力団組長を中心とした組織的、計画的犯行。 ・被告人は暴行・死体遺棄の実行役（ただし、死に直結する暴行を加えていない。）。		

No	判決日 裁判所 認定罪名	判決	求刑 V意見 弁意見	争点と認定
7	H22.9.17 千葉 強盗致死、逮捕監禁、建造物侵入、窃盗、盗品等運搬、住居侵入	22年 罰金50万円	25年 罰金50万円	
8	H22.6.23 東京 強盗致死、営利略取、監禁、覚取法違反、窃盗	17年	20年	①覚せい剤注射・置き去り行為と死亡との因果関係、②強盗の機会⇒いずれも認定
9	H22.12.17 大阪堺 強盗致死	5年以上10年以下	5年以上10年以下 55条移送	55条移送⇒否定
10	H22.12.2 千葉 強盗致死幇助、逮捕監禁	6年	10年	

量刑事情	量刑傾向	特徴など
・監禁・被害者宅に侵入して窃盗の実行犯。 ・135万円（強盗の被害額）。	・首謀者や実際に暴行を加えた共犯者らと同等の責任があるとまで言えない。 ・同種事案（検索条件「強盗致死」「共犯」「強盗部分の計画性：あり」「処断罪名と同じ罪の件数：1件」）の量刑傾向も参考にした上で、主文のとおりの刑を科するのが相当。	
・準備に加担しているが他の共犯者に随伴している側面。 ・暴行・脅迫も加えていない。 ・従属的立場。		遺族の処罰感情を、行為の悪質性や結果の重大性といった行為責任と切り離して過度に考慮することは相当でないと考え、刑を決めるにあたって重視しすぎないようにした。
・被告人は未成年（犯行時16歳6か月、判決宣告時18歳1か月）。 ・手拳で殴打、転倒させて頭部を路面に強打させ、脳挫傷により死亡。		動機、態様の悪質性、危険性、とりわけ被害結果が重大であること等の諸事情を総合すると、被告人の刑事責任は重いというべきであり、本件犯行のきっかけがAにあることを十分考慮しても、被告人については、家庭裁判所に移送した上で保護処分に付することが許容される特段の事情があると認めることはできない。
・前科なく、若年（犯行時20歳、現在25歳）。		

■③危険運転致死一覧

No	判決日 裁判所 認定罪名	判決	求刑 V意見 弁意見	争点と認定
1	2010.10.22 名古屋 危険運転致死、道路交通法違反（無免許、救護義務違反等）、道路運送車両法違反、自動車損害賠償保障法違反、窃盗、建造物侵入、窃盗未遂	23年	27年 17年	交差点進入時の速度が約120kmだったか⇒認定
2	2010.1.28 千葉 危険運転致死	14年	15年	アルコールの影響により正常な運転が困難な状態に陥ったか⇒認定
3	2011.9.16 福岡 危険運転致死	14年	15年 7年	時速75kmに至らない可能性⇒75kmとした算出結果は信用できる
4	2010.3.29 大阪 危険運転致死傷、道路運送車両法違反	10年	12年 5年	・信号が赤色だったか⇒認定 ・赤信号を認識して無視したか⇒排斥 ・赤信号を認識していなかったとしても、Aはおよそ赤信号に従う意思がなく、無視する意思で交差点に進入したか⇒認定 ・被害者ら死傷結果と運転行為との因果関係⇒認定
5	2010.4.28 さいたま 危険運転致死傷、道路交通法違反（無免許、酒気帯び）	5年以上10年以下	5年以上10年以下	・未熟運転か⇒排斥 ・高速度運転か⇒認定 ・事故と運転行為に因果関係が認められるか⇒認定

量刑事情	量刑傾向	特徴など
・時速120kmで信号を無視して交差点に進入⇒3人死亡。 ・走行態様は極めて無謀で危険。 ・人を巻き込んだかも知れないと思ったのに逃げ去る⇒社会的に強い非難。 ・3人死亡⇒結果極めて重大。 ・反省、母が指導監督誓約。 ・一部示談（窃盗）、共犯者が一部被害弁償（窃盗）。		・外国人。 ・赤信号無視。
・2名死亡。 ・極めて危険。 ・結果重大。 ・遺族らが突然かけがえのない家族を失ったという結果も量刑上考慮すべき。 ・動機は身勝手極まりない。 ・常習的に飲酒運転。交通法規を守ろうとする意識がほとんどなかった。 ・自賠責。 ・アルコールの影響で正常な運転ができない状態であったことを否認し、自己の刑責を軽くしようとする態度も窺われ、十分な反省は伝わってこない。		アルコール。
・Aはそのまま自動車の運転を継続すれば、極めて危険な状態に陥ることを容易に予想し得たのに、安易に運転を継続。 ・Vら落ち度なし。結果重大。 ・酒気帯びの罰金前科あり。 ・一般予防は過度に考慮することは適切ではない。 ・任意保険、反省（＋）。		アルコール。
・無車検、飲酒運転の発覚を恐れて逃走⇒信号を意に介さず赤信号の交差点に進入、2人死亡、2人傷害。 ・結果重大。 ・経緯態様とも悪質。 ・自賠責には入っていたが、実損害に見合う金銭賠償の見込みなし。 ・V3名が原付3人乗り。不適切な右折方法。被告人1人に負わせるのは酷。 ・若年。		赤信号無視。
・運転態様は無謀かつ危険極まりない。 ・中2から常習的に無免許運転。自己中心的。 ・結果の重大性（1名死亡、4名傷害）。 ・規範意識の欠如。 ・反省。 ・対人対物無制限の保険。 ・元勤務先の社長も更生を支援。 ・19歳の少年。		・少年。 ・高速度。

No	判決日 裁判所 認定罪名	判決	求刑 V意見 弁意見	争点と認定
6	2010.5.26 千葉 危険運転致死	9年	12年 	態様⇒一部認定されず（「公訴事実のうち、被告人が運転開始前に飲んだ酒の影響により運転操作が困難な状態にあったこと、及びそれによって自車を対向車線に進出させるなどしたことについては、（中略）合理的な疑いが残るので、認定できない」）
7	2011.1.19 福岡 危険運転致死、道路交通法違反（救護義務・報告義務違反）	8年	8年 執行猶予	アルコールの影響により正常な運転が困難な状態に陥ったか⇒認定
8	2010.12.24 さいたま 危険運転致死、道路交通法違反（救護義務・報告義務違反）	8年	12年 7年	（道交法違反について）交通事故の認識の有無⇒未必的な認識はあった
9	2010.10.5 千葉 危険運転致死、道路交通法違反（無免許）	4年以上8年以下	5年以上10年以下 3年・執行猶予5年・保護観察付	・衝突態様⇒検察官主張の通り ・進行を制御することが困難な高速度か⇒認定
10	2010.4.22 徳島 危険運転致死	6年6月	8年 5年	

量刑事情	量刑傾向	特徴など
・同種前科。交通法規軽視の態度は著しく厳しい非難を免れない。 ・極めて無謀で危険きわまりない。 ・1名死亡。結果重大。 ・任意保険未加入⇒補償は自賠責の限度。 ・反省、社会復帰後に賠償につとめる旨述べる、かつての雇用主が更生に助力する。	「正常な運転が困難な状態で自動車を運転する行為の悪質性・危険性が大きいこと、被害者死亡という結果が重大であること、及び飲酒の上での危険運転を撲滅し、同様の犯罪を抑止するという一般予防の見地からすれば、従前の量刑傾向はやや軽いというべきである。」	アルコール。
・結果重大。 ・犯行態様は大変危険。 ・救護義務、報告義務果たさず。 ・動機に酌量すべき事情はない。 ・もっとも、常習的な飲酒運転ではない。 ・反省を深めつつある、若年。 ・福岡県内の飲酒事故の多さ⇒殊更重く処罰すべきではない。 ・任意保険⇒軽くする事情とはいえない。		アルコール。
・結果重大。 ・一般予防。 ・Aは以前運転手として稼働。飲酒運転の危険を十分承知。強い非難に値する。 ・反省、5人の子ども、情状証人として母親出廷、対人無制限の自動車保険により財産的損害は一定程度填補。 ・前科がないことは量刑上有利不利に特に影響しないと明記。		アルコール。
・1名死亡、4名傷害。結果重大。 ・無謀運転。 ・無免許運転⇒交通検問で停止を求められるや急加速させて突破⇒本件事故⇒動機経緯に酌むべき事情ない。 ・被害弁償未了、謝罪文遅きに失する。 ・更生を支える環境が整っている、未成年である。		・少年。 ・高速度。
・飲酒運転⇒動機や経緯に酌量の余地はない。 ・態様は危険で悪質。 ・結果重大。		アルコール。

No	判決日 裁判所 認定罪名	判決	求刑 V意見 弁意見	争点と認定
11	2010.2.19 さいたま 危険運転致死	6年	8年 5年	
12	2010.1.29 水戸 危険運転致死傷	6年	10年 4年以下	
13	2010.4.22 青森 危険運転致死傷	5年6月	7年 執行猶予	速度⇒時速40キロに加速して交差点に進入したことは間違いない
14	2011.8.5 さいたま 危険運転致死	5年	7年	①赤信号の認識地点が31.8m手前か⇒排斥（18m〔弁護人主張どおり〕） ②（①の判断の中で）自白調書の信用性⇒排斥
15	2011.2.3 千葉 危険運転致死傷	3年6月	5年 2年	

量刑事情	量刑傾向	特徴など
・左カーブを時速130kmで進行。対向車線にはみ出させ、被害車両に追突、運転手1名死亡。 ・高速度でカーブを通過しスリルを感じて気分を晴らしたい⇒動機、経緯は厳しく非難。 ・超過速度罰金前科。 ・無謀で危険極まりない。 ・結果重大。遺族の処罰感情厳しい。 ・反省悔悟は間違いない。 ・父親、謝罪に行っており誠実に対応。 ・任意保険。		高速度。
・1名死亡、1名重傷。結果重大。厳重処罰を求める。 ・2か月前に免許停止。 ・真摯に反省、悔悟。 ・任意保険⇒それほど考慮する必要はない。 ・免許取消し、解雇⇒当然の制裁。		赤信号無視。
・信号無視。無謀かつ極めて危険。悪質。 ・結果重大。遺族の処罰感情厳しい。 ・交通ルールに対する認識はとても甘い。 ・すぐに110番や救護活動。示談成立。慰謝の努力、反省。		赤信号無視。
・犯行態様は危険かつ無謀。 ・とはいえ、停止線の手前で急制動をかけずに余裕を持って停止できる事案と比較すると、本件行為の悪質性には差異がある。 ・前科なし、善良な社会生活、謝罪の念、任意保険、元雇用主が再雇用、妻が支える。		赤信号無視。
・一歩間違えば更に重大な結果を生じかねない危険性が高い事故。 ・結果重大（同乗者1名死亡3名重傷）。 ・「他の同級生の送迎のために先を急ぎたかった、同窓生に格好良く見せたい気持ちもあって急加速した」というのは「あまりにも軽率で身勝手である。この点も、被告人に不利な事情として考慮した」。 ・傷害を負ったVのうち1名は被告人の処罰を望まない旨述べ、もう1名は寛大な処分を望む、物的被害示談成立、人的損害も保険による解決が期待できるが、「これらの事情は、被告人に有利な事情といえるものの、任意保険による損害回復は当然のことであり、本件の結果の重大性を考えると、被告人の刑事責任を大きく軽減する事情とは考えなかった」。 ・反省しているが「なおいっそう反省を深めて償いの努力を続けなければならない」。 ・更生の可能性は認められる。		高速度。

■④逮捕監禁致死一覧

No	判決日 裁判所 認定罪名	判決	求刑 V意見 弁意見	争点と認定
1	2010.2.18 東京 監禁致死、傷害、暴行	11年	12年	
2	2010.3.26 東京 監禁致死、傷害	7年	10年	

量刑事情	量刑傾向	特徴など
・態様悪質、結果重大。被害児をゴミ箱に入れて長時間閉じ込めた。生命に対する危険性高く、極めて悪質。被害児は2歳6か月。結果極めて重大。恐怖と苦しみは察するに余りある。 ・弁護人は、被告人が、被害児が出たければ出られるだろうと思い込んでいたと主張するが、そうだとしても、刑事責任を軽くする事情にはならない。傷害も、方法悪質、結果重大。暴行も、被害児の年齢考えれば悪質。 ・日常的な虐待行為がエスカレートした結果。経緯悪質、動機身勝手。 ・弁護人は、被害児が陰茎を触らないようにするために被害児を縛り付けたと主張するが、きっかけはともかく、単なる虐待であって、弁護人主張のような理由で被害児を縛ったとは認められない。 ・犯行の大部分を行っている。		
・日常的に被害児（2歳）に虐待を繰り返す。単発的な虐待とは異なる。 ・監禁致死の態様が極めて悪質、結果重大。傷害についても態様や程度は悪質。 ・夫の監禁に手を貸している。関与の程度を軽く見ることはできない。 ・弁護人は、被告人が夫から暴力を受けていたことを刑を軽くする事情と主張するが、被告人の言い分を前提としたとしても、暴力の影響でやむを得ず関与せざるを得なかったとはいえない。 ・関与の程度に軽重はある。 ・一定の限度で自分にも責任があることを認めており、事件に向き合おうとしている。 ・被告人なりに被害者を育てようとしていた一面もうかがわれる。 ・養育を必要とする長女と二女がいる。		

No	判決日 裁判所 認定罪名	判決	求刑 Ｖ意見 弁意見	争点と認定
3	2011.3.15 横浜 監禁致死	A：6年 B：5年	A：10年 B：8年 A：5年 B：執行猶予・保護観察付	
4	2011.3.7 東京立川 逮捕監禁致死	3年・執行猶予5年	4年	・幇助犯にとどまるか⇒共同正犯 ・実行行為者による凶器を使った死亡の結果にまで責任を負わないか⇒負う

量刑事情	量刑傾向	特徴など
・罪質や結果は極めて重大。 ・結果は誠に重大かつ悲惨。 ・Bは、当初は、被告人なりに子供たちの養育に努力した経緯あり。しかし、その後の経緯や動機は、幼児の養育の責任を負うべき自分たちの立場をわきまえない身勝手なもの。 ・被害女児（1歳2か月）は、本件の際に、胃から出血を生じるほどの身体的負荷を受けており、木箱内でもがき苦しんだ末に窒息死して短い生涯を閉じるに至ったものであり、哀れというほかない。 ・Aは、死亡に直結する行為に及んだ責任は重い。 ・Bは、Aに行為を告げられて、積極的に容認。Aとの間に大きな責任の軽重は存在しない。 ・Bの年齢（成人を迎えたばかり）は、その責任を決するに当たり考慮すべき。しかし、社会性や人間性の未熟さについて教育を受ける必要性が高い。 ・経緯、被告人両名がその立場や生育環境のために幼児の養育に不慣れであったこと、現在では反省の態度を示していること、特段の犯罪歴がないこと。		2名共犯。
・本件の計画内容の詳細や動機・目的などを知らされないまま半強制的に犯行に参加させられた。実行行為も行っていない⇒果たした役割は共犯者中最も軽い。 ・21歳と若年、前科やさしたる前歴なく、犯罪傾向もない、10か月にわたって身体拘束⇒反省の機会、更生の意欲、実母・実兄が監督を誓う。 ・犯行の悪質性、結果の重大性に鑑みると、酌量減軽をするまでの事由はない。 ・既に3年・執行猶予5年の判決を受けた共犯者よりも犯情は軽い。 ・公的機関の助力によらずとも更生期待できる。		保護観察なし。

■⑤保護責任者遺棄致死一覧

No	判決日 裁判所 認定罪名	判決	求刑 V意見 弁意見	争点と認定
1	2010.8.2 大阪 保護責任者遺棄致死、死体遺棄	12年	17年 	・被告人に先行行為による保護義務があったか⇒認定 ・被害者の要保護状態及び被告人の認識があったか⇒認定 ・被告人による不保護及び故意があったか⇒認定 ・被害者の死因⇒衰弱死
2	2010.7.21 大阪 保護責任者遺棄致死、死体遺棄	8年6月	12年 3年・執行猶予	・被告人は内縁の夫の虐待を必死に止めようとしたか⇒真剣に止めようとしていない ・被害者に医療措置を受けさせなかったのは被害者が衰弱していると考えていなかったからか⇒衰弱している状態に気付いていた ・不保護について内縁の夫と共謀したか⇒共謀した ・被害者の死因は十分に解明されているか⇒解明されている
3	2010.3.19 徳島 保護責任者遺棄致死、死体遺棄	3年6月	5年 執行猶予	

量刑事情	量刑傾向	特徴など
・不保護の態様は陰湿かつ卑劣で悪質である。 ・被告人が果たした役割は内妻と比べて相当重要であった。 ・量刑判断にあたって被害者の心情に十分に思いを致す必要がある。 ・動機に酌量の余地はない。 ・主体的に犯行を隠蔽する行動に出たことも軽視できない。 ・他方において、検察官が論告で主張する内容の本件の社会的影響や、被告人が反省していないことそれ自体を過度に強調することは妥当でない。	弁護人が弁論で提示した保護責任者遺棄致死事件における従来の量刑に関する資料（懲役6年を最高刑とするもの）については、被害者に対して日常的に苛烈な虐待を加えた末の不保護により死に至らせたなどの前述した具体的な事情等に照らして、本件の量刑判断に必ずしも適切なものとはいえない。	
・犯行態様は卑劣で悪質である。 ・犯行動機に酌むべき事情は全くない。 ・虐待を隠蔽する行動をとっていたことも軽視できない。		
・アスペルガー障害により状況に応じて適切な行動をとる能力に制約あることの影響下で犯したものであるが、知的能力は十分にあった。 ・結果は非常に重大である。 ・被害者の妹が処罰を求めている⇒執行猶予は相当ではない。 ・被告人に殊更悪質な犯罪に及ぶ傾向はない。 ・被告人なりに反省の態度を示している。 ・保釈後に通院治療を受けるなど自力更生の努力をしている。 ・両親が監督を誓っている⇒更生の可能性は認められ、専門治療の機会を比較的早期に与えるべき。		

No	判決日 裁判所 認定罪名	判決	求刑 V意見 弁意見	争点と認定
4	2010.5.21 秋田 保護責任者遺棄致死	2年6月	5年	
5	2010.11.9 広島 保護責任者遺棄致死	3年・執行猶予5年	5年 公訴棄却	・公訴棄却（刑訴法338条1号準用、338条4号準用）すべきか⇒公訴棄却しない ・Aが保護義務を基礎付ける各事実を認識しながらあえて保護のために必要な措置をとらなかった（不保護）といえるか否か⇒いえる

量刑事情	量刑傾向	特徴など
・犯行態様は非常に危険性が高い悪質なものである。 ・結果は重大で取り返しがつかない。 ・以前にも幼児を車に放置してパチンコに興じたことがあり、放置の危険性を十分に認識していた。 ・公判供述態度からは事の重大性に直面できているのか疑問が感じられるところがある。		
・結果重大。 ・医療措置を受けさせることが特に困難であったという事情は見あたらない。 ・母親であるVを真夏の自宅の軒下に生活させたまま放置したことは悪質。 ・裁判所には反省の気持ちが十分に伝わってこなかった。 ・本件犯行に至るまでは一人娘としてVの面倒をよく見てきたこと、家庭内に様々な問題を抱えAの心身の健康状態が優れなかったこと、養育を必要とする未成年の子がいること。		

■⑥通貨偽造一覧

No	判決日 裁判所 認定罪名	判決	求刑 V意見 弁意見	争点と認定
1	H22.4.28 千葉 通貨偽造、同行使、覚取法違反（自己使用）、通貨偽造、同行使、建造物侵入、窃盗、住居侵入、窃盗	4年6月	6年 執行猶予	
2	H22.3.15 大阪 通貨偽造、同行使、通貨偽造、同行使、覚取法違反（自己使用）	4年	7年 3年・執行猶予5年・保護観察付	
3	H22.11.26 水戸 偽造通貨行使、覚取法違反（自己使用）	3年6月	6年 執行猶予	
4	H22.3.31 名古屋岡崎 通貨偽造、同行使	3年6月	4年 2年	

量刑事情	量刑傾向	特徴など
・偽造3回（合計1万円札30枚）、3店舗で使用。 ○元交際相手が更生のために助力するとした点について 従前の被告人と元交際相手との交際状況等からすれば、同人の更生への助力を量刑に当たり過大に評価することはできないが、被告人にとって、元交際相手の存在は、更生に向けての精神的な支えとなりうるものであるから、その限度において被告人に有利な事情として考慮する。		
・1万円札69枚、5000円札62枚、1000円札46枚偽造、9回にわたり行使（1万円札1枚、5000円札6枚、1000円札2枚）。 ・被害弁償がなされ、被害感情が和らいでいる人がいることも軽視できない。	・昨今、カラーコピーを利用した同種事犯が多発し、特に高額のお札に対する警戒心も一般的に生じている社会情勢に照らすと、本件のような模倣性の高い偽札偽造・行使事案に対しては同種事犯の抑止という観点からも厳しく対処する必要がある。 ・経緯・動機の悪質性や犯行態様(ことに、その偽造枚数・行使回数、犯行の巧妙性）等に照らすと、同種事案の中でも相当重い部類。	
・知人から取得した偽造1万円札を4回行使。 ・4万円の被害。 ・覚せい剤前科2件有り。		
・偽造2回（75枚の偽札、26万4000円相当)、行使2回（2枚)。 ・最終刑を終えてから3年も経たないうちに本件各犯行に及んだ。法律を守ろうとの意識が低いことは明らかである。今後、被告人が通貨偽造や行使を繰り返すとは考えにくいが、再び犯罪に及ぶ可能性は小さいとはいえない。		

No	判決日 裁判所 認定罪名	判決	求刑 V意見 弁意見	争点と認定
5	H22.3.26 福岡 通貨偽造、同行使、通貨偽造、同行使、覚取法違反（自己使用）	3年	4年 	
6	H22.8.26 東京 通貨偽造、同行使	3年	4年 	
7	H21.10.26 大阪 通貨偽造、同行使	2年6月	4年 3年・執行猶予	
8	H22.6.3 東京 偽造通貨行使、通貨偽造、同行使	3年・執行猶予5年・保護観察付	5年 	

量刑事情	量刑傾向	特徴など
・偽造2回（1万円札3枚）、4回行使。 ・覚せい剤前科あり。 ・示談が成立。	・紙幣の枚数が3枚であり、行使の回数がのべ4回であることからすると、本件は法律上選択できる刑の中では、下限を視野に入れた刑の幅が想定される事案。 ・本件各偽造通貨行使の態様は狡猾だが、動機が殊更他の事案と比較して悪質とまではいえず、本件通貨偽造の程度が精巧とはいえないことなどを重視すると、本件行為責任が重いとまではいえない。	
・1万円札18枚偽造、うち1枚を飲食代金の支払として手渡した。 ・建造物侵入、窃盗で執行猶予中の事件。 ◯経緯に関する判示 被告人は、前刑の判決言渡し後、不眠症となって仕事をすることができなくなったため、金銭的に困窮したと述べており、実際に、医師に不眠症と診断されて処方を受けていることが認められるが、そうであるからといって、本件犯行が正当化できるものではない。	各偽造通貨は、精巧に偽造されたものであるとはいえず、転々流通することなく偽造であると見破られている。経済的な被害は生じていない。そうすると本件は、通貨偽造、同行使罪の中では、比較的軽い事案であると位置づけられる。	
・1万円札8枚を偽造し、それらを行使。 ・服役後6年余りしか経過していない。		本来であれば3年以上の懲役刑を科さなければならないところ、被告人の反省と立ち直りの言葉を信じ、その立ち直りを支援するため、特に酌量減軽を行った。
・1万円札16枚偽造、8回にわたり使用。 ・7名と示談。		保釈中に窃盗罪により略式命令を受け、「保釈中の被告人の行動状況、両親と被告人間の意思疎通には不十分さがうかがわれ、両親の監督に万全の期待を寄せることができないことなどに照らせば、その猶予の期間中、保護観察に付するのが相当」とされた。

No	判決日 裁判所 認定罪名	判決	求刑 V意見 弁意見	争点と認定
9	H22.10.21 岡山 偽造通貨行使	3年・執行猶予5年・保護観察付	3年6月 執行猶予	
10	H23.2.28 東京 偽造通貨行使、窃盗	3年・執行猶予5年・保護観察付	不明	
11	H21.10.22 さいたま 通貨偽造、同行使	3年・執行猶予5年	3年	

量刑事情	量刑傾向	特徴など
・偽造1万円札を5回行使。 ・4万8000円の現金と合計12点の商品が騙し取られた。 ・5件中4件被害弁償。 ・従属的立場。		
・窃盗被害額約11万6640円。 ・7箇所で、合計10枚の偽造1万円札を行使。 ・被害を弁償したことをいかに評価するかについては見解が分かれ得るところであるが、被告人なりにできる限りのことをして誠意を示したとみられるから、ある程度被告人に有利に考えてもよい。	具体的量刑を検討するに、本件の量刑を決する上では特に偽造通貨行使が重要であり、まず、量刑検索システムにより、本件と同種事案(処断罪・偽造通貨行使等、処断罪と同じ罪の件数・2件以上)のデータを入力した場合の量刑分布をみたところ、懲役2年6月以上5年以下を中心として、執行猶予付から実刑まで幅がある量刑グラフが得られたが、行使罪を何件以上やれば実刑で、何件以下なら執行猶予がついているというような明確な量刑傾向は読み取ることができなかった。もっとも、実刑になっている事例では、被告人が行使罪だけでなく、偽造罪も併せて認定されている事例や前科がある事例、他の犯罪が併合罪として認定されている事例が多くあるという傾向は見られた。 そこで、本件の量刑を考えるに当たっては、まず、被告人のやった犯罪に着目して採り得る量刑の範囲を絞り、その中で被告人の属性に着目して最終的な量刑を決めることとした。	明治時代に制定された現行刑法が、今回のような事例を想定してこのような重い法定刑を設けたかは必ずしも明確ではない。
偽造(1万円札4枚)、うち2万円を行使。		

No	判決日 裁判所 認定罪名	判決	求刑 V意見 弁意見	争点と認定
12	H22.3.11 長野 通貨偽造、同行使、通貨偽造、同行使	A・Bともに3年・執行猶予5年	4年 執行猶予	
13	H22.7.9 福岡小倉 通貨偽造、同行使、同行使未遂	3年・執行猶予5年	3年6月	
14	H22.7.14 東京 通貨偽造、同行使	3年・執行猶予5年	4年	
15	H22.12.9 新潟 通貨偽造、同行使	3年・執行猶予5年	4年	
16	H22.6.10 宇都宮 偽造通貨行使、通貨偽造、同行使	3年・執行猶予4年	3年	

量刑事情	量刑傾向	特徴など
・偽造3回（1000円札10枚、5000円札14枚、1万円札2枚）、行使6回。 ○被害弁償に関する判示 通貨偽造及び偽造通貨行使が通貨の真正に対する公共の信用及び取引の安全を保護法益としていることからすれば、被害弁償の事実を、被告人両名の反省の表れとして考慮するのはともかく、犯行により生じた被害の回復がなされたとして、本件犯行における被告人両名の量刑判断にあたって考慮するのは相当とはいえない。		
1万円札15枚を偽造、2枚を2回にわたり使い、3枚を行使しようとしたが偽物と発覚。	・同種事案の量刑の幅は概ね懲役2年6月から8年の間であるが、懲役3年以下の事案が圧倒的に多く、その大半に執行猶予が付されている一方で、実刑の事案は累犯ないし他の罪と併合罪関係にあるものが多いという量刑傾向を確認した。 ・通貨偽造の程度が精巧とまでいえないことなどを重視すると行為責任が重いとまではいえない。	
・5000円札29枚を偽造し、そのうち12枚を3回にわたり行使。 ・被害店舗全てと示談し、起訴されていない9店舗中5店舗と示談。	カラープリンターでコピー⇒模倣性が高く、一般予防の観点からも処罰の必要性が高い。	
・偽造2回（合計2万円）、行使5回（合計5万円）。 ・5名中、4名は被害弁償及びその意思を受けて、寛大な処分を望む。		
・1万円札2枚、5000円札2枚を偽造、それぞれ1枚ずつ店舗で使用。 ・示談成立。	偽造方法は、家庭にあるプリンターを使うなど模倣しやすいものであって同様の犯罪を防ぐためにも、厳しく非難されるべきである。	

No	判決日 裁判所 認定罪名	判決	求刑 V意見 弁意見	争点と認定
17	H22.9.15 長野 通貨偽造、同行使	3年・執行猶予4年	3年 	
18	H22.9.17 宮崎 通貨偽造、同行使	3年・執行猶予4年	3年 執行猶予	
19	H23.3.18 釧路 通貨偽造、同行使	3年・執行猶予4年	3年 執行猶予	

量刑事情	量刑傾向	特徴など
・1万円札1枚を偽造し、2回行使（1回目の行使では店舗側が疑念を抱き受け入れなかった）。 ・弁償金の支払。		
・1万円札1枚、5000円札1枚を偽造し、行使。 ・行使された額が比較的少なく、示談が成立し、直接の被害は弁償されているが、通貨に対する社会一般の信用を損なうという本件の罪質等にかんがみれば、これらの事情をもって本件の犯情を軽いものと評価できない。		
・偽造（1万円札3枚）、行使3回。 ○執行猶予の判断の際に重視されない事情 被告人が公訴事実を認めていること、被告人が統合失調症に罹患していること、偽造した紙幣が使用された店舗の被害回復が図られていることは、執行猶予を付すべきか否かという点についての結論を決定付ける事情とはいえない。		

■⑦麻薬特例法違反一覧

No	判決日	裁判所 認定罪名	判決	求刑 弁意見	争点と認定
1	H23.5.19	千葉 麻薬特例法違反（業として覚せい剤を輸入）、入管法違反	17年 1000万円	20年 1000万円	共犯者が輸入する物が覚せい剤であるとの認識があったか⇒認定 共謀、営利目的の有無⇒認定
2	H22.11.9	名古屋 麻薬特例法違反（業として覚せい剤を譲渡）、入管法違反	15年 600万円	17年 600万円	
		麻薬特例法違反（業として覚せい剤を譲渡）の幇助、入管法違反	8年 300万円	10年 300万円	
			5年 150万円	7年 150万円	
			3年 50万円	4年 50万円	
3	H22.12.17	福岡 麻薬特例法違反（業として覚せい剤を譲渡）	11年 500万円	12年 500万円	

量刑事情	量刑傾向	特徴など
「共犯者らに犯行を持ちかけ、巻き込んだ上、関係者と連絡を取り合いながら、航空券等の手配を行い、共犯者らに指示を下すなどしている」ことから、「主導的で重要な役割」と認定している。	「本件は、同種事案（麻薬特例法の適用のない覚せい剤取締法違反の事案を含む）と対比しても、重く位置づけられるべきもの」と指摘している。	複数の運び屋を使った事案。
グループの中核として主導的な役割を果たした点、不法収益が5600万円だった点、所持していた覚せい剤が585gと大量だった点、不法在留の前科を指摘した上で、「被告人の刑事責任は、非常に重く、他の被告人と比較しても最も重い責任を負うべき」としている。	特に言及がない。	・共犯者4名について併合審理された事案。 ・量刑の判断について、まず、「被告人らグループ全体の評価」という項目を立て、事案全体の悪質性を認定した上で、各共犯者の個別事情を評価して量刑を導いている。
「特に、規制薬物の管理や売上金の回収といった、信用が求められる重要な役割を任されていたこと、共犯者に売り子の仕事を指導したこと」から、果たした役割が首謀者に継ぐ者であったと認定した。		
他の被告人は、単に「反省」が認定されただけだが、この被告人についてのみ「真しな反省」が認められた。		
「本件密売が先に述べたとおり特に悪質であったことからすれば、これを手助けした者の責任も重いといわざるを得ない。」として、報酬を得ていないこと、前科がないこと、反省していることなどの有利な事情を考慮しても執行猶予は相当でないとした。		
覚せい剤等の密売の営業性の高さや、実際に覚せい剤等を社会に広く拡散させた点を挙げ、「これらの点は、被告人の量刑を考える上で、特に重視すべきである。」と指摘している。	特に言及がない。	公訴事実の一部（被告人が覚せい剤を有償譲渡したこと）につき、自白以外の補強証拠がないとして、「覚せい剤様の結晶粉末を譲渡した」と認定するにとどめた。

No	判決日	裁判所 認定罪名	判決	求刑 弁意見	争点と認定
4	H22.11.1	長崎 麻薬特例法違反（業として覚せい剤を譲渡）、覚取法違反（営利目的所持、単純所持）、条例違反（児童と淫行、児童に淫行させた）	11年 300万円	13年 300万円	被告人の役割が主導的だったか（量刑上の争点）⇒主導的
5	H22.9.17	東京 麻薬特例法違反（業として覚せい剤を譲渡）、覚取法違反（営利目的所持）、入管法違反（不法上陸、不法在留）	10年 600万円	12年 600万円	
6	H23.2.14	横浜 麻薬特例法違反（業として覚せい剤を譲渡）、覚取法違反（営利目的所持）	9年 300万円	10年 300万円	
			6年 100万円	7年 100万円 寛大な判決	
7	H23.4.28	福岡 麻薬特例法違反（業として覚せい剤を譲渡）、覚取法違反（単純所持、使用）、大麻取締法違反（単純所持）	9年 200万円	10年 200万円	

量刑事情	量刑傾向	特徴など
支援を申し出ている知人の存在について、「被告人に暴力団と絶縁させることができなかったことなど、被告人を監督できる関係を築けているとはいえない」と指摘し、「更生環境は十分でない」とした。	結論部分で、「これまでの量刑傾向をも考え」て、主文の刑を導くとしている。	被告人の覚せい剤の密売への関与の仕方を細かく認定して、主導性ありと判断した。
弁護人が、共犯者と行為態様にそれほど差異がないと主張したのに対し、共犯者とでは犯罪事実がそもそも異なるとして主張を排斥した。	特に言及がない。	没収の関係で参加人が参加している。
公判での供述態度、覚せい剤の使用は自己責任という側面もあるという供述内容、服役を終えた後の将来のことなどを妻とよく話し合っていた形跡がないことから、「自らが犯した犯罪にきちんと向き合っているとは言い難く、どれほど真摯に反省しているのか疑問がある。」としている。	「近時の量刑傾向なども考慮し」、主文の刑を導いている。	事案全体の特徴として、「本件の共犯者は2名であり、組織性が高い犯行とはいえず、覚せい剤の密売グループの規模も取引額も、本件より遙かに多い事例もあることからすれば、同種事案の中では重大、悪質な犯行態様であるとまでは評価できない」ことを挙げている。
弁護人は、「バイクの事故により働くことができなくなったことが密売を続けた動機である点を考慮すべき」と主張したが、「バイクでの事故は密売を手伝うようになった後のことであり、事故後には客からの注文を受けるようになるなどさらに関与の度合いを深めているのである」として、弁護人の主張は採用できないとする。	特に言及がない。ただし、共犯者との比較により具体的な量刑を導いている。	
生活費等を得る目的だったという点について、「強い非難を免れない」とした上で、「被告人が就職もままならず、病気を抱えた子供の治療費や生活費等を必要としていたこと等の弁護人らの主張する事情を考慮しても、何ら左右されない」と判示している。	「犯情全体にかんがみれば、懲役刑については、処断刑の幅（無期懲役又は懲役5年以上30年以下）の中では比較的下方に位置づけて量刑するのが相当であるが、他方で、有期懲役刑の最下限（5年）に近いところに位置づけるのもおよそ適切とはいえないところである。」と述べている。	量刑判断の前提として、「本件のような事案においては、行為責任に基づいて、犯行の手段や態様、犯行に至る経緯・動機等の犯情をまず検討し、その責任の大枠を定めた上で、その他の事情（一般情状事実）として重視すべき事情も加味して最終的な被告人の刑を決めることになる。」と指摘している。

No	判決日	裁判所 認定罪名	判決	求刑 弁意見	争点と認定
8	H22.6.18	広島 麻薬特例法違反（業として覚せい剤を譲渡）、覚取法違反（営利目的所持）	8年6月 300万円	10年 300万円	
9	H22.9.10	広島 麻薬特例法違反（業として覚せい剤を譲渡）、覚取法違反（営利目的所持）	8年6月 300万円	10年 300万円	
10	H23.9.1	前橋 麻薬特例法違反（業として覚せい剤を譲渡）	8年6月 200万円		・譲渡を業としていたか⇒業としていた ・犯罪収益の額がいくらか⇒1383万円
11	H22.4.28	山口 麻薬特例法違反（業として覚せい剤を譲渡）、覚取法違反（営利目的所持、単純所持及び使用）	8年 300万円	10年 300万円	
12	H22.6.9	鹿児島 麻薬特例法違反（業として大麻を栽培・譲渡）	8年 200万円	10年 200万円	
			6年6月 150万円	8年 150万円	
			6年6月 150万円	8年 150万円	
			5年 100万円	8年 150万円	

量刑事情	量刑傾向	特徴など
「被告人は反省の弁を述べているが、覚せい剤の害悪を社会に拡散させてきたことの責任について、さらに反省を深める必要がある」と指摘している。	特に言及がない。	
暴力団からの破門による脱退の事実や、妻や雇用見込の存在を被告人の刑を軽くする事情として考慮しつつ、刑を大幅に軽くする方向に働くものではないと評価している。	特に言及がない。	
「被告人は、反省の言葉を述べ、暴力団から脱退し、寄付や臓器提供の意思表示を行うことによって、その反省を行動に表そうとしている。」と指摘している。	特に言及がない。	
特に、危険な薬物である覚せい剤を社会に拡散させたという結果が重大であること、覚せい剤への依存性が顕著であることを重視している。	特に言及がない。	約3024万円の追徴があった。
準備段階から中心的役割を果たし、犯行全体を主導した主犯であり、最も重い責任を負うことは明らかとした。	特に言及がない。	最も責任の軽い共犯者につき、法定刑の最下限（5年）を科すべきとした上、次に責任の重い2名について1年6月程度加算、最も責任の重い首謀者に対してさらに2年程度加算という考え方で量刑を導いている。
大麻栽培の中心的人物である上、実際に密売代金から多額の利益を得ていると指摘している。		
最も早くから大麻栽培に関与するなど、犯行の要所において核心的な役割を果たしたと指摘している。		
関与した期間が短く、密売の手伝いをしたに過ぎず、責任は最も軽いと判断している。		

No	判決日	裁判所 認定罪名	判決	求刑 弁意見	争点と認定
13	H22.9.30	千葉 麻薬特例法違反（業として大麻輸入・譲渡）、関税法違反（輸入禁止貨物輸入の未遂）	7年 400万円	8年 500万円 比較的軽い刑	
14	H22.5.14	千葉 麻薬特例法違反（業として大麻を栽培）	6年6月 200万円	11年 400万円	被告人が共犯者より「上の立場」だったか、「対等」だったか⇒「上の立場」とは認定できない
15	H22.2.26	千葉 麻薬特例法違反（業として大麻を輸入・譲渡）	6年 350万円	8年 500万円	大麻取締法、麻薬特例法、関税法が憲法13条、14条、31条及び36条に違反するか⇒違反しない
16	H22.2.26	長崎 麻薬特例法違反（業として覚せい剤を譲渡）、覚取法違反（単純所持）	6年 100万円	7年 100万円 3年 できるだけ軽い罰金	
17	H22.8.27	広島 麻薬特例法違反（業として覚せい剤を譲渡）、覚取法違反（営利目的所持）	6年 100万円	7年 100万円	
18	H23.8.25	福岡 麻薬特例法違反（業として覚せい剤を譲渡）	5年 80万円	7年 100万円	
			4年6月 80万円	7年 100万円	

量刑事情	量刑傾向	特徴など
友人3人という限定した範囲で譲渡していたこと、通常よりも相当安い価格で売却しており利欲性が高くないことが酌むべき事情とされた。	「同種の事案における量刑傾向も参照して検討する」としている。	
犯行後8か月間逃走していた点につき、「後に被告人が自ら警察に出頭していること、被告人が自己の処罰を免れるために逃走したことを殊更に強調するのは心情において忍びないことからすると、量刑上重く見る要素としない」と判断した。	同種の過去の裁判例（組織的な大麻の栽培を業とした事案）の量刑傾向に沿って判断するのが相当と指摘している。	共犯者の判決を基準とすべきという弁護人の主張に対し、前提事実を異にするから基準にするのは相当でないとした。
	「先例の傾向等も考慮すべき」という点を他の事情と並列的に指摘している。	違憲の主張については、大麻の有害性を否定している点で前提を欠くとして排斥した。
「健康状態の優れない妻が、報復の不安もある中、勇気を振り絞って法廷に現れ、被告人の出所を待ち、被告人が社会復帰した後は被告人を監督していきたいと述べている。」ことを有利な事情として認定している。	酌量減軽すべき事案でないとした上、「これまでの量刑傾向をも参考にした結果」として、主文の刑を導いている。	
暴力団からの脱退の事実や、内妻や雇用見込の存在を被告人の刑を軽くする事情として考慮しつつ、刑を大幅に軽くする方向に働くものではないと評価している。	特に言及がない。	
「長期間にわたりうつ病やパニック障害を患い、解離性人格障害も有していたことが一連の犯行の背景事情であったことは、相応に有利に考慮すべき」と指摘している。 「前科もなく、被告人を慕う人々もおり、これまでそれなりに真っ当な社会生活を送ってきたとうかがわれること等は、今後の被告人の更生可能性を考えるに当たり、有利に考慮すべき事情である。」と指摘している。	特に言及がない。	

■⑧その他一覧

No	判決日 裁判所 認定罪名	判決	求刑 V意見 弁意見	争点と認定
1	H22.7.16 東京 銃刀法違反（けん銃の所持、3発発射）、建造物損壊	12年	17年 	
2	H22.1.29 前橋 銃刀法違反（けん銃の所持、1発発射）、証拠隠滅教唆、覚取法違反（自己使用）	7年	8年 5年6月	
3	H22.2.5 前橋 銃刀法違反（けん銃の所持、1発発射）、証拠隠滅教唆	7年	9年 6年	
4	H22.3.19 福岡小倉 激発物破裂、業務上横領	7年	8年 	

量刑事情	量刑傾向	特徴など
・組長として本件犯行を指示命令した。 ・実行はしていないが、本件各犯行を指示命令しているから、共犯者の中で最も重い責任を負うべき。	一般住民らが受けた被害を決して軽視することはできない。加えて、本件のような身勝手な暴力団犯罪を厳しく処罰することにより、再発を防止する必要性も高い。	
弁護人はけん銃事件後に、抗争相手の暴力団から被告人の所属する暴力団事務所に対する発砲事件が起き、その犯人は処罰されていないから、喧嘩両成敗の考え方からして、被告人のみ重く処罰するのは不公平であるというが、それは、単に現時点において相手方が処罰されていないというだけのことであって、その点を考慮するのは相当ではない。	・いきさつが同情できないことや、危険な態様の犯行であり、被告人の役割が重要であることなどは、基本的に検察官が主張するとおりであり、被告人の刑事責任は重い。 ・しかし、死傷者が実際にでなかったこと、証拠隠滅教唆の点が従属的であることや、反省していると述べている点など弁護人が主張する諸点を考慮すると、検察官の懲役8年は多少重い。	
弁護人は、「けんか両成敗」の見地から、同じく発砲した抗争相手が処罰されていないのは不公平である旨主張する。しかし、本件は抗争相手が被害者とされる犯罪ではないし、そのような考え方により本件について刑を軽くすることはできない。	裁判所が重視した事情は、主に①犯行の経緯・動機、②犯行の態様・結果、③被告人の役割などである。	
・横領額：960万円。 ・建物被害：794万円。	・現住建造物等放火罪のそれを参考にすることとし、自殺目的により、単独で、住宅密集地の現住建造物1棟の一部を毀損した事案を検索したところ、概ね懲役3年（執行猶予、保護観察付を含む）ないし懲役6年の範囲で分布している。そして、業務上横領罪については、被害額等からすれば、概ね2年ないし3年程度が相当であるという弁護人の指摘を前提に検討を進めた。 ・激発物破裂罪と業務上横領罪（18罪）は併合罪関係にあるが、業務上横領罪を犯したことが激発物破裂罪の犯行動機となっており、同じ行為者を処罰するという意味において一定程度配慮すべきであるが、本件においては、罪質が大きく異なることからすれば、それほど併合の利益を過大に考慮すべきではなく、激発物破裂罪の前記量刑分布の上限を更に幾分拡張すべきである。	

No	判決日 裁判所 認定罪名	判決	求刑 V意見 弁意見	争点と認定
5	H22.6.10 高知 爆発物取締法違反(手榴弾を爆発させた)、建造物損壊	被告人両名とも7年	被告人両名につき懲役7年 被告人両名につき懲役3年6月	
6	H22.3.19 宇都宮 銃刀法違反(けん銃の所持、3発発射)	6年6月	8年	
7	H22.1.15 水戸 銃刀法違反(けん銃の所持、1発発射)	6年	不明	
8	H22.5.13 東京 建造物損壊、銃刀法違反(けん銃で弾丸4発発射)	A：6年 B：5年 C：5年	A・B・Cいずれも8年	
9	H22.8.5 長崎 銃刀法違反(けん銃で弾丸1発発射)	5年	7年 3年	

量刑事情	量刑傾向	特徴など
・暴力団組織が右翼団体と称して街宣活動を行い、思い通りにならなかったことから組長の指示で敢行された事件。 ・組長に服従しなければならない関係にあったことは認められるものの、そのような上下関係こそが暴力団組織の性格であり、それを承知で組織に身を置いた以上、そのような関係をもって刑を軽くする事情と考えることはできない。 ・建物被害：100万円。		
・自首が成立しないとはいえ、自ら警察に出頭している。 ・けん銃発射の目的は威嚇のためであり人は狙っていないし、けん銃の弾が近隣住民に当たる現実的危険がないというが、民家敷地内から、住民らが通行する農道に向かって3発も発射しており、危険性の高い行為である。		
所持罪については自首が成立するが、本件が発射行為を含むものであることや、自首に至るまでの経緯をみると、それほど大きく刑を軽減する事情とは言い難い。	本件のような銃器犯罪は、法改正の経緯、同種事犯を抑止する観点から、厳しい態度で臨む必要がある。	
・ドア等に財産的被害が生じているが、共犯者からとはいえ被害弁償がなされており、特に刑を重くする事情としては考慮しない。 ・組長代行が射殺された報復等という面があるが、「やられたら実力を持ってやり返す」という暴力団によくみられる論理、発想に基づいた犯行であり、動機において酌むべき事情があるとはいえない。		
・対立組織の暴力団組員付近に発砲。 ・従たる立場。		

第４章

座談会
裁判員裁判における量刑判断の特徴と情状弁護

◎座談会出席者

原田　國男　慶應義塾大学法科大学院客員教授、弁護士（第一東京弁護士会）
神山　啓史　弁護士（第二東京弁護士会）
久保有希子　弁護士（第一東京弁護士会）
小林　　剛　弁護士（第二東京弁護士会）
佐藤　倫子　弁護士（第二東京弁護士会）
柴田　勝之　弁護士（第二東京弁護士会）
菅野　　亮　弁護士（千葉県弁護士会）
寺林　智栄　弁護士（東京弁護士会）
中井　淳一　弁護士（千葉県弁護士会）
前田　　領　弁護士（東京弁護士会）
宮村　啓太　弁護士（第二東京弁護士会）
和田　　恵　弁護士（茨城県弁護士会）

岡　　慎一　弁護士（埼玉弁護士会）・司会

◎目次

はじめに

岡（司会） 日弁連は、会員から提供された裁判員裁判の判決書について分析を進めてきましたが、そこでの検討の柱の一つが量刑判断でした。そして、本日（2011年12月15日）現在、1038件の判決が収集され、一定の蓄積がなされましたので、原田元判事に参加いただき、座談会をもつことにしました。ほかの出席者は、裁判員本部の「情報分析PT」というセクションで量刑分析を担当してきた会員です。

座談会では、裁判員裁判での量刑判断の特徴を分析し、弁護活動における留意点を検討したいと思います。

1　量刑判断に関わる手続等の変化

司会 判決の検討に入る前に、手続について確認しておきたいと思います。量刑判断に関連する手続等の変化については、本書第２章で菅野さんが検討されていますが、要点を説明をしていただけますか。

1　変化した点

菅野 手続の変化として１点目に挙げられるのは、最高裁の量刑検索システムを両当事者が利用できるようになったことだと思います。

２点目には、論告・求刑のあり方が変化していることも挙げられると思います。具体的にいいますと、少なくとも言葉の上ではこれまで以上に被告人に有利な点も加味して論告・求刑がなされる傾向があると思います。

３点目は、弁護人の選任に関することが、複数の弁護人が被疑者段階から選任されることで、充実した弁護活動が可能になっているといえると思います。あわせて、弁護人が刑に関する意見を具体的に述べるケースも増えております。

４点目の変化としましては、被害者参加制度ができまして、裁判員裁判に被害者が参加して生の声が法廷で述べられることが多くなっていることも手続の変化といえると思います。

最後に、5点目には保釈の問題があると思います。裁判員裁判になってから従来よりも保釈が認められるケースが多くなったと思われますので、この点も充実した弁護活動につながる要素かと思います。

2　量刑検索システムの利用

司会　手続については、会員を対象としたアンケート調査も行われていますので、その結果も含め、宮村さんに紹介してもらいます。まず、量刑検索システムの利用についてお願いします。

宮村　弁護人が量刑検索システムをどれぐらい利用しているかについての統計はありませんが、アンケート結果から、量刑検索システムによって確認した量刑傾向に弁論で言及した事例がどれぐらいあるかはわかります。

回答者208人のうち67人、約3分の1が「量刑検索システムで確認した量刑傾向に言及した」と回答しています。そして、回答者のコメントによると、「犯罪の成立に争いのない事案で、公判前整理手続において、裁判員に評議の際に示す量刑傾向の検索条件について三者で意見交換した」との報告もなされています。

3　弁護人選任と弁護人の意見

司会　「論告の変化」は後に検討しますので、次に、弁護人選任と弁護人の意見についてお願いします。

宮村　まず、弁護人の複数選任の実情です。裁判員法が施行された後、裁判員裁判事件については、起訴後には、自白事件でも弁護人が求めれば概ね複数選任が認められてきました。それによって、交替で頻繁に接見に行くことが可能になりました。また、早い段階から被害者との示談交渉その他の各種情状弁護活動を複数の弁護人で分担して行うことも可能になりました。

次に、弁護人の意見のあり方についてです。自白事件の最終弁論において、求める結論を「寛大な判決」などの抽象的な意見とするのではなく、具体的に「懲役○年が相当」との量刑意見とする事例がみられるようになりました。判決書からうかがわれるところによると、弁護人がそのように具体的な量刑意見を述べる事例が増えてきていると思われます。

4　被害者参加について

司会　次に、被害者参加について、お願いします。

宮村　被害者が参加した事例は、アンケート結果によると約17％です。回答者190人中33人の事例で被害者参加がなされました。そのうち、事実又は法律の適用についての意見陳述を参加人本人のみが行った事例が６件、委託を受けた弁護士のみが行った事例が15件、その双方が行った事例が６件あります。

回答者のコメントによると、委託を受けた弁護士の意見陳述に弁護人が異議を申し立てた事例もあります。そのような意見陳述への対応も今後の弁護活動の検討課題と思われます。

5　保釈について

司会　最後に、保釈について、報告お願いします。

宮村　裁判員法が施行される前に、裁判所関係者からも、保釈の運用を見直す必要性が指摘されていました。裁判員法施行後、裁判員裁判事件において保釈が許可された事例が報告されています。そして、公判が始まる前に保釈が許可されたことを活かして、被告人自ら被害者のもとに謝罪に赴いたことや職場に復帰して勤務に励んでいることを公判で情状として主張したり、臨床心理士との長時間にわたる面談を踏まえた心理鑑定が実施された事例などがあります。

司法統計年報によると、終局前に地方裁判所において勾留状を発付された人員のうち、保釈が許可された人員の割合は、平成20年が約15.5％、平成21年が約16.9％、平成22年は約19.3％とされており、増加傾向にあります。積極的な保釈請求によって、この割合をさらに増やしていくことが重要と思われます。

司会　特徴的な事例について、紹介してください。

宮村　まず、犯罪の成立に争いのある裁判員裁判事件で第１回公判前の保釈が許可された事例を１件ご紹介します。東京地裁平成22年６月22日決定です。この決定は、弁護人の準抗告を受けて保釈請求却下の原裁判を取り消し、保釈を許可したものです。

公訴事実は、①傷害、②傷害及び窃盗、③強盗致傷の３件でした。公判前整理手続において弁護人は、１件目の傷害は成立を争わない、２件目の傷害及び窃盗と３件目の強盗致傷についてはいずれも犯人性を争う、との予定主張を明示しました。その上で、審理予定が定まり、間もなく公判前整理手続が終了する段階で弁護人が保釈請求をしたところ、東京地裁裁判官はこれを却下しました。そして、弁護人が準抗告を申し立てたところ、東京地裁は、原裁判を取り消して保釈を許可しました。決定では、罪証隠滅のおそれに関して、２件目の傷害及び窃盗事件については「被害者との関係で罪証隠滅のおそれは認められるが、その程度が強いとまでは認められない」とされ、３件目の強盗致傷事件については「罪証隠滅の具体的なおそれがあるとは認められない」とされました。その上で、保釈期間中の手厚い監督体制が見込まれることや、身体拘束期間が約11か月と長期化していることなどのほか、「連日開廷に対応した効果的な弁護活動を行うためには、被告人と弁護人が即時かつ緊密に打合せを行う必要がある」ことが考慮され、保釈が許可されたものです。この事例では、検察官が保釈許可決定に対して特別抗告を申し立てましたが、特別抗告は棄却されました。

もう１件、自白事件ですが、殺人既遂被告事件において保釈が許可された事例を紹介します。保釈許可の裁判に対する検察官の準抗告を棄却した、東京地裁の平成23年４月18日決定です。

公訴事実は、被告人が、70歳の夫を、頸部に紐を巻いて絞めつけて窒息死させたとされるものです。公判前整理手続が終了した段階で、保釈許可の裁判がなされました。そして、検察官の準抗告申立てに対して、東京地裁は、「被告人が証人予定者と通謀するなどして、犯行に至る経緯や動機などの重要な情状事実について、罪証隠滅をすると疑うに足りる相当な理由があることも否定できない」としながらも、既に具体的な審理計画が策定されて第1回公判まで約1か月となった段階にあることから「罪証隠滅が実効的に行われる可能性は相当低い」とし、被告人の年齢や被告人の次女が被告人を監督すると誓約していることなども考慮して、保釈を許可した原裁判に裁量逸脱はないとしたものです。

そのほかにも、裁判員裁判事件において保釈が許可された事例について、日弁連会員専用ホームページ「裁判員裁判関連情報」コーナーで関係資料を紹介しています。

司会　量刑審理に直接関わる問題は、後に関係箇所で検討することにします。ここでは保釈の動向について、原田先生にコメントをお願いします。

原田　全体として保釈が増加傾向にあることはたいへん結構なことだと思っております。裁判員裁判対象事件でも、今ご紹介のありましたように、保釈事例が出てきていることも結構なことではないかと思いますが、ただ、裁判員裁判対象事件はどうしても人の死を伴うような重大犯罪であることが多い関係もありまして、当然、権利保釈がきかないこともあって、裁判所としてはなかなか保釈をしにくいのではないかとも思われます。

私は、弁護士になって、裁判所の壁が極めて高いことについては実感しております。

2　量刑の考え方～行為責任を基礎とした量刑

1　「行為責任を基礎とした量刑」について

司会　それでは、量刑判断の検討に入ります。

各論的検討の前に、「量刑の基本的考え方」といわれる問題について確認しておきたいと思います。裁判員制度実施に向けた議論の中で、「行為責任を基礎とした量刑」という考え方が強調されてきた経緯がありますが、この点について、原田先生からお話しいただけるでしょうか。

原田　「行為責任を基礎とした量刑」という考え方は、要するに、犯情によって量刑の大枠が決まって、その大枠の中で一般情状を考慮して刑を定める考え方です。これは、今ご紹介があったように、模擬裁判の段階からすでに強調されておりまして、文献によりますと、現在、裁判員裁判において、だいたい量刑の評議の最初に裁判長がこの趣旨をご説明になるのが一般的になっていると聞いております。

これまで、裁判官裁判の場合に合議の際にこのようなことを議論することはまずありませんでしたので、これは裁判員裁判によって生じた新たな変化でありますし、裁判員の方に対してのアカウンタビリティーとして、ぜひ必要であると思います。この方向が定着することを希望しております。

司会　判決理由においてこのような考え方を明示した判決例があるようです。前田さん、紹介お願いします。

前田　ある強盗強姦事件の判決書に、「本件のような事案においては、犯行に至る経緯、動機、犯行の手段や態様、犯行の結果等の犯情をまず検討し、その責任に基づく量刑の大枠を定めた上で、その他の情状事実として重視すべき事情等も加味して最終的な被告人の刑を量定することになる。」(福岡地裁平成22年９月24日判決、強盗強姦NO.29）と記載されているものがあります。

司会　他方で、行為責任よりも再犯の可能性を重視したようにも読める判決について、紹介してもらえますか。

前田　帰宅途中の被害者に対する強制わいせつ致傷の事例で、判決書に「被告人には、累犯前科を含め、(中略) 強制わいせつ罪、同未遂罪といった同種前科が４件あり、いずれも服役している」という事情を認め、「(本件) 以外に相当数の同種類似事案があるという」「本件は被告人の独特の性的嗜好に基づくものであり、その常習性は顕著である」「本件犯情の悪さ及び被告人の再犯可能性の高さなどに照らし、主文の刑を量定するのが相当と判断した」(さいたま地裁平成22年５月19日判決、強制わいせつ致傷NO.６）と書かれているものもあります。

司会　このような判決の動向について、原田先生、いかがでしょうか。

原田　この判文自体は、行為責任による幅を超えて再犯可能性を考慮していいとまでいっているものとも思われません。再犯可能性という角度とは別に、同種前科という点を考えますと、それによって行為責任の幅を広げることが許されるという議論も、後に述べますように十分あり得るところでありまして、そうなりますと、幅を広げて考えていることから再犯可能性の考慮の余地もその関係では広がる、という理解も可能ではないかと考えております。

2 「幅の理論」について

司会 責任刑には幅があるとする考え方、いわゆる「幅の理論」という見解については、原田先生の『量刑判断の実際』(立花書房、2008年) などで従来から紹介されてきましたが、裁判実務では、裁判員制度以前からこうした考え方がとられてきたといえるのでしょうか。あるいは、裁判員制度の実施にともなって変化した面があるのでしょうか。

原田 職業裁判官の裁判の場合には、量刑は、ほぼ量刑相場によって判断するという考え方で合議も進められておりまして、行為責任の「幅の理論」、その幅の中での一般情状の考慮という位置づけは行われていなかったように思います。この考え方は、ご承知のようにドイツの判例通説であり、また、それを紹介した学者の論文等を経て我が国でも導入されて、そして裁判員裁判において大きく定着をするようになった、という経緯を踏んでいると思います。

3 量刑事情の位置づけ等

司会 具体的検討に入ります。まず、量刑事情の位置づけや重さについてみていきたいと思います。

先ほどの原田先生のご発言にあったとおり、実務において、量刑事情を「犯情」と「一般情状」に区別する考え方が一般的です。ここで、「犯情」とは犯罪行為自体に関する情状、「一般情状」とはそれ以外の情状を指す用語です。本日の座談会でも、この意味で「犯情」「一般情状」という言葉を用いることになります。

量刑事情の位置づけなどについては、まず、裁判員裁判になって変化したものがあるかが問題になります。ただし、必ずしも「変化」したとはいえないとしても、裁判員裁判になって、量刑事情の位置づけや重みについて、従来より踏み込んだ説示がなされている判決が増えたことから、それらを検討することによって、量刑事情の位置づけなどについて考え直す重要な機会になるように思われます。

1　結果

司会　行為責任の基本的要素は、結果、行為態様、そして動機や犯行に至る経緯だとされていると思われますが、このうち、「結果」に関係する問題としては「未遂」の評価があります。裁判員裁判の判決書では、性犯罪において、この点に関する特徴的な判決が出されています。

前田　姦淫行為が未遂であった強姦致傷事件の判決に、「暴行を加えられたため抵抗が難しい状態となった被害者に対し、長時間にわたってわいせつな行為をしつこく続けた被告人の犯行は、強姦の目的を達していないものの、強姦されたときに受けると思われるのに近い恐怖と屈辱を与えたと評価できる悪質な犯行であるといえる。」(神戸地裁平成21年12月18日判決、強姦致傷NO.41）と書かれているものがあります。

司会　この問題に関し、原田先生は、2010年の第一東京弁護士会の研修で、「従来の裁判官裁判では、既遂と未遂とでは刑に一段の差があると考えるのが普通であったが、裁判員裁判では、未遂であっても被害者が受けた精神的打撃を重視して、刑を重くする例が見受けられる」とされた上で、「既遂と未遂の区別があいまいになって、刑が重くなってきている傾向とも見得る。もっとも、このこと自体が良いとか悪いとか今ここで議論するつもりは全くない」とされていましたが、現時点で、こうした判決の動向についてどのように評価されておられるか、お聞かせ願えるでしょうか。

原田　確かに、これまで職業裁判官は既遂と未遂とで量刑相場を異にしておりました。強姦の場合もそれが量刑の分水嶺となっておりまして、私が任官したころは、未遂は執行猶予、既遂は実刑とも言われていました。今日ではいずれも実刑相場ですから、土台が大きく異なってきていると思います。

京都大学の高山佳奈子先生は、その責任論から、既遂と未遂とで異ならない場合があるとされています。例えば、「幸運にも既遂にならなかったという理由だけで既遂より刑を軽くする理由はない」と述べておられます。また、強制わいせつと強姦とは行為として連続した面がありますので、上記の判決のような評価も今後出てくるのではないかと思います。

しかし、なお理論的検討が必要な課題だと思っております。

2　動機、犯行に至った経緯

司会　次に、動機や犯行に至った経緯についてみてみたいと思います。これらの量刑事情の位置づけや重みは、犯罪類型によって、かなり異なりうるように思われます。まず、殺人既遂事件について、紹介願います。

小林　殺人既遂では、動機や犯行に至った経緯が量刑上極めて重視されていると思います。

例えば、具体的な事例でいうと、自分の職務怠慢によって取引がキャンセルになってしまったことが勤務先に発覚することを恐れて取引先の方を殺害してしまった事例で、「犯行に至る経緯及び動機は身勝手極まりなく同情の余地はない」(新潟地裁平成22年７月２日判決、殺人既遂NO.37）とされて、犯行態様や結果なども踏まえて刑事責任は極めて重いといった指摘もされています。

また、動機は「心中目的」という同じものであっても、その動機を有するに至った経緯いかんで量刑に及ぼす重みは大きく異なっています。

例えば、生活に困窮して母親を道連れに心中しようと考えて母親を殺害した事例で、被害者と話し合い、被害者の合意を得た上での心中であったとか、将来を憂えて母親に対する愛情からの犯行であったなどの事情があれば同情することができなくもないが、本件ではそのような事情がなく同情できない、刑を重くすべき事情である、といった指摘がなされて、懲役11年という量刑になった事例（仙台地裁平成22年１月22日判決、殺人既遂NO.84）があります。

他方で、同じく心中目的で年老いた妻を殺害した事例では、長年被害者と連れ添い、被害者が認知症を発症した後もその世話を献身的に行ってきたが、自らガンという深刻な事態に直面し、ほかに相談することなく心中を決意するに至った心情は同情すべき余地が大きい、という理由で執行猶予が付されている事例（東京地裁平成22年２月19日判決、殺人既遂NO.139）もあります。

司会　放火ではどうでしょうか。

久保　動機は、約半分が自殺又は心中の目的になっております。残り半分がそれ以外の鬱憤を晴らすとか恨みによる目的と分析されております。

保険金目的や逆恨みの事案については強く非難されています。他方、自殺目的に関しましては、他の目的よりは責任が重くないという判決例もございます。例えば、「放火の動機は、自殺目的であって、保険金目的での放火や他者を傷つける目的での放火に比べて刑を軽くすべき」とした例であったり、自殺目的で放火に至った点に同情の余地があると評価された裁判例もございます（名古屋地裁平成22年５月20日判決、放火既遂NO.66）。

ただ、自殺・心中目的であったとしても、それだけで直ちに同情すべきとはされていません。例えば、金に困った上での自殺目的の事件では、自業自得で同情の余地なしとされる例が複数ありますし（松江地裁平成22年１月29日判決、放火既遂NO.18）、追い詰められていたことは理解できても、非難すべきとされる裁判例も複数ございます。

他方、放火の事案は、精神疾患を抱えている被告人であることも多いですけれども、それが原因で追い詰められた場合には、動機の形成過程自体に同情すべき点があるとされますと、よい情状として考慮されている印象がございます。

司会　性犯罪ではどうでしょうか。

前田　性犯罪では、「動機」としては、性的欲求の充足ということになるかと思います。また、犯行に至る経緯についてはほとんど重視されていないと考えられます。そして、犯行に至る経緯についての弁護人の主張が排斥されている判決が目につきます。

例えば、「弁護人が主張するように、被告人が当初から強姦を意図して」いなかったとしても、「大きく刑を下げる要素とみることはできない。」「被告人が犯行に及ぶ背景事情として、被告人の境遇、交際相手から受けた精神的ダメージがあったとしても、本件が身勝手な行動であることに変わりなく、これらを大きく刑を下げる要素とみることはできない。」(福岡地裁平成23年５月13日判決、強盗強姦NO.７）とされていたり、また、ほかの事件でも「被告人が述べ、弁護人が主張するような小学校から高校にかけて受けた女子からのいじめがその背景にあったとしても、その動機、経緯・目的は、(中略) 全く無関係な本件各被害者との関係では、酌量の余地が全くないばかりか、極めて悪質である。」(さいたま地裁平成22年12月16日判決、強姦致傷等NO.８）とされている判決もあります。

また、そのほかの事情として、「被告人は、仕事がなく収入が減ったこと等がきっかけで、(中略) 妻と離婚し、将来に不安を感じるなどして酒浸りになり、ストレス解消のために本件犯行に至ったと述べているが、(中略) しかし、そのようなストレスが溜まっていたからといって、自らの欲望を満たすためだけに通り魔的に落ち度のない女性ましてやその子供まで襲うことが正当化されるべき道理はなく、弁護人の主張は筋違いといわざるを得ない。」(千葉地裁平成22年３月18日判決、強盗強姦NO.12）と言い渡されている判決もあります。

司会　弁護人の主張に対するこのような評価は、裁判官裁判では、あまりみられなかったのではないでしょうか。

神山　裁判員裁判になってからの判決書をみますと、確かに、弁護人が具体的に言っていることに対してどう評価したのかがかなり説示をされています。それは我々には勉強になります。今勉強になっているということは、過去はあまりそういうことはなかったのだろうと思いますし、過去、こういう文例を私の経験では聞いたことはあまりなかったです。

司会　性犯罪の場合であっても、犯行に至った経緯において、例えば、失業や離婚などがあったことは、多少は考慮されていたのでしょうか。それとも、そうした経緯は量刑事情として考慮されていなかったけれど、判決理由で「筋違い」などというまでもなく単に無視されていたのでしょうか。

神山　あとで原田さんのご意見も聞きたいと思いますが、素朴な感じとしては、弁護人はこれまでも主張はしていたと思います。ただ、裁判官はそれを無視して判決にも書かなかったし、それに対して特段何も述べなかったにすぎないのではないかと思っていますが、原田さん、どうでしょうか。

原田　性的犯罪の場合、同情すべき動機はほとんど考えられないし、それに類することを何かいっても、「そんなばかな」という感じになってしまうと思います。裁判員裁判では、性的犯罪の場合は、そのような見方は当然否定しがたく出てくるのではないかと思っております。

司会　覚せい剤輸入事案ではどうでしょうか。

中井　覚せい剤の営利目的輸入では、動機は、通常、報酬目的です。その報酬が必要だった事情について、裁判例では、有利に考慮された例とされなかった例があります。有利に考慮された例の中では、報酬の具体的な必要性が認定されている傾向にあります。

ただし、判決文上で有利に考慮すると指摘されていても、最終的な刑の重さにはそれほど反映されていないケースも多くあります。むしろ、例外的に、特別同情すべきような事情があると量刑上も大きく評価され、最終的な刑の重さに反映されているといえると思います。

具体例としては、病気の息子の治療費のために報酬を得ようと覚せい剤の密輸に及んだ事案で、覚せい剤を約２キロ密輸しましたが、懲役６年と、ほかの同種の事例と比べて明らかに軽い刑となった事例があります（千葉地裁平成22年12月14日判決、覚せい剤営利目的輸入NO.87）。

司会　この事案は、求刑が12年でしたので、報酬を得ようとした目的が相当程度評価されたものとみることもできそうですが。

中井　そうです。

司会　このような考慮は裁判官裁判でもあったのか、それとも、この点は裁判員裁判になって変化したものとみることが可能なのでしょうか。

菅野　本当に漠然とした印象ですけれども、裁判官裁判においては、運んだ量と求刑が基準になっていたように思います。特に、密輸事件ですと、外国から来る人も多いものですから、なかなか立証が困難という事情も相まって、酌むべき事情を大きく考慮する事案はなかったのではないかと考えられます。したがって、紹介されたような事案は、やはり裁判員裁判ならではという印象も受けております。

司会　次に、強盗致傷ではどうでしょうか。

寺林　強盗致傷の場合、動機・経緯については、「自分勝手」「短絡的である」と切り捨てられるケースが多いように思います。被告人が事件当時困窮していたようなケースでも、それが有利な情状として必ずしも考慮されているわけではありません。

例えば、仙台地裁平成22年６月４日判決（強盗致傷NO.71）では、被告人が所持金を使い果たして犯行の三日前から何も食べておらず、空腹に耐えきれずコンビニで現金や食べ物を奪おうとした事件でも、そのような状況は被告人が自ら招いたものであり、知人に援助を頼むなど他の手段も考えられたのだから同情できない、と判示されています。

司会　ここまでの検討によっても、動機や経緯の位置づけや重みは、犯罪類型によって相当異なっているといえます。もっとも、これらは裁判官裁判から変化したということではなく、裁判員裁判の判決では従来より踏み込んだ説示がなされることが多くなったために、位置づけが明瞭に示されるようになったとみるべきようにも思われます。

原田　動機と経緯が明確にされるようになった点についてはそのとおりだと思います。特に、裁判員の方は生まれて初めて刑事裁判に関わるということで、どうしても判断の最大の源になるのは目の前にいる被告人であって、しかも、この被告人がなぜこういう犯罪を犯したのかに重大な関心をもつのはそのとおりであるし、正当だと思います。

しかも、この理由の中にみられますように、他にも手段があったのではないかとか、そういう状態になっても犯罪を犯さない人はたくさんいる、という感覚は裁判員らしい考え方で、国民の目線の一つだと感じております。

３　被害感情

司会　次に、被害感情についてです。被害感情については、犯情なのか一般情状なのかという位置づけも含めて議論があるところですので、そうした観点からもみていきたいと思います。まず、被害者自身の被害感情の位置づけについて、殺人未遂事例では、いかがでしょうか。

和田　まず、犯情として位置づけている判決を一つご紹介します。この事案は、刑務所に入るために人を刺そうと考え、牛刀を準備して、バス停でベンチに座っている方を牛刀で突き刺した事件（東京地裁立川支部平成22年７月30日判決、殺人未遂NO.６）です。犯行態様の検討の中で、このように述べています。「何のいわれもなくこのような被害にあった被害者の処罰感情には、今なお厳しいものがあり、それはいわば当然といってよい」としまして、これが判決の構成の中では犯情という形で位置づけられたものです。

それに対して、一般情状であることを明示した裁判例（福岡地裁平成22年５月26日判決、殺人未遂NO.29）もあります。これは、ベランダで被害者である奥さんの両下肢を抱えて体を持ち上げてベランダの手すり越しに落とす、こういった事案でしたけれども、判決では、被害者が「被告人を許すことができない」と述べていることについては「一般情状の観点において」不利な事情というほかないと述べています。

司会　被害感情については、そこで問題とされていることの実質は何かが問題になります。この点、被害者が受けた精神的ダメージを問題にしていると考えられる強盗致傷事件での判決について、紹介してください。

寺林　大津地裁平成23年１月28日判決（強盗致傷NO.134）では、これからお話しするように判示されています。まず、項目としては、「犯罪行為自体に関する事情（犯情）」のところで述べられています。「被害者は、治療費や休業による損害などに加え、殺されるかもしれないとの恐怖などの精神的な苦痛を味わい、事後も、当夜のことを夢にみたり、サングラスをかけた人間に恐怖を覚えたりしており、その影響は深刻であると推察される。したがって、強盗自体による財産的被害がないことを考慮してもなお、結果は重大といえる。」と判断されています。

司会　次に、遺族の被害感情、あるいは処罰感情についてみてみたいと思います。被害者が亡くなった事件で、遺族の処罰感情が厳しいことを判決理由であげている判決は多数あります。その場合、「犯行の結果」についての判示の中で遺族の処罰感情にも言及している判決も少なくありませんが、これが、遺族の処罰感情を犯情としたものとみてよいかについては検討の余地がありそうです。他方、処罰感情を過度に評価しないとした判決も一定数あるようです。そうした例について、紹介してください。

菅野　まず、強盗致死事件で次のように述べる判決例があります。「被害者は何ら落ち度がないのに、前途ある命を奪われており、結果があまりに重大であることはいうまでもない。遺族が峻烈な処罰感情を抱くのも当然であり、その悲嘆や犯人に対する憤りは強く胸に迫るものがあった。しかし、そのような遺族の処罰感情を、行為の悪質性や結果の重大性といった行為責任と切り離して過度に考慮することは相当ではない」(東京地裁平成22年６月23日判決、強盗致死NO.８)。

もう一つ、強盗殺人事件に関して、「被害者が、苦しみながら殺害されたことや、被害者の遺体が、10年以上もの間、山林に埋められたままで、発見時には白骨化していたことも、検察官の主張するとおりである。この点で、被害者の母親が、被告人に対し、厳しい処罰感情を述べているが、こうした処罰感情は、本件犯行の態様や結果を反映したものであり、これらは既に量刑上重視しているから、刑を決める上で改めて重視することは相当でない」(仙台地裁平成22年８月27日判決、強盗殺人NO.14）と述べた裁判例もありました。

司会　遺族の宥恕については、どのように評価されているのでしょうか。傷害致死事件について紹介してください。

佐藤　傷害致死は家族間のケースも多く、遺族が宥恕している事案が見受けられます。

その中で、遺族の宥恕を有利に考慮するものとしては、「被害者の遺族である被告人の子は、被告人を許して寛大な処分を求める旨表明していること……等は、被告人にとって有利に考慮すべき事情である。」として、求刑６年のところを懲役３年・執行猶予５年・保護観察付にしたような事案（福岡地裁平成22年９月17日判決、傷害致死NO.69）が挙げられます。

遺族の宥恕を重視しないものとしては、「被害者と被告人の息子らが被告人を許していることは、親子関係からすればある意味当然ともいえ、この点のみを過度に重視することはできない。」としたもの（旭川地裁平成23年3月25日判決、傷害致死NO.63）が挙げられます。

司会　被害感情については、原田先生は、以前から「客観化」の必要性を指摘されてきました。ここまで紹介された判決例などを踏まえてコメントをお願いします。

原田　私は、以下の表をご覧いただくとわかりますように、被害者本人の精神的な被害は犯情に含まれるけれども、それ以外の処罰感情あるいは遺族の方の精神的被害あるいは処罰感情は一般情状である、したがって、犯情の枠の中で考慮すべきであってこれを超えさせることはできない、しかし、その範囲の中であれば考慮することはできる、という考え方をとっています。

それに対して、小池信太郎先生（慶應義塾大学法科大学院准教授）は、被害者本人の精神的な被害は犯情として考慮できるけれども、ほかの点、すなわち、遺族の被害感情、精神的被害あるいは処罰感情、被害者本人の処罰感情は、量刑上考慮することができない、このようにいっておられます。

被害感情（原田）

	被害者本人	遺族
精神的被害	犯情	一般情状
処罰感情・科刑意見	一般情状	一般情状

被害感情（小池准教授）

	被害者本人	遺族
精神的被害	犯情	×
処罰感情・科刑意見	×	×

私の説にしろ、小池先生の説にしろ、一応、精神的被害と処罰感情を区別することは同じであります。しかし、この区別は実際には難しい面があろうかと思います。精神的被害が極めて大きい場合には、当然、処罰感情も大きくなってきて、普通は非常に関連性が強くて切り離すのが難しい面が実際上はあるのではないかと思います。

ただ、先ほどご紹介があった判例等にみられますように、処罰感情を過度に考慮すべきではないという考え方はかなりコンセンサスが得られてきているように思いますので、それはそれで正当だと思います。

小池先生のお考えは、理論的によく検討してみなければなりませんけれども、宥恕するという感情も考慮すべきではないとされるのであれば、実務とはあまりにも離れているという感じは拭えません。特に、この点を考慮できないことになりますと、弁護人として非常に大きな弁論の手がかりを失うことにもなるので、その点はどうなのかという疑問をもっていますが、いずれにしろ、よく詰めてみるべき議論ではないかと思っております。

４　被害弁償、示談

司会　次は、被害弁償ないし示談です。まず、これらが量刑事情として重視されているかという点について、強盗致傷ではどうでしょうか。

柴田　強盗致傷では、裁判官裁判時代と同様に、被害弁償や示談は量刑事情として重視されています。そのことは、被害弁償などの有無が大部分の判決書で指摘されていることからもいえると思います。

また、あとで紹介するとおり、強盗致傷では、裁判員裁判になってから執行猶予判決の割合が増加しています。その一つの要因が被害弁償などの増加と考えられます。

なお、弁償金や示談金を被告人自身が工面していない場合でも、被害が回復されたことをもって有利な量刑事情とされる場合があります。例えば、被告人の妻が50万円の被害弁償を行って被害者との間に示談が成立して、被害者が寛大な判決を希望していた事案において、「被告人自身が直接工面した金ではない……としても、被告人の意を受けた妻が自己の生活保護費の一部を積み立てたり、被告人の友人から集めてきたお金であり、被告人による間接的な弁償といい得るし、50万円という金額が本件被害者の金銭的損害や精神的苦痛の一部を回復したことは明らかであって、被告人の経済状況からしてもかなりの金額といえる。」として、刑を軽くする事情として重視したと判示しているもの（京都地裁平成21年10月29日判決、強盗致傷NO.125）があります。

司会　放火ではどうでしょうか。

久保　放火では示談は基本的に重視されていると考えられます。

被告人が居住アパートの自室に放火して一部を焼損した事案では次のように述べられています。「本件犯行が危険で悪質であることからすると、被告人の責任は重大であり、その刑事責任は決して軽くみることはできない」とした上で、「被告人にとって有利な事情、とりわけ被告人の父親によって被害弁償がされ、14名の被害者のうち13名が被告人を許し、うち７名が執行猶予付きの判決を希望していることをより重視すべきであると考え、被告人に社会内での更生の機会を与えるのが相当」とした裁判例がございます（名古屋地裁岡崎支部平成22年９月９日判決、放火既遂NO.53）。

ただし、火災保険につきましては、これを被告人に有利な事情ではないとしたものもございます。具体的には、「弁護人は、各被害建物の財産上の損害の全部又は一部が火災保険金により填補済みである」と主張した事案において、裁判所は「被告人が自ら負担したことにより損害が回復されたものではなく、この点を被告人に有利に考慮することはできない」と述べております（千葉地裁平成22年２月25日判決、放火既遂NO.11）。

司会　性犯罪ではどうでしょうか。

前田　性犯罪でも示談や被害弁償については基本的に考慮されていると考えられます。ただし、被害者との示談が成立した場合でも、「被害者は現在も被告人に対して厳しい処罰を求めており、犯行態様の悪質性や結果の重大性に照らすとそのことも十分納得しうるのであって、この点を被告人に有利な事情として考慮しうるにしても、その程度には自ずと限界がある。」（千葉地裁平成22年３月18日判決、強姦致傷NO.57）とされている判決や、「目に見えない重大な精神的な被害は、賠償金の受け取りで癒されるものではなく、各被害者は賠償金を受け取った後も被告人をゆるしていない。」、また、「このことに関連して被告人の反省や謝罪の意思をうかがうこともできない」とした上で、被告人が実刑か執行猶予かという点について「被害弁償の事実は、被告人の刑に執行猶予を付ける事情とはならない。」と言い渡されている判決があります（名古屋地裁平成22年７月１日判決、強制わいせつ致傷NO.23）。

そして、金額について言い渡された判決もありますが、「被害者に対して100万円を被害弁償金の一部として支払っている。もっとも被害者は前記の精神的被害を受けたほか、本件犯行により引越費用等の多額の出費を余儀なくされたことからすると、被害弁償金としては明らかに不十分である。」として、求刑どおりの刑を言い渡された判決もありました（前橋地裁平成23年７月29日判決、強盗強姦NO.30）。

司会　被害弁償や示談は、犯罪類型を問わず量刑事情として考慮されているが、重みにはかなり差があるといえそうです。

その理由を考えるためにも、被害弁償や示談が、量刑において考慮される理由について検討する必要があると思われます。この点、原田先生の著書では「客観的に損害賠償があったという事実は、仮に、被告人の任意の意思や反省によるものでなくとも、それ自体、被害者の処罰感情ないし社会の処罰感情、すなわち応報感情を宥和させるものとして、被告人の責任非難を軽減するとみるべきである。あるいは、犯罪により生じた社会的な影響の一つとして損害が生じたことが被告人の責任を加重するとすれば、これを回復する措置として、責任を軽減するということもできよう。刑事政策的合目的性の見地から、量刑で正面から考慮してよいとする説もある」という説明がなされていますが（『量刑判断の実際［第３版］』15頁）、先ほど紹介された判決例などもふまえ、コメントをいただけるでしょうか。

原田　先ほどご紹介のありました裁判員裁判の判断のスタンスは、基本的には裁判官裁判の場合とほぼ同じようなスタンスであって、特に違和感は感じられません。

強姦既遂の場合でも、昔は、損害賠償ないし示談をしますと執行猶予が相場でありました。しかし、今日では、裁判官裁判では、200～300万円の示談ができても、刑が１年減るかどうかに変わってきております。学説上は、損害賠償自体よりも、そのための本人の努力を重視すべきであるという意見があります。裁判員の方も同じような考えをとられることも十分予想されます。

ただ、職業裁判官は多くの事件をみていまして、損害賠償をしないケースがほとんどですので、それに比べますと、損害賠償をしたことはそれなりに考慮しようという考え方をとっているように思います。

神山　今、損害賠償されたことをそれなりに考慮するといわれたのは、私もそのとおりだと思いますが、いかなる意味で考慮に値すると考えるかをお聞きしたいと思います。例えば、我々の中で議論をしていても、被害が回復されたところを重視する説明もあれば、あるいは、被害弁償の努力をすることによって反省が深まっているというような指摘の仕方もあります。原田さんは、どういうところに考慮する要素をお考えになっているのでしょうか。

原田　私の場合は、被害弁償をしたこと自体も相当考慮すべきだと考えていますが、実際には、さらに、それが本人の努力を反映したものであることが加われば、もっとよいと考えます。

裁判員裁判対象事件では必ずしもないですけれども、交通事故のような場合、現在では任意保険に入っているのは当然で、その後の手出しといいますか、プラスアルファを被告人側がやらないと、量刑上、格段の考慮はされないのではないかというのが現状だと思います。

司会　財産犯の場合は、「被害の事後的な回復」という説明が理解しやすいのに対し、殺人や性犯罪では、被害弁償できるケースはそもそも稀ですが、弁償ができた場合でも、金銭によって被害は回復できないというのが一般的な感覚であるように思われますが。

原田　ご質問とはずれるかもしれないですが、強姦などの場合、示談自体にも全く応じないことは以前からありました。その傾向がもっと強くなってきて、要するに、示談をしたら刑が軽くなるのではないか、そういうことには協力したくない、という被害者の方が非常に多いのです。その中で裁判員裁判で弁護人が示談をとるためにご苦労されているのは非常に大変だと思います。

そういう点では、示談ができていれば、それなりに考慮しないと、弁護人としてもそういう努力自体をやる気がなくなってきてしまうのではないか。それが全体としてみたときにいいことかどうかというと、考慮することで少しは刑に反映するような余地があると考えるべきでしょう。

そういう点では、裁判員裁判でも、示談努力と、裁判所がそれなりの考慮を行うことはパッケージで必要ではないかと思っていて、示談自体は損害賠償で民事である、民事の責任と刑事の責任は別ではないか、民事責任を果たす果たさないと刑事責任の量は関係しないのではないか、という議論は当然ありまして、これは理論的にはかなり強い議論で、反駁が難しい部分もあります。でも、私はそのように考えております。

司会　先ほど引用させていただいた先生の著書で指摘されていた「刑事政策的合目的性の見地」には、そのような趣旨も含まれているわけですね。

原田　そういうことです。

司会　そのことを裁判員にわかりやすく説明してもらうのは、やはり工夫がいるところですね。

原田　でしょうね。

神山　我々が被害弁償をしたことはあまり大したことではないような感覚で、一時、遠慮をしていわなくなったことがあります。けれども、今の原田先生のお話を聞いていると、被害弁償をした事実はやはり大事なので、それをきちんと訴えるべきである、ただ、その訴え方には工夫がいる、ということでしょうね。

司会　実際の弁論では、反省の徴憑としてだけ位置づけられている場合もあるようです。

原田　裁判員は被害弁償は当たり前ではないかという感覚を元々お持ちだと思います。職業裁判官は、先ほど申し上げたように、そういうことをしない人がほとんどで、する人は少ないですから、そのことを裁判官の経験から、被害弁償がそれなりに意味があることを評議で反映してもらいたいと思います。そこを弁護士としても訴えていくべきではないでしょうか。

佐藤　示談に至る場合と、被害弁償をさせていただくけれども示談には至らないケースとがあると思います。結局、被害感情の大小を反映することにはなると思いますけれども、量刑上、その違いの部分がどのような形でどの程度反映されるのか、ご教示いただけたらと思います。

原田　そこは職業裁判官をやっていても難しいところです。

ただ、今お話しになったように、損害賠償は受けるけれども示談まではしたくないという被害者の気持ち、遺族の気持ちは、やはりそこに差を設けているのではないでしょうか。そういう面からみますと、被害感情の回復の程度に少しは差があるのではないかと思います。それがすぐに量刑で何月とか１年とか差が出てくるとは思いませんが、全体的な考慮の中には反映されてくる余地はあるし、裁判員の方にも今のような説明を裁判官はするかもしれません。

５　前科

司会　次に、前科について検討します。裁判員裁判対象事件で、前科がある場合が比較的多い犯罪類型としては、強盗致傷があります。性犯罪では、強姦致傷より、強制わいせつ致傷のほうが、多数の前科がある事例が多いように思われます。前科は、再犯可能性に関わる事情、すなわち一般情状として考慮されている場合のほか、行為責任に関わる事情として考慮したと理解できる判決もあるようです。

前田　強姦致傷の事案で、以前に強姦致傷事件を起こし、その裁判で反省の態度を示したことを考慮されて、執行猶予の判決を言い渡された後、強姦致傷を行った事件について、そのような経緯「にもかかわらず、本件犯行に及んだのであるから、見ず知らずの男に暴行・脅迫を加えられ、意に反する性行為をされる女性の心痛を考え、自らの性癖を抑制するという真の意味での反省ができていなかったといわざるを得ず、被告人が同種の犯行を繰り返したという点において、本件犯行は一層悪質である。」と、行為責任に関わる事情として考慮される判決もありました（秋田地裁平成22年８月27日判決、強姦致傷NO.36）。

司会　死刑判決で、前科が犯情として考慮されたと考えられる判決について、紹介お願いします。

菅野　強盗殺人事件で死刑になった事例をご紹介します。

当該事件の被殺者は１名でしたけれども、量刑判断において、被告人が過去に自らの家族２名を殺害した前科を有していたことが重視されて、死刑が選択された判決（東京地裁平成23年３月15日判決、強盗殺人NO.２）があります。判決では、前科による服役中に「２人の生命を奪ったという自己の罪をみつめ、生命の尊厳への思いを深めたはずでもある」、それにもかかわらず「再び本件犯行に及び、人の生命を奪ったこと」が非常に重視されています。

その上で、「殺意が強固で、殺害の態様等が冷酷・非情であること、その結果が極めて重大であること、２人の生命を奪った前科がありながら、金品を強奪する目的で被害者の生命を奪ったことは、刑を決める上で特に重視すべき」と、判断されました。

司会　前科の位置づけについては、原田先生の著書では、「特別予防の観点から、前科・前歴のある者、ことに、同種の前科・前歴がある者については、一般に再犯のおそれが大きいといえるから、刑を加重する情状となる。責任において、刑を加重する事由か否かは、責任の内容による。……行為責任と解した場合は、既に、前科により警告を受けているのに、これを無視して犯行を繰り返したことが責任を加重する理由であると説明されている。」とされています（前掲書11頁）。

前科を犯情としたように読める判決は、ここで紹介されている「警告を受けたのに無視した」ことを責任加重事情とする見解――ここでは「警告理論」と呼びますが――と同様の考え方をとったものとみることができるのでしょうか。

原田　前科の量刑上の扱いにつきましては、再犯可能性という一般情状を根拠づけるもの、すなわち、犯情に属さないから、その犯情の幅を広げることはできないと考えるのが一般的な考え方ですが、他方では、行為責任にも還元できるという考え方もあります。一つは、ドイツの通説でもあります今お話しのあったいわゆる「警告理論」でありまして、警告に反する点から行為責任を根拠づけようとしているわけであります。また、最近では、前科はX回目の犯行という意味で、行為自体に帰属するという考え方もあります。こうなりますと、犯情として行為責任に属することになるわけです。

先ほどご紹介のありました東京地裁の平成23年３月15日判決は、理由をみますと、前科の点が一つのポイントになっているわけです。被告人が妻を刺殺するとともに、幼少の２児を殺害しようとして自宅に放火して娘を焼死させた、これをどう捉えるかはマスコミ的にも非常に関心がもたれておりました。

この判決では、「その間、２人の生命を奪ったという自己の罪をみつめ、生命の尊厳への思いを深めたはずである。それにもかかわらず、前刑出所からわずか半年で本件犯行に及んだ」という言い方をしていまして、前科があるから死刑にするというようなニュアンスを与えないように工夫していると思います。「警告理論」の一つの面ですけれども、自己の罪をみつめて規範に直面しているはずだ、こういう点をみようとしている点が注目できるのではないかと、感想ですが、思っています。

司会　東京地裁平成23年３月15日判決の事案は、前科の内容は家族間殺人であるのに対し、今回は強盗殺人です。このような場合、「警告理論」がストレートに妥当するかは疑問の余地もあるのではないでしょうか。

原田　ドイツの「警告理論」でこの点をどう捉えているかは、よく勉強してみなければなりませんが、必ずしも同種前科に限定されないが、同一か類似の法益に関するもの、あるいは、一般的な法敵対性、法に対する無関心といえるものでなければならないと解されているようです。同種前科があると同種犯罪の再犯可能性が高いという面では、同種犯罪であることは刑責を高める要素にはなると思います。

例えば、強盗殺人の仮釈放中に強盗殺人を行って死刑になった事案ですけれど、その類型の事例を調べたところ、強盗殺人どころか、今度の事件も手口がほとんど同じでした。そういう意味で、手口の共通性が非常に強ければ強いほど、犯罪の再犯の可能性には結びついてくると思います。

先ほどの事例ですと、家族内の殺人と強盗殺人は再犯としては直接の関連性はないと思います。家族殺しをもう一回やることは状況的にもないわけですから、むしろ、この判決にありますように、人の生命に対する尊厳への思いが欠けているという面で共通している、という捉え方をしているのではないかと思います。

司会　この問題に関連して注目されるものとして、前科の類型の違いについて説示した判決を紹介してください。

前田　窃盗を繰り返していた被告人が窃盗目的で家に侵入したところ、室内に女性がいたことを理由に強盗・強姦の行為に及んでしまったという事件がありました。その判決中に「窃盗の犯罪に関し被告人が再犯に及ぶおそれは、……否定できないものといわざるを得ない。そして、その際に本件と同様の状況に至った被告人が、強盗や強姦のような種類の犯罪に及ぶおそれが、全くないとも断定し難いところである。しかし、……強盗や強姦のような種類の犯罪に及ぶおそれは、窃盗の犯罪に及ぶおそれに比べれば相当程度低いものと考えられる。要するに、再犯のおそれという点は、前記犯罪類型とともに、これがないとはいえないものの、類型ごとにそこにはおのずと濃淡があるというのが相当である。」と記載されたものがあります（福岡地裁平成22年９月24日判決、強盗強姦NO.29）。

司会　原田先生、この判決についてはどのようにお考えでしょうか。

原田　先ほど述べましたように、この判示は相当だと思っています。

司会　次に、「前科がないこと」が量刑事情として考慮されるのか、されないのかという問題があります。傷害致死での例を紹介してください。

佐藤　傷害致死の例で、判示の中で、「弁護人は、被告人には実刑前科がなかったことを有利な事情として主張するが、そのことは、量刑上特に考慮されるべき事情とは考えない。」と明確に述べているもの（那覇地裁平成22年９月30日判決、傷害致死NO.46）があります。

司会　「前科がないこと」が有利な事情とできないという考え方について、原田先生はどのようにお考えでしょうか。

原田　ドイツにおける「刑を軽くする事情の不存在は刑を重くするものと評価してはならず、刑を重くする事情の不存在は刑を軽くするものと評価してはならない」という量刑事情の評価方法に関する原則に従いますと、「前科がないこと」は刑を軽くする事情にはならないことになります。

　その前提としまして、ある前科をどちらの方向で考慮すべきかを確定すべきであるという考えがありますから、前科があることが刑を重くする方向だと確定しますと、前科がないことを軽い理由として主張することができないという一種の論理的な判断基準であります。

ただ、日本の裁判では、前科のあるなしは有利・不利の判断ということで総合的に判断するのが今日までは一般的な考え方でありました。特に、控訴審の弁護人の主張は、悪い事情がないことばかりを主張しているものが多くて、この原理を適用してしまうと、ほとんどが理由にならないことにもなりかねないので、日本にはあまり馴染んでいない論理ではないかと思います。

司会　「前科がないこと」を、それ自体としてではなく、更生可能性の判断の中で考慮したと考えられる判決例を紹介してください。

寺林　強盗致傷では、前科がないことが被告人が若年であることとセットとなって、更生可能性ありと判断された判決例がいくつかみられます。

例えば、大阪地裁平成22年８月９日判決（強盗致傷NO.197）では、「被告人にはこれまで前科前歴がなく、現時点でも23歳と若年であること等にも照らせば、矯正教育による改善可能性にも相応に期待することができる。」と判示されました。

また、「被告人の刑を軽くする事情」の項目の中で、「犯行当時22歳と若く、前科がないこと」が挙げられた例として、津地裁平成22年１月22日判決（強盗致傷NO.176）があります。

６　若年

司会　次は、「若年」についてです。いま紹介された強盗致傷の判決では、更生可能性の要素として考慮されています。性犯罪ではどうでしょうか。

前田　強姦致傷事件で、「被告人が若年であるという点は更生可能性の要素として考慮されるのを超えて、そのこと自体を被告人に有利に斟酌することはできない。」とされている判決がありました（東京地裁平成22年５月20日判決、強姦致傷NO.42）。

司会　「若年」を量刑事情としてどのように位置づけるかは、制度実施前の模擬裁判などで議論された論点の一つでした。更生可能性の要素として考慮されうるとするのが一つの考え方ですが、それだけでなく、非難可能性の程度でも考慮される場合があるのかどうかも問題になります。この点、裁判員裁判の判決では、更生可能性の要素としては考慮するけれども、若いこと自体を有利な情状としてはみないとする説示が目に付くようにも思われます。原田先生、いかがでしょうか。

原田　これは私はかねてから主張している問題です。平成19年度司法研究（前田雅英ほか「量刑に関する国民と裁判官の意識についての研究――殺人罪の事案と素材として――」）からみても、一般国民の方は、少年であることは有利な事情ではないと考えられる傾向があるように思います。仙台の例の石巻事件では、裁判員の記者会見で「私個人は、14歳だろうが、15歳だろうが、人の命を奪ったという重い罪には大人と同じ刑で判断すべきだと思い、そう心がけた」という発言があったと報道されています。このような考え方には私は不安を感じています。

職業裁判官は、少年法の理念に基づいて今まで数多くの少年を更生させてきており、少年には可塑性があるから更生可能性が高いという面をずうっと考えてきているわけです。この点を一般の方はご存じないですから、行為だけで印象をもってしまいますけれども、少年はそういうものだということを評議の場面でも十分にわかってもらう、あるいは、弁護人もその点をわかってもらうようにもっていくべきです。

現に、成人と同じであるというお考えをもっている人がいる可能性はけっこうありますが、私は、これは法の理念に関わるものですから、裁判官が法の解釈の問題として専権をもって裁判員をリードすべき問題である、要するに、少年であることが刑が重くなるような事情であるというような判断をすべきではない、と明確に考えております。

神山　少年の点について、今、原田先生が可塑性の問題をいわれまして、そのとおりだと思いますが、そのほかに、未熟性というか、事理弁別の能力とか行動制御能力が類型的に未熟であるという点の考慮は、裁判官は量刑の上ではあまりされないのでしょうか。

原田　もちろん考慮します。

神山　そのへんのことについて裁判員裁判の中でほとんど触れられませんね。

原田　評議に関わっていないからわからないですけれども、そういう人はたくさんいるのに、こんな犯罪を犯した人はいないではないかというような議論をもってこられると、いくら未熟でも理由にならないというのがあるのかもしれません。職業裁判官は当然未熟性は考慮しています。

司会　弁護人の主張のあり方にも検討すべき点があるように思います。若年であることは非難可能性の程度すなわち責任の程度でも考慮すべきとの主張が可能な事件もあると考えられますが、そのような主張が十分になされていない可能性もあります。とくに逆送事件の場合、少年だから可塑性が大きく改善可能性があることを根拠とした55条移送の主張だけがなされ、行為責任の観点からの非難可能性の程度についての主張がなされていない事件もあるようです。「若年」や「被告人が少年であること」について、いかなる位置づけで主張し、裁判員と裁判官を説得すべきかについて、あらためて考えてみる必要があるように思います。

7　反省

司会　次に「反省」について取り上げたいと思います。

「反省」が有利な事情として考慮されることには異論はないものと思われます。裁判員裁判では、本当に反省しているのかどうか、あるいは反省が十分なのかどうか、といった観点から説示されている場合が目立っています。そして、「十分な反省を見いだすことは困難」とか、「反省は表面的で深まりがない」といった説示もなされています。このような傾向について、原田先生、いかがでしょうか。

原田　反省するのは当たり前だと裁判員の方が考えるのではないかということは、模擬裁判の段階から危惧されていたところですが、必ずしもそうではないという見方もあるので、それはそれで結構だと思います。

確かに、裁判員の方が言われるように、誰でも反省できるではないか、この期に及んで反省しない人はいないのではないか、というような見方も、それはそれなりに正しい見方でありますし、裁判官も、上辺だけ反省しているのをそのまま真に受けることはないですけれども、しかし、私の経験からすると、心から反省している被告人もおりまして、こういう被告人も反省しているのは当然だということで切り捨ててしまうのは問題があると思います。

したがって、反省の程度とか深さをみようという基本的姿勢は正しいと思いますが、上辺だけだと切り捨ててしまうのには問題があると思っております。

司会 「反省」が情状弁護のテーマの一つになる事件は少なくありませんが、弁護活動で留意すべき点について、神山さん、いかがでしょうか。

神山 「十分な反省を見いだすことは困難」とか、あるいは「表面的で深まりがない」といわれるのはどうしてか考えてみました。三つポイントがあるのではないかと気がついています。

一つは、反省していると評価できる根拠である事実あるいは証拠が出されていないのではないか。いくら口で「反省している」といっても、それはなかなか人に信用してもらえるものではありません。被害者の供述調書を読んで謝罪文を書いたなど、少なくとも、この間に何をしてきたのかが具体的に出されないと、やはりだめだろう。そのためには保釈はかなり重要だと思います。先ほども紹介されましたけれども、身体拘束ではできることが限られています。保釈されれば、その間に仕事を探すとかカウンセリングに通うなど具体的な形をつくることができるので、非常に有用だろうと思います。

二つ目は、被告人質問において、被告人が一体何をしたのか、なぜやったのかを自覚していないのではないかと思われてしまっているのではないか。これは、被告人質問で、被告人が何をしたのか、なぜしたのかをしっかり語らせていないのではないかということにつながっているように思います。確かに、被告人によっては、何をしたのかを語るのが難しい場合もあります。しかし、被告人が語ることによって、自分のやったことの重大さとか卑劣さを自覚していることを裁判員にわかってもらわなければ、きっとだめだろうと思います。裁判員に、この人は自分がやったことに気がついていない、自分のやったことがわかっていない、と思われてしまっては疑問をもたれるだろうと思います。

それから三つ目は、そんなことをいっても、反省が現に十分でないときがあったり、あるいは、被告人によってはうまく表現できない場合がありますが、そのときは、なぜそうなのかの説明、例えば精神的な障害があるとか、あるいは生い立ちで受けた影響のトラウマがあるとか、なぜ今そういう状態なのかの理由を弁護人が説明をしていないのではないか。それが説明されれば、裁判員は目の前の人をみて納得してもらえるのではないか。

弁護側には、今後、そういう努力が重要になってくると思います。

原田　質問ですが、そうやってもやはり態度が悪い被告人はどうしたらいいですか。

神山　なかなか難しいですね。

ただ、一つは、捜査段階で被疑者国選になっていますから、被告人とのつき合いはかなり長くなります。早い段階からついて、接見をやり、人間関係をぼちぼちとうまくつくれていけば、期間が長い分、本人の今のような状況も見極められますので、それに応じた手当てをぼちぼちとっていけるようなこともあるのではないかと思います。

あるいは、複数選任になっていますから、人によって波長の合う合わないもありますので、それこそ飴と鞭ではありませんけれども、そのへんの組合せで本人とうまくやっていくとか。そういうことが弁護活動の一番はじめに期待された複数選任なり早い段階で弁護士が付くことによるメリットだと思っています。

原田　職業裁判官の場合、経験が長いものですから、被告人が上辺だけで反省しているかどうか、あれはだめだなとかいうのが実際のところかなりわかります。

ところが、裁判員の方は生まれて初めて被告人をみますから、そこのところは、ある意味で表面でだまされてしまう部分、要するに弁護側にだまされてしまう部分もあるかもしれないけれども、どっちの方向でも見抜くのはなかなか難しいですから、裁判官が自分の経験で被告人の見方を補充していく必要はあると思っています。

司会　この問題と関連して、裁判員裁判では「争いのない事実」でも被告人の供述調書を用いるのではなく、公判で被告人に直接話をしてもらうことが重要ではないかという議論が行われてきましたが、なお、被告人に犯行のことを話させるのは酷だとか、あるいは、被告人は話がうまくないので供述調書を使うほうがよいのではないかなど、さまざまな議論があります。

神山　もちろん、被告人により事件によって、そういうこともあると思いますが、しかし、うまくしゃべれないならしゃべれないことも被告人の人となりですし、そこを法廷で語ってもらうことによって、裁判員はみるものがあると思います。裁判員は目の前にいる被告人を非常によくみようとしていますので、それに対して、みられたくない、隠すようなことで調書を利用することになってしまうと、よくないだろうと思います。

８　精神等の障害

司会　次に、精神等の障害について取り上げます。

まず、心神耗弱が認定されたのに刑が重いのではないかと考えられる事例があります。菅野さん、紹介してください。

菅野　心神耗弱が認められながら、求刑が20年で、判決が18年であった殺人事件について紹介したいと思います（東京地裁平成22年12月２日判決、殺人既遂NO.38）。

まず、この事件に関しましては、検察官も弁護人も、被告人が犯行当時、妄想性障害に罹患していて心神耗弱であったことは争っていません。

判決では、このように認定されています。「被告人が被害者を殺害しようとした動機には、妄想性障害による妄想の影響が強く認められる。これ以後の被告人の行為は、この動機に沿って一貫しており、妄想がなければ、被告人が本件犯行に及ぶことはなかった。その意味で、妄想が犯行に至る被告人の一連の行動を大きく方向付けたことは疑う余地がない。すなわち、被告人は、妄想性障害に基づく妄想の影響を著しく受けて本件犯行を行った」とされました。そして、次の判示が特徴的なのですが、判決では「他方で、被告人が被害者を殺害しようと決意してから以降の過程における被告人の行動は、被告人のもともとの性格やものの考え方に起因する部分が大きく、妄想の影響は、仮にあるとしても限られたものであった。」と判断し、当初の動機と、決意してから以降の過程を分けるような認定をしています。そして、「この意味からは、被告人の行動は、妄想性障害に基づく妄想以外の心理に基づく判断によって犯したといえる部分も残っていると評価することができる。」としました。ただ、結論としましては、「犯行当時心神耗弱の状態であった」といっています。

次に、量刑判断の大枠については、このような判断をしております。「本件は、心神耗弱が認められる事案ではあるが、」これまで述べたとおり、「妄想性障害は動機形成過程に強く影響を与えた反面、その他の場面、特に殺意の形成から犯行に至るまでの過程への影響が限定的である」、このように二つに分けて考察をしております。続いて、判決では「したがって、まず、検察官の主張する本件犯行の客観的な側面に焦点を当てて量刑の大枠を設定し、次いで、妄想性障害の影響を中心にした被告人の主観的側面を考慮しながら具体的な量刑を絞り込むという検討手順が合理的と判断した。」と判示されています。

司会　この判示では、精神の障害は量刑の大枠を定める要素でないとされていることになりますが、これは、精神の障害を一般情状とする趣旨なのでしょうか。

原田　精神障害を一般的情状として捉えていないかというご指摘ですが、必ずしもそのようには考えられないと思います。量刑の大枠を責任で絞り込んでいくことは十分にありうることだと思います。したがって、その点を一般情状であると考えているものとは思われないのです。

すなわち、動機や計画性も含めて客観的な事情によって量刑の大枠が決まり、その中で責任能力の点は量刑を軽くする方向で考える、という考え方があります。井田良先生（慶應義塾大学教授）が「違法はエンジンで、責任はブレーキである」というご説明をされているのと同じ発想だと思います。要するに、客観的状況から量刑の大枠を決めて、責任能力の点は刑を軽くする方向、すなわち絞り込む方向だけで考えていこうというのであれば、この考え方はおかしいとはいえないと思います。

菅野　1点、私から補足します。この考え方に立ちますと、当然、行為態様ですとか動機や経緯が、まずは大枠の段階で考慮されることになります。ただ、例えば、妄想性障害に罹患している人ですと、まさに妄想に突き動かされてそういった行為をしていくことになります。つまり、まさに精神の障害ゆえに、残虐な行為であったり、その結果へ向かって一直線に行動してしまうことになります。そうすると、精神の障害が全行動に影響を与えていく過程が、最初の大枠を設定する場面で過大に評価されてしまうのではないかという危惧感が若干ありますが、その点はいかがでしょうか。

原田　過大といいますとどういうご趣旨でしょうか。

菅野　客観的な側面から量刑の大枠を決めるという考え方を取ると、例えば、犯行態様が残虐であるとか、まずは行為態様などをみていくと思います。しかし、そこで問題となる行為態様そのものが、精神の障害によって残虐な行為に出てしまった結果であるということが当然あるわけです。そのために、最初に客観的な側面に焦点を当てて大枠を決めていってしまいますと、病気の特性ゆえに殺意も強固で、また残虐な行為態様になってしまうことが、裁判員の目からみて、とてもひどい事件にみえてしまうのではないかといった心配を少ししています。

原田　それはそうかもしれないと思います。

司会　客観的な要素で量刑の大枠を決めるという考え方に立つと、大枠を設定する段階では、行為態様の残虐さの原因に精神の障害があったことは考慮されないことになっても、やむを得ないということになるのでしょうか。

原田　責任のところで、その点を十分考慮すればいいのではないかということです。そこの部分を責任のところで考慮しないで、あまり刑を軽くしないのであれば、おっしゃるようなことは少しあるかもしれない。

司会　「量刑の大枠」という概念は、「責任の幅」と概ね近いものとして用いられていることが多いと理解してよろしいでしょうか。

原田　いいのではないでしょうか。この言葉自体は私が言い出したことで、それまでは「量刑の枠」といいました。そこを裁判員裁判の場合に「大枠」と言い換えたのは、けっこう広くなってもしかたがないという意味合いが少しあります。具体的には説明していませんが、実は、従来の職業裁判官の場合より「量刑の枠」は広めになるのではないかということで「大枠」という言葉を使うようにしていって、それが一般化したということです。

司会　「量刑の枠」なり「大枠」は、「責任の幅」にほぼ沿うものとして理解されていることが多いということですね。

原田　「ほぼ」ということはそういうことです。

司会　これに対し、量刑の大枠は客観的事情から考え、責任能力が限定されていたことは、大枠から刑を絞り込む段階で考慮する考え方もあり得る、ということでしょうか。

原田　そうだと思います。

司会　「量刑の大枠」という概念を、このように理解することも、一つの考え方として成り立つということになりますでしょうか。

原田　両方込みで「量刑の大枠」はこうで、あとは一般情状を考えると言えば同じようなことになってきますが。

司会　この判決では、量刑傾向は３年から無期とし、心神耗弱を考慮しないと重いほうに位置づけられる事案だとした上で、軽減の程度を検討するという順序で判断していますが、懲役18年という結論を導く上で、心神耗弱であったこと、すなわち「著しく」能力が失われていた事実が十分考慮されたかについては、やはり疑問が残るようにも思います。

原田　私は、この判決をどうこう言う立場にないですけれども、心神耗弱にしたら処断刑は半分になるわけですから、刑を相当程度軽くするのが普通です。心神耗弱にしながら刑をあまり変えないと、弁護人の主張にはある程度応えているけれども、検事の主張には結果で十分応えるというようなことで、妥協的な判決ともみられがちです。ただ、この判決は、判文からみますと、殺意決意後の妄想の影響を限定的に捉えていることが刑に影響していると理解することができそうです。

司会　他方、心神耗弱が量刑上かなりの程度考慮されたと考えられる事案について、紹介お願いします。

小林　同じ殺人事件になりますけれども、心神耗弱が認定されて、検察官の求刑を大幅に下回って執行猶予が付されている事例もありますので、ご紹介します。

一つ目が神戸地裁の事例（神戸地裁平成21年12月３日判決、殺人既遂NO.143）です。これは検察官の求刑は懲役８年ですけれども、判決は懲役３年・執行猶予５年になっています。事案としては、同居していて世話をしていた夫のお姉さんから心ない言葉を何度も投げかけられて、激しく怒って殺害してしまった事例です。この判決文の中で有利な事情の第一に掲げられているのは、被告人が重症うつ病及び向精神薬の離脱症状の結果による心神耗弱下の犯行であったことです。この事例は、心神耗弱については検察官と弁護人との間で争いがない事例です。

また、もう一つは静岡地裁の事例（静岡地裁平成22年10月21日判決、殺人既遂NO.140）で、これは検察官の求刑が懲役10年でしたが、判決としては懲役３年・執行猶予５年で保護観察が付いています。この事例では、責任能力については争いがありまして、検察官は完全責任能力、弁護人は心神喪失を主張して、判決では、PTSDに基づく強い希死念慮を伴う急性一過性の抑うつ状態のために心神耗弱という認定がなされています。

量刑の理由をみると、動機は身勝手短絡的であるとか、被告人の生活態度に甘さがあったというような指摘はなされているものの、有利な事情の第一として「本件犯行は心神耗弱の状態で衝動的に行われたもの」である点が掲げられています。

司会　これらは、心神耗弱だったことが執行猶予になった中心的な理由という評価になるのでしょうか。

原田　私はそう思います。この結論は相当だと感じます。

司会　次に、責任能力は争われなかった事案で、精神の障害や知的障害を量刑上どのように考慮するかが問題となった事例について紹介お願いします。

寺林　強盗致傷事件では、精神障害や知的障害が量刑上考慮された事案とされなかった事案がそれぞれあります。

まず、考慮された事案として、さいたま地裁平成22年９月22日判決（強盗致傷NO.216）をご紹介します。この事件では、裁判所による情状鑑定が行われました。その結果から、被告人の知能、資質、性格、犯行に至る心理過程が詳細に認定されました。その上で、「本件犯行前には、知的障害を有する被告人に対する指導、助言が適切にされていなかったのであり、それが本件犯行に影響していることは否定できないところであるから、この点は被告人に有利に斟酌されるべきである」と判示されています。

考慮されなかった事案として、奈良地裁平成22年8月5日判決（強盗致傷NO.51）を紹介いたします。この事件では、被告人に養護学級で指導・教育を受けてきた経歴と、3年間の職歴がありました。この事案では、「被告人の知的障害等を過度に強調するのは、養護学校等における被告人や関係者の努力を軽視することにつながるばかりか、被告人が今後自己の持つ障害や生い立ちを言い訳にして更生や贖罪の意欲を損なうおそれすらなしとしない。」と判示されました。

司会　前者のさいたま地裁判決で、「知的障害を有する被告人に対する指導、助言が適切にされていなかった」事実は、犯情として考慮されていることになるのでしょうか。

原田　犯情だとは思いますけれども、責任能力自体には直接影響しない知的障害の場合は、この程度の考慮は職業裁判官のときでもあったように思うので、特別な判断だとは思いません。障害がありかわいそうだというだけでは、ほかでもいわれますように、「生い立ちがかわいそうだ」という意見に対しては「そういう人はたくさんいるではないか」という議論が当てはまります。

司会　障害が犯行にどう結びついたのかについて具体的な立証がなく、「障害があること」自体を同情できる事情として主張しても、なかなか考慮されないということですか。

原田　おっしゃるとおりです。

司会　精神の障害の考慮が問題になった事例を神山さんが担当されていますので、紹介お願いします。

神山　29歳の女性が、通りすがりの見ず知らずの女性の背中を果物ナイフで刺したという、いわゆる通り魔の殺人未遂事件です。責任能力は争わずに、本件犯行は被告人の抱えている妄想性パーソナリティ障害の影響を強く受けているものだと主張しました。

判決は、本件犯行に及ぶまでの経緯を詳しく認定した上で、「被告人は、本件当時、このような追い詰められた精神状態にあって、自分の行動を制御する能力が低下していたと考えられる。また、妄想性パーソナリティ障害そのもの、あるいは、これと問題に直面したときの社会的な対応能力の低さとがあいまって、短絡的に被害者を殺そうと考え、犯行に及んだとみることができる。」とした上で、これらのことは「環境要因に負うところが少なくないから、結局、本件犯行には、全面的に被告人のみを責めることができない面がある。」(東京地裁平成23年９月13日判決、殺人未遂NO.16）としています。

弁護人は、抽象的に妄想性パーソナリティ障害の影響を主張しただけでした。これに対して判決は、「このような追い詰められた精神状態にあって、自分の行動を制御する能力が低下していた」と、制御能力の低下に結びつけて判断をしています。

司会　この事案では、制御能力が著しくは低下していなかったと判断して、弁護人も心神耗弱は主張しなかったのですか。

神山　そうです。

原田　弁護人の求刑意見は懲役４年になっていますが、これはどんな根拠ですか。

神山　量刑検索システムをみたところ、基本的には一番上は10年、下は執行猶予ももちろんありますが、真ん中の山が６年でした。事案の中身から考えて、殺害行為そのものは大したことがないので真ん中より上にはいかないだろうと判断をして、妄想性パーソナリティ障害の影響を色濃く受けているということで真ん中より下で４年としました。

原田　その点は今いわれたように弁論でご主張されたわけですね。

神山　はい。ただ、求刑が12年でしたので、正直びっくりしました。

司会　判決では、病気の影響は考慮されているにもかかわらず、結論が弁護人意見とかなり差があるのは、客観的な犯情について厳しい評価がなされたということでしょうか。

神山　そうです。結局、殺人未遂行為そのものは背中を１回刺しただけですけれども、ところが、そのあと、被害者が驚いて振り向いて刃物の取合いになったときに刃物で右頬部をガサッとやられて、これでかなりケガをしています。裁判所は犯行全体をみて、これはかなり危険な行為だ。しかも傷は大きい。したがって、殺人未遂罪でも傷が大きければそれだけ重く判断をするということで、弁護人の主張はとらないで、全体からみると、これは幅の中でも重いほうだと判断をしたのではないでしょうか。

司会　量刑事情の位置づけなどの問題からは外れますが、この判決では、被害者の傷害についての事実認定に関しても注意すべき点があったようですが。

神山　被害者は、証人尋問はしませんでしたが、意見陳述に出てこられました。その意見陳述の中で、判決に書いてあるような、「ストレスで眉毛が抜けたり、傷をみられまいと、自分の左側から話しかけられないように自然と人の左側に位置取ってしまう」と述べられていました。

私が気になったのは、そういう事実を認定して、そのことで「被害者の日常生活に具体的な形となって悪影響を及ぼし、被害者を苦しめている。」、これを被害者の受けた精神的被害と捉えているので、意見陳述の内容だけからこのような事実認定まで踏み込んでいいのかという議論があるのではないかと思っています。

原田　今の点は事実と違っているわけでもないのですか。

神山　でもないです。

原田　認定は他の証拠からできていて、自分の左側から話しかけられないようにというようなところはこれしかないわけですか。

神山　これは意見陳述でしかいっていません。

原田　傷の状態は証拠があるわけでしょう。

神山　傷の状態は証拠があります。

司会　刑訴法292条の２の意見陳述は、「犯罪事実の認定のための証拠」とすることはできないとされていますが（同条９項）、量刑の一資料とすることは可能であると実務では解されていることとの関係で、このような認定をどう考えるか、ということになりますね。

原田　これを量刑の資料として受け止めたということでしょうか。量刑にあたる情状ということでしょうか。犯罪事実そのものとかぶっているけれども……。

司会　心情、処罰感情などが量刑の参考資料になることは意見陳述制度自体が予定しているといえるとしても、前提となる事実関係については、証拠調べで立証されるべき、といえるのではないでしょうか。

原田　自分がそういう被害を受けたと言っているのですね。かぶっているときはしょうがないじゃないとは言えないですか。

司会　意見陳述の前提となる事実、ということでしょうか。

原田　でも、それを言っちゃうと犯罪事実の認定に使われちゃうのか。

司会　例えば、「公訴事実では全治２か月と記載されているけれど、実際にはもっともっとかかりました」などという陳述がなされた場合に、その事情を量刑資料としては考慮できるといえるかは疑問です。

原田　そうなると犯罪事実ですね。

司会　こうした問題があり得ることを考えると、被害者の方が法廷で陳述されるのであれば、犯罪事実などについては供述調書を用いた上で心情意見陳述だけを行うという方法が、妥当かについて、改めて考える必要がありそうです。

原田　だから、証人尋問を回避しようと思って同意をする。しかし、意見陳述に本人が出てこられるのであれば、むしろ反対尋問権が何もなくて本人の話を聞くよりも、どこまでの反対尋問権を行使するかは別にして、やはり証人尋問といという形で事実を述べてもらうほうがよかったのではないかとは思います。

神山　確かにそうですね。

4　具体的な量刑の変化

司会　次に、裁判員裁判になって具体的な量刑がいかに変化したのか、変化したとすればその要因は何かについて検討します。

まず、判決自体で、例えば、従来の量刑傾向が軽かったからもっと重くすべきだと指摘された例がいくつかありますが、全体のなかでは少数です。そこで、統計的な比較が必要になりますが、その際に貴重な資料となるのが最高裁判所の「裁判員制度の運用等に関する有識者懇談会」(第13回) で配付された「量刑分布」というグラフです (以下「最高裁のグラフ」と呼びます。)。2011年の春に初めて公表されたものは原田先生の著書 (『裁判員裁判と量刑法』〔成文堂、2011年〕) にも掲載されていますが、最近、2011年８月31日までの判決を加えた新しいものが公表されました。本日は、この資料も参考にしながら検討することにしたいと思います。

1　性犯罪

司会　まず、性犯罪についてです。最初に、判決文自体で量刑傾向の評価を明示した例を紹介してください。

前田　性犯罪について、これまでの判決で量刑傾向の評価が明示されたものがありますので、それを少し読みます。

「被害者が受けた肉体的苦痛、精神的苦痛の重大性にかんがみると、これまでの同種事案における量刑の傾向はやや軽いと見るべきである。」(東京地裁平成22年６月24日判決、強姦致傷NO.９) とされているものや、なお書きで、「刑を定めるに当たっては、過去の類似の裁判例も参考にしたが、そのような裁判例の刑が国民の一般感情からすると軽いと感じられることも考慮した。」(名古屋地裁平成22年２月26日判決、強姦致傷NO.19) とされている判決もありました。

また、「性的犯罪に対する社会意識がより厳しいものへと変化しつつあり性的な動機に基づく犯罪を繰り返している者についてより厳しく処罰することによって同種の犯罪を抑止していく必要があると考えられることなどからすると」として、被告人を厳しく処罰すべきと明示されているものもあります (福島地裁平成22年３月12日判決、強姦致傷NO.11)。

また、「強盗罪が５年以上の有期懲役で、同じ暴行・脅迫を手段に姦淫に及んだ強姦罪が３年以上の有期懲役と法定刑が低い点は不条理であると感じつつ、それを前提としても性的被害を受けた女性の被害実態に照らすと性犯罪の悪辣さに対するこれまでの評価は十分でなく、……今後同種の被害に遭う女性を少なくすべきであるとの結論に達した。」と明示されている判決もあります（千葉地裁平成22年７月５日判決、強制わいせつ致傷NO.８）。

司会　次に、最高裁のグラフをみると、性犯罪では顕著な変化がみられます。まず、強姦致傷罪についてみますと（本書441頁の表）、裁判員裁判では、執行猶予が付された判決や懲役３年以下の判決は減っており、また、実刑のピークは、裁判官裁判は３年を超え５年以下だったのが、裁判員裁判では５年を超え７年以下と、ワンランク重いほうにシフトしています。その要因分析については本書第３章６で前田さんが行っていますが、要点を説明していただけますか。

前田　ポイントとしては三つ考えられると思います。

まず一つ目として、重罰化の傾向や示談の減少がみられることです。2004（平成16）年の刑法改正以降、性犯罪に対する重罰傾向は進んでいましたが、裁判員裁判になり、さらに進んだといえるのではないかと思います。その要因の一つとしては、示談の成立が従来以上に困難になっていることが指摘できるように思われます。

二つ目として、行為責任が重視されていることです。裁判員裁判では、これまで申し上げたように、従来以上に行為責任が重視される傾向にあります。そして、強姦致傷のうち姦淫既遂の事例はたいてい犯行態様は悪質ですし、結果も重大です。そこで、行為責任に見合った刑として、法定刑の最下限である「懲役５年」を選択することはできないとされた事案が増加したのではないかと考えられます。これは、「最下限を下回る刑を言い渡すために酌量減軽することは相当でない」と記載されていたり、「法律上の下限である５年で足りるということはできない」という判示も多くみられます。

また、三つ目のポイントですが、姦淫未遂についての評価が従来とは異なってきているように思われることです。裁判員裁判では、姦淫行為が未遂であったとしても、行為態様の悪質さから「既遂に匹敵」すると評価される事例や、被害の大きさを実質的に判断して、その結果、姦淫未遂であることは重視しないとされている判決文もあります。

司会　強姦致傷罪の量刑の傾向がワンランク重いほうに移った要因について、原田先生、どのようにお考えでしょうか。

原田　この最高裁のグラフは私の本よりも対象事件が6か月分増えていて、でも、同じような傾向を示しているので、これが今後一般的な傾向になるのかなという印象を持ちました。

強姦致傷の場合刑が重くなっている原因の一つは、被害感情の重視という点にあるのでしょう。先ほどのお話のように、もろに被害感情を重視した部分もあると思いますけれども、他方、罪質の見方を見直そうとか、これでは不十分であるというような議論がだいぶ出ているのではないかという感じがいたします。被害感情といいますと事件ごとですけれども、罪質の見直しということになりますと、全体的な見方について反省を求めているのではないかという感じはもちます。

司会　裁判官裁判ですと、強姦致傷罪で、姦淫既遂の事件でも懲役4年ないし5年という判決は一定数ありましたが、これでは軽いと評価されているということでしょうか。

原田　先ほどもご紹介がありましたように、裁判官裁判の最後のほうというと変ですが、強姦の刑がずいぶん重くなってきています。もちろん、全面引上げの改正がありまして下限が上がったわけで、それもありますけれども、昔ですと、被害者一人の既遂の場合、実刑になったとしても2〜3年がいいところでした。輪姦という悪質なケースですら、執行猶予も多く、実刑でも2年から4年が大多数でした。今は強姦だけで6〜8年ぐらいは当然にくるような時代になりまして、そのように大きく変化してきていると思います。

その意味が果たして何かということはよく研究してみる必要があると思いますが、やはり被害女性の受けた精神的被害に対する見方が深まってきているということは一般的に言えるのではないかと思います。

司会　今のお話ですと、裁判員裁判になって突然変わったというよりも……。

原田　連続性を感じています。

司会　それがさらに進んだということですね。

原田　私どものころは、罪質の見方はそう変化していなくて、個々の被害感情をどうみるかだったと思いますけれども、罪質そのものの見方に影響してきているのかなと、感想ですけれども、思っています。

前田　判決文をみますと、被害感情というよりも被害結果という言葉で表されているようにも思われますが。

原田　被害感情を重視した罪質としてみたほうがいいのではないかという意味です。だから、密接に関連はしています。

司会　ここでいう被害感情とは、先ほどの整理でいうと、処罰意見ではなく、精神的なダメージですね。

原田　そうです。それに対するPTSDとか、その点の裏付けといいますか、被害感情の客観化の一つだと思いますけれども、診断書が出たり、そういう形で今までよりも明確な形で、被害女性が受けたいろいろな恐怖などが視野に入ってきていると思います。それは職業裁判官時代よりもっと検察の立証を強めているように思います。

前田　確かに、被害結果という言葉で、精神的な被害の大きさが非常に重視されているように思います。

神山　原田先生、これは精神的なダメージが大きい罪質の事件であることが大きいということですか。

原田　そうです。

司会　こうした実情に対する理解が以前は十分ではなかったということでしょうか。

原田　被害者の側に立って考えるという発想が不十分だったと思います。

司会　こうした点についての社会的認識が変化したという背景があり、裁判員制度により、さらに、市民の感覚が直接的に量刑判断に関わることになって、より明確になった。

前田　そうすると、検察官が従来よりも被害者の被害の深刻さを立証しようとしてくるように思われますが、これまでみてきた事件では、従来と同様被害者の供述録取書が作成されているだけのように思われます。PTSDが認定されている判決もいくつかはありますが、それはごくわずかです。

司会　PTSDの認定までいかなくても、精神的ダメージの継続というようなことが重視されている例が増えているのかもしれません。

前田　ただ、このような傾向が続きますと、量刑がだんだん重くなり、もしかしたら傷害致死よりも量刑が重くなる事例がたくさん出てくるかもしれません。確かに性犯罪は「女性の魂の殺害である」という主張をする検察官もいるようには聞いています。しかし、生命を奪った場合よりも重い事例が多くなってしまうと、それでよいのだろうかとの疑問もあるように思います。

寺林　例えば、行為態様がひどい場合、それと連動して精神的被害の認定も厳しくなっているという実情はありますか。そうすると、先ほど前田さんがおっしゃられたように、やり方がひどい場合には、それに比例して精神的被害の認定も厳しくなって、傷害致死よりも重い判決が出てくる危険性が相当程度高くなるのではないかと思います。

司会　一つは、先ほども検討した「姦淫未遂」事案で、犯行態様が極めて悪質な場合に、被害者が受けたダメージは既遂の場合と変わらないといった判断がなされていますが、このようにダメージの評価がより実質的になされている判決が増えているということでしょうか。

前田　そうかもしれません。ただ、従前と少し異なるかもしれない点として、最近、デジタルカメラなどの機器も普及していて、犯行後の態様も相当悪質な事件が多数見受けられることも、もしかしたら影響しているのではないかと思います。

司会　それでは、続いて、強制わいせつ致傷についてみてみたいと思います。強制わいせつ致傷も、最高裁のグラフをみると（本書443頁の表）、強姦致傷と同様の変化がみられますが、この点についての検討結果を紹介願います。

前田　強制わいせつ致傷事件については、ポイントとしては二つ考えております。

　まず一つ目ですが、重罰化の傾向及び示談の困難化については強姦致傷罪の場合と同様だと思います。ただし、強姦致傷の事案と比べると、行為態様の悪質性や被害感情についても幅がありますので、事案によっては示談の可能性は十分にあると考えられます。そして、執行猶予判決が言い渡されているものには示談が成立した事案も多く見受けられるところですので、示談の成立は判決に十分な影響を与えるものと考えております。

次に、二つ目として、再犯可能性についての厳しい見方です。裁判員裁判では、同種前科や併合罪、そして余罪を、裁判官裁判よりも重視しているのではないかと考えられる判決が出てきております。加えて、前科がないだけでは有利な事情として評価されていないとか、ほかに犯罪を行っていないのが普通であると明示された事例もあります。

司会　最高裁のグラフをみますと、裁判官裁判のときの強制わいせつ致傷のグラフは、山がなくてなだらかに右に下っているという、かなり特徴的な曲線です。それが、裁判員裁判になると執行猶予が減って、新たに山ができたようにもみることができそうです。このあたり、原田先生、いかがでしょうか。

原田　非常に特徴的な傾向で、確かに、職業裁判官は強姦に比べるとわりと……、もちろん、先ほどのお話のように強姦に非常に近いものもあるわけですけれど、強制わいせつ致傷というと、犯行件数がたくさんある場合はまた別ですけれども、このグラフを見ても、執行猶予も視野に入っていたということで、強姦の場合とは違うという感じは持っていましたが、だんだん似てきているということです。強姦と強制わいせつが連続性をもってきたというのは特色だと思います。

司会　もう一つ、多数の前科がある場合に求刑を超えたり求刑どおりの判決が出されています。同種の前科がたくさんある場合に、繰り返してまたやったということに対する非難可能性とか再犯可能性についての見方がより厳しくなった面があるかもしれません。

原田　性的犯罪の被告人の場合、今ではその住所を開示するというようなことが、世界的にはいろいろな国で取り上げられていて、裁判員の方も、こういう人が社会にすぐ出てきたら困るという共感をみんなが相互に持ちやすいのではないでしょうか。その点は、裁判官よりも現実的に考えられるのではないでしょうか。

司会　再犯の危険性がかなり厳しくみられる事件が増えているのではないかということに対して、神山さん、弁護としてはいかがでしょうか。

神山　考えられるのは、なぜ再犯をするのかという原因の追求をまずして、その原因の除去に的確に努めることだと思います。

そういう意味においては、軽々に判断をしないで、例えば精神の障害があるのではないかと疑ってみて、専門家の意見を聴いてみて、こういう原因が解明できた、その原因が解明できたことによってこういう対策をとった、だから安心です、というようなアピールをしていかないと、漫然と「反省しました」といっているだけでは、市民のもつ危険性に対する危惧感はなかなか消えないのではないかと思います。

司会　刑務所の中で性犯罪に対するプログラムについて、執行猶予か実刑が争われている事件では、検察官が「刑務所でプログラムがあるんだから、今すぐ社会に戻すよりも、再犯を防ぐためにも刑務所に入れるべきだ」と主張している場合があります。他方、実刑を前提に、その期間が問題となる事案では、弁護人が「刑務所にきちんとしたプログラムがあるわけだから、20年も30年も入れる必要はない」という主張をしている事件もあります。しかし、いずれにしても、実証性は十分でないように思われます。

前田　性犯罪者処遇プログラムは、平成17年に成立した法律に基づき実施されはじめたものですので、それほど歴史があるものとはいえませんし、効果についても十分に検証されているとはいえないようです。

菅野　それに、治療の内容もプログラムも少しずつ変わっているようです。刑務所の中にも精神科医師などの治療チームがだいぶ入り込んで、今、積極的なプログラムをやっているという話を聞いたことがあります。

司会　今後は、より具体的・実証的な検討も必要になるといえそうです。

2　殺人

司会　次は、殺人について検討します。

まず、殺人既遂について、従来の量刑傾向に対する評価を明示した判決例がありますので、紹介してください。

小林　二つほど事例紹介をしたいと思います。

一つは千葉地裁の事例（千葉地裁平成22年２月８日判決、殺人既遂NO.44）です。判決文の中で、「本件は、単独犯で、刃物を使用して、知人である被害者１名を殺害した犯罪類型に当たる。これと同種の過去の裁判例で示された量刑幅を検討したところ、これまでの量刑は、この種犯罪の結果・行為の評価としては不十分であり、人の生命が軽んじられている現代の世相に鑑みると、改めるべきという結論に至り、……従前の量刑幅よりも重い量刑をもって臨むのが相当である」といった指摘が明確になされているものがあります。

もう一つは、同じく千葉地裁の事例（千葉地裁平成22年９月10日判決、殺人既遂NO.58）ですが、裁判長は異なります。こちらは被害者の方が交際相手という事例ですけれども、判決文では「被告人に対する刑罰を決めるに当たっては、従前の量刑傾向を参考としつつも、これを機械的に当てはめて結論を導くのではなく、そもそも国民の健全な良識に照らし、いかなる刑罰が適切かという観点から十分に検討されなければならない。」とした上で、「身勝手な動機から、強固な殺意に基づき、一人の人間のかけがえのない生命を奪ったという厳然とした事実に対する報いとしては、検察官の求刑の前提となっている従前の量刑傾向がやや軽いのではないかとの感が否めない」といった上で、被告人に対する有利な事情も考慮して、検察官の求刑どおりの判決を相当としている事例があります。

司会　次に、最高裁のグラフをどうみるかについて（本書35頁の表）、お願いします。

小林　刑の幅となっている部分についてみてみますと、裁判官裁判時代のグラフは山なりになっているようにみえますけれども、裁判員裁判のグラフをみると、凹凸がみられ、先ほどの裁判官裁判の山なりのグラフがそのまま右にスライドしているわけではありません。そうしますと、現時点においては、必ずしも全般的に重くなっているとまではいえないのではないかと思われます。

ただ、若干注意が必要ではないかと思うのは、平成23年３月31日までの最高裁のグラフは凹凸が明確にみえますけれども、先ほどの８月31日までの最高裁のグラフになりますと、その凹凸がやや小さくなって、山なりのようになっている、そういった変化がありますので、今後の動向は注意していかないといけないのではないかと思います。

また、このグラフをみますと、懲役３年を下回る実刑の事例の割合も裁判官裁判時代よりも多くなっている点も特徴的ではないかと思います。

司会　８月31日分までの最高裁のグラフでは、執行猶予の増え方がさらに顕著になっています。行為責任の程度からみて裁判官裁判当時は実刑の可能性が高かったと思われる事案について検討した結果を紹介してください。

小林　ここでは、検察官の求刑が懲役５年を超えていたにもかかわらず、執行猶予が付された事例を二つほど紹介したいと思います。心神耗弱が認定されている事例は先ほど二つ紹介していますので、それ以外の事例を二つ紹介したいと思います。

一つの事例は千葉地裁の事例（千葉地裁平成22年５月26日判決、殺人既遂NO.146）でして、被告人は二人いますけれども、検察官の求刑は７年でしたが、懲役３年・執行猶予５年という判決になっています。被告人２名というのは夫婦で、被害者の方が精神疾患に罹患している30代の長男という事案です。その両親が長年、長男からの暴力に耐えていたところ、事件当時、長男の暴力に身の危険を感じるとともに、精神疾患は治らずに、今後も暴力はなくならないだろうと将来を悲観した上で、両親が息子さんを電気コードで絞殺した事例です。

この事例につきましては過剰防衛が争われていまして、判決では過剰防衛が認められています。

この量刑の理由で、本件に至った経緯が重視されているように思われます。判示としましてはこのようなことが書かれています。「長きにわたり精神疾患を有する息子の度重なる暴力に耐え忍んできた」「長年にわたって経験してきた苦しみは計り知れない。」「警察や福祉機関、息子の主治医らに家庭内暴力を相談していたほか、息子の精神疾患の治療に向けて尽力していた」「息子による家庭内暴力を解決するのに相当な努力を払っていた」というような経過にも触れまして、「被告人両名が経験してきた苦しみは、まさに被告人両名にしか理解できない壮絶なもの」で「息子の暴力を発端として、身を守るという気持ちのほかに将来への悲観もあって殺害を決意したことには、同情すべき点が大きい」という指摘をした上で、執行猶予の判決を言い渡しています。

二つ目の事例は横浜地裁の事例（横浜地裁平成22年11月10日判決、殺人既遂NO.151）になります。これは検察官の求刑は６年で、判決では懲役３年・執行猶予５年という判決になっています。

この被告人は夫で、被害者が妻という事例です。被害者は精神病様の症状が現れて異常言動を繰り返していた70代の妻だったわけですけれども、ご主人が暴れる奥さんを制止しようとして妻とともに転倒した際に妻が後頭部を床に強打して、頭から大量に出血して意識を失っていた状態をみて、放っておいても死ぬだろうが、ここで死なせてやるのが妻のためであると考えて妻を絞殺した事例です。求刑が６年なので、執行猶予が付くかどうかは微妙な事例ではないかと思います。

量刑の理由では、「犯行動機は身勝手」であるという指摘をしながらも、「献身的に世話をし、いくら病院に連れて行っても症状は悪化するばかりであって、快方に向かう兆しもない被害者の病状をみて、その将来を悲観し、自分自身肉体的にも精神的にも追い込まれている状態でなされた判断であることにかんがみると」「それほど強く非難することはできない。」、こうした事情を踏まえて、「とりわけ、高齢であった被告人が一人で被害者を支え続け、思い悩む中で、犯行当日に、転倒して意識を失い頭部から出血した被害者の姿を見て本件犯行に及んでしまったことは、……同情すべき事情であり、刑を減じる要素として考慮することができる。」といった指摘をした上で、執行猶予を付けている事例があります。

司会　殺人既遂は、裁判員制度実施以前から、刑が徐々に重くなってきた犯罪類型だと思われますが、裁判員裁判になって、さらにワンランク重いほうにシフトしたように今のところみられます。この要因は、どのように考えられるでしょうか。

原田　これは私はよく触れていますけれども、裁判官裁判の事件は、執行猶予は別としまして、統計的にみんな山型になります。これは、やはり「重かるべくは重く、軽かるべくは軽く」という一つの理想的な形で、そういう点では、裁判官裁判は量刑相場に従ってそういう形ができているということです。

殺人については、先ほどいわれましたように、平成23年３月31日までの統計ですと二つの山になっていて、真ん中が15年以下になっていたのがだんだん緩和してきて、13年のところにピークがいきそうな感じです（本書35頁の表）。要するに、まだ絶対数が少ないですから、おそらく、裁判員裁判になっても、最終的にはどこにピークがくるかという問題はありますけれど、やはり山型になってくるのではないかと私自身は予想していて、それがだんだんこのようになってきたのは、要するに、量刑の全体的バランスがとれてきている兆しとして私はみているわけです。

ただ、この表をみても、まだでこぼこしています。殺人などの場合は量刑の幅が非常に広いわけです。動機が非常に同情すべきものから死刑かどうかというものまであります。そういう点で、それに対する判断が、まだ絶対数が少ないことから確定的になっていないと思います。私たち職業裁判官は、殺人に量刑相場をもっていますから、そういう点ではバランスがとれているけれど、裁判員裁判はまだそこまで行っていないのではないか。これがずうっとでこぼこのままになっていると、全体として裁判員裁判は公平な量刑になっているかという疑問がややあります。

殺人などの場合は、統計のとり方によりますと大きな二山が出ることがあります。それは、学者の方がやられましたけれども、最高裁の統計で殺人と殺人未遂を一緒に入れてとりますと大きな山が二つ出るわけです。要するに、未遂と既遂が合体してくるから二山になります。だから、そういうのはそういう原因があるわけです。

この場合、15年のところがくぼんでいるのがどういう意味を持っているのかについては、隣の17年がだんだん下がってきているから、そこのところがV字型にはならなくて、だんだんならされているのではないかという見方をしています。

司会　裁判官裁判当時の「量刑相場」で基本とされていた要素は、どのようなものだったのでしょうか。

原田　まず、動機が大きいです。動機によって、最高裁が「社会的類型」といっているものはだいたいそれで決まります。どういう動機の犯罪かが大きいです。それから、もちろん結果です。それから、態様も考慮しているのではないでしょうか。

そういうところから、裁判官裁判の場合には量刑相場はわりと狭いです。先に述べた司法研究で調べていますが、裁判官の経験が薄いほど幅が広いようです。経験が長くなればなるほど狭くなっていきます。要するに、ストライクゾーンが非常に狭いものになってきます。それは経験によって、いろいろなものをみている中で形成されてきているからだと思います。だから、おっしゃるように、そのように要素を絞って頭の中では考えていますから、そうしますと量刑相場としては非常に狭いものになります。

しかし、それを裁判員にぶつけてしまうと裁判員が拘束されてしまうから、量刑データなどをみていると、逆にこんなに広くなって、そこをどのように絞り込んでいくか、どの程度誘導していいものか、裁判官としては悩んでいると思います。

司会　例えば、心中目的の殺人は、一般的には同情の余地があるとされ得ると考えられますが、実際には、心中を決意した経緯には様々な事情があり、結果としてかなり重い刑になっている事案もあるなど、刑はかなり広い範囲に分布しています。さらに「計画性」や「凶器」の有無で検索条件を絞っても、それほど刑の幅は狭くならないようです。それは、例えば、本当に思い詰めた人ほど、計画的にロープで首を絞めて殺害する行為に至ることも少なくないところ、そのような事案で経緯に同情の余地があるとされた場合、かなり軽い刑になることもあり得るからと考えられます。

原田　弁護人の立場でも、データベースではなかなか絞り切れないのではないですか。

司会　殺人既遂の場合、量刑傾向の幅について、量刑検索システムから具体的に指摘することが容易でないことが多いように思います。

ところで、さきほど小林さんが紹介したように、動機や経緯について同情できる事案については、執行猶予になる可能性が広がっているとの見方も可能とも思われますが、この点はいかがでしょうか。

原田　裁判員裁判のほうが保護観察率が明らかに高く、裁判員の方が被告人の更生を重視しているということです。先ほどの話ですけれども、目の前にいる被告人をどのようにしたらいいだろうかという思い入れから執行猶予にしている。執行するだけでなく、保護観察をつけて更生の役に立つようにしようとしている。

保護観察にはそういう面もあるけれども、ご承知のように、保護観察は刑を重くする面があります。その点、職業裁判官の場合はかなり考慮していて、保護観察にすればいいという発想は実はなくて、そうすると次は実刑になってしまうとか、そういうことも考慮して、実刑、保護観察付き、それから普通の執行猶予と段階的に考えてきたつもりですが、裁判員裁判でこれだけ保護観察が多いのをみると、更生の手立てになるならそのほうがいいではないかという議論がかなり強く出ているのではないかと、推測ですが、思います。

司会　次に、殺人未遂について、最高裁のグラフを確認しておきます（本書119頁の表）。

和田　殺人未遂の事案では、実刑のピークが、裁判官裁判では３年を超え５年以下であったのに対して、裁判員裁判では１ランク増えて、５年を超え７年以下にシフトしているように読み取れます。

司会　どのような類型が重くなっているかについて検討した結果を紹介してください。

和田　動機でみると、けんかを動機とする事案で刑が重くなっているように思われます。また、被害者の立場別にみると、知人・友人を被害者とする事案も実刑が重くなっています。具体的には、実刑のピークが４年を超え５年以下であったのに対して、裁判員裁判では５年を超え６年以下にシフトしていることがわかります。

仮説として、次のように指摘できます。

けんかを動機とする事案では、被害者自身もけんかに加わっていることから、裁判官裁判では、被害者の言動を「被害者の落ち度」として、相当程度刑を減軽する事情とされていた事案があったように思われます。他方、裁判員裁判では、被害者がけんかに加わった点に問題があるとしても、殺意を持って攻撃したという行為の責任を減ずる事情にはならないと評価されている事案があるように思われます。また、被害者の立場を知人・友人とする類型の事案でも同様に、事件の背景に被害者側に何らかの問題が存在している場合も少なくないと考えられます。しかし、そうした事情を、殺意を持って攻撃する行為の責任の評価において有利な事情として考慮しないとする場合が増えているように思われます。

このような評価が表れている判決もいくつかみられます。

一つの事案は、被害者が「お前の方からかかってこいや」という挑発的な言動をしたと認定しながら、「危険極まりない犯行に及んだことは短絡的で理不尽というほかなく、犯行に至る経緯や動機として、特に酌むべき事情であるとまではいえない」とした裁判例（大阪地裁平成22年５月14日判決、殺人未遂NO.19）があります。

ほかにも、「被害者が傍若無人な振る舞いをし、一方的な暴行を加えられたという動機に憤慨して犯行に及んだという経緯には同情の余地があって、その点を刑を決めるに当たり十分に考慮しなければならない」としながらも、「仕返しのために刃物を持ち出すというのは絶対にやってはいけない行為であって、経緯への同情を理由に量刑を引き下げるのにも限界がある」とした裁判例（大阪地裁平成23年７月21日判決、殺人未遂NO.47）がみられます。

司会　殺人未遂で量刑のピークがワンランク右にシフトしている点については、どのようにお考えですか。

原田　今ご説明があったように、けんかとはいっても、殺意をもって手を出したほうが悪いという世間の一般的・常識的な見方が反映されていて、これはこれで裁判員裁判らしくていいのではないかと思います。

３　傷害致死

司会　傷害致死では、量刑傾向に対する評価を明示した判決例がありますので、紹介してください。

佐藤　これまでの刑は軽いと明確に示した事案がございます。

「量刑資料によれば、傷害致死罪で凶器を用いない単独犯の場合、最近では懲役４年から懲役６年ないし７年程度の刑に処せられている例が多かった。しかし、殺意をもっての行動ではないとしても、人の命を奪ったという重大な結果に照らせば、これまでの刑は軽いのではないかと考える。」と（東京地裁平成22年10月26日判決、傷害致死NO.19）端的に述べたものがあります。

司会　次に、最高裁のグラフについてお願いします（本書172頁の表）。

佐藤　グラフをみていきますと、裁判官裁判のときには、懲役３年を超えて５年以下がピークで、次に懲役５年を超えて７年以下、次いで７年を超えて９年以下、そのような順になっていました。

裁判員裁判になり、懲役５年を超えて７年以下がピークになりました。続いて多かったのは、裁判官裁判で一番多かった５年以下ではなく、懲役７年を超えて９年以下でした。裁判官裁判でピークだった懲役３年を超えて５年以下は、３番手になっている状況です。したがって、ピークは明らかに右にずれているのではないかと考えられます。

司会　どのような類型が重くなっているかについての検討結果を説明してください。

佐藤　傷害致死の場合、多くが「１名の死亡」という結果になりますので、この結果をどう評価するのかということになると思います。私の場合、被害者の類型で検討をさせていただいたわけですが、被害者が「関係なし」のものについては、従前から量刑が重かったので、裁判員裁判になっても量刑上特に変化はみられないように思われました。

裁判員裁判になって重くなっていると考えられたのは、「配偶者（内縁を含む）」「子」「知人・友人」などの類型です。これらについては、そもそも従前の刑が軽かったという裁判員の価値判断が反映しているのではないかと考えました。生命侵害に対する裁判員の評価が厳しいことを表しているのではないかと思います。先ほどご紹介をした事案ですが、「殺意をもっての行動ではないとしても、人の命を奪ったという重大な結果に照らせば、これまでの刑は軽いのではないか。」（東京地裁平成22年10月26日判決、傷害致死NO.19）との判示が、この点を明確に示しているといえます。

一方で、被害者が「親」のものについては、裁判員裁判になっても必ずしも重くなっていないように思われました。これは、ほかの被害者が親族の事案、例えば被害者が配偶者の事案などと異なり、遺族が原則としてすべて被告人の血族です。例えば、自分の父親を殺した場合、遺族は被告人の母親だったり兄弟だったりするわけです。このような場合には、被告人を宥恕しているケースが、他のケースに比べて特に多いのではないかと考えました。

司会　量刑のピークが右にシフトしたということは、裁判官裁判当時の量刑は軽すぎたと裁判員に評価されている事件が一定数あるということにもなりそうですが。

原田　傷害致死の量刑につきましては、新任判事補のときに具体的事例に基づいて調べてみたことがありますが、実刑３年から４年でした。そのころといいますと今から四十数年前ですが、懲役７年が１年間で１件あるかどうかで、これはほとんど殺人に近いものでした。先ほどご指摘があったように、傷害致死は二つはめったにないので、被害者が一人という点では、量刑傾向は非常に単一的にみやすいわけです。それが私が退官する前ぐらいですと、裁判官裁判でも４年から６年が相場になりましたから、この40年間で１ランク重くになってきています。裁判員裁判をみていると、これがまた６年から８年ぐらいになっていくのかなというような予測がされます。

そのように裁判官裁判からずうっと上がってきましたが、それをどう説明するかとなると、一つは、死の結果について、私たちは学校で習ってきた影響もあって、殺意がある場合と殺意がない場合とで大きな違いだと思いがちですけれど、それより結果のほうが大きいのではないかというのが一般の人の考え方で、殺意と傷害の故意の違いに対してあまり敏感でないのではないか。それがいいのかといわれると、やはり犯罪類型が違って法定刑も違いますから、そこはある程度めりはりをつけないと、傷害致死が殺人化してくることにもなります。

それからもう一つは、危険運転致死は刑が非常に重くなってきています。あれは被害者が多く出てしまうという点で、これとは単純には比較できないですが、被害者一人の場合も最初のころの出だしからはどんどん刑が重くなっています。ああいうところとも連動しているのかなという印象をもっています。

司会　確かに、殺意がなくても、結果の重大性はやはり重くみなければいけないということを強調する論告も行われているようです。こうした主張が一定の説得力を持つ可能性があるとすると、弁護人はどうすべきかが課題となります。

神山　これからは、説得力をもつ弁論をしようと思えば、傷害致死の場合でも傷害致死だけをみていてはだめだと思います。殺人とか、あるいは危険運転致死なども視野に入れながら、人が亡くなっている事件全体の中で重いのはこういうものである、全体像みたいなものを弁論の中で裁判員にわかりやすく説明するのは非常に困難だと思いますけれども、しかし、そういうことを抜きにいってもだめだと思います。

原田　そうですね。そうしなければ、こういう発想に対抗できないですね。

司会　裁判員裁判での量刑傾向の変化には、相応の根拠があるというべきでしょうが、「結果」を重視する量刑がさらに進んでいくことには問題がありそうです。

原田　そこは「量刑の個別化」というもう一つの公平のための概念に反してくるから、それはよくないですね。

4　強盗致傷

司会　強盗致傷については、執行猶予になる事件の割合がかなり増加しています。その点について検討をした結果を紹介してください。

柴田　従来の実務感覚としては、検察官の求刑が６年以上の事案は実刑の可能性が高かったと思いますが、日弁連で収集した判決では、求刑６年の事案のうち約４分の１が執行猶予で、求刑７年でも執行猶予の事案があります。

例えば、共犯による路上強盗で、検察官から6年の求刑がなされた事案において、過去の同種事案の量刑は、およそ懲役3年ないし8年の実刑に分布しているとした上で、まず、両親が100万円余りの被害弁償をしていることを挙げ、その上で、「被告人の犯罪性向は進んでおらず、責任は実行犯のうち一番低いと評価すべきである」ことや、「被告人の両親などが被告人の更生に協力する旨の意思を示しており、被告人が更生するための環境が整っている」こと、また、被告人も本件犯行について反省していることを挙げて、「従来の量刑分布内で刑を決めるのではなく、最下限の懲役3年とした上、その執行を保護観察付きで猶予するのが相当」と判示した例（仙台地裁平成21年12月16日判決、強盗致傷NO.203）があります。

司会　このような変化が生じた要因として考えられる点について、検討結果を報告してください。

柴田　まず1点目は、示談や被害弁償がやはり重要だと思います。日弁連で収集した判決で執行猶予になった事例のうち、示談が成立しているものが7割、示談ができていなくても被害弁償はしているものが2割で、どちらもされていないものは1割だけです。その1割の事案も、執行猶予になっている事案では、いずれも被害回復の努力をしたとか、被害回復の意思が認められるという判示がなされています。

2点目は、被告人の反省や親族・雇用主の援助などによって、社会内での更生が十分に可能といえる場合には、裁判官裁判では実刑となったような事案でも、執行猶予判決を得られているものがあると考えられます。

そのような変化が強盗致傷事件で生じた理由については、以下のような仮説をもっています。

一つが弁護活動の充実です。裁判員裁判が実施されるようになって、従来に比べて弁護人が示談・被害弁償の努力をより行うようになったのではないかと思います。また、被告人を真摯に事件に向かい合わせて反省の弁を述べさせるとか、雇用先を探すといった更生環境を調整するなどの活動を、従来よりも充実させるようになったのではないかと思います。

二つ目に、傷害の程度が重大でない事案における裁判員の意識が考えられます。生命や性的自由が侵害されている事案、例えば、殺人、傷害致死、強姦致傷などでは、法益侵害に対する裁判員の評価が厳格であると思います。これに対して、強盗致傷では、傷害の程度が重大でない事案では、法益侵害に対する評価が厳格にならず、反省や環境調整が十分なされていれば、社会内で更生させようと裁判員が判断しているように思われます。

特に、執行猶予事案において、裁判官裁判の時代よりも、更生可能性に関する判決書の記載がかなり充実しているように思われます。そこからみても、強盗致傷の場合、裁判員が被告人の更生可能性をかなり重視して考えているように思われます。

司会　裁判官裁判当時と比べ、情状事件の弁護活動は変化しているように思われますが、いかがでしょうか。

神山　複数選任になり、早くからついていて、しかも、裁判員が入るということで、示談の努力はしてみようという積極性はかなり出てきていると思いますし、そういうことを何もしないまま法廷に立てるような雰囲気が裁判員裁判ではないということで、それは弁護士に対する良い意味でのプレッシャーになっているのではないかと思います。

原田　平成16年改正前までは、ご承知のように７年以上で、執行猶予があり得なかったので、弁護人も、示談努力をしても刑の減軽だけだったし、裁判所も執行猶予にできないですから、事後強盗では、窃盗と傷害に落として認定する例もありました。でも、６年になったおかげで、全体としても執行猶予が可能だということで、量刑の幅も実質的に広がったわけです。

司会　裁判員制度実施の直前の時期に、この改正がなされていたことになります。

原田　だから、こういう傾向はいい傾向だと思いますし、先ほどの分析はなるほどと思って感心していましたけれども、そう思います。

寺林　傷害の結果が比較的軽い場合などには、示談をすることによって、起訴の段階で窃盗プラス傷害に落ちる可能性がみえてくる場合があると思いますけれども、そういうことで弁護活動が早期の段階で充実化していることはあり得るのでしょうか。

神山　それもそのとおりですね。

原田　裁判員裁判でも検察庁も無理して起訴していないでしょう。事後強盗致傷の、当然争われる、刑は執行猶予とみえているものを、事後強盗致傷では起訴しないで、窃盗と傷害にして普通の単独事件にしてしまうから、弁護人は今度そこを目指してやるというやりがいは出てきていますね。

司会　判決書から検討できる対象は、当然起訴された事件だけになりますが、捜査段階を含めると、弁護活動が成果をあげた事例はさらに多いといえそうですね。

5　放火

司会　次に、放火について、最高裁のグラフの検討からお願いします（本書387頁の表）。

久保　最高裁のグラフの特徴ですけれども、従来の実刑のピークは３年を超えて５年以下の山でしたけれども、裁判員裁判では、この数が10ポイント近く減っております。３年以下の実刑と３年以下の執行猶予付き判決がそれぞれ５ポイント近く増えておりまして、このグラフをみるかぎり、刑は軽くなっているといえると思います。

そこで、焼損面積が大きくなった事案で執行猶予付き判決になった事案の特徴と、逆に、焼損面積が小さいにもかかわらず実刑とされた事案の特徴について、少し検討してみました。

まず、焼損面積が大きいものの執行猶予がついた事案の特徴です。これは先ほどもご紹介した事案ですけれども、居住用のマンションの自室に放火をしまして、自室を全焼させた上で、隣の部屋にも炎による影響・損害を与えた事案です。被告人の父親が保険会社と被害者と示談をしまして、結局、居住者14名中13名が許し、７名が執行猶予を望んだ結果、懲役３年・執行猶予５年・保護観察付きの判決となっています。求刑は４年６月だった事案です（名古屋地裁岡崎支部平成22年９月９日判決、放火既遂NO.53）。

続いて、住宅密集地の木造家屋、これは自宅ですけれども、それを全焼させた事案がございました。最も現実的な被害を被ったのは実母ですけれども、その実母が被告人を許し、監督を誓約している。それで、被告人には精神の障害という問題があったようでして、心神耗弱等の事案ではないですけれども、そういった問題点について、医師らも治療・監督を誓っていることや、近隣住民にも保険金が一部支払われて、処罰感情は強くないといった事情です。結局、求刑は５年でしたけれども、懲役３年・執行猶予５年・保護観察付きの判決となっています（さいたま地裁平成22年９月13日判決、放火既遂NO.57）。

付加しますと、たしか、弁護人はこの事案で心神耗弱を主張しましたけれども認められなかった事案と聞いております。

続いて、やはり住宅密集地の自宅を全焼させた事案で、これは心神耗弱が認定されている事案でありますけれども、懲役３年・執行猶予５年・保護観察付きとなったものもあります。この事案も求刑は５年でありまして、心神耗弱自体には特に争いはないようです（福岡地裁平成23年１月21日判決、放火既遂NO.54）。

もう一つだけ事案を紹介しますと、これも住宅密集地のアパートの自室を全焼させた事案です。自殺目的であったこと、アパート住民や所有者に対して、保険や被告人の母親により損害が填補されたこと、それらの被害者が執行猶予を望んでいることの事情から、求刑は５年でしたけれども、懲役３年・執行猶予５年・保護観察付きの判決となっております（東京地裁平成23年５月27日判決、放火既遂NO.56）。

他方、焼損面積は小さいけれども実刑になった事案を二つご紹介します。

一つ目は、住宅密集地の木造アパートの自室の床の一部、0.25㎡という広さですが、それを焼損した事案で、延焼の可能性、多大な被害の可能性がある危険な行為だという行為責任の重さに照らし執行猶予を付けられないとして、求刑は５年でしたけれども、懲役２年６月の実刑となっています。ちなみに、被害弁償がなされていない事案と思われます。

続いてもう一つ紹介しますと、住宅地で自宅の一部、これも面積的には0.21㎡とそれほど広い焼損面積ではありません。ただ、判決では、反省が不十分で更生に不安が残るというようなことも理由にされまして、求刑は５年のところ、懲役2年6月の実刑判決となっております（名古屋地裁岡崎支部平成22年7月1日判決、放火既遂NO.47）。

こういった傾向をみますと、住宅密集地で、自室木造家屋などが全焼していて、被害結果が大きく、延焼の危険性も高かったと思われる事案でも、執行猶予付きになる判決はあることがわかります。そういった執行猶予が付く事案の特徴は、やはり被害弁償がなされた上で、被害者が厳罰を望まない、むしろ執行猶予を望んでいることであったり、精神疾患による影響が大きいことが挙げられると思います。やはりここは裁判員裁判では、抽象的な危険の大きさが決定的な要素ではなく、被害弁償が重視されているようなことも一ついえるかもしれません。

ただし、焼損面積が小さくても、その場合、財産的な被害は比較的軽微だと思われますけれども、いくつかの事案では実刑が選択されておりました。判決からわかる限度ですけれども、行為責任が重視されたり、弁償がなされていなかったり、本人の反省が不十分で更生への不安があると判断された場合には実刑が選択される傾向があるように思われます。

司会　執行猶予が増えた要因については、強盗致傷で指摘されたのとおおむね共通と考えられるでしょうか。

久保　やはり、先ほど強盗致傷で述べられたことと同じような評価がなされているように思われます。

放火は、放火の危険に対する罪ですけれども、実際は家が燃えてしまって被害が発生している事件ですから、その弁償に向けた努力、実際には火災保険が一時的に填補されますので、保険会社へお金をさらに払ったり、お詫びをしたりということが非常に重視されているのではないかと感じられました。

司会　放火事件でも、熱心な弁護活動が行われている例は増えてきているのではないかと思います。

具体例として、佐藤さんが担当した事件（東京地裁平成23年5月27日判決、放火既遂NO.56）について、紹介してください。

佐藤　私が担当した事件は、執行猶予になった事件の中で最後にご紹介いただいた、住宅密集地でアパートの自室を全焼させた事案です。14㎡以上燃えまして、私も現場に行きましたけれども、部屋の中は本当に真っ黒で、これは大変だっただろうなと思うような事件でした。法廷でも、近所の方が撮られた、ごうごうと燃えている現場の様子がモニタで流れまして、法廷全体がかたずを呑んでその映像をみていたような事案でございました。

被告人は若年で、自殺目的での犯行でした。被害者の宥恕と本人の反省とが重要であると考えましたので、まず、行方不明の方1名を除くアパートの住人全員と大家さんにお目にかかりました。燃えたのは自室だけなので、どちらかというとご迷惑をおかけしたということになろうかと思いますけれども、全員に被害弁償金をお支払いして、全員から、執行猶予を求めますという上申書をいただきました。

また、保釈後、住人や大家さんへ被告人が直接謝罪に伺いました。また、本件は自殺目的でしたので、再発防止のため、臨床心理士のカウンセリングを受けるなど、今回の事件をみつめるような方策をとりました。保釈中に老人ホームへボランティア活動に行ったりもしました。本人がわりと朴訥としていて、なかなか自分の言葉を法廷で出せるかどうか不安だったので、保釈中にいろいろな経験をしてもらい、それで彼が何を感じたのかを法廷で出せるような努力をして、おかげさまで執行猶予になった事案でございました。

原田　裁判官裁判のときでも、そういう行き届いた弁論をされれば、当然、執行猶予になると思いますが、裁判官裁判のときは、それほどのすごい弁論に接した記憶があまりなくて、やはり裁判員裁判になってから変化しているという感じがします。裁判官裁判のときには、焼失面積が狭いからどうだこうだと理屈をいっているだけの弁論で、あとは裁判所が決めてくだされればいいじゃないですかというようなことで……。

司会　放火の場合、弁護人も焼損面積に目がいってしまう傾向があったように思いますが。

佐藤　量刑データベースをみると、焼損面積からいうとぎりぎりというか、かなり危ない事案だったと思います。精神障害もありませんでしたので、なんとかできる限りのことをやって、ぎりぎりセーフを狙ったような感じでした。

原田　それと、財産犯的側面が強調されるようになったというのも、なるほどと思います。裁判官は、放火の公共危険犯の要素をかなり重視してきていたのではないかと思います。ところが、裁判員の方は、放火といったら大罪だと思って来たら、焼けたのが一部分なので、これが放火というのかしらと、かえってびっくりしたりすることもあると思います。そういう予断をもっていないから、けっこう柔軟ないい判断が出るのかなという印象をもちます。

司会　人の死傷が生じなかった事件では、被害弁償や更生環境の整備について評価される余地が広がったといえるかもしれません。

原田　連続放火になってしまうとまた別かもしれないけれども、自宅から火を出したものはそれなりに理由があるのでくんであげなければいけない、しかし、ほかに迷惑をかけた分きちんとケアすれば丸めてもいいのではないか、というような世間的でとても良い判断ではないかと思います。

6　覚せい剤

司会　次に、覚せい剤輸入罪について、最高裁のグラフの特徴を紹介してください（本書506頁の表）。

中井　覚せい剤の営利目的輸入については、最高裁のグラフをみますと、裁判員裁判と裁判官裁判で、刑の重さには変化がほとんどないといえると思います。ただ、裁判員裁判では、グラフがやや中央に集中していて、科される刑の幅が少し狭まっているといえると思います。

　その要因について考えますと、判決文の中で、密輸した覚せい剤の重さに応じた刑のピークが明示的に指摘される例がかなり多くみられます。そして、こうした判示がされると、結果としても、指摘されたピークの範囲でほとんど収まっています。このような形で、先例をかなり踏襲している結果、裁判員裁判になっても、裁判官時代と同じような量刑が科されているのではないかと考えられます。

　ただし、例外的に軽い刑となった判決として、犯行時に未成年の女性が、覚せい剤とは知らされずに海外に渡って、海外に渡ってから覚せい剤といわれて断り切れずに密輸に及んでしまったという事例があります。共犯者と合わせて４キロ近い覚せい剤を輸入しましたけれども、懲役２年６月と、非常に軽い判決になっています（大阪地裁平成23年７月８日判決、覚せい剤営利目的輸入NO.93）。

ただし、これは求刑も５年と、かなり低くなっていますので、いわゆる法曹三者の理解としても軽くすべき事案で、裁判員特有の判断といえるかはわかりません。

5　情状弁護の留意点

1　弁護人の量刑意見

司会　これまでの検討をふまえて、情状弁護で留意すべき点について、検討したいと思います。

まず、裁判員裁判になって、弁護人が量刑について具体的な意見をいう例が増えています。量刑意見を述べる必要性については、準備段階から議論がありました。神山さん、紹介してください。

神山　従来、検察官が求刑をいうのに対して、弁護側が相当な刑が何年だということはありませんでした。死刑に対して無期、無期に対して有期、実刑に対して執行猶予ということはあったと思いますけれども、何年に対して何年というようなことはいっていませんでした。「寛大な処分をお願いする」といっていました。

模擬裁判の中で市民の方からの指摘がありました。「検察官は何年といっているのに、どうして弁護士はいわないのか。それでは弁護人がどういう結論を求めているのかわからないではないか」という意見がありました。それで、弁護人も、当事者の責任として、自分たちはどういう結論が正しいと思っているのかを言おうではないかという議論があったと思います。

2　論告の変化への対応

司会　論告において、被告人に有利な事情もかなりの程度取り上げられる場合が増えたことが座談会の冒頭で指摘されていました。このことは、どういう影響を及ぼすでしょうか。

神山　検察官の論告でいわれる求刑は、裁判員にかなり影響を与えていると思います。特に、「有利な事情を考慮しても、なお○年が相当である」という言い方をされていることに対して、弁護側としてもきちんと考えなければいけないと思います。

一つ目は、弁論においても、不利な事情をきちんと押さえておくべきだと思います。不利な事情については一切触れずに、有利な事情だけを述べて、「それらを総合すれば」というのではなく、「不利な事情はあります。そうであったとしてもこうです」という論述が必要だと思います。

二つ目は、検察官がいう求刑が、これまでの量刑からみて相当ではないという反論を根拠をもってしておくことが必要だと思います。そのためには、量刑検索システムを利用して、被告人の行為責任に見合った刑の幅をしっかりつかんでおいて、それを一つの根拠に使うようなことが大事になってくると思います。

司会　求刑の影響力について、原田先生、コメントをお願いします。

原田　裁判員の方の中には、「求刑は被告人に有利な事情も十分考慮して」と検事は必ず法廷でいうわけですが、そうであれば求刑を下げる理由はないのではないかという議論があるようです。職業裁判官の場合には、検察官の主張は主張として、弁護側の主張を加味してみれば、求刑よりも軽くみるのが相当だという前提判断が今までありましたから、俗に「８掛け」といわれていますが、そういう要素がありました。

このような裁判員の考え方に対して、求刑とはどういうものだということを明確に位置づけないと、確かに、利益な部分も十分に考慮して国の代表としていっているのに、なぜ刑を下げるのかという、素朴だけれど、ある意味では難しい問題を提起されているように思います。

それに引っ張られてしまうと、求刑より１年程度減縮したような量刑になったり、それが原因だという証拠はありませんけれども、そのようなことが起こってくるのではないかという点で、裁判官が評議でどのように求刑を位置づけるといっておられるのか、私自身わからないですけれども、これは課題だと思います。

3　量刑検索システムの利用

司会　弁護人が量刑意見を説得的に述べるためには、量刑検索システムを有効に利用する必要があると思われますが。

神山　まず、量刑検索システムを利用するについては、注意すべき点があると思います。検索条件をあまり絞ってしまってピンポイントでみようとすると、似たもの探しになってしまって、あまり説得力をもたない。

量刑検索システムを利用する際には、検索条件をいろいろと変えて広くみて、そして、被告人の行為責任に見合った刑の幅がいったいどういうものかを、いろいろな観点からしっかりと認識をする。その上で、検察官の求刑が、これまでの量刑からみて行為責任を上回っているのではないかという観点がまず一つです。それから、行為責任の枠の中で、検察官は「有利な事情を考慮した」というけれども、それは本当に考慮したものなのかというような検証もしてみることだと思います。

さらに、量刑検索システムで出てくる行為責任の幅よりも下をもしいうとすれば、なぜ、下が相当なのかという理由をしっかりと説明をしなければ受け入れられない。量刑傾向を踏まえて、最後にどのように説得するかの工夫は、かなり必要になってくると思います。

和田　弁護人は量刑意見を述べる必要があると思いますけれども、それを説得的に示す上では量刑検索システムを使う必要はあると思います。他方で、検索条件をどうするかは非常に迷うところがあって、先ほどお話のあった殺人既遂のような事件では幅が広いということで、なかなか難しいと思います。

神山　一つ危惧しているのは、量刑検索システムを見に行くけれども、検索条件を絞りすぎて結局だめだと、これにのったらどうにもならないと思って、それを無視した形で弁論をしようとすると、それはやはり大きなしっぺ返しを食うと思います。

なぜかというと、評議の中では、事実が決まったところで、それを前提にした量刑検索システムで、だいたい行為責任の幅は示されますので、それに対して無視をしていたのではだめです。そういうものが示されることは覚悟した上で、それに対してどういう意見をいうのかをこしらえておかないとだめではないかと思います。

4　判決検討の必要性

司会　従来、弁護人は、行為責任を基礎とした量刑という考え方や類型ごとに量刑事情の位置づけや重さの違いなどについても、詰めて考えなくてもすんできたように思います。すなわち、被告人に有利な事実、有利になる可能性がありそうな事実を可能な限り主張・立証し、あとは裁判官に判断してもらうというのが情状弁護のあり方だったといえそうです。

その意味で、情状弁護は、新しい課題に直面していることになりますが、裁判員裁判での判決書は、量刑について検討する上でたいへん参考になる説示が多いことは、本日の検討でも確認できたと思います。

ただ、最近、量刑理由の説示が短い判決が増えているとの指摘がありますが、神山さん、いかがですか。

神山　その点は非常に残念です。

一つは、量刑事情について、今日ここで議論したような、弁護人のいろいろな主張に対する筋違いとか、いわば、裁判員が弁護人の主張に対して素朴にどう判断したのかが書かれなくなって、みえにくくなる。これが三つの意味でよくないのは、弁護活動の指針にならないことが一つ、それからもう一つは被告人に対する裁判員のメッセージも乏しくなっているように思います。

もう一つは、刑の数値化、最後の刑の量を数字で出す際の論理が何もみえなくて、結局、なぜ、最後にその刑になったのかという説明がほとんどされない。それは、被告人本人の納得という面においても不十分な判決になるのではないかと思います。

原田　そのようになってきた理由は何でしょうか。

司会　詳細は分かりませんが、評議経過の詳細を示すような判決、すなわち、こんな意見もあった、あんな意見もあったと紹介するかのような判決はよくないという議論があるようです。

本日紹介した判決例をみても、裁判員制度開始前に原田先生が指摘された「透明化・合理化」はある程度進んだといえそうですが、こうした傾向がさらに発展されることが望ましいと思います。

おわりに

司会　それでは、座談会の最後に原田先生から、全体的な感想、あるいは今後の弁護の課題などについてお話しいただければと思います。

原田　今日、この会に参加させていただいて、とても勉強になりましたし、弁護の実情とか実際の一端を知ることができて、私個人は非常に役に立ちましたし、この成果を全国的に広げていくことは非常に大事だと感じました。

私としては、今、死刑につきまして、自分なりの基準として、犯情によって死刑を選択するけれども、一般情状は、死刑を回避する方向に論議をシフトすべきだという説をいっておりまして、第１号死刑事件（横浜地判平22年11月16日）の朝山芳史さんのところでは、その判断基準を採用されているわけですが、ぜひ、今日の検討の続きとして、これから非常に大きな問題となってきつつあります死刑の量刑理由のあり方、あるいは死刑の判断基準についても、ぜひ検討を進めていただくといいのではないかと思っています。

今日は、本当にありがとうございました。

司会　皆さん、お疲れさまでした。原田先生、長時間ありがとうございました。

（了）

◎本書執筆者と担当箇所

原田　國男（はらだ・くにお／慶應義塾大学法科大学院客員教授、第一東京弁護士会）／第４章

岡　　慎一（おか・しんいち／埼玉弁護士会）／第１章、第４章

神山　啓史（かみやま・ひろし／第二東京弁護士会）／第４章

久保有希子（くぼ・ゆきこ／第一東京弁護士会）／第３章５、第４章

小林　　剛（こばやし・つよし／第二東京弁護士会）／第３章１、第４章

佐藤　倫子（さとう・みちこ／第二東京弁護士会）／第３章３、第３章８、第４章

柴田　勝之（しばた・かつゆき／第二東京弁護士会）／第３章４、第４章

菅野　　亮（すげの・あきら／千葉県弁護士会）／第２章、第３章８、第４章

寺林　智栄（てらばやし・ともえ／東京弁護士会）／第３章４、第４章

中井　淳一（なかい・じゅんいち／千葉県弁護士会）／第３章７、第３章８、第４章

前田　　領（まえだ・りょう／東京弁護士会）／第３章６、第４章

宮村　啓太（みやむら・けいた／第二東京弁護士会）／第４章

和田　　恵（わだ・めぐみ／茨城県弁護士会）／第３章２、第４章

GENJIN刑事弁護シリーズ14

さいばんいんさいばん　りょうけい
裁判員裁判の量刑

2012年５月30日　第１版第１刷

編　者　日本弁護士連合会裁判員本部
発行人　成澤壽信
発行所　株式会社 現代人文社
〒160-0004 東京都新宿区四谷2-10 八ッ橋ビル７階
振替　00130-3-52366
電話　03-5379-0307（代表）
FAX　03-5379-5388
E-Mail　henshu@genjin.jp（編集）／hanbai@genjin.jp（販売）
Web　http://www.genjin.jp
発売所　株式会社 大学図書
印刷所　株式会社 ミツワ
装　丁　Malpu Design（清水良洋）

検印省略　PRINTED IN JAPAN　ISBN978-4-87798-519-6　C2032